Espelho Convexo

CONSELHO EDITORIAL
Ana Paula Torres Megiani
Eunice Ostrensky
Haroldo Ceravolo Sereza
Joana Monteleone
Maria Luiza Ferreira de Oliveira
Ruy Braga

Espelho Convexo

Os escritos de Max Weber, Rosa Luxemburg, Karl Kautsky e
Eduard Bernstein sobre a Revolução Russa de 1905

Luiz Enrique Vieira de Souza

Copyright © 2017 Luiz Enrique Vieira de Souza.

Grafia atualizada segundo o Acordo Ortográfico da Língua Portuguesa de 1990, que entrou em vigor no Brasil em 2009.

Edição: Haroldo Ceravolo Sereza
Editora assistente: Danielly de Jesus Teles
Editora de livros digitais: Clarissa Bongiovanni
Projeto gráfico, diagramação e capa: Jean Ricardo Freitas
Assistente acadêmica: Bruna Marques
Revisão: Zéliz Heringer de Moraes
Imagem da capa: *thecliparts.com*

Esta obra foi publicada com apoio da Fapesp, nº do processo 2015/20034-2.

CIP-BRASIL. CATALOGAÇÃO-NA-FONTE
SINDICATO NACIONAL DOS EDITORES DE LIVROS, RJ

S716E

Souza, Luiz Enrique Vieira de
Espelho convexo : os escritos de Max Weber, Rosa Luxemburg,
Karl Kautsky, Eduard Bernstein sobre a Revolução Russa de 1905
Luiz Enrique Vieira de Souza. -- 1. ed.
São Paulo : Alameda, 2017.
366 p. : il. ; 23 cm.

Inclui bibliografia
ISBN: 978-85-7939-452-2

1. Ciências sociais. 2. Rússia - História - Revolução, 1905. I.
Título.

| 17-40012 | CDD: 320 |
| | CDU: 32 |

ALAMEDA CASA EDITORIAL
Rua 13 de Maio, 353 – Bela Vista
CEP 01327-000 – São Paulo, SP
Tel. (11) 3012-2403
www.alamedaeditorial.com.br

Para Ruth e Jorge, meus pais.

Introdução	**9**
I. As barreiras impostas pela modernização tardia à democratização política da Alemanha	**19**
1. O particularismo Junker e a capitulação da burguesia aos códigos da *satisfaktionsfähige Gesellschaft*	25
2. O levante proletário de 1905 e o problema da viabilidade do programa democrático-burguês sob a égide do "capitalismo tardio"	55
3. A farsa política do Manifesto de Outubro: reestruturação do aparato czarista e "constitucionalismo de fachada"	91
4. As "ideias de 1914" e o alerta de Weber acerca da premência de uma reforma institucional	119
II. O espectro da greve de massas ronda a Alemanha	**151**
5. Sísifo e Penélope: condensações mitológicas dos dilemas da socialdemocracia	157
6. Considerações teóricas acerca da greve dos mineiros do Ruhr em 1905	203
7. De te fabula narratur	231
8. Sobre a irredutibilidade das circunstâncias alemãs ao panorama russo	273
Referências Bibliográficas	**335**
Agradecimentos	**363**

Introdução

Und Deutschland?
Ihr aber tut, als wäre die Welt
Noch die Welt, die sie ehemals war;
Ihr bucht eure Titel und zählt euer Geld
Und faselt von Thron und Altar!
Ihr faselt im Wachen, ihr faselt im Traum
Und im Frühling geniert euch der Wind,
Und keiner merkt, wie am Freiheitsbaum
Schon die Knospen gesprungen sind!
(Arno Holz)

De te fabula narratur! Assim dirigiu-se Marx a seus leitores no prefácio da primeira edição alemã de *O Capital* com a manifesta intenção de prevenir os trabalhadores de seu país contra a "atitude farisaica" de quem se postava com indiferença mediante as transformações empreendidas pelo modo de produção capitalista na Inglaterra – como se a brutal exploração ali descrita não fosse senão uma peculiaridade inglesa que não lhes dissesse respeito em qualquer medida. Na realidade, Marx optara por destacar o caso inglês porque ele representava o "campo clássico", onde as relações de produção modernas encontravam-se, por um lado, mais desenvolvidas do que em outras regiões do continente europeu e, por outro lado, porque as condições de livre concorrência e o apego aos princípios de não-interferência do Estado na vida econômica permitiam que a investigação e exposição dos mecanismos sistêmicos adquirissem ali maior nitidez. Entretanto, Marx já havia compreendido que tais mecanismos funcionavam de acordo com uma lógica expansiva, cuja tendência consistiria em engolfar aquelas porções do mapa onde o sistema de produção de mercadorias ainda não ditava o ritmo da vida socioeconômica com a mesma implacabilidade observada na Inglaterra.

"O país industrialmente mais desenvolvido mostra ao menos desenvolvido tão somente a imagem do próprio futuro" (MARX, 1983: 12). A contundência de suas formulações – aliada à terminologia cientificista do século XIX, que também deixou seus traços na obra de Marx – provocou uma série de interpretações equivocadas, que deram margem para um amplo debate, no qual os adeptos do materialismo-histórico tiveram de haver-se com acusações de mecanicismo econômico e representações teleológicas do devir social. Tais acusações mostram-se, contudo, infundadas, visto que – na mesma passagem onde os adversários do marxismo sublinham a expressão "férrea necessidade" – o autor referiu-se explicitamente ao processo em questão como uma *"tendência"* descortinada pela lógica sistêmica do modo de produção moderno.

Além disso, a postura cultivada por Marx de ter sempre a especificidade dos processos históricos diante de si levou-o a destacar casos excepcionais em que a sucessão dos modos de produção ocorreria, quiçá, de maneira frontalmente contrária ao esquematismo que seus críticos lhe atribuem.[1] Em particular, chamou-lhe a atenção o fato de que em pleno tempo empírico do desenvolvimento das forças produtivas capitalistas ainda predominasse na Rússia a propriedade agrária comunal, onde a terra era periodicamente redistribuída entre os membros da aldeia e cultivada segundo parâmetros tecnológicos assaz rudimentares. O interesse de Marx pela Rússia

---

[1] Os rascunhos pessoais de Marx também comprovam que suas formulações lógico-dedutivas não implicavam em desconsideração pelos processos históricos concretos. A redação desses manuscritos estava tão somente relacionada com o propósito do autor de esclarecer a si mesmo algumas de suas ideias, de sorte que Marx não tinha a pretensão de trazê-los a público. De qualquer modo, as variegadas formações econômicas elencadas por ele nesses rascunhos apareciam ao autor como a prova cabal de que a ideia de "necessidade histórica" não poderia assentar-se em bases teóricas consistentes. Ainda que Marx estivesse imbuído da convicção de que o capitalismo tenderia a incidir sobre as realidades nacionais como um vetor em certa medida homogeneizante, não lhe era menos evidente que os desenvolvimentos históricos pregressos revelavam uma multiplicidade de caminhos trilhados nas diferentes porções do planeta (cf. MARX, 1975). Essa percepção desautoriza os críticos que enxergam em sua obra uma sucessão esquemática de modos de produção hierarquizados numa escala evolutiva.

ganhou novo impulso após a crítica lançada por Nicolau Mikhailovski – para quem *O Capital* era refém de uma filosofia da história eurocêntrica que apresentava o capitalismo como um estágio universalmente necessário para a realização do socialismo. Mikhailovski era um antagonista irreconciliável da noção positivista de progresso e – assim como os adeptos do movimento *narodnik* – julgava que a comuna russa oferecia as bases para um desenvolvimento alternativo, onde as possibilidades emancipatórias não se encontrariam condicionadas às transformações que o capitalismo trazia consigo.[2] Marx redarguiu a Mikhailovski por meio de uma carta à redação de *Otechestvenniye Zapiski*,[3] salientando que as reprovações que lhe haviam sido endereçadas deviam-se unicamente a uma interpretação equivocada de sua obra por parte do polemista russo, especialmente tendo-se em vista que o objetivo anunciado em *O Capital* restringia-se ao estudo da gênese do capitalismo na *Europa Ocidental*.

> Meu crítico sente-se obrigado a metamorfosear meu esboço histórico acerca da gênese do capitalismo na Europa Ocidental em uma teoria histórico-filosófica da marcha geral imposta pelo destino a todos os povos, quaisquer que sejam as circunstâncias históricas em que se encontrem, para finalmente alcançar essa formação econômica que assegure – juntamente com um tremendo impulso das forças produtivas do trabalho social – o maior desenvolvimento integral de cada produtor individualmente. Mas ele que me perdoe: isso muito me honra e, ao mesmo tempo, muito me envergonha [(MARX, 1989a: 200), tradução nossa].

Diga-se de passagem que, no plano político, Marx reconheceu a plausabilidade da tese *narodnik*. A seu ver, a comuna russa poderia efetivamente servir de apoio à regeneração social da Rússia, desembaraçando-se de seus aspectos primitivos e ampliando o caráter coletivo da produção à escala nacional. Graças a uma "combinação de circunstâncias únicas", os russos poderiam valer-se dos aspectos positivos do capitalismo para saltar a uma configuração social mais elevada do ponto de vista civili-

---

2   Os representantes dessa corrente de pensamento questionavam, ademais, as dificuldades propagandísticas de um modelo que os transformava em advogados da supressão dos entraves ao livre desdobramento das forças capitalistas e, dessa forma, partidários de um modelo societário que, juntamente com a elevação da produção material, implicava novas coerções e miséria social.

3   Periódico onde Mikhailovski havia publicado suas divergências em relação ao teor "eurocêntrico" de *O Capital*.

zatório, sem experimentar as terríveis calamidades desse sistema (cf. MARX, 1989b: 346-60). Contudo, Marx insistia em apresentar esse cenário como uma hipótese que estaria submetida, em primeiro lugar, às iniciativas do proletariado ocidental. Aos russos caberia, eventualmente, fornecer o sinal para uma rebelião da classe trabalhadora europeia contra a exploração capitalista, mas suas perspectivas de sucesso seriam praticamente nulas na ausência de uma revolução nos países economicamente avançados que fosse complementar à destruição da malha de poder que subjugava a população do império czarista. Além disso, o transcorrer do tempo figurava como um desafio ao programa *narodnik*, pois as transformações modernizantes desencadeadas pelo czarismo a partir da emancipação dos servos, em 1861, lançavam as bases para o enraizamento do capitalismo no país, corroendo em ritmo acelerado a viabilidade de um desenvolvimento alternativo ao modelo descrito em *O Capital*.

A comparação efetuada por Marx entre as condições da Europa Ocidental em relação ao panorama russo oferece-nos uma evidência bastante convincente contra as suposições de que seus escritos estivessem deformados por uma concepção unilinear do desenvolvimento socioeconômico. Aliás, mesmo quando se referiu ao contexto ocidental, Marx jamais afirmou que o modo de inserção e desdobramento do sistema capitalista figuraria em todas as nações como um retrato fiel ao "modelo" inglês. Pelo contrário, diversos momentos de sua obra revelam o pressuposto de que as novas relações de produção assumiriam feições particulares e provocariam consequências específicas de acordo com os ambientes social e institucional característicos dos países onde o capitalismo ganhasse terreno. No entanto, a despeito da preocupação cultivada por Marx em estabelecer distinções claras que resguardassem o materialismo-histórico contra deturpações analíticas das mais diversas ordens, não poucos entre seus discípulos forjaram interpretações que resvalaram precisamente nos erros que ele buscou evitar – inclusive autores que escapam ao rótulo "marxismo vulgar" e cujos nomes estão, pelo contrário, associados ao compromisso com o pensamento dialético.

Em seu estudo concernente à história do irracionalismo na Alemanha, Georg Lukács recorreu de maneira abundante aos contrastes entre as vicissitudes do desenvolvimento germânico e os processos correlatos transcorridos na França e na Inglaterra. Em que pesem certas diferenças na trajetória de franceses e ingleses, Lukács enxergou uma espécie de padrão comum a esses países, que se expressaria numa relação causal entre a imposição do modo de produção capitalista, as revoluções burguesas ali vitoriosas e a consecução da unidade nacional. O problema dessa abordagem consiste, porém, no fato de que Lukács atribui a essa constelação de fatores um *status* normativo, de modo que as interpretações que emergem das comparações por ele estabelecidas apresentam o caso alemão nos termos de uma "evolução sócio-histórica anômala" (cf. LUKÁCS, 1984).

Ideólogo do liberalismo alemão na década de 1960, Ralf Dahrendorf não desperdiçou a oportunidade de reprovar o marxismo em virtude daquilo que acreditava ser um incontido pendor dessa linhagem de pensamento para análises que discutiam as características do desenvolvimento alemão medindo-o a partir da "régua" inglesa. No seu entender, não haveria sentido em se postular a existência de um "caso normal" [*Normalfall*], uma vez que existiriam formas distintas de modernização capitalista em quantidade correspondente ao número de países que enveredam pelos caminhos da industrialização. Ao fim e ao cabo, o método comparativo não deixaria de constituir um precioso instrumento de análise, desde que não furtasse a uma nação o direito de também compreender-se a partir de si mesma. Dahrendorf colocou-se, portanto, mediante uma reflexão que havia sido bastante cara à tradição do historismo germânico no período anterior a 1914. Numa palavra, tratava-se de explicitar os fatores que impeliram a Alemanha a um curso peculiar, isto é, distinto do caminho percorrido pelas democracias representativas do Ocidente [*Sonderweg*].

Ao passo que os autores vinculados ao historismo atribuíram, via de regra, um sentido positivo ao desenvolvimento alemão posterior a 1848, Dahrendorf enxergou esse processo como algo indissociável da tragédia expressa pela ascensão de Hitler. Com efeito, os expoentes do historismo haviam assumido uma postura marcadamente apologética face à "peculiaridade alemã" [*deutsche Eigenart*], pois julgavam que a cultura da qual faziam parte era dotada de maior densidade e "profundidade espiritual" em relação aos países da Europa Ocidental. O rechaço à "superficialidade" do Ocidente mostrou-se nesses autores, portanto, indissociável de uma "consciência particular" [*Sonderbewusstsein*] que atribuía a si mesma a missão de preservar a herança cultural, assim como os demais elementos da "totalidade orgânica" que conformavam a "germanidade" e aos quais associavam certos traços distintivos que os elevavam aos próprios olhos acima da "mediocridade" das nações ocidentais (cf. GREBING, 1986).

No entanto, ao inverter o sinal dessa equação, Dahrendorf recai em distorções metodológicas análogas àquelas que imputou ao marxismo. Isto porque Dahrendorf projeta a história da Alemanha segundo a ótica de seus valores políticos individuais, reduzindo aquilo que em seus próprios termos deveria pautar-se pela busca da especificidade em si mesma ao debate acerca dos obstáculos que frustraram ali a emergência de instituições políticas semelhantes aos modelos cultivados na Inglaterra, França e Estados Unidos. "A questão alemã é a questão relativa aos empecilhos à democracia liberal na Alemanha" [(DAHRENDORF, 1974: 34-5), tradução nossa]. Por conseguinte, o desenvolvimento germânico é abordado em função de um suposto "erro de percurso" [Fehlentwicklung], que o autor remete à incapacidade [Versagen] das "forças progressistas" alemãs em impor às camadas reacionárias um regime político voltado para a preservação daquele conjunto de direitos e liberdades que, a seu ver, figuram como as bases da democracia representativa. A maneira pela qual Dahrendorf formula a "questão alemã" constitui, desse modo, um esforço para corroborar teoricamente a mudança de trajetória vivenciada a partir da fundação da República Federativa Alemã. Em vista do acentuado teor ideológico emanado de seus argumentos, não seria de todo descabido identificarmos a reflexão apresentada pelo autor a respeito do Sonderweg com um certo discurso que, na realidade, prefere vislumbrar a história alemã enquanto Umweg, celebrando acriticamente o ingresso desse país na "civilização ocidental".

Ora, o próprio enunciado da história alemã enquanto Sonderweg implica em contradição teórica, especialmente quando os estudiosos admitem que essa terminologia já pressupõe a existência de um modelo normativo postulado arbitrariamente enquanto tal. De qualquer forma, alguns autores – Hans-Ulrich Wehler e Heinrich Winkler, por exemplo – preferiram desqualificar essa preocupação como formalismo conceitual em razão de uma suposta dimensão "político-pedagógica" subjacente a esse debate. Em outras palavras, a opção por realçar o Sonderweg trilhado pela Alemanha encontraria sua justificativa no anseio de decifrar os fatores particulares que conduziram o país à catástrofe nazista, oferecendo assim elementos para uma autocompreensão dos alemães que os defrontaria com o passado e o presente de sua nação num sentido crítico e construtivo.

Embora seja mais do que desejável um acerto de contas da Alemanha com seu passado, não é menos evidente que as intenções "político-pedagógicas" expressas no olhar teórico de Wehler e Winkler desembocam, paradoxalmente, numa perspectiva absolutamente antipedagógica. Mesmo que seja impossível superestimar o caráter trágico desse projeto anticivilizatório, qualificar o empreendimento hitleriano como um "mecanismo único de destruição" [einzigartigen Zerstörungswerk] traz consigo o perigo de apresentá-lo enquanto uma manifestação inaudita da barbárie [(WEHLER *apud* GREBING, 1986: 19), tradução e grifo nossos]. Existe, com efeito, por parte do senso comum uma certa propensão a imaginar uma espécie de escala gradativa na qual as diferentes manifestações da barbárie seriam hierarquizadas consoante seu potencial destrutivo e, apesar desse raciocínio nem sempre alcançar o plano da verbalização, é disto que se trata quando personalidades notórias incluem em seu discurso expressões como "guerra humanitária", "colonização civilizatória", "escravidão suave" ou "ditadura branda". Em suma, os prognósticos de superação da barbárie tornam-se desalentadores quando, ao invés de reconhecê-la e repudiá-la em suas diversas formas, assume-se perante ela uma atitude quantificadora. Por conseguinte, não há qualquer sentido – teórico ou pedagógico – na hipótese acerca de um *Sonderweg* alemão, a menos que também sejam postulados um *Sonderweg* norte-americano, chinês, brasileiro e tantos outros.

Por essas razões, o trabalho que nosso leitor tem agora diante de si propõe um novo enquadramento para as questões vinculadas ao estudo das especificidades do processo de modernização alemã. Levando-se em consideração que as pesquisas dedicadas a esse tema valeram-se recorrente e exaustivamente das comparações entre o desenvolvimento capitalista na Alemanha e o processo análogo experimentado pelas democracias representativas do Ocidente, convidamos-lhe a uma reflexão que desloque o eixo comparativo para o leste, fincado-o, mais precisamente, nas geladas estepes do império czarista. O deslocamento de nossa referência friccional para o Oriente[4] busca, em primeiro lugar, imprimir alguma originalidade à discussão teórica acerca da singularidade alemã, pois, dado que a Rússia representava um panorama extremamente distinto do "modelo clássico", a simples comparação de suas balizas sociais, econômicas e políticas à realidade germânica possibilitará que a constelação de fatores específica ao desenvolvimento da nação unificada por Bismarck seja vislumbrada sob novo prisma. Isto não implica qualquer desconsideração pelos aportes teóricos resultantes de análises embasadas naquilo que poderíamos denominar "enfoque consagrado", especialmente tendo-se em vista a atenção que dedicaremos às consequências do desdobramento tardio do modo de produção capitalista em solo

---

4   O leitor já terá percebido que as designações "Ocidente" e "Oriente" não aparecem em nosso trabalho como uma linha divisória de caráter estritamente geográfico, senão enquanto categorias analíticas que distinguem, *grosso modo*, as nações de capitalismo "avançado" daquelas onde as condições sócio-históricas mostraram-se mais refratárias às investidas desse modo de produção.

alemão. Por outro lado, a mudança no centro de gravidade dos contrastes que serão aqui delineados possui vantagens de ordem metodológica porque ressalta os critérios puramente heurísticos que devem orientar a perspectiva comparatista. A paisagem socioeconômica e o regime político da Rússia estavam separadas por um enorme abismo das condições verificadas na Inglaterra. Assim sendo, o fato de que o império czarista esteve comumente associado às imagens do "atraso" constitui, por assim dizer, uma espécie de antídoto contra as deturpações teleológicas ou normativas das comparações entre processos de modernização relativamente autônomos.

Os argumentos que apresentaremos ao longo das páginas seguintes terão como fio condutor as reações de uma parcela da *intelligentsia* alemã à revolução russa de 1905. Mesmo antes de se tornar palco de eventos revolucionários de importância central para os destinos políticos do continente, a Rússia já exercia algum magnetismo sobre as camadas cultas da Alemanha em virtude de suas realizações no plano cultural.[5] No entanto, a partir dos conflitos subsequentes ao "domingo sangrento", os alemães vieram também a nutrir interesse pelos eventuais reflexos desse processo revolucionário no contexto político em que estavam inseridos. Essa afirmação será corroborada mediante a análise crítica de escritos que algumas das personalidades intelectuais mais fecundas em atividade na Alemanha Guilhermina[6] dedicaram às

---

5   "[Os homens de letras] acabaram viciados numa espécie de geografia ideológica, em que o progresso técnico, juntamente com a decadência espiritual, parecia aumentar no Ocidente, enquanto uma mistura aparentemente inseparável de atraso econômico e profundidade espiritual estava associada com a porção oriental do mapa" (RINGER, 2000: 178). Desnecessário dizer que, segundo as premissas dessa "geografia ideológica", os eruditos alemães situavam a própria nação a meio caminho entre Ocidente e Oriente.

6   As fronteiras temporais de nossa pesquisa coincidem com o período que a historiografia denomina *Kaiserreich*, ou seja, aquele intervalo compreendido entre a unificação nacional, em 1871, e as reformas constitucionais aprovadas em outubro de 1918, que culminaram na deposição de Guilherme II. Nossas principais fontes serão textos de autores contemporâneos que possuíam algum grau de engajamento político, e nossa estrutura argumentativa buscará privilegiar o debate entre diferentes concepções que orientavam a luta política naquele contexto. Essas escolhas também refletem a preocupação metodológica de evitar que a história da Alemanha seja encarada como "pré-história" do regime nacional-socialista. Ao contrário de Wehler, não se deseja aqui aplanar a complexidade do *Kaiserreich* por meio de uma análise que tenha como premissa a busca pelos fatores que, misturados no "caldeirão da crise" [*Krisenherde*], pavimentaram a marcha alemã rumo à catástrofe (cf. WEHLER, 1994: 16). Isto porque consideramos que nossa reflexão ganhará em densidade ao trabalharmos com a ideia de que o nazismo não figurava

disputas em curso no império do czar. Mais especificamente, confrontaremos os artigos de Max Weber – embasados numa combinação peculiar entre nacionalismo germânico e a tradição liberal – e as avaliações produzidas pelas diferentes vertentes do pensamento socialdemocrata que disputavam entre si o conteúdo das diretrizes daquele que figurava então como o maior e mais respeitado partido marxista da II Internacional. Nesse último caso, trata-se de desvendar como as polêmicas travadas entre Eduard Bernstein, Karl Kautsky e Rosa Luxemburg acerca da viabilidade da greve de massas na Alemanha estiveram impregnadas de leituras particulares a respeito da distância entre as condições da luta de classes no *Kaiserreich* e as vicissitudes daquele tecido societário onde o proletariado despontava, pela primeira vez, como força protagonista e hegemônica de transformações com alcance revolucionário. Em resumo, demonstraremos que os juízos emitidos por esses autores sobre a revolução russa estiveram imbuídos por reflexões subjacentes que, explicita ou implicitamente, diziam respeito aos tensionamentos políticos e sociais que acompanharam o processo de modernização da Alemanha. Em sentido metafórico, defenderemos a ideia de que a Rússia apresentou-se-lhes como um *"espelho convexo",* no qual a imagem da Alemanha teria sido refletida, ainda que, obviamente, de maneira distorcida.

---

como uma espécie de destino inelutável da Alemanha, de modo que nos parece mais instigante uma discussão que traga para o primeiro plano a relativa margem de manobra [*Entscheidungs- und Handlungsspielräumen*] à disposição dos atores coletivos – algo que permitirá, inclusive, ressaltar as decisões por eles tomadas num universo de alternativas parcialmente delimitadas.

I.

As barreiras impostas pela modernização tardia à democratização política da Alemanha

O período subsequente à unificação política da Alemanha caracterizou-se por um acelerado e vigoroso processo de modernização societária que foi vivenciado com intensidade emocional por amplas parcelas de sua *intelligentsia*. De modo geral, os homens de letras e a intelectualidade de classe média [*Bildungsbürgertum*] exaltavam a configuração particular assumida pelas instituições alemãs e empenhavam-se em reforçar o espírito nacionalista que permeava as forças armadas, bem como as universidades e a administração pública. A bem-sucedida empreitada de Bismarck contribuiu decisivamente para que a *intelligentsia* alemã experimentasse uma inflexão em suas orientações político-culturais, abjurando paulatinamente sua antiga perspectiva humanista com verniz liberal em prol da adoção fervorosa de uma imagem idealizada da nação. Os "representantes da cultura" chegaram, assim, a um acordo com a estrutura autoritária do *Kaiserreich* e assimilaram os valores dessa ordem social enquanto parte constitutiva de sua identidade.

Além disso, os professores alemães pertenciam a uma camada social altamente valorizada, que se apoiava nas elevadas exigências de sua formação acadêmica para reivindicar a prerrogativa de intérpretes da história nacional. Epígonos do idealismo alemão, a maioria desses eruditos confeccionou uma teia de significados que enquadrava o percurso histórico da germanidade segundo categorias que ressaltavam a "prioridade orgânica do todo" sobre as partes individuais que o compunham e estabeleciam, paralelamente, vínculos entre suas realizações culturais e o enraizamento de valores comunitários que, a seu ver, preservariam a Alemanha dos conflitos de interesses divergentes – associados em seu imaginário à "decadência" da civilização Ocidental. Nesse sentido, o olhar que lançavam ao passado do qual se orgulhavam estava fortemente impregnado pelos dilemas de seu presente histórico, revelando inclinações conservadoras que se expressavam pela celebração do Estado e da autoridade legitimamente constituída.

Embora seus pronunciamentos estivessem recorrentemente imbuídos de uma recusa contra a politização do indivíduo e da cultura, os homens de letras alimentavam a pretensão de interferir nos rumos adotados pelo governo e de moldar a opinião pública segundo a sua hierarquia de valores [*Gelehrtenpolitik*]. Não se tratava apenas da afirmação de um complexo de significados metapolíticos, senão igualmente de um engajamento direto cada vez maior em associações de cunho nacionalista (cf. NIPPERDEY, 1995). Além de fazer valer a influência de que usufruíam por meio da colaboração em periódicos lidos pela "boa sociedade", os intelectuais tomaram parte ativa na campanha em prol da expansão da frota marítima alemã e figuraram enquanto alguns dos mais destacados impulsionadores da Liga Pangermânica [*Alldeutscher Verband*].

Por outro lado, o teor dos debates acadêmicos e a negativa em se reconhecer o caráter político de suas intervenções revelavam igualmente a posição defensiva adotada pelos homens de letras perante as mudanças em curso nos fundamentos socioeconômicos do país. Com efeito, a velocidade pela qual se processavam ali as transformações societárias infundiu-lhes um "pessimismo cultural" difuso que os levava a vituperar contra o estilhaçamento da "comunidade de sentimentos" provocado pela luta de classes e contra a ameaça de decomposição de seus ideais morais e estéticos em função dos efeitos niveladores da sociedade de massas. Nesse contexto, suas disputas teóricas tinham como pano de fundo a preocupação de impedir a destruição das restrições e desigualdades sociais que se colocavam supostamente a serviço da preservação das tradições culturais e garantiam a manutenção de uma organização com características estamentais que resguardavam as distinções entre "minoria culta" e "ralé" (cf. RINGER, 2000: 129).

No final do século XIX, o mandarinato[1] demonstrou apreensões quanto aos efeitos culturais deletérios da sociedade industrial emergente. Em linhas gerais, o

---

1   O termo *mandarim* tornou-se uma designação recorrente para a *intelligentsia* alemã a partir da obra de Fritz Ringer, *O Declínio dos Mandarins Alemães*. Como o próprio autor reconhece, a escolha pelo termo teve inspiração no admirável retrato que Max Weber traçou dos literatos chineses. Para o cenário europeu, Ringer define os "mandarins" como "[...] a elite social e cultu-

comportamento predominante entre os expoentes da *intelligentsia* consistia em voltar para trás o seu olhar e, com pronunciada antipatia, opor-se à evolução do capitalismo. Arrogavam-se a tarefa de distinguir os valores fundamentais do idealismo alemão da prática vulgar orientada para o progresso material, buscando salvaguardar a singularidade das instituições e a concepção romântica de formação autônoma da personalidade individual [*Selbstkultivierung der Individualität*] daqueles preceitos "utilitários" e "materialistas" que sobrepunham a estreiteza de perspectivas eudemonistas aos critérios e exigências da vida espiritual.

> Os mandarins insistiam numa visão puramente "idealista" dos dilemas modernos. Mesmo quando discutiam o trabalho fabril e seu "significado", não abandonavam a linguagem abstrata da cultura. Nunca quebravam os moldes que permitiam a muitos deles procurar a solução final dos problemas culturais modernos numa revitalização espiritual, numa reativação de sua própria liderança moral. Em consequência, suas queixas pareciam quase irrelevantes para as necessidades das pessoas comuns (RINGER, 2000: 252).

Nesse sentido, os mandarins enxergavam a sociedade inglesa e a socialdemocracia como as principais entidades portadoras das tendências política e socialmente centrífugas da era das máquinas e das massas. Nutriam verdadeiro asco pela noção inglesa de liberdade, à qual associavam a falta de controle dos instintos aquisitivos e um sentimento de oposição ao Estado. Julgavam, ademais, que a síntese desse "antagonismo irreconciliável" manifestava-se no desnível entre a "profundidade da alma" alemã e a "aridez" do racionalismo Ocidental – ou, mais especificamente, pela densidade de suas realizações musicais em contraste com a natureza prosaica da novela anglo-saxônica. Em poucas palavras, desdenhavam do que lhes aparecia como o domínio da vida intelectual pela mentalidade comercial, e boa parte do que os incomodava em seu próprio país àquela época foi introduzido na caricatura que traçaram da Inglaterra. O repúdio devotado à socialdemocracia, por seu turno, estava ancorado basicamente no temor da colonização da vida cultural pela ideologia proletária e na

---

ral que deve seu *status* muito mais às qualificações educacionais do que à riqueza ou aos direitos hereditários. O grupo constitui-se de médicos, advogados, clérigos, funcionários do governo, professores de escolas secundárias e professores universitários, todos eles com diploma de ensino superior, concedidos com base na conclusão de um currículo mínimo e na aprovação num conjunto convencional de exames" (RINGER, 2000: 22).

recusa em se conceber a "razão de Estado" a partir de questões materiais. O crescimento do SPD [*Sozialdemokratische Partei Deutschlands*] em termos eleitorais era tratado como indício do progresso da barbárie e contribuiu para o deslocamento da perspectiva política da *intelligentsia* numa direção conservadora.

Contudo, embora tenha sido bastante difundido entre os eruditos alemães o temor de que o progresso material trouxesse em seu bojo uma série de perigos no terreno cultural, houve uma parcela minoritária da *intelligentsia* alemã que preferiu encarar o processo de modernização em curso no país com uma postura mais sóbria e realista do que a maioria de seus pares. Os membros dessa minoria relativamente progressista admitiam, por conseguinte, o caráter inelutável de alguns aspectos desagradáveis de sua época e vislumbravam que a intelectualidade somente manteria algum poder de influência sobre o destino da Alemanha caso aceitasse uma acomodação parcial de seus valores e tradições às necessidades e condições modernas.

> Alguns dos eruditos alemães mais importantes, e sobretudo os famosos cientistas sociais, desenvolveram argumentos mais complexos e assumiram uma atitude mais equilibrada sobre os problemas de seu tempo. Reconheciam, acima de tudo, que os processos de industrialização e democratização não poderiam ser revertidos totalmente. Foram suficientemente realistas para suspeitar que ao menos alguns aspectos desagradáveis da civilização moderna estavam tão intimamente ligados às necessidades e mesmo às vantagens da mudança socioeconômica que uma condenação indiscriminada era ao mesmo tempo irresponsável e inútil (RINGER, 2000: 130-1).

Entre os indivíduos mais proeminentes desse campo, Max Weber certamente figura numa posição de relevo devido à originalidade e contundência das posições que adotou. Mesmo compartilhando algumas das emoções com que os "ortodoxos"[2] avaliavam as transformações sociais da época, sua reação esteve impregnada de sutileza e controle crítico. Logo, a acuidade sociológica subjacente aos seus escritos polí-

---

2   Ringer opta pelo termo "ortodoxo" para se referir ao grupo majoritário porque, além de constituírem a maioria, representavam também uma atitude mais ou menos oficial dentro da comunidade acadêmica alemã. Por outro lado, designa como "acomodacionistas" ou "modernistas" os integrantes da posição minoritária devido justamente à sua disposição para acomodar a tradição intelectual e os seus valores culturais às necessidades dos novos tempos (cf. 2000: 130).

ticos revela, em certa medida, uma tentativa desse autor de contrapor-se às vertentes teóricas em destaque na *intelligentsia* alemã de princípios do século XX. Ao invés de atuar como a "ortodoxia mandarim", proferindo impropérios sem substância contra a "sociedade das máquinas e das massas", Weber participou dos debates de então orientando-se pela preocupação de ajustar suas posições aos condicionantes externos da realidade socioeconômica.

Paralelamente, Weber empenhou-se com energia na desconstrução teórica das posições oficiais da socialdemocracia porque não aceitava que a política e as manifestações da vida intelectual fossem tratadas como fenômenos "superestruturais" da realidade social. Ademais, desdenhava do grau de linearidade e homogeneidade que muitos socialdemocratas conferiram ao processo de modernização na Alemanha e em outros países. Longe de acreditar que os povos europeus se encontravam em diferentes estágios de um mesmo curso de desenvolvimento, Weber prezava por uma análise comparativa que salientasse a *especificidade* de cada nação em meio às circunstâncias por elas compartilhadas num plano mais genérico.

Dessa forma, não obstante seu esforço para captar tendências universais – como a crescente racionalização das diversas esferas da vida social –, a comparação que Weber estabeleceu entre os rumos da Alemanha e o processo de modernização em outras nações (sobretudo Inglaterra, Estados Unidos e Rússia) trazia consigo um valor heurístico concernente ao interesse pela compreensão das especificidades de seu próprio país. Graças à erudição ímpar de que dispunha, Weber era capaz de mobilizar vultosas proporções de dados que permitiam destacar a singularidade alemã[3] por meio da comparação com o desenvolvimento socioeconômico de outras regiões em que o capitalismo realizava sua marcha triunfal.

Com efeito, um ponto central da análise weberiana acerca da modernização alemã diz respeito – conforme argumentaremos ao longo dos próximos capítulos – às consequências políticas e sociais do desenvolvimento relativamente tardio do capitalismo naquele país. Weber percebia claramente que o caráter autoritário da estrutura política do *Kaiserreich* estava intimamente relacionado com o fato de as forças capitalistas terem se enraizado em solo germânico já em seu estágio de maturidade, quando

---

3   "Tanto seus escritos sobre política como sobre sociologia tiveram sua origem na intenção de analisar as condições que regeram a expansão do capitalismo industrial na Alemanha da era pós-Bismarck" [(GIDDENS, 1976: 23), tradução nossa].

a vida econômica encontrava-se em grande medida determinada pelos interesses de grandes conglomerados industriais, de trustes e monopólios dos mais diferentes tipos.

Assim, a preocupação teórica de Weber era desvendar a articulação específica entre a ordem econômica e a ordem política na Alemanha de modo a lançar alguma luz – num plano mais genérico da análise – sobre a viabilidade de haver instituições políticas democráticas sob a égide do "capitalismo tardio" [*Hochkapitalismus*]. Por outro lado, sua perspectiva epistemológica embasada no "pluralismo causal" tornava igualmente relevantes para a consideração desse problema fatores de natureza cultural. Em outras palavras, Weber reconhecia que as tradições intelectuais germânicas, bem como o *ethos* subjacente às instituições sociais nas quais eram recrutados os dirigentes da nação e a mentalidade específica dos diversos atores coletivos envolvidos no processo de modernização capitalista, eram componentes sociológicos que não poderiam ser negligenciados sob o risco de acarretar graves distorções analíticas.

Com o fito de melhor compreendermos a leitura de Weber acerca dos impactos da modernização capitalista no Império Guilhermino, confrontaremos seus escritos políticos dedicados à situação alemã com os artigos nos quais analisa os desdobramentos da revolução russa de 1905. Aos olhos de Weber, tanto Alemanha quanto Rússia padeciam de uma incapacidade comum para evoluir em direção a um Estado constitucional-liberal. Embora as dificuldades encontradas pelos propugnadores da democracia burguesa nesses países fossem devidas, por um lado, a condições peculiares à trajetória histórica de cada um deles, por outro lado havia elementos comuns a Rússia e Alemanha que poderiam servir como base para uma teoria da democracia liberal. Para melhor compreender a natureza do capitalismo tardio e seus efeitos sobre as instituições políticas, Weber dirigiu sua atenção aos violentos conflitos então em curso no império do czar. A experiência russa apresentou-se-lhe, sob esse ângulo, como uma formidável oportunidade para pensar criticamente os dilemas da Alemanha.

1.

O particularismo Junker e a "capitulação" da burguesia aos códigos da *satisfaktionsfähige Gesellschaft*

> "Sou membro da classe burguesa, sinto-me como tal e fui educado nas suas concepções e nos seus ideais. Cumpre, contudo, justamente à nossa ciência dizer o que não se aprecia ouvir – para cima, para baixo e também para a própria classe. E, quando eu me pergunto se a burguesia alemã está madura para ser a classe politicamente dirigente da nação, então não tenho como responder *hoje* pela afirmativa" [(WEBER, 1986:74), grifo do autor].

Em 1890, Weber tomou parte numa pesquisa empreendida pela *Verein für Sozialpolitik*[1] sobre as relações de trabalho na agricultura alemã. A decisão de centrar

---

[1] Tratava-se de uma associação de estudiosos, funcionários do governo e outros especialistas interessados em investigar problemas sociais da época e em promover reformas por meio da legislação. Os princípios que orientaram sua fundação apresentavam-se, portanto, como uma tentativa de resposta aos fenômenos que acompanharam as mudanças da paisagem socioeconômica alemã no período que seguiu à unificação do país. Na realidade, visava-se chamar a atenção da opinião pública para as consequências do rápido deslocamento populacional em direção às cidades e para os desafios impostos pelo enraizamento da socialdemocracia no movimento operário. Nesse sentido, a *Verein für Sozialpolitik* possuía uma vocação nitidamente conservadora, pois enxergava o intervencionismo estatal como a ferramenta adequada para que se exercesse um contraponto aos efeitos deletérios da luta de classes. Ao apresentar as diretrizes programáticas da pesquisa sobre as relações de trabalho no meio agrário, Gustav Schmoller expressou suas preocupações em relação ao êxodo rural em termos bastante afins com a perspectiva dos

o seu foco no estudo das mudanças que se processavam nas formas de exploração do trabalho agrícola nas províncias a leste do rio Elba pautou-se pelo peso decisivo daquela região nos assuntos políticos germânicos e pelo enorme afluxo de imigrantes poloneses na fronteira oriental desde a década de 1870. Weber orientou, portanto, suas investigações de acordo com o intuito de delinear as tendências de desenvolvimento[2] que explicassem as reconfigurações da economia fundiária e as subsequentes alterações na composição étnica da população rural, que assinalavam o paulatino incremento da mão-de-obra eslava. Weber engajou-se nesse projeto consciente de que os resultados científicos alcançados seriam plenos de interesse para um debate pertinente ao campo das relações políticas.[3] "A classe dos proprietários de terra na

---

proprietários de terras. Além de atribuir um sentido positivo às grandes propriedades rurais enquanto sustentáculos econômicos da aristocracia alemã, Schmoller manifestou apreensões no que diz respeito às proporções assumidas pelo crescimento das metrópoles, fenômeno que julgava indesejável e no qual identificava "ameaças à cultura".

2 Weber não compreendia a análise das "tendências de desenvolvimento" da atividade econômica enquanto um processo regido exclusivamente por leis inerentes às relações materiais de produção. Pelo contrário, sua metodologia pressupunha uma diferenciação com os representantes do "materialismo vulgar", que se expressava justamente pela rejeição da ideia de "necessidade econômica" – compreendida nos termos de um desdobramento mecânico do modo de produção em sentido teleológico. Ao invés disso, a proposta weberiana encaminhava-se para o entrecruzamento dos interesses de ordem material com fatores vinculados à disposição do poder político e às ambições de prestígio das camadas dominantes.

3 Desde o princípio de sua carreira enquanto pesquisador, Weber assumiu um princípio metodológico baseado na dissociação entre "julgamento de fato" e "julgamento de valor". Em outras palavras, Weber considerava que tanto a ciência quanto a política deveriam ser encaradas como esferas relativamente autônomas, definidas por regras próprias que lhes conferiram especificidade. Assim, Weber posicionou-se a favor de uma nítida distinção entre o "ser" [Sein] e o "dever ser" [Seinsollen] – respectivamente associados à investigação distanciada e à intervenção na realidade assentada em convicções íntimas. Isto não quer dizer, todavia, que Weber negasse a existência de pontos de contato entre as duas esferas, visto que as inclinações pessoais do cientista já se manifestariam no próprio momento da eleição do objeto de pesquisa. Weber tampouco reprovaria um indivíduo que se apoiasse em constatações validadas pelo método científico para enrobustecer sua argumentação política. Além disso, os procedimentos lógico-científicos seriam capazes de destrinchar os valores últimos de um discurso, contribuindo para que as posições em jogo fossem definidas com maior clareza. Suas críticas dirigiam-se, portanto, àquelas asserções que contaminavam a isenção de valores [Wertfreiheit] da ciência imputando-lhe qualquer espécie de "finalidade objetiva" ou princípio moral que extrapolassem os limites da mera

Alemanha, constituída principalmente de nobres que residem na região leste do Elba, são os controladores políticos do principal Estado alemão" (WEBER, 1982a: 424). Com efeito, a relevância dos latifúndios da Prússia Oriental não se devia exclusivamente ao seu lugar enquanto unidades de produção econômica. Acima de quaisquer outras considerações, Weber sublinhava o papel desempenhado por essas propriedades apresentando-as como "centros de dominação política local" – uma vez que os camponeses se encontravam atados aos senhores de terras em função de uma comunidade de interesses materiais de tipo tradicional, na qual a dependência econômica dos aldeões perante o latifundiário conferia a este o poder de um autocrata (cf. WEBER, 2002: 2-5).

A característica fundamental da estrutura agrária alemã no final do século XIX era o profundo contraste entre as pequenas propriedades a oeste e os grandes latifúndios a leste do Elba.[4] Nas províncias ocidentais predominavam as fazendas de tamanho médio e pequeno, cultivadas em sua maioria por camponeses autônomos, ao passo que nas províncias orientais os latifúndios experimentavam um processo de substituição gradual dos camponeses semi-servis por trabalhadores diaristas. No período que antecedera essas transformações, os agricultores recebiam um pedaço

---

verificação de nexos empíricos. Embora fosse capaz de estabelecer os "meios" mais apropriados à consecução de um determinado "fim", a ciência não oferecia qualquer resposta sobre a determinação do *sentido* que deveria ser perseguido por uma coletividade. Voltaremos a discorrer sobre os princípios metodológicos e a concepção weberiana de ciência ao longo de nossa tese. Por enquanto, nosso intuito resume-se a chamar a atenção do leitor para a – tênue, porém fundamental – diferença entre os momentos em que Weber se pronuncia enquanto cientista daqueles em que apresenta os resultados da investigação à luz de suas convicções. Conforme demonstraremos ao longo desse capítulo, a pesquisa conduzida por Weber sobre as relações de trabalho a leste do Elba forneceu ocasião para que explicitasse o núcleo básico das orientações políticas que o acompanhariam ao longo de sua trajetória. Vale ressaltar, no entanto, que o rigor de sua pesquisa foi reconhecido por um amplo leque de atores que englobava desde o conservador *Kreuzzeitung* até representantes da socialdemocracia.

4   Na Vestfália, por exemplo, observava-se a predominância de estabelecimentos agrícolas que compreendiam entre dois e dez hectares. Nas províncias do leste, contudo, essa relação invertia-se a favor das grandes propriedades. Embora ali também se registrasse a existência de pequenas fazendas, a característica marcante da paisagem rural consistia nas vastas concentrações de terra dominadas por poucos senhores. Em Mecklemburgo, 60% do solo apresentava-se sob a forma de propriedades com mais de cem hectares e na Posnânia registrava-se uma proporção somente um pouco inferior (55%) (cf. TRIBE, 1989: 96).

de terras enquanto contrapartida pelo seu trabalho, retirando também para si uma participação na colheita e uma determinada quantia em dinheiro. Além disso, os lavradores podiam prover-se de lenha e contavam com autorização para que seu rebanho pastasse nos domínios do fazendeiro. Numa palavra, seu bem-estar material era determinado pelos destinos do estabelecimento senhorial, de modo que tanto ele quanto o proprietário encaravam as "forças do mercado" com base em uma perspectiva comum. "A falta de uma orientação especificamente comercial com vistas ao lucro por parte do senhor e a resignação apática do trabalhador complementavam-se mutuamente e ofereciam o substrato psicológico da forma de exploração tradicional, assim como da dominação política tradicional da aristocracia fundiária" [(WEBER, 2002: 6), tradução nossa]. As pressões oriundas da competição internacional[5] forçaram os latifundiários, no entanto, a imprimir uma modificação decisiva em sua relação com a mão-de-obra agrícola. Tais pressões aumentavam conforme os produtores estrangeiros invadiam o mercado interno, e as tarifas protecionistas não bastavam para garantir o espaço comercial dos *Junker*.[6]

O relativo isolamento econômico das propriedades agrícolas fora rompido, e as novas condições de produção definiam-se em função dos constrangimentos impostos pelo comércio mundial. Em consonância com esse processo, Weber identificou uma crescente determinação da economia rural pelos princípios inerentes ao mercado capitalista, que se expressava num maior apelo dos métodos de produção intensiva. Assim, verificou-se que a introdução de máquinas agrícolas diminuíra a importância do lavrador na colheita e, por conseguinte, também a parcela desta sob a qual lhe cabia alguma participação. Por outro lado, a necessidade de maximização do uso do solo impeliu o latifundiário a converter as terras destinadas aos seus agregados em plantações de tubérculos, medida que agora forçava os camponeses a dispender

---

5   Ao longo da década de 1870, a área cultivada nos Estados Unidos saltou de 19,37 milhões para 36,08 milhões de acres. A queda de preços acompanhou o crescimento da oferta, e a competitividade do trigo norte-americano no mercado europeu beneficiou-se, ademais, de uma significativa queda no custo do transporte marítimo. A Rússia também verificou um aumento na sua produção de grãos, de modo que os fazendeiros a leste do Elba viram-se ameaçados em seu próprio mercado interno. Conforme argumentaremos logo adiante, o governo alemão recorreu sem pudores a elevadas taxas alfandegárias para resgatar a competitividade dos *Junker* (cf. TRIBE, 1989: 94-5).

6   A política alfandegária estabelecida pelo governo alemão não resultou, propriamente, em uma nova ascensão econômica dos *Junker*, senão em um evidente aumento das receitas públicas.

parte de seus rendimentos com a aquisição de grãos e a confinar seus animais no estábulo. Desse modo, as relações patriarcais dissolviam-se progressivamente e cediam lugar à comercialização da mão-de-obra. Ao fim e ao cabo, o servo tornava-se um trabalhador livre, e o conflito de classes dissolvia as bases da antiga comunidade de interesses entre proprietários e camponeses. Quanto mais para o leste se avança, menos dispersa e variegada torna-se a cultura, "[...] tanto mais extensos são os campos de cereais, beterrabas e batatas, tanto mais predomina o cultivo intensivo e [...] uma grande classe de trabalhadores rurais sem propriedade se opõe à aristocracia agrária" (WEBER, 1982a: 424).

A dissolução das relações patriarcais de trabalho nas províncias orientais efetuou-se, portanto, de maneira concomitante à proletarização do campesinato. Isto equivalia, é claro, ao favorecimento dos trabalhadores dispostos a aceitar salários mais baixos. Além disso, o processo de racionalização do empreendimento agrícola tornou os contratos temporários muito mais atrativos aos olhos do fazendeiro. Posto que se desatavam as ligações tradicionais do lavrador com a propriedade e tendo-se em vista as intermitências da labuta na terra em função dos ciclos da natureza, os empresários rurais inclinavam-se cada vez mais para a contratação de trabalhadores em regime sazonal. Os resultados da pesquisa apontavam, paralelamente, que o imperativo pelo barateamento da força de trabalho acarretava o emprego de imigrantes poloneses[7] em substituição à mão-de-obra germânica. Com efeito, os trabalhadores alemães recusavam-se a trabalhar mediante as condições materiais então aceitas por seus congêneres eslavos, de modo que setores da opinião pública mostravam-se receosos acerca de uma "polonização" do leste da Alemanha.

Temia-se, de fato, que a "homogeneidade étnica" do Estado nacional fosse comprometida, e os discursos que postulavam essa ameaça encontraram particular

---

7   "O trabalhador imigrante é, pois, arrancado do conjunto de sua família e de seu ambiente costumeiro; ele é *apenas* força de trabalho para o senhor de terras, bem como aos seus próprios olhos. O alojamento dos imigrantes aparece, em termos de economia monetária, como o equivalente do aquartelamento de escravos na antiguidade. O proprietário economiza em moradia para os trabalhadores, pois a acomodação dos imigrantes implica pouco ou mesmo nenhum gasto. Ele economiza ainda mais com a não concessão de terras e finalmente, mas acima de tudo, com qualquer responsabilidade administrativa e assistência social. Em contrapartida, ele paga na forma de salários sazonais mais elevados, mas que no total [...] são frequentemente inferiores à remuneração tradicional que dispenderia com trabalhadores locais ao longo do ano" [(WEBER, 2002: 14), tradução nossa e grifo do autor].

ressonância entre a elite acadêmica, cuja resistência à onda migratória estivera imbuída por um nacionalismo cultural exacerbado. As apreensões relativas ao fenômeno também acometiam as autoridades públicas, sendo que Bismarck chegou a decretar, em 1885, o bloqueio da fronteira e a expulsão de um contingente superior a trinta mil poloneses. No entanto, a crescente pressão exercida pelos *Junker* obrigou que o governo flexibilizasse as medidas adotadas, de sorte que o afluxo de imigrantes eslavos retomou seu curso. Weber também referia-se à avalanche polonesa como um "grande problema cultural" e sua reação perante as iniciativas do governo assumiu a forma de uma denúncia referente à contaminação da "razão de estado" por interesses particularistas. Os latifúndios das províncias orientais constituíam o *locus* onde se recrutava o funcionalismo responsável pela condução da máquina estatal, e a governança em causa própria levada a cabo pelos *Junker* alarmava Weber quanto a um provável "retrocesso cultural" que se estenderia por várias gerações (cf. WEBER, 2002: 18). Ao lado dos imperativos pelo barateamento da força de trabalho, os senhores de terras consideravam o emprego de lavradores poloneses um recurso preventivo contra os desdobramentos da luta de classes no meio agrário. Aliás, a socialdemocracia esforçava-se por reverter sua diminuta influência entre o proletariado rural, e o congresso do SPD em Halle (1890) aprovou como uma de suas deliberações centrais o fortalecimento da agitação política entre o campesinato. A impressa socialista devotou, a partir de então, maior interesse aos problemas de organização política no campo e, em alguns distritos rurais, o SPD conquistou vitórias eleitorais contra seus adversários conservadores. Nesse contexto, os *Junker* presumiam a submissão política do imigrante polonês, visto que recaía sobre ele a ameaça de, ao menor sinal de rebeldia, ser expulso da Alemanha e condenado a retomar suas existência na aldeia miserável em que vivera do outro lado da fronteira. "A migração é greve latente e a introdução de poloneses o seu respectivo antídoto" [(WEBER, 2002: 17), tradução nossa]. O apelo de Weber por uma intervenção pública radical que não se embasasse no pressuposto da intocabilidade dos privilégios tradicionais associados ao latifúndio era, portanto, abafado por uma intrincada rede de interesses materiais e políticos que se tornava tanto mais densa quanto se acirravam os choques entre forças societárias antagônicas.

A quebra dos laços servis despertou, por outro lado, uma ampla parcela do campesinato alemão para os encantos da existência fora da alçada da aristocracia fundiária. Mesmo quando o contexto possibilitava-lhes negociar rendimentos elevados e alimentação satisfatória, muitos camponeses adotavam uma postura impregnada de espírito individualista, preferindo romper definitivamente com a dependência patriarcal e os caprichos arbitrários dos proprietários rurais;[8] abandonavam, então, suas aldeias para transformarem-se em trabalhadores fabris no Oeste que se industrializava ou aventuravam-se na travessia do Atlântico em busca de uma condição livre na América. A partir de 1880, as perdas populacionais decorrentes de fluxos migratórios no nordeste da Alemanha tornaram-se maiores que as taxas registradas nas províncias meridionais, até então principal polo de emigração do país. Aproximadamente dois milhões de alemães decidiram, entre 1880 e 1900, abandonar seus arredores de origem em busca de novas oportunidades, sendo que 40% desse montante referiam-se a emigrantes da Prússia, Pomerânia, Mecklemburgo e Posnânia. Segundo Weber, os trabalhadores sacrificavam seus hábitos e costumes em virtude de uma "ânsia por liberdade", e as associações mentais por eles realizadas entre sua terra natal e as relações de dominação patriarcal a que eram submetidos fornecia o impulso desenraizante que os arremessava em direção às grandes cidades. A remuneração em dinheiro contribuía, por sua vez, para reforçar esse sentimento de independência pessoal,[9] e os padrões orientadores de sua conduta definiam-se agora por contraste com a indiferença apática que sua vida pregressa no campo exalava.

> Quanto mais a indústria alemã crescia no Oeste, até atingir seu volume presente, tanto mais a população sofria uma enorme modificação; a emigração alcançou seu auge no Leste alemão, onde

---

8   "Segundo pensava Weber, o interesse básico por parte dos trabalhadores rurais não estava em uma mudança nas relações de trabalho ou em um pedaço de terra, mas na possibilidade de ascensão social. As relações de trabalho tradicionais nas grandes propriedades do leste do Elba tinham colocado um teto nas aspirações dos trabalhadores: eles podiam se tornar trabalhadores sob contrato anual, em uma de suas muitas formas, mas isso era o máximo que podiam esperar. Do ponto de vista dos trabalhadores, portanto, o principal problema rural era como levantar aquele teto a fim de que pudessem alcançar uma existência econômica independente" (BENDIX, 1986: 48).

9   As observações traçadas por Weber acerca da maneira pela qual a remuneração monetária confluía para reforçar os sentimentos de independência pessoal desses trabalhadores evoca semelhanças com o aporte de Georg Simmel à "sociologia do dinheiro". O pagamento em moeda impactaria as relações sociais no sentido de favorecer a impessoalidade na interação entre os agentes e, dessa forma, conferir-lhe um maior grau de objetividade. Esse fenômeno expandiria a margem de manobra do empregado na construção de um modo de vida próprio e caminharia ao encontro do desejo de extraviar-se da esfera de controle do seu patrão.

apenas senhores e servos existiam em distritos demasiado amplos e dos quais os trabalhadores agrícolas fugiam, buscando livrar-se do isolamento e da dependência patriarcal, seja atravessando o oceano, para os Estados Unidos, seja para o ar fumarento e poeirento, mas socialmente mais livre, das fábricas alemãs. Por outro lado, os donos de terras importam os trabalhadores que podem para realizar o trabalho: eslavos de além-fronteira, que, como mão-de-obra barata, acabam afastando os alemães. Hoje, o dono de terras age como qualquer homem de negócios e tem de agir como tal, mas suas tradições aristocráticas contrastam com tal ação. Ele gostaria de ser um senhor feudal, e não obstante tem de tornar-se um empresário comercial e um capitalista (WEBER, 1982a: 434).

Tanto as reivindicações materiais como os interesses ideais do campesinato germânico apresentavam-se a Weber, portanto, como indícios de sua superioridade cultural em relação aos imigrantes poloneses. Estes levavam vantagem na concorrência com os trabalhadores alemães justamente porque eram portadores [*Träger*] de um estilo de vida mesquinho, que se expressava num menor padrão de subsistência e na estreiteza de suas perspectivas de vida. Assim, justamente pelo nível relativamente elevado de suas exigências e aspirações, os alemães mostravam-se claramente menos adaptados que os poloneses aos imperativos da luta econômica pela sobrevivência na fronteira oriental. Tratava-se, por assim dizer, de um darwinismo social às avessas, onde os pressupostos que regiam a contratação da força de trabalho corroboravam a adaptabilidade de uma população inferior do ponto de vista "físico" e "psíquico". Weber descrevia esse "processo de seleção" [*Ausleseprozeß*], diga-se de passagem, com base em uma terminologia racialista que acentuava a sua hostilidade contra os poloneses. Os contrastes ressaltados pela observação eram remetidos a "diferenças" e "qualidades" de natureza racial,[10] e a construção do problema girava em torno dos

---

10   Weber distanciou-se, posteriormente, da linguagem racialista que permeara sua análise das condições agrárias a leste do Elba. Em debate organizado pela *Verein für Sozialpolitik* acerca dos "conceitos de raça e sociedade" (1910), Weber questionou as intervenções racialistas de seus interlocutores, classificando-as como especulações "metafísicas". No seu entender, não existiam evidências de que as teorias raciais pudessem contribuir de algum modo para a compreensão de processos sócio-históricos. A ciência não estaria em condições de afirmar se, e em que medida, a noção de "raça" comportava qualquer potencial explicativo; seu emprego equivaleria

mecanismos econômicos que implicariam, porventura, o rebaixamento da germanidade ao degrau ocupado pela "raça eslava" (cf. WEBER, 1988u: 2-6).

> E por que são os camponeses *poloneses* que ganham terreno? Será devido à superioridade da sua inteligência econômica ou do seu poder de capital? Pelo contrário, é o inverso disso. Sob um clima e num solo que permite, ao lado da pecuária extensiva, essencialmente a produção de forragens e batatas, fica menos ameaçado pelos riscos do mercado aquele que leva os seus produtos ali onde eles menos se desvalorizam pela queda dos preços: ao seu próprio estômago. Ou seja, o produtor para a *subsistência*. Além disso, é beneficiado aquele que pode aquilatar as suas necessidades no nível *mais baixo*, que formula exigências mínimas quanto à sua condição de vida do ponto de vista físico e ideal. [(WEBER, 1986: 64), grifos do autor].

Ao aceitar a cadeira de política econômica em Friburgo, Weber retomou em seu discurso inaugural o problema da imigração polonesa na Prússia Oriental e enfatizou de maneira enérgica a importância de tratar essa questão conforme as necessidades de preservação da cultura germânica na fronteira com os povos eslavos. Caso o Estado não interviesse energicamente contra os interesses dos *Junker* de baratear os custos da produção agrícola por meio do recurso à mão-de-obra estrangeira, a desfiguração da germanidade a leste do Elba seria meramente uma questão de tempo. Weber trazia consigo, portanto, a opinião de que caberia ao governo subvencionar a compra de largas porções de terras que, por sua vez, deveriam ser parceladas em lotes menores e entregues à exploração de colonos alemães independentes. Tal medida não se embasaria em critérios de racionalidade econômica, uma vez que a organização do trabalho e o maquinário de que dispunham as grandes propriedades rurais eram justamente os fatores que as tornavam aptas a lidar com a concorrência e as oscilações de preços do mercado internacional. Dessa forma, o suporte às lavouras de tamanho pequeno e médio estaria conscientemente orientado para uma produção de escala mais reduzida, que se restringiria ao abastecimento dos mercados locais. A lógica da produtividade econômica cederia lugar à prioridade de criar assentamentos agrícolas

---

ao manejo de uma "hipótese incontrolável" e, nessa medida, implicava conflitos com o método científico (cf. RINGER, 2004: 49-50).

que viabilizassem a recomposição populacional das províncias orientais e restringissem as tendências no sentido de tornar majoritária a figura do trabalhador eslavo.

Por essa razão, tornava-se imprescindível que a política econômica fosse reorientada segundo os critérios do interesse nacional,[11] e medidas contundentes deveriam ser adotadas, de modo que a perspectiva do germanismo prevalecesse sobre os pressupostos de maximização da produção agrícola. Consoante Weber, tratar as questões econômicas de acordo com a lógica inerente à técnica da produção e distribuição de bens não constituía, de forma alguma, uma meta auto-evidente para o economista político. Pelo contrário, sua questão fundamental consistia na interferência das condições econômicas e sociais na *formação qualitativa* dos homens em determinados contextos históricos. Ora, sob a ótica nacionalista de Weber[12] tais princípios implicavam, essencialmente, a defesa e o aperfeiçoamento do modo de ser alemão. Não eram preceitos eudemonísticos e tampouco ideais de justiça que deveriam guiar a política econômica, mas – especialmente num ambiente de crescente tensão entre as potências europeias – tão somente o propósito de fortalecer o Estado nacional e preservar a própria cultura. Logo, no caso específico da questão polonesa, as autoridades

---

11 "A ciência da política econômica nacional é uma ciência *política*. Ela é uma serva da política, não da política momentânea dos grupos e classes dominantes no momento, mas dos perenes interesses do poder nacional. E o *Estado nacional* não representa para nós algo indefinido, que se imagina estar elevando tanto mais alto quanto mais a sua essência fica recoberta por névoas místicas, mas a organização mundana do poder nacional. E nesse Estado nacional o critério de valor definitivo que vale também para o ponto de vista da política econômica é para nós a 'razão de Estado'" [(WEBER, 1986: 69), grifos do autor]. Como podemos inferir pela passagem supracitada, o discurso inaugural de Freiburg apresenta interesse metodológico na medida em que – assim como Weber salientará em sua produção acadêmica – a ciência, por si própria, não é capaz de desenvolver critérios valorativos. Tais critérios não podem ser alcançados empiricamente e são oriundos de esferas exteriores à ciência. Dessa forma, é bastante claro para o autor que as leis econômicas podem ou não ser colocadas a serviço da "razão de Estado", sendo tal decisão de ordem política e, portanto, completamente estranha à legalidade propriamente científica.

12 "Era ele próprio um patriota fervoroso. Na verdade, é difícil descobrir algo que tenha sido mais sagrado para ele do que o egoísmo irrestrito de seu próprio país, a não ser a absoluta honestidade intelectual que ele recusava sacrificar às suas próprias necessidades emocionais ou às de qualquer outro" (RINGER, 2000: 187). Nossa discussão em capítulo posterior acerca dos artigos publicados por Weber durante a I Guerra Mundial apontará, pelo contrário, que o fervor patriótico de suas intervenções chegou efetivamente ao ponto de obnubilar aquilo que entendemos como pressupostos da "absoluta honestidade intelectual".

competentes tinham a obrigação de oferecer respostas contundentes. As sugestões apresentadas por Weber foram assaz radicais: fechar a fronteira oriental e empreender uma política sistemática de colonização germânica nas terras a leste do Elba. "Muitos camponeses alemães devem ser mais valiosos do que muito cereal alemão" [(WEBER, 1988v: 335), tradução nossa].

O aspecto decisivo a sublinhar, no entanto, é que Weber serviu-se da imigração polonesa como mote para questionar o papel político desempenhado pelos latifundiários na Alemanha pós-Bismarck. As mudanças econômicas que se processavam nas últimas décadas do século XIX ocasionaram a erosão da base material que assegurava a posição dos *Junker* enquanto representantes dos interesses nacionais. Por conseguinte, a questão polonesa revelava claramente que a manutenção desses proprietários nas posições-chave do Estado tornava-se um fardo imposto à Alemanha. Ao fim e ao cabo, essa camada não se contentava em manter seu padrão de vida aristocrático, que por si só já não condizia com os meios então proporcionados pela atividade agrícola. Suas extravagâncias desvelavam, na realidade, a pretensão de elevar seu consumo segundo os parâmetros da alta burguesia citadina.[13] Ao invés de derivar sua proeminência política de uma condição material segura, os *Junker* valiam-se da ascendência que possuíam sobre a máquina estatal para contrabalancear a decadência econômica que a modernização capitalista lhes impunha.

Seu estudo prévio das causas sociais que determinaram o declínio da cultura antiga permitia, ademais, que Weber estabelecesse um paralelo heurístico entre as

---

13 Além de comprometerem a homogeneidade étnica da nação, Weber denunciava o encarecimento do custo de vida como um dos efeitos decorrentes da instrumentalização do Estado pelos *Junker*. Chamaremos a atenção dos leitores nas páginas seguintes para o fato de que os *Junker* enxergavam a si mesmos como uma camada detentora de *status* social que os reservava um lugar superior à "mediocridade" burguesa. Com o fito de resguardar sua postura sobranceira em relação aos industriais e comerciantes era necessário, porém, que os senhores de terras ostentassem um nível de vida que não os deixasse em desvantagem perante as classes em ascensão econômica. Isto implicava que a educação de seus filhos e as formas de sociabilidade, entre outras coisas, deveriam adequar-se a um padrão de custos elevados. Nesse sentido, as exigências feitas pelos latifundiários em termos de política econômica assumia a forma de um patrocínio estatal, cujo ônus era repassado ao conjunto da população alemã. Ainda que os princípios da ciência econômica pressuponham uma tendência à redução dos preços como desdobramento lógico da produção em massa, os custos dos gêneros de primeira necessidade evoluíram na contramão dessa tendência, de modo que os trabalhadores e as classes médias tiveram de haver-se com uma inflação crescente.

consequências políticas da estrutura agrária romana e aquelas da experiência contemporânea a leste do Elba (cf. MOMMSEN, 1984: 22). *"Latifundia perdidere Italiam".* O alerta de Plínio ecoava na imaginação de Weber, motivando-o a denunciar com fervor o particularismo evidente na conduta dos proprietários de terras da Prússia. Aliás, a indignação que lhe suscitava o patriotismo de fachada dos latifundiários determinou sua ruptura com a Liga Pangermânica. Em abril de 1899, Weber encaminhou sua carta de desligamento, na qual expressava seu desagrado mediante a falta de veemência demonstrada pela entidade quanto às disputas em torno da deportação dos poloneses e do bloqueio da fronteira oriental. Posto que vários de seus membros eram fazendeiros que se defrontavam com a falta de braços nas lavouras, Weber não hesitou em concluir que, ao não exercer a devida pressão sobre o governo, a omissão da Liga Pangermânica revelava o prevalecimento de seus interesses materiais sob o manto de uma demagógica verborragia chauvinista.

Se no passado os grandes latifundiários prussianos apoiavam-se em sua posição econômica para alcançar objetivos mais amplos que os de sua própria classe e que haviam servido de base para uma política de grandeza nacional, sua insegurança econômica nas décadas subsequentes à unificação da Alemanha acarretou uma atitude particularista em que se muniam do poder estatal para sustentar sua posição econômica decadente. A política dos *Junker* deixara, então, de ser uma política nacional para se tornar uma política de classe. "Os *Junker* realizaram a sua tarefa e sofrem agora a sua agonia econômica, da qual nenhuma política estatal poderia reconduzi-los ao seu antigo caráter social. E também as tarefas do presente são diversas daquelas que eles poderiam desempenhar" (WEBER, 1986: 74). Numa palavra, as grandes aspirações que outrora confluíram para perspectivas que transcendiam os horizontes de sua camada social amesquinharam-se a tal ponto que já não era possível identificar na conduta desses proprietários qualquer ambição mais ampla do que a simples existência enquanto rentistas. O latifundiário fazia uso de sua influência política tão somente com o propósito de forçar a adoção de medidas econômicas que lhe garantisse recursos suficientes para que ele pudesse continuar a oferecer à sua família as bases de uma existência estamental apropriada [*standesgemäßige Existenz*].

A despeito de sua situação economicamente decadente, os *Junker* continuavam desempenhando um papel proeminente na condução do Estado alemão. A origem de seu poder, tanto na Prússia quanto na totalidade do *Reich*, estava fortemente ancorada no monopólio que exerciam sobre a seleção dos quadros administrativos e militares.

"Esse monopólio estava reforçado pelo sistema de *fideicomisso* ou de terras vincula-das, que garantia um título aristocrático aos donos de determinadas propriedades e postos administrativos a seus filhos" [(BEETHAM, 1979: 245), tradução nossa e grifo do autor]. Os *Junker* aproveitavam-se, portanto, dessa condição para assegurar o seu prestígio e disseminar os valores da aristocracia agrária entre os demais estratos sociais. Se, por um lado, a valoração social da propriedade rural pavimentava os ca-minhos desses indivíduos rumo ao alto escalão do funcionalismo público, a posição estratégica que ocupavam na burocracia estatal encarregava-se, por outro lado, de re-produzir as condições para o alargamento de suas propriedades e, consequentemente, de seu esplendor perante os olhos da "boa sociedade".

A burguesia alemã, por sua vez, sucumbia à mística dos valores aristocráticos e colaborava para repor os pressupostos que sustentavam o *establishment*, incorporan-do as normas sociais oriundas da nobreza e aceitando de bom grado a tutela política dos senhores de terras. Weber revoltou-se contra a impotência política de sua classe e desferiu violentas críticas a respeito do que julgava covardia e ausência de "vontade de poder" [*Machtinstinkt*] por parte dos burgueses. Aos seus olhos, eles carregavam parte da responsabilidade pelo cenário que se desenhava desfavorável aos interesses nacionais porque aceitavam que a Alemanha fosse conduzida por uma classe de pro-prietários rurais decadentes cada vez menos imbuídos daquela perspectiva que deter-minou a vitória sobre os franceses e assegurou a unificação germânica. A imaturidade política da burguesia constituía, portanto, uma evidência de que "[...] *o poder econô-mico e a vocação para a direção política da nação nem sempre coincidem*" [(WEBER, 1986: 72), grifos do autor].

> Em todas as épocas, *atingir o poder econômico* foi o que permi-tiu a uma classe conceber-se como *candidata ao poder político*. É perigoso e incompatível a longo prazo com o interesse nacional que uma classe economicamente decadente mantenha em mãos a dominação política. Mais perigoso ainda, contudo, é quando classes *para as quais* se movimenta o poder econômico, e com isso a candidatura para a dominação política, ainda não estejam politicamente maduras para a condução do Estado. Ambos esses perigos ameaçam atualmente a Alemanha e nisso reside de fato a chave para os presentes perigos de nossa situação [(WEBER, 1986: 73), grifos do autor].

Os êxitos de Bismarck induziram a burguesia, segundo Weber, a confiar em agentes políticos outros que não ela mesma para a consecução de suas metas. Sob a direção do "chanceler de ferro", os anseios burgueses de unificação política da nação e de fomento para a sua modernização econômica[14] concretizaram-se, sem que para tanto fosse necessário ao burguês assumir a posição de protagonista do processo. Desde que seus interesses materiais recebessem a devida consideração por parte dos órgãos estatais, nenhuma oposição era feita à maneira autoritária como o processo de modernização da Alemanha se realizava. Ao que tudo indicava, a burguesia alemã não se mostrava disposta a tomar iniciativas que a lançassem no longo caminho de educação política que lhe permitiria assumir importância nos assuntos do Estado equivalente ao seu protagonismo econômico.

Vale a pena ressaltar, entretanto, que as críticas desferidas por Weber à classe social com a qual se identificava foram consideravelmente mais severas do que as interpretações que estudiosos do *Kaiserreich* construiriam posteriormente acerca das estratégias adotadas pela burguesia nesse período. Wolfgang Mommsen sugeriu, por exemplo, que não seria correto atribuir as carências democráticas da Alemanha à vacilação dos partidos burgueses mediante os princípios do liberalismo. Pelo contrário, tanto o Partido Progressista [*Fortschrittspartei*] quanto o Partido Nacional-Liberal [*Nationalliberale Partei*] estariam efetivamente comprometidos com mudanças constitucionais que arejassem o sistema prussiano, de modo que os traços reacionários do *Obrigkeitsstaat* deviam-se, na realidade, ao fato de que seus discursos não encontraram ressonância entre camadas mais amplas da sociedade (cf. MOMMSEN, 1978). Thomas Nipperdey enveredaria por um caminho semelhante, pontuando que essas agremiações não dispunham de meios para uma oposição contundente ao legado de Bismarck. Nessas condições, as estratégias da burguesia haveriam sido formuladas segundo às premissas da *Realpolitik*, optando-se pela via da negociação política com o fito de evitar tensionamentos que eventualmente provocassem uma radicalização das forças conservadoras (cf. NIPPERDEY, 1995). Embora não seja nossa intenção adentrar nos pormenores dessa controvérsia, julgamos que a versão proposta por tais autores deva ser encarada com ceticismo, pois, nos momentos em que o governo se

---

14 Além de promover a integração comercial da nação, Bismarck garantiu, outrossim, a liberdade de comércio, a padronização da moeda e das práticas comerciais e exerceu influência política para realizar outras adaptações na legislação em prol das necessidades de acumulação capitalística.

vira forçado a contar com o suporte dos partidos burgueses no *Reichstag*, as forças que se autodenominavam "representantes do liberalismo alemão" aproveitaram-se do poder de barganha de que dispunham para fortalecer as suas reivindicações econômicas, e não propriamente no sentido de angariar concessões democráticas.[15]

Consequentemente, a passividade da burguesia perante Bismarck[16] ratificou a estratégia levada a cabo pelo chanceler de esmagar o poder político autônomo onde quer que ele surgisse. Tal estratégia foi aplicada de maneira inflexível a indivíduos, partidos, classes e instituições nacionais. O ocaso do chanceler de ferro deixou como legado, contudo, uma nação desprovida de educação política, acostumada a ser guiada por um grande estadista. Em sua ausência, o governo passou ao controle de uma série de personalidades medíocres, e a classe econômica em ascensão – completamente impotente devido ao seu passado apolítico – viu-se à espera de um novo líder de grande envergadura que ocupasse o vácuo deixado pelo "último e o maior dos *Junker*" (WEBER, 1986: 74). Destarte, Weber sintetizou metaforicamente os resultados da postura adotada pela burguesia alemã à época da unificação assinalando que ela ainda padecia das queimaduras advindas de sua longa exposição ao calor do sol bismarckiano.

Weber sempre procurou deixar claro que seu modo de encarar a política era conformado pela ótica do nacionalismo alemão e do liberalismo burguês – princípios

---

15   Tenha-se em vista, por exemplo, o fracasso da coligação partidária forjada pelo chanceler Bernhard von Bülow nas eleições de 1907. Uma vez que o Partido do Centro [*Zentrum*] deixara de ratificar a política imperialista de Guilherme II, o governo viu aquela que à época era a maior bancada do *Reichstag* migrar para a oposição, de sorte que a resposta encontrada pelo chanceler consistira em articular uma aliança que englobasse Progressistas, Nacional-Liberais e Conservadores em torno das pretensões alemãs no cenário internacional. Esse bloco resistiu às divergências quanto ao direito eleitoral prussiano, e o motivo para sua explosão refere-se, antes, à polêmica acerca da política fiscal do governo. Os partidos envolvidos reconheciam a necessidade de se ampliar a receita em função do aumento de gastos provocado pela política externa, mas nenhum deles aceitou arcar com a responsabilidade material pela "grandeza alemã". Com efeito, a democracia na Prússia era um assunto que requeria negociação e uma certa dose de "paciência histórica", mas o ônus da carga tributária era uma verdadeira queda de braços, e a burguesia não cogitava a possibilidade de ceder sem antes oferecer o máximo de resistência.

16   "Após ter sido conquistada assim a unidade nacional e quando a 'saturação' política estava estabelecida, a burguesia alemã, ébria de triunfo e sequiosa de paz, foi tomada por um singular espírito 'a-histórico' e apolítico. A história alemã parecia ter-se encerrado. O presente era a plena realização dos milênios anteriores – quem se dispunha a perguntar se o futuro poderia julgar de modo diverso?" (WEBER, 1986: 75).

40 Espelho Convexo

estes que se combinavam de uma maneira peculiar, de acordo com a qual o liberalismo subordinava-se necessariamente à meta de grandeza nacional, sendo inclusive apresentado como um instrumento para a sua consecução.[17] Por isso, o apelo que fazia à burguesia para que abandonasse sua passividade e comportamento apolítico embasava-se no julgamento de que era perigoso para a preservação dos interesses do Estado e, consequentemente da cultura germânica, abandonar a condução dos negócios políticos do país aos cuidados de uma classe retrógrada e economicamente decadente. Com muito pesar, no entanto, Weber assinalava que a burguesia alemã não desenvolvia esforços significativos para suprir o seu déficit de maturidade política. Sua atuação não estava, de modo algum, pautada pelo "espírito de 1848", e seria em vão tentar descobrir quaisquer vestígios de idealismo liberal em sua prática cotidiana. Os grandes poderes capitalistas estavam, pelo contrário, comprometidos até a alma com a estrutura autoritária do Estado alemão. Prescindiram da democracia e do governo parlamentar, pois sua estratégia era satisfazer suas necessidades econômicas por meio de pressões "a portas fechadas" sobre os representantes do aparato burocrático. A burguesia estabeleceu, portanto, um acordo com os proprietários rurais ("casamento do ferro e do centeio"),[18] no qual ela fazia concessões aos interesses agrários e garantia, em troca, o apoio do Estado a favor de suas atividades industriais e comerciais.

A covardia política da burguesia também se explicava em grande medida pelo pavor que lhe infundia o ascenso eleitoral e organizacional da socialdemocracia. Os industriais lançavam-se no colo dos setores retrógrados e autoritários que controla-

---

17 Nos próximos capítulos demonstraremos que o liberalismo propugnado por Weber também possuía outras dimensões, como a defesa dos "direitos do homem" e a contraposição aos mecanismos que tendiam a cercear a "personalidade individual". De qualquer forma, recusamo-nos a corroborar as interpretações que apresentam o autor como uma espécie de paladino da ideologia liberal. Apontar o liberalismo weberiano como pura manifestação de valores humanistas seria um equívoco tão grosseiro quanto a equiparação de sua perspectiva nacionalista ao romantismo chauvinista da Liga Pangermânica.

18 "O *Junker* está envolvido em todos os conflitos sociais e econômicos que ameaçam a sua existência [...]. Enquanto a exportação de cereais para a Inglaterra floresceu, ele foi o mais forte defensor do livre comércio, o mais ferrenho adversário da jovem indústria alemã do Oeste, que necessitava de proteção; mas, quando a concorrência das terras mais novas e baratas o expulsaram do mercado e finalmente o atacaram em sua própria pátria, ele se tornou o mais importante aliado daqueles industriais que, ao contrário de outros ramos importantes da indústria alemã, exigiam proteção" (WEBER, 1982a: 433).

vam politicamente a Alemanha porque não se sentiam capazes de resistir às prováveis conquistas do movimento operário num regime plenamente democrático.[19] Não obstante os esforços de Weber para desconstruir o "fantasma vermelho" – contrastando a "oca fraseologia revolucionária" do proletariado alemão à capacidade da classe trabalhadora inglesa e francesa de orientar-se realisticamente para a consumação de seus interesses econômicos –, o comportamento burguês perante a emergência política das massas continuou sendo pautado pela ansiedade quanto ao "advento de um novo César" (WEBER, 1986: 75), que fosse capaz de protegê-la contra "os de baixo".

Paralelamente, os capitalistas imprimiram uma tonalidade marcadamente autoritária às relações industriais. Aos trabalhadores era negado o direito de associação, e os patrões detinham a prerrogativa de demitir todos aqueles que eventualmente demonstrassem sinais de espírito reivindicativo. Nesse aspecto, as fábricas representavam um microcosmo da essência autoritária do Estado. O capitalista compensava sua pouca influência na esfera política empenhando-se em demonstrar que era ele quem realmente ditava as ordens no interior da fábrica (cf. BEETHAM, 1979: 251-2). A crítica de Weber à conduta marcadamente autoritária que os empresários adotavam em relação ao operariado ditaria, portanto, o eixo de suas intervenções nos congressos organizados pela *Verein für Sozialpolitik*, entre 1905 e 1909, acerca das relações de trabalho nas grandes corporações alemãs. No seu entender, a estratégia adotada pela patronal com vistas à contenção da luta de classes não surtia outro efeito senão torná-la ainda mais ácida. O comichão senhorial que acometia os fabricantes atuaria, pois, como um fator de degradação do caráter dos trabalhadores – e, em um nível mais amplo, da própria cultura germânica – na medida em que se orientava pela reprodução de um modelo de obediência que tendia ao aniquilamento da personalidade do operário e seu rebaixamento à condição de mero autômato, absolutamente servil e desprovido de vontade independente (cf. WEBER, 1988w: 396). Assim, o ponto de vista do "senhor em sua própria casa" [*Hausherrentums*] redundaria exatamente no

---

19 "Em particular depois de terem percebido nos socialdemocratas um perigo claro e real, [os magnatas do capital] praticamente abandonaram o que restava de disputa por uma parcela de poder político proporcional a suas posições materiais recentemente conseguidas. Em vez de exercer pressão por uma democratização política, a burguesia alemã agrupou-se em torno de partidos moldados à sua própria imagem subserviente, que se restringiam basicamente à defesa e promoção de seus interesses econômicos" (MAYER, 1987: 104).

sentido oposto ao que se desejava porque cumpria o papel de legitimar aos olhos das massas proletárias o discurso radical do SPD.

Weber não ignorava as divergências internas da socialdemocracia, e a estratégia mais inteligente que visualizava naquele momento seria a disposição do empresariado para explorar essas contradições. No entanto, as tentativas de esmagar o espírito de reivindicação dos trabalhadores e a incorporação de atitudes policialescas face às mobilizações operárias atuavam precisamente como elementos de conciliação entre as lideranças sindicais moderadas e os portadores da ideologia subversiva que controlavam o aparato partidário. "Qualquer um que possua contato com os trabalhadores sabe que a guerrilha cotidiana contra o Estado prussiano e a sua polícia obriga-os a ter o partido atrás de si e que o partido teria de ser fundado se ele não existisse" [(WEBER, 1988w: 398-9), tradução nossa]. Por essas razões, Weber manifestou-se contrário à proposta acalentada por Schmoller e Wagner – aliás, um ideal bastante enraizado entre os assim denominados "socialistas de cátedra" – de conferir ao Estado um papel de intermediação das relações de trabalho, inclusive com a nomeação de funcionários públicos para os órgãos gestores dos conglomerados industriais.[20] Os defensores desse projeto não faziam questão de esconder que suas diretrizes estavam em grande medida condicionadas pelo propósito de evitar que também em solo alemão se desenrolassem sublevações análogas àquelas vivenciadas pela Rússia. Por conseguinte, Weber objetou uma vez mais que o remédio prescrito não faria senão potencializar a doença que se almejava sanar. Em sua percepção, a onda de greves que assolou o império do czar tinha como origem um Estado policial autocrático que rejeitava qualquer intervenção autônoma da sociedade civil nos rumos da vida pública, de modo que o aumento das prerrogativas governamentais – atribuindo-lhe a função de *pater familias* a velar pela ordem no mundo do trabalho – somente aumentaria os

---

20 As divergências externadas por Weber em relação a essa proposta também estavam embasadas numa avaliação crítica dos resultados da intervenção pública naqueles ramos da economia onde a presença do Estado já era bastante considerável. No caso das minas de carvão, por exemplo, não se observara qualquer efeito salutar em relação às políticas sociais ou à redução dos custos do produto final. Além disso, Weber julgava prudente evitar que o Estado tomasse determinadas proporções que comprometessem o dinamismo social e econômico. Nos capítulos seguintes retomaremos essa questão à luz da análise desenvolvida por Weber acerca dos processos de burocratização e suas consequências face ao estrangulamento da "liberdade" na sociedade moderna.

riscos de que se transferissem para as fábricas alemãs o caldo de insatisfação social que havia fermentado a revolução no Oriente (cf. WEBER, 1988w: 412).

Numa palavra, Weber assinalava que a resposta mais apropriada à luta de classes por parte da burguesia alemã consistiria no próprio reconhecimento de sua inexorabilidade. Os conflitos de interesses materiais apresentavam-se como uma realidade inerente à moderna sociedade industrial, e os exemplos contemporâneos atestariam que a persecução do lucro tendia a deparar-se com menores turbulências em contextos onde os sindicatos operários eram legitimados em sua função representativa, isto é, enquanto interlocutores de negociações que visavam algum patamar de acordo entre as classes sociais envolvidas no processo de produção. Ao passo que as tentativas de negar os conflitos de interesses por meio da repressão política desembocaram, à leste, em greves de massas que ameaçavam as condições básicas de sustentação do *establishment* czarista, as democracias representativas do Ocidente ofereciam exemplos de sociedades caracterizadas por uma relativa estabilidade política. Ao abdicar do ponto de vista do "senhor em sua própria casa", os empresários alemães continuariam tendo de haver-se, periodicamente, com greves destinadas a uma redistribuição mais equânime do produto social. No entanto, a canalização dos protestos para instâncias onde eles pudessem ser negociados com base em parâmetros legais tenderia a minimizar o ímpeto dessas irrupções. Weber argumentava, por um lado, que a formação de uma "aristocracia operária" incidiria como fator de contenção da "virulência revolucionária"[21] e estimularia, por outro

---

21 "A pergunta que se coloca, então, é saber quem teria, a longo prazo, mais a recear: a sociedade burguesa ou a socialdemocracia. Pessoalmente, sou da opinião que é a última, isto é, aqueles elementos em seu meio que são portadores da ideologia revolucionária. Certos antagonismos no interior da burocracia socialdemocrata já são, hoje, visíveis a qualquer um. E se os antagonismos entre os interesses de provimento material do político profissional, por um lado, e a ideologia revolucionária, por outro lado, pudessem desenvolver-se livremente – caso não mais se desejasse excluir os socialdemocratas [...] das associações de veteranos, caso eles fossem aceitos na administração eclesial [...] –, então teriam efetivamente início no partido graves problemas internos. A virulência revolucionária cairia, a partir desse momento, em sérios perigos e isso mostraria que por tal caminho não seria a socialdemocracia a conquistar as cidades ou o Estado, senão, pelo contrário, que o Estado conquistaria a socialdemocracia. E não compreendo em que medida a sociedade burguesa, como tal, deveria enxergar nisso um perigo" [(WEBER, 1988w: 409), tradução nossa].

lado, a anuência da classe trabalhadora para um projeto de afirmação internacional da Alemanha entre as potências mundiais.[22]

Não há sombra de dúvida de que a ascensão da socialdemocracia e as estratégias desenvolvidas por seus antagonistas para combatê-la figuram na história do *Kaiserreich* como um de seus capítulos centrais. Apesar disso, seria evidentemente um exagero qualquer tentativa de se explicar as debilidades políticas da burguesia somente em função dessa variável, haja visto que o programa liberal-democrático encontrou uma atmosfera cultural igualmente desfavorável após 1870. A vitória militar sobre a França e a subsequente unificação política da Alemanha legitimaram o "militarismo dinástico" aos olhos da burguesia e castraram as pretensões democráticas da oposição liberal. Enquanto o problema central do movimento democrático de 1848 expressara-se pela consigna "unidade por meio da liberdade", os aplausos da burguesia à obra de Bismarck ratificaram uma nova ordem de valores em que a "unidade" se antepunha à "liberdade". O predomínio da Prússia nesse processo teve forte impacto no plano cultural porque contribuiu para moldar a sociedade alemã num ambiente dominado pela tradição militar de comando e obediência. Dessa forma, invertia-se uma vez mais a perspectiva do liberalismo de março de 1848, e o projeto de "dissolução da Prússia na Alemanha" sucumbia à "prussificação" da Alemanha. As "virtudes" do exército prussiano difundiram-se pelas diversas instituições sociais – *Reichstag*, administração pública, universidades etc. –, e a glorificação da força tornou-se princípio orientador da conduta dos membros das camadas superiores.

As velhas famílias de oficiais cultivam, ao seu modo altamente honorífico, e em condições econômicas extremamente modestas, a tradição do velho exército prussiano. As famílias dos servidores públicos seguem o mesmo exemplo. Não importa se essas famílias são, ou não, de nascimento nobre; economicamente, socialmente e segundo seu horizonte, elas constituem um grupo de classe média burguesa. Em geral, as formas sociais do corpo de oficiais alemão são absolutamente adequadas à sua natureza e em suas características decisivas assemelham-se claramente às características do corpo de oficiais das democracias (da França e também da Itália). Esses traços, porém, tornam-se imediatamente uma caricatura quando os círculos não-militares os consideram também como modelo de sua conduta. (WEBER, 1982b: 439).

---

22 "Não há nada, por agora, que mais se interponha à validade do nosso poder e à nossa significância cultural do que excluir permanentemente de nosso meio [...] aquela medida de liberdade que outras nações já conquistaram" [(WEBER, 1988w: 412), tradução nossa].

O espírito bélico impregnava de tal modo a conduta das camadas superiores na Alemanha Guilhermina que a burguesia – como condição para ser aceita nos círculos da aristocracia – incorporou com prontidão o modelo do oficial prussiano e concedeu-lhe posição privilegiada em sua escala de valores. As formas militares de comportamento e sentimento desempenharam, então, um papel de destaque na formação da personalidade burguesa. Assim, os magnatas do capital, acompanhados por uma parcela muito representativa das "classes médias", subsumiram-se ao "*habitus* guerreiro*"* que orientava o comportamento da nobreza dinástica e reforçava o autoritarismo do Estado Hohenzollern (cf. ELIAS, 1997). É desnecessário dizer que a proeminência dos *Junker* no aparato estatal alemão servia para assegurar os seus interesses econômicos particulares e, ao mesmo tempo, transformar o seu sistema de valores em norma de conduta para as demais camadas da sociedade. As propriedades rurais a leste do Elba formavam a base socioeconômica do exército prussiano e da administração pública, sendo as altas patentes e os cargos burocráticos em grande medida uma prerrogativa da aristocracia fundiária. Dessa forma, os *Junker* faziam da tradição de mando e obediência que ditou por um longo período as relações patriarcais nas províncias orientais o substrato ideológico do aparato institucional alemão.

Weber lamentava a supremacia dos valores oriundos do código militar prussiano na vida social do *Kaiserzeit*, pois percebia com clareza que o espírito bélico e as normas de conduta da "boa sociedade" minavam o reflorescimento dos ideais liberais. De fato, a burguesia abandonava o seu código de cultura e moralidade em prol da adoção do código de honra guerreiro. Os ideais humanitários e a aposta no "progresso" cediam terreno no imaginário burguês à glorificação da força e ao apreço pela rigidez hierárquica.[23] Esse processo era entendido por Weber como prova da capitulação da burguesia perante os valores da aristocracia fundiária e demonstração de sua incapacidade para afirmar uma perspectiva ideal própria. Aos seus olhos, as qualificações exigidas para que um indivíduo ascendesse em termos de *status* social

---

23 "Por certo, ainda havia seções da burguesia alemã que continuaram depois de 1871 a justificar-se em termos do conceito de cultura e em cujo código de comportamento e sentimento os ideais humanitários e os problemas de moralidade ainda ocupavam uma posição central. Mas grandes parcelas da burguesia [...] adotaram como próprio o código de honra da classe alta. E na hierarquia de valores representada por esse código, especialmente em sua versão prussiana, as realizações culturais e todas as coisas que tinham sido caras à burguesia alemã na segunda metade do século XVIII, incluindo a humanidade e a moralidade generalizada, tinham uma classificação inferior, quando não eram desprezadas" (ELIAS, 1997: 112).

chocavam-se frontalmente com os pressupostos de democratização política e sequer proporcionavam o resplendor das formas exteriores que distinguiram os círculos aristocráticos em outras nações. Numa palavra, as convenções alemãs originavam uma pseudoaristocracia desprovida de cultivo requintado e dignidade estética, servindo apenas para domesticar os homens que almejavam o reconhecimento concedido àqueles que detinham a patente de oficial. "É essa contradição interior que convida ao ridículo e tem efeitos políticos tão desfavoráveis" (WEBER, 1982b: 445).

A "capitulação" de industriais e negociantes contribuía em grande medida para assegurar a proeminência política da aristocracia fundiária,[24] a despeito da decadência econômica vivenciada pelos *Junker*. Os grandes latifundiários aproveitavam-se dessa submissão e neutralizavam os focos de oposição liberal por meio de uma cooptação seletiva dos elementos burgueses ávidos por *status* e ascensão social. Para obter aceitação nos círculos da aristocracia tradicional, ter acesso às posições de comando na administração pública ou alcançar uma patente de oficial, o burguês deveria matricular-se numa universidade e seguir rigorosamente os padrões de conduta do código aristocrático. Também veremos, pouco adiante, que o governo prussiano criara mecanismos que favoreciam a integração da burguesia aos círculos aristocráticos. A legislação que regulamentava a posse de fideicomissos instituía um canal de acesso por meio do qual se legitimava o "enobrecimento" das grandes fortunas. A conciliação do Capital com o "espírito aristocrático" não se realizava, contudo, de maneira plena; reservava-se ao *parvenu* uma influência política reduzida e sua admissão entre as camadas de *status* privilegiado implicava sua subsunção ao papel de "cortesão de segunda classe" (cf. WEBER, 1988v: 379).

Além disso, as confrarias estudantis cumpriam um papel-chave na trajetória que conduzia os *nouveaux riches* aos estratos superiores da sociedade imperial ale-

---

24 Geoff Eley apresenta estatísticas que atestam a hegemonia incontestável de indivíduos oriundos da nobreza no alto escalão do *Kaiserreich*. Em 1914, o departamento de assuntos internacionais era comandado por oito príncipes, vinte e nove condes, vinte barões e apenas onze servidores que não possuíam ascendência nobre. No que diz respeito à administração prussiana, 62% de seus conselheiros ostentavam, por volta de 1890, títulos de nobreza. "Quanto às indicações realizadas entre 1888 e 1891, 62% entre os *Oberpräsidenten*, 75% entre os *Regierungspräsidenten* e 83% dos diretores de polícia eram nobres. Vinte anos mais tarde, todos – com exceção de apenas um – *Oberpräsidenten* e vinte e três dentre trinta e sete *Regierungspräsidenten* permaneciam aristocratas" [(ELEY, 1984: 214), tradução nossa].

mã.[25] Sua tarefa era incutir na mentalidade dos estudantes o código dos grupos dominantes, regulado segundo as prerrogativas de comando e obediência típicas da tradição prussiana. O código comum dessas associações contribuiu, portanto, para modelar o padrão de comportamentos e sentimentos das classes altas alemãs (cf. ELIAS, 1997: 56), e a adequação do burguês às suas regras era condição *sine qua non* para que recebesse da aristocracia um tratamento menos sobranceiro. A preparação que as pessoas recebiam no seu interior tinha como princípio norteador a melhor inserção numa ordem social estritamente hierárquica e consistia, basicamente, na obrigação de tomar parte em bebedeiras vultosas e provar a própria coragem em ritos duelísticos. Weber salientava que o pertencimento a alguma dessas confrarias não oferecia aos seus membros as bases para uma personalidade cosmopolita. As cerimônias ali cultivadas pareciam-lhe dotadas de um falso glamour que, em sua essência, não se diferenciavam de outras práticas de caráter plebeu. Tais instituições poderiam ser, quiçá, toleradas como simples demonstração de "exuberância ingênua, juvenil", não fosse pelo fato de que elas eram vistas pela elite alemã como um meio de educação aristocrática que habilitaria seus membros à liderança do Estado (cf. WEBER, 1982b: 441).

> Sabe-se bem que as associações estudantis constituem a educação social típica de aspirantes a postos não-militares, sinecuras e profissões liberais de alta posição. A "liberdade acadêmica" de duelar, beber e faltar a aulas vem de um tempo em que as outras liberdades não existiam na Alemanha e quando somente a camada de letrados e candidatos a cargos públicos tinha o privilégio de desfrutá-las. A influência, porém, que essas convenções tiveram sobre a aparência geral da classe dos homens que dispõem de um diploma acadêmico na Alemanha não pode ser eliminada, nem mesmo hoje. [...] Pelo contrário, o sistema de fraternidades estudantis expande-se cada vez mais, pois as ligações sociais que

---

25 "Para muitos [de seus membros], as associações de estudantes não representam, de forma alguma, um lugar [dedicado] prioritariamente à preservação da honra e da moral estudantil, senão meramente uma providência para o asseguramento de postos [*Avancementsversicherungsanstalten*]. Os mais lastimosos descendentes dos conselheiros privados e dos conselheiros comerciais alemães devem comprovar ali sua [...] 'coragem' segundo [os critérios da] práxis vigente, deixando-se marcar por uma cicatriz, pois – assim queixaram-se para mim, em repetidas ocasiões, os cuidadosos pais dos envolvidos – isso é imprescindível para a [obtenção] de 'conexões'" [(WEBER, 1988v: 390), tradução nossa].

hoje se criam nessas associações são uma forma específica de selecionar funcionários. E a patente de oficial, que tem como requisito preliminar a filiação a uma associação duelista, garantida de forma visível pelas fitas com as suas cores, dá acesso à "sociedade" (WEBER, 1982b: 440).

A *satisfaktionsfähige Gesellschaft* era, portanto, composta pelos indivíduos reconhecidos como capazes de exigir e dar satisfação num duelo. Os critérios para definir o pertencimento de um indivíduo à "boa sociedade" diziam respeito, sobretudo, à ancestralidade e à posse de títulos fundiários ou acadêmicos, ao passo que eram tratados com desprezo os indivíduos portadores da ética utilitarista peculiar ao individualismo empresarial. A mera riqueza material, por mais avantajada que fosse, não era condição suficiente para que seu portador adentrasse o seleto grupo da "boa sociedade". Dessa forma, era questão de honra para o indivíduo de *status* social elevado restringir-se aos duelos com aqueles que fossem reconhecidos como iguais.[26] O ponto nevrálgico desse problema, consoante Weber, remetia-se, porém, à incompatibilidade entre as prerrogativas de um regime democrático e os princípios norteadores da *satisfaktionsfähige Gesellschaft*. "Como ocorre com todas as outras convenções e formas mantidas pela estrutura da burocracia e modeladas decisivamente pela ideia de honra do estudante alemão, de um ponto de vista formal o conceito de qualificação duelista constitui uma convenção de casta devido à sua natureza peculiar. Nenhuma dessas formas pode ser democratizada" (WEBER, 1982b: 444). Além de controlar as posições privilegiadas[27] na Alemanha, os membros da "boa sociedade" recusavam pe-

---

26 A minuciosa descrição dos ritos duelísticos na obra de Norbert Elias oferece-nos um exemplo de prática social assaz densa que permite problematizar sociologicamente o servilismo burguês perante o código aristocrático durante o período em questão. A adequação burguesa à prática do duelo é emblemática na medida em que revela o esforço dessa classe para ser aceita nos círculos da nobreza. Conforme já indicamos, tal adequação era tida por Weber como sinal da vileza dos seus membros, pois implicava abrir mão de uma perspectiva político-social moldada em parâmetros liberais.

27 Os socialdemocratas apresentariam, em 1913, uma proposta de democratização das forças armadas. De acordo com o texto formulado, visava-se tornar as regras para a obtenção do posto de oficial independentes de uma posição social específica e completamente dissociadas de filiação partidária ou credo religioso. Além de romper com o monopólio *Junker* sobre a alta oficialidade, o projeto em questão almejava derrubar as restrições existentes na Prússia contra a ascensão de socialistas e judeus na hierarquia militar.

remptoriamente a ideia de uma legislação universal. Sentiam-se afrontados diante da possibilidade de ver aplicados às suas fileiras aqueles mecanismos de coerção que tinham como função manter a ordem entre as massas indisciplinadas (cf. ELIAS, 1997: 59). Uma vez que controlavam o aparato coercitivo do Estado, não se submetiam ao monopólio estatal da violência física e entendiam que o poder de punição das instituições deveria ser mobilizado somente no que tangia às infrações da "ralé".

Não obstante a marcada preponderância de valores oriundos da aristocracia agrária e militar no *Kaiserzeit*, expoentes da historiografia contemporânea propuseram um questionamento à ideia de "feudalização" da burguesia na Alemanha. Em *The Peculiarities of German History*, David Blackbourn e Geoff Eley esforçaram-se por demonstrar que, apesar da inegável ligação entre a burguesia e os proprietários de terras, seria mais plausível pensarmos o problema da modernização alemã em termos de um "emburguesamento" dessa sociedade (cf. Blackbourn *et* Eley, 1984: 13). Os autores partem do pressuposto de que não há qualquer relação necessária entre "crescimento econômico" e "processo de democratização". Pelo contrário, a especificidade do capitalismo tardio na Alemanha comprovaria que a burguesia era inteiramente capaz de assegurar a reprodução da ordem econômica capitalista num contexto político autoritário. Aliás, a oposição conjunta da grande burguesia e dos setores agrários em relação aos valores democráticos estaria plenamente adequada aos interesses de acumulação capitalista na medida em que permitia aos industriais reprimir com vigor as reivindicações do movimento trabalhista.

O triunfo apoteótico do modo de produção capitalista surgia, de acordo com a lógica desses autores, como o manancial de onde a classe burguesa extraíra o poder de influência que lhe permitiria, a longo prazo, imprimir as suas feições nos diversos âmbitos da vida social alemã. A ascensão econômica resultante do processo de industrialização haveria forjado entre os empresários, portanto, uma atitude afirmativa em relação ao progresso material que se expressara nas negociações travadas com os representantes do Estado em torno dos incentivos concedidos à industria naval, à expansão das vias ferroviárias e da rede de telégrafos, por exemplo. Por outro lado, argumenta-se que a imagem de uma burguesia "a-heroica" deveria ser posta de lado, tendo-se em vista os esforços que essa classe desprendera no sentido de afirmar uma série de valores próprios no âmbito da sociedade civil.[28] Mais especificamente, os auto-

---

28 Na realidade, tratava-se de um processo com raízes no século XVIII que marcava a transição de uma sociedade corporativa e estamental [*Ständestaat*] para uma nova sociedade burguesa

res creditam-lhe os impulsos para a emergência de uma esfera pública [*Öffentlichkeit*] separada e independente do Estado, amparada nos direitos de associação e nas liberdades individuais. Em suma, o fato de que a Alemanha não fora palco de uma revolução burguesa nos moldes das democracias ocidentais não significava que os representantes do capitalismo germânico houvessem abdicado de uma postura assertiva. Eley desloca, portanto, o foco da análise e sugere que o engajamento de forças progressistas na luta pelo prevalecimento de uma sociedade laica [*Kulturkampf*] e a aprovação de um Código Civil ancorado no humanismo humboldtiano apontavam ali para a ocorrência de uma "revolução burguesa silenciosa" (cf. Eley, 1984: 176-205).

Em que pese a necessidade de reconhecermos os méritos de um trabalho que lança por terra as leituras não mediatizadas acerca da "feudalização" da burguesia alemã, a inversão proposta por Blackbourn e Eley também comporta determinados riscos de interpretação que nos impelem a encará-la com uma certa reserva. Em primeiro lugar, parece-nos evidente que a abordagem do *Kaiserreich* enquanto uma sociedade em vias de "emburguesamento" equivale a um truísmo. Ora, uma vez que o modo de produção capitalista assenta-se em mecanismos sistêmicos que orientam a sua própria reprodução necessariamente em um sentido expansivo, reafirmar a crescente envergadura social e econômica de seus portadores no período subsequente à revolução industrial alemã pouco colabora para a compreensão das especificidades desse país.

Em segundo lugar, existe uma série de fatores que colocam em dúvida – ou ao menos permitem que relativizemos – o alcance das realizações burguesas na Alemanha Guilhermina. A despeito da criação de uma vasta rede de associações voluntárias [*Vereine*] que se convertera em veículo para as aspirações de liderança social dos homens de negócios e de representantes da *intelligentsia*, esses instrumentos não supriram o déficit dessas camadas no que tange à elaboração e afirmação de valores radicalmente distintos dos códigos da *saktisfationsfähige Gesellschaft*. Embora apareçam como um importante capítulo do processo de formação da burguesia enquanto classe, tais associações não estavam, de maneira geral, impregnadas por princípios universalistas. Se, por um lado, é verdade que o discurso proferido por elas dirigia-se a um público mais amplo, existiam uma série de filtros restritivos – materiais e educacionais, basicamente – que as transformavam, por outro lado, em organizações

---

fundamentada em parâmetros legais [*Rechtsstaat*], da qual emergiram o conceito de "cidadão" [*Staatsbürger*] e uma trama de disposições jurídicas que lhe asseguravam o direito à livre disposição da propriedade individual.

controladas por uma elite. Nesse sentido, Blackbourn e Eley admitem que o potencial democrático dessas estruturas não se realizou, de modo que elas se converteram, antes, em círculos corporativos trespassados por rituais e padrões hierárquicos. Aliás, suspeitamos que um levantamento criterioso acusaria, não raro, indivíduos filiados a associações de cunho "burguês" e, paralelamente, a alguma corporação duelística.

A nosso ver, as discussões em torno da tese de "feudalização" da burguesia alemã não teriam provocado tamanha celeuma, caso os sociólogos e historiadores que se debruçaram sobre ela houvessem atentado para o fato de que a maneira pela qual Max Weber assinala as propriedades da classe social à qual pertence estava imbuída, acima de tudo, por intenções polêmicas. Além de abordar provocativamente a subsunção de vastos setores do empresariado aos códigos da *saktisfationsfähige Gesellschaft* e seus impulsos de adequação ao *establishment* prussiano, Weber buscou desnudar os fatores que opunham resistência à modernização da Alemanha. Assim, não há como negar que, mesmo do ponto de vista econômico, o magnetismo exercido pelo prestígio da aristocracia fundiária mostrava-se incongruente com o funcionamento plenamente racional dos negócios capitalistas. Ao analisar o projeto que regulamentaria a concessão de fideicomissos na Prússia (1904), Weber destacou uma tendência de vertiginosa aceleração na concessão de títulos de nobreza associados à posse da terra. "Mais da metade (599 de 1119) dos fideicomissos prussianos foram originados nos últimos cinquenta anos" [(WEBER, 1988v: 328), tradução nossa]. Ao fim e ao cabo, industriais e negociantes investiam uma enorme soma de capitais na compra de propriedades agrárias[29] com o intuito de emular a posição social dos grandes latifundiários. A vaidosa ânsia por *status* que ditava o ritmo dessas transações reforçava-se ainda mais devido ao artigo que previa a necessidade de aprovação pessoal do monarca para a concessão desses títulos [*Genehmigungsverfahren*].

> Os capitalistas industriais e comerciantes começam a absorver, cada vez mais, a terra. Fabricantes e comerciantes, que enriqueceram, compram as propriedades dos cavaleiros, associam a sua posse à família pelo usufruto e usam a propriedade como meio de invadir a classe aristocrática. O fideicomisso do *parvenu* é um dos produtos

---

29 Mencione-se, ainda, que o avanço dos fideicomissos abarcava justamente as parcelas de terras mais ricas em termos de propriedades naturais, ou seja, aquelas porções mais apropriadas para o trabalho agrícola que Weber deseja ver repartidas em pequenas lotes a serem distribuídos pelo governo aos camponeses alemães em prol da defesa da germanidade no leste.

característicos do capitalismo num país antigo com tradições aristocráticas e uma monarquia militar (WEBER, 1982a: 434).

A preocupação de Weber mediante esse fenômeno relacionava-se, por outro lado, com os riscos que uma orientação econômica parasitária acarretariam para as ambições internacionais da Alemanha. Isto porque as motivações para a "caça aos fideicomissos" residiam não somente no canto de sereia do ideal cortesão-aristocrático, mas igualmente nos benefícios advindos da renda do solo, pois, assim como a posse de títulos financeiros, tratava-se de um investimento de baixíssimo risco que proporcionava aumentos substanciais do patrimônio. Além de representar uma negação das virtudes idealmente burguesas de engajamento no trabalho vocacional, a inclinação dos homens de negócios para o usufruto da renda do solo absorvia um montante de recursos que, de outra forma, seriam canalizados para a esfera produtiva. Weber considerava, portanto, que a atração dos capitalistas pelos símbolos de uma época passada comprometia a posição da indústria germânica na competição com as demais nações de capitalismo avançado. A menos que essa tendência fosse revertida, a Alemanha perderia força na disputa por mercados e arriscaria a sua posição enquanto grande potência no cenário internacional. Em suma, os dispositivos legais que regulamentavam a concessão de fideicomissos mostravam-se conflitantes[30] com a perspec-

---

30 As críticas dirigidas por Weber à legislação que regulamentava a concessão de fideicomissos e à maneira fetichista pela qual a burguesia encarava a posse de títulos fundiários não constituem, porém, um caso isolado de deturpação da racionalidade econômica capitalista em função do papel de subordinação política dos homens de negócios à liderança dos *Junker*. Em meados da década de 1890, os latifundiários empreenderam uma ofensiva contra os esforços iniciados pelo chanceler Caprivi no sentido de imprimir um novo curso à política econômica alemã. A nova orientação consistiria em uma "diagonal conservadora-liberal" que se traduziria por uma equiparação entre os interesses agrários e industriais. Os senhores de terras enxergavam nesse propósito uma ameaça à hegemonia conservadora, e uma das principais articulações que empreenderam para barrar o novo curso foi a aprovação de uma lei que proibia a transação de cereais pela bolsa de valores [*Börsengesetz*]. O objetivo dessa lei consistia, essencialmente, em resguardar os preços do trigo contra a concorrência internacional, garantindo que sua comercialização no mercado interno fosse realizada em termos vantajosos aos latifundiários. Weber censurou veementemente a medida em questão porque julgava que ela se mostraria ineficiente e, sobretudo, contrária aos interesses alemães. Aos seus olhos, tratava-se de um golpe que objetivava provocar alterações na conjuntura econômica que favorecessem a preservação do poder político dos *Junker* em detrimento da importância da bolsa de valores alemã e da própria política econômica nacional. A miopia dos responsáveis pelo projeto evidenciava-se no fato de

tiva de uma existência nacional sólida e independente. Aos olhos de Weber, pactuar com os setores da burguesia que compravam terras para viver de rendas conforme os aristocratas a leste do Elba seria uma opção desastrosa que impediria os alemães de realizar "conquistas econômicas por todo o mundo" (WEBER *apud* MOMMSEN, 1984: 91) e os transformaria numa presa fácil para os demais países imperialistas.

---

que não se lograva efetivamente proteger a agricultura alemã contra a especulação internacional, senão apenas deslocar o *locus* do comércio de cereais da bolsa de valores de Berlim – onde estava sujeito à legislação nacional e ao poder de influência do governo germânico – para os pregões de Nova Iorque (cf. WEBER, 1999b).

2.

O levante proletário de 1905 e o problema da viabilidade do programa democrático-burguês sob a égide do "capitalismo tardio"

> É ridículo no mais alto grau imaginar qualquer afinidade eletiva entre a "democracia" ou a "liberdade" (em qualquer sentido que essas palavras possam ter) e o alto capitalismo dos nossos dias – fase "inevitável" do nosso desenvolvimento econômico, o qual predomina nos Estados Unidos e agora está sendo importada pela Rússia. A única pergunta razoável que se pode fazer é esta: como é "possível" a persistência da democracia e da liberdade sob o domínio do alto capitalismo? Na realidade, esses ideais só subsistem lá onde a vontade resoluta de uma nação se opõe constantemente a deixar-se conduzir como um rebanho de ovelhas. "Contra a correnteza" das constelações materiais, nós somos "individualistas" e partidários de instituições "democráticas". Quem quiser servir de biruta para indicar as tendências da evolução política deve abandonar o quanto antes esses ideais antiquados (WEBER, 2005a: 103-4).

O episódio conhecido como "domingo sangrento" é amplamente reconhecido no debate historiográfico como o estopim da revolução russa de 1905. De fato, a revolta generalizada que suscitou em amplas camadas da população fora em grande medida responsável pela furiosa radicalização dos protestos ulteriores. Em 22 de janeiro,[1] centenas de milhares de manifestantes – em sua maioria trabalhadores com suas esposas e filhos – caminharam pacificamente em direção ao Palácio de Inverno.

---

1   9 de janeiro no calendário antigo.

Repleto de retratos do czar, ícones sagrados e bandeiras da Igreja, o cortejo liderado pelo padre Gapon[2] pretendia entregar ao governo autocrata uma petição na qual, "humilde e respeitosamente", eram apresentadas as suas reivindicações. O czar recusou o diálogo e os soldados que montavam guarda em frente ao Palácio receberam ordens expressas de disparar contra a multidão (cf. DEUTSCHER, 2005: 148). Entre mortos e feridos, a carnificina resultou em quatro mil vítimas.

Logo no dia seguinte ao massacre, o czarismo tentou precaver-se mediante a indignação popular proibindo as assembleias e ordenando que a polícia prendesse todos os suspeitos de fomentar greves. Embora milhares de trabalhadores tenham sido detidos e prontamente enviados para o exílio, tais medidas não surtiram o efeito desejado. A revolta alastrou-se tal qual rastro de pólvora chamuscada, e os meses de janeiro e fevereiro, considerados isoladamente, viram greves deflagradas em maior quantidade do que qualquer pico de mobilização anterior.[3] As demandas dos grevistas em geral incluíam melhores salários, fim da disciplina arbitrária imposta nas fábricas e direitos de representação (cf. ANDRLE, 1994: 106). A repulsa à intransigência autocrática e aos métodos violentos do czarismo era tão acentuada que em algumas ocasiões os trabalhadores deflagravam greve antes mesmo de terem formulado as suas reivindicações.

A questão étnica e cultural tornava a situação particularmente explosiva na periferia não-russa do império czarista. Nas províncias bálticas e na Ásia Central era crescente a hostilidade contra a dominação russa. Os finlandeses viram com desgosto as suas tradições liberais serem sufocadas com a dissolução da Dieta em 1899, e os armênios protestaram veementemente quando Plehwe confiscou as finanças de sua Igreja. A política de russificação era sistemática e chegara ao ponto de obrigar que a literatura polonesa fosse ensinada em russo.

O clima revolucionário de 1905 deu, portanto, ânimo e continuidade às lutas por autonomia cultural e direito de existência nacional. A Polônia encontrava-se febricitante e, embora reunisse apenas um décimo da população total do império, contou sozinha com grevistas em quantidade similar ao registrado no restante da Rússia.

---

2   Sacerdote da Igreja Ortodoxa e organizador da Assembleia de Trabalhadores Industriais Russos, entidade sindical patrocinada pela polícia secreta de São Petersburgo.

3   "O número médio anual de grevistas na Rússia, durante os dez anos que precederam a revolução, foi de 43.000. Houve portanto no total 430.000 grevistas durante os dez anos que antecederam a revolução. Em Janeiro de 1905, primeiro mês da revolução, contaram-se 440.000 grevistas. Ou seja, em apenas um mês, mais do que durante os dez anos anteriores!" (LENIN, 1917).

Em Varsóvia, os trabalhadores ergueram barricadas e o choque com a polícia resultou em mais de duzentos mortos e feridos. Além da Polônia, também a Geórgia, Ucrânia e Finlândia foram palco de passeatas massivas que não raro terminavam em confronto armado. Motins e bandeiras vermelhas ditavam o tom da oposição às investidas do governo de São Petersburgo para aumentar o seu controle sobre a periferia não-russa.

A dinâmica dos acontecimentos subsequentes ao "domingo sangrento" exerceu uma atração magnética sobre Weber.[4] Embora ponderasse que, em virtude do ritmo acelerado no qual se processavam as disputas políticas na Rússia, haveria enorme risco de ver seus esforços desatualizados em curto lapso de tempo – talvez mesmo entre a revisão das provas e a impressão dos exemplares – Weber publicou, em 1906, dois artigos em *Archiv für Sozialwissenschaft und Sozialpolitik* nos quais transparecia toda a tensão febril que seu olhar interessado dirigia ao império do czar.

Nessa época, lutava ainda para recuperar-se de um esgotamento nervoso que durante anos condenara-lhe a "trevas estuporantes", comprometendo a regularidade de sua produção acadêmica. Em decorrência da crise emocional que o acometera, Weber afastou-se das atividades docentes que então realizava em Heidelberg, e o trabalho intelectual de uma maneira geral transformou-se para ele num fardo. As poucas tarefas que efetivamente concluíra – como, por exemplo, a primeira parte do ensaio metodológico sobre Roscher e Knies – custavam-lhe noites de sono e eram seguidas por novos períodos de inatividade.

Indícios consistentes de recuperação surgiram, contudo, ao longo de uma viagem aos Estados Unidos em 1904, quando aceitou o convite para tomar parte em um congresso acadêmico organizado em conjunto com a Exposição Universal, que

---

4   O interesse de Weber pela Rússia é, sem embargo, anterior à revolução de 1905. Tanto os escritos do filósofo Vladimir Soloviev como a literatura de Dostoiévski e Tolstoi eram-lhe bastante familiares. Sobretudo o autor de *Guerra e Paz* causava-lhe verdadeiro fascínio, sendo as referências a ele recorrentes em sua obra. Weber chegou mesmo a anunciar a intenção (que nunca se concretizou) de escrever um livro sobre a ética em Tolstoi. Em vista desses argumentos, constitui um equívoco supor – tal como o faz implicitamente Pipes (cf. PIPES, 1955: 627) – que a Rússia anterior ao período revolucionário não estivesse contida no universo de preocupações intelectuais do autor. Weber partilhava da admiração que não poucos eruditos alemães devotavam ao valor intrínseco das realizações culturais russas, e o fato de que seus trabalhos prévios concentravam-se em outras esferas do conhecimento não deve, entretanto, conduzir-nos ao erro de sugerir que a atenção dedicada à revolução de 1905 tenha sido uma brusca irrupção em sua trajetória intelectual.

naquele ano teria lugar em St. Louis. Mesmo ainda não completamente restabelecido, Weber adentrava, então, uma fase especialmente significativa de sua produção científica, na qual vieram a público não apenas a famigerada "A ética protestante e o 'espírito' do capitalismo" [*Die protestantische Ethik und der Geist des Kapitalismus*], mas também os escritos em questão sobre a Rússia de 1905 (cf. WEBER, 2003).

Aliás, os vínculos existentes entre esses empreendimentos teóricos não se resumem à proximidade cronológica de suas publicações. Em que pese o cuidado de Weber em precaver o leitor sobre o caráter meramente "jornalístico" de seus artigos sobre a revolução russa – isto é, ressaltando as diferenças entre os limites dessas contribuições e os parâmetros de um trabalho especializado orientado por critérios propriamente científicos –, há um eixo balizador comum que os une aos estudos sobre o "calvinismo" e a "gênese do capitalismo", a saber, a tentativa de precisar em que medida as liberdades individuais podem ainda enraizar-se naquelas condições particulares que definem a sociedade moderna. Enquanto sua primeira abordagem dessa questão concentrava-se no processo histórico expresso pelo desdobramento da racionalidade em formas extremas que ameaçavam aprisionar o indivíduo em uma malha social irreversivelmente burocratizada, o esmiuçamento dos conflitos políticos na Rússia retomaria, pouco mais tarde, o problema relativo à autonomia individual, dessa vez enfocada sob o ângulo das pressões exercidas pelo desenvolvimento do capitalismo tardio em contradição com as exigências de um regime político democrático.

Num primeiro momento, o desafio de Weber consistiu em angariar fontes pormenorizadas sobre os desenlaces políticos e os pressupostos históricos da revolução russa. A seu ver, a cobertura oferecida pela imprensa alemã era absolutamente insatisfatória, pois a linha editorial conservadora da maioria dos jornais traduzia-se em abordagens hostis em que a condenação do movimento revolucionário relegava a último plano a abrangência e minuciosidade das informações disponibilizadas aos leitores. Exemplos dessa postura editorial encontravam-se nas páginas do *Berliner Tageblatt*, que inicialmente enquadrara a conjuntura russa no contexto da história européia contemporânea, traçando paralelos entre o drama vivenciado a leste e a insurreição da comuna de Paris, ou mesmo situando a Rússia ao lado da realidade francesa anterior a 1789. Já em fevereiro de 1905, porém, a seção desse periódico destinada ao tema fora pejorativamente designada "os motins russos" [*Die russischen Wirren*], e a argumentação subjacente aos artigos levava a crer que a situação presente era mera consequência da postura frouxa do governo czarista perante o movimento revolucionário. Embora o leitor pudesse encontrar ali relatos sobre greves operárias e agitações camponesas, não se lhe apresentava qualquer imagem clara sobre os contornos do movimento democrático, e a antipatia que o *Berliner Tageblatt* devotava à revolução russa fora apenas atenuada pela participação do jornal na campanha internacional pela libertação de Máximo Górki. Mesmo em órgãos de coloração liberal como o *Frankfurter Zeitung*, o distanciamento perante a radicalidade do movimento democrático transparecia-se em matérias pouco densas no que tange ao conteúdo e relativamente conservadoras quanto ao tratamento político dos fatos. Relutava em designar os acontecimentos políticos na Rússia enquanto manifestações de um processo revolucionário e, em sua retrospectiva do ano 1905, lamentou o caos que reinava a leste, apresentando críticas pouco substantivas à capacidade de negociação das forças liberais na Rússia. Em suma, a abordagem da imprensa alemã revelava uma negação em sentido tendencialmente conservador do significado histórico da revolução de 1905, e os excessos decorrentes desse enviesamento inviabilizaram uma reconstrução factual que efetivamente instruísse o leitor sobre os traços fundamentais do desenvolvimento histórico do Estado czarista e lançasse alguma luz sobre a disposição relativa e a correlação de forças entre os diversos componentes societários (cf. DAHLMANN *et* MOMMSEN, 1989).

Em compensação, Weber construiu uma frutífera interlocução com cientistas e estudantes russos que gravitavam em torno do salão de leituras fundado em Heidelberg pelo conceituado médico N. I. Pirogov. Desde então, a universidade local figurava como um polo de atração para diversos estudiosos de origem eslava que se dirigiam à Alemanha em busca de formação intelectual e, em razão da importância que veio a assumir enquanto centro de afluência da *intelligentsia* daquele país, chegou a ser denominada "uma sociedade russa em miniatura". O prestígio de que gozava o salão de leituras rendeu-lhe inclusive a visita do escritor Turgeniev, que em 1862 aceitara o convite para falar sobre seu romance "Pais e Filhos" por conta da enorme sensação que a obra havia provocado na cidade.

A importância assumida pelos círculos russos nas universidades alemãs não se devia, porém, unicamente às atividades culturais que fomentavam. Os clubes e salões de leitura nos quais transitava a *intelligentsia* eslava também serviram de palco a discussões políticas, de modo que a revolução de 1905 encontrou vívida ressonância entre os imigrantes radicados em Heidelberg e atraiu sua irrestrita simpatia para a causa do movimento democrático. Ao contrário dos valores militaristas e aristocráticos que orientavam a conduta dos estudantes alemães, os jovens universitários russos eram influenciados por ideais de cunho progressista e dividiam-se entre os gradientes do espectro político que variavam da democracia-contitucional à socialdemocracia.[5] É provável que Weber tenha conhecido vários desses estudantes por intermédio de Bogdan Kistjakoviskij, pesquisador que havia trabalhado sob a orientação de Georg Simmel e colaborador ativo da União Libertadora. Kistjakoviskij também é apontado como o responsável por ter chamado a atenção de Weber para um esboço constitucional elaborado pelo grupo liderado por Peter Struve,[6] por meio do qual lhe foi possível formar um quadro preciso das metas políticas de uma das principais correntes do liberalismo russo.

Weber sentira-se, então, responsável por chamar a atenção da opinião pública em seu país para a dramaticidade do cenário russo e, em especial, por remetê-la ao significado político do programa constitucionalista esboçado pela União Libertadora. Além disso, encarou esse desafio como uma excelente oportunidade para promover uma reconfiguração editorial da *Archiv für Sozialwissenschaft und Sozialpolitik*. Seus planos visavam incrementar o órgão do qual era co-editor com eventuais artigos de natureza política que refletissem os principais debates da atualidade e oferecessem

---

5   Karl Kautsky estabeleceu uma comparação entre os estudantes alemães e russos que abordava as suas diferenças em termos socioeconômicos, bem como o distanciamento entre suas respectivas *Weltanschauungen*. Ao passo que o estudantado alemão recrutava-se entre os elementos mais abastados da população e cultivava o ideal do oficial de reserva, os jovens universitários russos eram, via de regra, de origem popular e traziam consigo as marcas da privação. Em lugar da presunçosa virilidade e da ânsia por distinção e *status*, os estudantes russos, mesmo quando procediam de famílias mais bem situadas, mostravam-se sensíveis aos problemas enfrentados pelas camadas subalternas e tendiam a assumir comportamentos políticos de cunho oposicionista, o que não raro lhes rendia a vigilância e perseguição da polícia. "Tais são os elementos da *intelligentsia* revolucionária socialista. Naturalmente nem todos os estudantes pertencem a ela; arrivistas e provocadores também se encontram nas universidades russas. Mas eles são bem menos numerosos e muito mais desprezados do que nas instituições de ensino superior da terra dos pensadores e poetas" [(KAUTSKY, 1904a: 671), tradução nossa].

6   Apesar de ter sido influenciado pelo marxismo e atuado como membro da redação da *Nowoje Slowo* ao lado de Plekhánov e Lenin, Peter Struve afastou-se do socialismo ao longo da década de 1890 para aderir aos ideais dos "direitos humanos", tornando-se então defensor de reformas de cunho social-liberal. Seu trabalho já era conhecido de Max Weber antes mesmo de 1905, pois havia publicado artigos na *Archiv für Sozialwissenschaft und Sozialpolitik* a respeito da questão agrária na Rússia, bem como sobre aspectos teóricos do marxismo.

aos leitores uma alternativa entre as posições "irresponsáveis" da imprensa social-democrata e a mediocridade dos jornais burgueses na Alemanha. Como forma de levar adiante tais propósitos, Weber dedicou-se com afinco à aprendizagem da língua de Púchkin e, em poucas semanas, já acompanhava diariamente os episódios revolucionários a partir da imprensa russa, absorvendo paralelamente uma profusão de obras relativas à história do império czarista que lhe eram sugeridas por seus colegas pertencentes ao círculo russo de Heidelberg.[7]

Não há dúvidas quanto à simpatia com que Weber acompanhava as investidas do movimento liberal russo contra o governo czarista. "Desde o princípio, considerou a revolução russa um evento de importância maior. Saudou-a como uma oportunidade histórica, ainda que remota, para que a Rússia abandonasse o seu anacrônico e autocrático sistema de governo e liberalizasse a sua ordem política." [(MOMMSEN, 1997a: 1-2), tradução nossa]. Weber identificou-se, portanto, com as metas da democracia-liberal delineadas no esboço constitucional de Struve e, a despeito de certa carga de ceticismo, enxergava no império a leste uma série de pré-condições favoráveis ao desabrochar de uma cultura livre.[8] Além das potencialidades de desenvolvimento

---

7 Embora tenha razão quando afirma que Weber subestimou o peso da tradição política russa e os quinhentos anos de continuidade acumulados pelas instituições estatais naquele país, Pipes comete uma injustiça contra o autor quando aproxima a abordagem weberiana ao comportamento de literatos como Diderot e Voltaire, que outrora haviam arrogado para si o papel de conselheiros do czarismo, mesmo desprovidos de maiores conhecimentos acerca dos problemas enfrentados pela Rússia. Weber diferenciava-se de um tal diletantismo não somente por ter-se dado o trabalho de enfrentar uma extensa bibliografia concernente ao império russo, como por ter reiteradamente explicitado os limites que a condição de não-especialista impunham à sua análise. Além disso, Pipes desconsidera os paralelos historicamente verificáveis entre as realidades russa e alemã (em particular as consequências políticas do desenvolvimento capitalista tardio) quando acusa Weber de incorrer em uma "transposição forçada" de conceitos derivados do estudo das sociedades ocidentais para a análise da revolução de 1905 (cf. PIPES, 1955: 637-8).

8 Com efeito, a temática da liberdade é um dos fios condutores dos escritos weberianos e constitui ponto de encontro entre sua produção sociológica e suas obras de cunho político. Todavia, para garantir um tratamento preciso dessa questão é necessário esclarecer que Weber associa três sentidos distintos ao termo "liberdade". Em primeiro lugar, a liberdade do individualismo econômico, assentada na garantia da propriedade privada. Em segundo lugar, as liberdades civis e políticas expressas na salvaguarda dos direitos do indivíduo e do poder constitucional por regras legais. Por último, um conceito mais íntimo de liberdade relativo à autonomia pessoal,

econômico e social que seu vasto território lhes proporcionava, os russos também contavam com as vantagens de ainda não terem atingido o estágio de racionalização burocrática que impunha fortes limitações à livre iniciativa e tampouco alcançado o elevado grau de sofisticação intelectual que uniformizava os estilos de vida dos indivíduos nos países da Europa Ocidental.[9] Enquadrando a revolução de 1905 sob o ângulo de premissas histórico-filosóficas, Weber seguia o drama russo com a respiração suspensa porque julgava que dele poderiam advir consequências que provocariam inflexões no destino da humanidade. Ao passo que no Ocidente a liberdade do indivíduo definhava à proporção que se desenvolviam sistemas de organização social embasados numa racionalidade inflexível e aprisionante, na Rússia os fundamentos da vida socioeconômica ainda não se haviam cristalizado, de forma que as possibilidades de se trilhar ali um percurso civilizatório alternativo àquele percorrido pelas nações europeias encontrar-se-iam em aberto. Caso a resultante dos vetores imbuídos no processo revolucionário convergissem para a emergência de uma nova ordem social assentada nos princípios da autonomia individual e da dignidade humana, a Rússia figuraria então como uma referência na qual os povos do Ocidente poderiam apoiar-se para romper as amarras da burocracia e reencontrar a liberdade que lhes era paulatinamente subtraída.

No primeiro de seus artigos, intitulado "A situação da democracia burguesa na Rússia" [*Zur Lage der bürgerlichen Demokratie in Rußland*], Weber empreende uma análise crítica da composição social e do ideário das principais agremiações situadas no campo da oposição ao governo como meio de estabelecer prognósticos relativos às chances de viabilidade institucional do liberalismo. No momento em que redigia o trabalho, havia ainda certa nebulosidade em torno de quais seriam as medidas concretas adotadas pelo governo para solucionar a crise. O poder central oscilava continuamente entre gestos que expressavam, por um lado, a disposição de atender algumas das exigências formuladas pela oposição e, por outro lado, o recur-

---

ou seja, a capacidade de tratar a vida como uma série de decisões nas quais a consciência atribui o sentido da própria existência (cf. BEETHAM, 1979: 72-3).

9   "Este processo de secularização e racionalização, que Weber vê transcorrer diante de seus olhos sob o capitalismo ocidental, estimula seu interesse pela Rússia, que lhe aparece como o país onde a cultura ainda está num estágio de formação. A Rússia poderia, de certa maneira, contrastar a opressão crescente que se manifesta na Europa, cujo término lógico, para Weber, radica na supressão da liberdade do sujeito" (TRAGTENBERG, 2005: 10-1).

so à violência para abafar qualquer tentativa de limitação dos seus poderes. Além disso, a heterogeneidade programática e estratégica das correntes revolucionárias acentuava o grau de incerteza que pairava sobre o desfecho dos acontecimentos. A multiplicidade de orientações políticas – derivada do espírito sectário que caracterizava a *intelligentsia* russa em sua "avidez por princípios"[10] – erodia as bases necessárias para uma atuação unitária, e a fragmentação dos elementos antagônicos ao regime era ainda reforçada pela deserção das camadas proprietárias, que em vista de seus interesses de classe repudiavam a sobreposição de reivindicações econômicas aos objetivos constitucionais do movimento. Nesse contexto, Weber examinou a conjuntura russa com a atenção centrada em determinar a inclinação das diferentes camadas societárias mediante o choque de forças entre os portadores da causa democrática e a autocracia czarista. Tal análise orientava-se pela necessidade de identificar o nível de compromisso das respectivas organizações oposicionistas em relação às premissas da autonomia individual e dos direitos fundamentais compreendidos nos termos do liberalismo ocidental. No entender de Weber, o futuro da revolução russa condicionava-se, portanto, à maneira pela qual tais ideais seriam

---

10 Eduard Bernstein conhecia os artigos que Weber escrevera sobre a revolução russa, os quais descreveu como "do mais alto interesse". A referência ao "professor de Heidelberg" enquadra-se no contexto em que Bernstein discute as consequências de duas opções táticas da socialdemocracia russa: o levante armado de Moscou e o boicote às eleições para a primeira Duma. Essas questões foram objeto de uma acalorada controvérsia no interior do campo socialista, e a atmosfera desses debates foi condicionada por uma determinada postura, na qual os protagonistas advogavam a favor de cada detalhe de suas posições como se elas dissessem respeito aos mais elevados princípios, cuja observação ou negligência determinaria, por sua vez, os avanços ou a degeneração incontornável do movimento operário. No entender de Bernstein, Weber estava correto ao salientar o papel que essa "fome por princípios" desempenhava nas polêmicas que os membros da *intelligentsia* russa incansavelmente travavam entre si – em especial os judeus socialistas [*Bund*], que traziam "no sangue a ânsia pelo *absoluto*". Mesmo que nos anos que antecederam a revolução, e principalmente ao longo desta, os dirigentes russos tenham começado a praticar *Realpolitik* em alguma medida, Bernstein avaliava que os socialistas alemães – em que pesem as contradições de seus discursos – pautavam-se por um grau consideravelmente maior de flexibilidade, tanto em matérias práticas como teóricas. "Nós, socialistas alemães, somos, mesmo que também queiramos designar-nos em voz alta como *radicais*, oportunistas não somente no agir, mas infelizmente também no pensar" [(BERNSTEIN, 1906: 214), tradução nossa e grifos do autor].

acolhidos em setores mais amplos da população, particularmente entre classes sociais dinâmicas que pudessem conferir-lhes sustentação material.

Inicialmente, o confronto entre governo e liberalismo é delineado a partir do marcado esforço da burocracia central para restringir as atividades dos *zemstvos* – conselhos comunais criados por Alexandre II em 1864. Os *zemstvos* haviam sido instituídos enquanto organismos de administração local na esteira das reformas promovidas pelo czar após a malfadada campanha militar na Crimeia – uma vez que a catástrofe vivenciada pelas tropas russas em Sebastopól tornara patente a urgência de uma reestruturação socioeconômica que contornasse as debilidades do aparelho governamental e dinamizasse o conjunto de suas instituições. Tendo como horizonte de suas diretrizes a preservação da autocracia em bases revitalizadas, o Estado encarnou o papel de agente modernizador que coubera à iniciativa privada nas nações desenvolvidas do Ocidente e buscou alicerçar o processo de transformação combinando o fomento à atividade industrial a uma vasta agenda de reformas. Os decretos que previam a abolição do trabalho servil, em 1861, deram início a tal programa e foram acompanhados por uma série de determinações que visavam reconfigurar o sistema judiciário, as forças armadas e a administração pública.

No bojo do programa de reformas anunciado pelo governo, os *zemstvos* haviam sido concebidos de acordo com uma perspectiva utilitária que visava transferir aos organismos de administração local algumas das atribuições que o Estado – em virtude do enrijecimento de sua burocracia – não era capaz de realizar a contento. Em outras palavras, a nobreza rural e os camponeses (eleitos para a administração dos *zemstvos* segundo critérios estamentais e, portanto, com nítida ascendência da camada proprietária sobre seus antigos servos) assumiram a responsabilidade pela satisfação das necessidades básicas de seus respectivos distritos, promovendo então melhorias agrícolas e obras de infraestrutura, como a construção de pontes e estradas, além de encarregar-se da arrecadação tributária e da instrução pública. Seus esforços faziam-se notar, ainda, pelos serviços de assistência médica prestados aos membros da comunidade e no zelo pelas condições sanitárias das aldeias, de modo que os progressos alcançados pelos conselhos de administração local adquiriam uma envergadura tanto maior quando se comparava a parcimônia de seus recursos com a pretensa "superioridade da técnica burocrática" à disposição do governo czarista.

Por suas demonstrações de vitalidade no cenário público, bem como pelo prestígio que suas realizações lhe conferiam, os *zemstvos* provocaram desconfiança entre os círculos governamentais e passaram a figurar como potencial ameaça ao regime autocrático. Com efeito, os frutos do engajamento civil no âmbito dos conselhos rurais cultivava entre seus membros o apreço pela atividade independente e legitimava os anseios dos setores progressistas por uma reforma política que concedesse maior poder de determinação à sociedade russa frente ao governo central. Averso, no entanto, à ideia de uma redistribuição democrática do poder, o czarismo lançou mão de dispositivos cuja finalidade era restringir a atividade dos *zemstvos* à satisfação das necessidades econômicas locais e, consequentemente, cercear qualquer expansão que se assemelhasse à tentativa de intervir em assuntos de caráter estatal. Nesse sentido, toda e qualquer resolução dos *zemstvos* que não obtivesse a aprovação do Ministério do Interior careceria de validade legal,[11] e o governo reservava-se não apenas o direito de confiscar as suas finanças como também de indeferir a nomeação daqueles representantes eleitos que não gozassem de sua confiança política. A espessa rivalidade entre o princípio da administração autônoma e a recusa do governo em abdicar de sua perspectiva autocrática retroalimentava-se com medidas de caráter repressivo que, paradoxalmente, multiplicavam as vozes constitucionalistas no interior dos conselhos rurais. Em sua obstrução sistemática do trabalho desenvolvido por esses conselhos, o Estado encarregou a Igreja das tarefas de educação pública que vinham sendo desempenhadas pela nobreza liberal, e os ativistas dos *zemstvos* viram-se frequentemente obrigados a conviver com a presença de gendarmes em suas reuniões.

Weber não considerava infundado o temor que a autocracia nutria por esses conselhos. Eles apresentavam-se enquanto organismos que fomentavam o autogover-

---

11 A porcentagem de requerimentos indeferidos pode ser visto, assim, como um termômetro das relações entre *zemstvos* e governo. Com a ascensão de Alexandre III ao trono, acirrou-se a determinação do governo de liquidar as organizações revolucionárias. Os grupos terroristas haviam realizado atentados contra a vida de representantes governamentais e, em 1866, uma de sua bombas colocara fim à vida do "Czar Reformador". Porém, a caça às organizações revolucionárias reverberou também sobre a "oposição moderada" dos *zemstvos*, e as décadas de 1880-90 conformaram então um período em que o garrote burocrático do Estado sufocou a liberdade daqueles círculos com pretensão à atividade política independente. Assim, levou-se a termo contra-reformas que aumentavam a ingerência da burocracia sobre os conselhos de autogoverno, e tais medidas refletiram-se numa ínfima parcela de requerimentos deferidos. Do total de 277 petições encaminhadas pelos *zemstvos* entre 1880-1891 somente 67 (24%) foram deferidas, e de 114 requerimentos formulados entre 1892-1898 apenas 16 (14%) receberam parecer favorável (cf. GOLUBEW, 1906: 150).

no e, em decorrência disso, colaboravam para despertar a simpatia da opinião pública em relação à possibilidade de uma administração livre. Não obstante os fragorosos boicotes praticados pelo governo, "[...] os *zemstvos* podem orgulhar-se de realizações que deveriam fazer emudecer os que falam da 'imaturidade' dos russos no que tange à administração livre e autônoma" (WEBER, 2005a: 53). Paralelamente, Weber dava--se conta de que o congresso nacional dos *zemstvos* conformava uma instância na qual os proprietários rurais liberais e a *intelligentsia* poderiam reunir-se com o intuito de impulsionar uma reforma constitucional. O ativismo das camadas progressistas nos organismos de autogoverno justificava-se, em grande medida, pela estratégia de utilizá-los como espaço de debate sociojurídico e foco de irradiação dos ideais de inviolabilidade dos "direitos humanos", liberdade de reunião e associação, garantia dos direitos de expressão e da participação cívica independente nos trâmites legislativos. Ainda que pairasse sobre os *zemstvos* a ameaça de verem-se dissolvidos, algumas de suas lideranças organizaram, a partir de 1901, repetidas conferências que – encobertas sob a fachada de encontros científicos ou comissões de trabalho – reuniam efetivamente profissionais liberais e setores da nobreza rural interessados em estabelecer parâmetros legais que impusessem limites às arbitrariedades do regime czarista.

> Essa é a razão porque o *zemstvo*, em todas as suas realizações, teve de lutar contra a sabotagem constante por parte da política estatal, de cuja força de coação dependia para a execução de suas realizações. Assim mesmo alcançou seus objetivos, ainda que o ciúme do governo tenha levantado obstáculos cada vez mais sensíveis a seu trabalho, chegando a fazê-lo sistematicamente. Proibiu o aumento de verbas, especialmente as do setor escolar, oprimiu a organização caritativa do *zemstvo* para favorecer a Cruz Vermelha estatal, que se encontrava numa corrupção irremediável, e procurou encampar todo o abastecimento. Desta forma, o *zemstvo* foi reduzido a um instrumento inteiramente passivo para arrecadar os impostos exigidos pelo governo central e que seriam utilizados somente por ele. Além disso, o governo impediu que a constituição dos *zemstvos* se estendesse aos governos provinciais da Rússia Branca e da Ucrânia. Nos últimos dias de sua vida Plehwe ameaçou seriamente dissolvê-los totalmente, para substituí-los pela burocracia estatal (WEBER, 2005a: 54-5).

O liberalismo germinado no interior dos *zemstvos* pautou o debate constitucional de acordo com a necessidade de encontrar respostas democráticas para aquelas contradições que o governo abafava por meio da coerção. Weber sentiu-se, então, particularmente atraído pela formulação desenvolvida nesses conselhos acerca do problema das nacionalidades, segundo a qual o reconhecimento da autonomia dos povos localizados na periferia do império czarista era visto como única solução viável para o fim da instabilidade política ocasionada pelas políticas de russificação. Aliás, o protagonismo exercido pelos poloneses ao longo da revolução de 1905 realçara à percepção de "cadetes" e partidários da União Libertadora a falência do propósito autocrático, segundo o qual a *nagaika* cimentaria a unidade eslava.

Lançando mão da superioridade militar de que desfrutava, o governo russo intervira na vida cultural e nas tradições dos povos por ele subjugados como forma de enraizar a sua ascendência e fortalecer o seu controle. No caso da Polônia, o czarismo forçou que o catolicismo cedesse lugar à crença ortodoxa, iniciando uma caça aos bispos e distorcendo o estilo arquitetônico de Varsóvia com igrejas de cúpula esférica aos moldes do Kremlin. De maneira análoga, decretou-se que as aulas nos institutos de educação popular seriam ministradas em russo, língua esta que também deveria substituir o polonês nos trâmites judiciários e demais serviços da administração pública. Ao invés de fomentar a coesão entre as nações sobre as quais se erigia o império, o governo central ultrajava sentimentos identitários e pilhava o trabalho das minorias não-russas, sobrecarregando-as com uma carga tributária abusiva e relações comerciais desvantajosas. Os impostos a serem pagos por cada habitante na Polônia eram aproximadamente o triplo da carga tributária que recaia sobre o elemento russo. Ademais, sabotava-se a indústria local por meio de política alfandegária e taxas ferroviárias diferenciadas que visavam converter a economia polonesa em mercado consumidor dos bens fabricados na Rússia.[12] Evidentemente, o resultado de tais práticas não poderia ser outro senão o espicaçamento das forças nacionalistas centrífugas que se alimentavam da insatisfação generalizada contra o domínio exógeno. Por essas razões, os defensores do liberalismo julgavam prudente que se concedesse às minorias nacionais o direito à autodeterminação em bases federativas. Essa estratégia atentava

---

12 A tese de doutorado defendida por Rosa Luxemburg – "O desenvolvimento industrial da Polônia" [*Die Industrielle Entwicklung Polens*] – constitui uma das principais fontes de Weber sobre a conjuntura econômica polonesa e as constrições impostas a ela pela autocracia russa (cf. WEBER, 1971a: 259).

para o fato de que a união dos povos eslavos sob a hegemonia russa não somente prescindia de uma política repressiva violenta como poderia ser lograda com maiores chances de sucesso em um regime constitucional que assegurasse a cada povo sua expressão cultural, bem como o direito democrático de ver-se representado nas instâncias de poder do império.

O estudo acerca do problema das nacionalidades no império russo – e, mais especificamente, o conceito de "autonomia cultural" forjado pelo federalista ucraniano Dragomanov – provocaram uma inflexão moderadora na abordagem de Weber sobre a "questão polonesa" na Alemanha. Segundo Dragomanov, a organização do império em bases federativas compatibilizaria os interesses das minorias nacionais com as pretensões geopolíticas do governo russo na medida em que, ao verem assegurados seus direitos à afirmação política e cultural, tais nações enxergariam sob uma luz favorável a oportunidade de aumentarem sua expressividade no cenário internacional associando-se a uma entidade pan-eslava municiada com fundamentos constitucionais. "O reconhecimento da Constituição de 1815 pelo Congresso da Polônia seria o mínimo com o qual os liberais poloneses dar-se-iam por satisfeitos. O estabelecimento nesses termos da completa autonomia política interna da Polônia não acarretaria quaisquer riscos para a Rússia e tampouco promoveria a sua separação efetiva" [(WEBER, 1971a: 259), tradução nossa].

Weber fora destarte persuadido pela ideia de que seria vantajoso a uma potência adotar medidas que lhe proporcionassem uma ascendência consentida sobre nações minoritárias. Ao garantir os pressupostos de autonomia cultural, o *Machtstaat* ver-se-ia poupado daqueles desgastes inerentes a uma política repressiva, ao mesmo tempo em que atrairia para sua órbita um conjunto de povos satélites identificados com a sua perspectiva. Sob a influência do tratamento conferido pelos *zemstvos* e pelo conjunto das forças progressistas russas ao problema das nacionalidades, Weber refutou a disposição do chanceler von Bülow de restringir o uso da língua polonesa em reuniões políticas. "A coação linguística [*Sprachenzwang*] é moral e politicamente impossível e absurda" [(WEBER *apud* MOMMSEN, 1974: 63), tradução nossa]. Postou-se ainda contrariamente à lei sancionada pelo parlamento da Prússia no inverno de 1907/08 que autorizava o governo alemão a executar a desapropriação de grandes fazendeiros poloneses porque considerava que essa medida drástica não era mais que uma farsa destinada a encobrir o fiasco da política de colonização empreendida a leste do Elba (cf. MOMMSEN, 1974: 60-4). Aos olhos de Weber seria razoável que o governo alemão buscasse antecipar-se aos russos no sentido de uma aproximação estratégica com os povos do leste europeu e – conforme demonstraremos mais adiante – esse raciocínio conformaria um de seus argumentos mais recorrentes durante a guerra imperialista desencadeada na década seguinte.

Embora admirasse as realizações dos *zemstvos*,[13] Weber era pouco otimista quanto à efetividade de seu programa. Da mesma forma que o movimento liberal como um todo, os *zemstvos* careciam da falta de suporte das classes economicamente influentes. A burguesia russa de então não apresentava um comportamento político homogêneo e, *grosso modo*, apenas os indivíduos considerados burgueses por sua educação e forma de viver alinhavam-se à causa da democracia. Já a burguesia propriamente dita buscou dissociar-se da oposição ao czarismo tão logo sentiu que o levante proletário representava uma ameaça aos seus interesses econômicos.[14] Destarte, a *intelligentsia* russa figurava como o elemento "idealista" das agremiações liberais, enquanto os homens de negócios faziam coro aos paladinos da autocracia. A burguesia em sentido econômico formava-se por uma camada pouco espessa de industriais e comerciantes, cujos nomes não constavam das listas de membros das organizações democráticas. Seus componentes atuavam como "portadores do velho nacionalismo" e tendiam inequivocamente a alinhar-se com o governo frente às investidas do liberalismo. Em nome de seus interesses materiais e de sua ligação umbilical com o governo haviam "rejeitado o movimento dos *zemstvos*, e o programa antiprotecionista da União Libertadora não continha absolutamente nada que os pudesse atrair. Em assuntos de política social, a grande maioria de seus representantes certamente assumia uma atitude reacionária, até mesmo no ano de 1905, e nutria esperança de que houvesse uma repressão" (WEBER, 2005a: 69). Mediante a estratégia adotada pelo proletariado de associar as reivindicações de ordem econômica àquelas de ordem política, os homens de negócios procuraram salvaguardar a sua propriedade respondendo às

---

13   O movimento do liberalismo dos *zemstvos* "[...] foi brilhante em seu gênero e a Rússia tem o mesmo motivo para orgulhar-se dele como nós, alemães, nos orgulhamos do Parlamento de Frankfurt em 1848" (WEBER, 2005a: 100).

14   O próprio Weber explicita que não se pode dizer sem mediações que os burgueses enquanto classe econômica estivessem todos à disposição do governo contra os liberais. Entretanto, tampouco ignorava que conforme os conflitos de classe assumiam maior radicalidade, a burguesia propriamente dita acentuava a sua tendência para atuar em consonância com a reação czarista, isolando politicamente a *intelligentsia* no campo da democracia-constitucional.

investidas dos trabalhadores com *lockouts*, mais do que oportunos do ponto de vista da reação czarista.

Nota-se, por conseguinte, que as relações internas da burguesia na Rússia contrastavam nitidamente com o seu equivalente no contexto alemão, caracterizado pela relativa convergência entre *intelligentsia* e homens de negócios. Dito de outra forma, enquanto o mandarinato alemão compartilhava o viés conservador da burguesia econômica e o anseio desta de adequar-se ao *establishment* do *Kaiserreich*, seus correlatos russos apresentavam posições de crítica e distanciamento face ao czarismo. Na Rússia, os setores burgueses por sua instrução[15] mantiveram-se fiéis ao liberalismo em contraposição aos homens de negócios, que aderiram majoritariamente ao regime policialesco tão logo os *meetings* pautaram com maior ênfase a redução da jornada de trabalho. Mesmo nos casos em que algumas vozes no interior dessa camada pronunciavam-se a favor da concessão do sufrágio aos judeus, da autonomia polonesa ou da separação entre Estado e Igreja, tais discursos não guardavam o menor resquício de compromisso com o movimento democrático. Sua verdadeira motivação residia, pelo contrário, no desejo de restabelecer a ordem social e a normalidade da vida econômica. Em face da instabilidade no meio rural, da recorrência das greves gerais nas cidades e do espírito "*putschista*" que orientava o trabalho de agitação da socialdemocracia, não era de se estranhar, portanto, que representantes da burguesia russa demonstrassem simpatia às inclinações pseudoliberais do conde Witte. Embora não menos afeitos a uma resposta autoritária, julgavam por demais temerário delegar o controle da situação a um exército em frangalhos e ameaçado pela insubordinação que se espalhava entre a baixa oficialidade. "Perde-se o anel, mas ficam-me os dedos": assim versava a lógica perante a qual se curvavam os interesses particularistas, e os elevados dividendos que se lhes afiguravam no horizonte de uma Rússia apaziguada eram o consolo de que se alimentavam para assimilar os reveses do presente.

Outra diferença fundamental entre a intelectualidade desses países dizia respeito às posturas assumidas perante os socialistas. Ora, se na Alemanha os "mandarins" tinham verdadeiro asco pela socialdemocracia, na Rússia a ideia dos direitos humanos e a exigência de uma "lei eleitoral em quatro degraus" confluíram para os acordos entre a *intelligentsia* burguesa e os revolucionários socialistas no âmbito da União Libertadora. Nesse caso a convergência só não alcançara maior efetividade po-

---

15 Doravante, salvo menção contrária, estaremos nos referindo à classe econômica quando utilizarmos o termo "burguesia".

lítica, segundo Weber, devido à indisposição da "*intelligentsia* proletaróide" frente ao elemento burguês da coalizão.

Com efeito, Weber atribui a maior parcela de responsabilidade pelo fracasso da coalizão urbana contra o czarismo à influência que a socialdemocracia exercia no seio do proletariado urbano. No seu entender, nenhuma das duas frações do POSDR (Partido Operário Socialdemocrata Russo) possuía afinidades significativas com o movimento liberal. Ao mesmo tempo em que se declaravam dispostos à unidade no combate às arbitrariedades da coroa, faziam de tudo para desacreditar os grupos liberais perante os trabalhadores.[16] Dessa forma, a ação rigidamente orientada segundo a "consciência de classe" induzia o POSDR a "atacar os reformadores burgueses pelas costas", conquanto tal atitude minasse os requisitos necessários para uma aliança desses setores contra o polo conservador-reacionário.

Seja na Rússia ou na Alemanha, o "dogmatismo" da socialdemocracia apresentava-se a Weber como um sério empecilho à somatória de forças entre trabalhadores e burgueses numa perspectiva democrática. Por sua simbiose com as massas, grande número de adeptos e inquebrantável espírito de luta, tanto SPD como POSDR poderiam imprimir um considerável impulso ao movimento liberal. Contudo, as intervenções políticas desses partidos na maioria dos casos limitavam-se a reafirmar sua plataforma ideológica sem atentar para os seus prováveis desdobramentos efetivos.[17] Assim, além de abrir mão de importantes conquistas que poderiam ser obtidas a partir de estratégias

---

16 "Ambos os grupos [mencheviques e bolcheviques] declaram ser obrigação do partido apoiar os esforços dirigidos pelos liberais contra a autocracia, ao mesmo tempo em que difamam perante os trabalhadores todos os grupos liberais, inclusive a 'União Libertadora' e a 'União das Uniões'. Ao contrário disso, o segundo congresso antes da cisão havia aprovado uma resolução de Starowjer, segundo a qual declarava-se a atuação conjunta com os democratas burgueses possível e útil sob certas circunstâncias. Essa resolução foi expressamente suprimida pelo grupo leninista, e também o grupo de Plekhánov na prática já deixou de segui-la" [(WEBER, 1971a: 282), tradução nossa].

17 As iniciativas do SPD e do POSDR seriam pautadas, então, pelo que mais tarde Weber designaria "ética da convicção". O par "ética da convicção"/"ética da responsabilidade" deve ser entendido, contudo, em termos ideal-típicos. Na realidade concreta, os grupos políticos orientam suas práticas de acordo com os valores que os norteiam e também levam em consideração as prováveis consequências que elas engendram. Dizer que um determinado partido age de acordo com a "ética da convicção", como era o caso dos socialistas em diversos países, implicava apenas determinar a tendência predominante de seu comportamento político.

mais moderadas, a "imaturidade política" subjacente ao "radicalismo proletaróide" não raro acarretava também o desencadeamento da violência reacionária.[18]

> O primeiro sangue que correu nas ruas de Moscou foi festejado com uma alta na Bolsa, e tudo o que aconteceu depois veio demonstrar o quanto isso fortaleceu a autoconfiança da reação [...]. Também as forças sociais que sustentavam o regime agora já possuem uma organização bem mais robusta do que aparentam exteriormente. Mesmo levando em conta os bandos de assassinos incendiários do funcionalismo policial que se vê ameaçado em sua sobrevivência, haveria maiores chances para o renascimento dessas forças sociais se o espírito mercantilista e sectário dos "socialistas profissionais" orientasse a confrontação de seus adeptos de maneira especial contra os partidos democratas burgueses que lhes fazem "concorrência", e desse livre curso à necessidade "humanamente" compreensível de xingar. (Aliás, aqui na Alemanha sabemos por experiência própria que esses xingatórios são impotentes em matéria política e, sobretudo, que aniquilam toda educação para uma ação política viril). Assim poderão ver o triunfo da reação dominando completamente ou ver largas camadas de proprietários passarem para o lado dos partidos moderados. Com isso terão adquirido o direito de refestelar-se por mais uma geração em palavras altissonantes e – como acontece em nosso país – poderão embriagar-se com o pensamento de "como existem pessoas malvadas, não?" (WEBER, 2005a: 91-2).[19]

---

18 "Perderá tempo quem busque mostrar, da maneira mais persuasiva possível, a um sindicalista apegado à verdade da ética da convicção, que sua atitude não terá outro efeito senão o de fazer aumentarem as possibilidades de reação, de retardar a ascensão de sua classe e de rebaixá-la ainda mais – o sindicalista não acreditará" (WEBER, 1972b: 113).

19 A caricatura que Weber traçou da socialdemocracia na Rússia é uma evidência explícita da orientação burguesa que ele imprimiu aos seus artigos. O caráter político desses escritos desobrigava-o de tratar os fatos *sine ira et studio*, sendo que o próprio autor manifestou abertamente a sua simpatia pelo programa do Partido Constitucional-Democrata. Entretanto, reconhecer o caráter político desses artigos não nos impede de apontar as contradições de Weber ao estabelecer parâmetros burgueses para julgar a maturidade política do proletariado. De fato, pode-se afirmar sem injustiça que não houve um tratamento da estratégia proletária em seus próprios termos, e o autor absteve-se de considerar o processo de educação política proporcionado pelos *sovietes*, bem como o potencial desses conselhos enquanto instrumentos de combate ao czaris-

A perspectiva "classista" propugnada pelas organizações revolucionárias contribuía para aprofundar o enorme abismo que existia na Rússia entre o proletariado urbano e os empresários industriais. Esse antagonismo reforçava a tese de que – sob as condições do capitalismo tardio – a conformação de uma aliança política entre ditos setores é quase impensável, pois seus interesses ideais são díspares e seus interesses materiais profundamente conflitantes. Paralelamente, as repercussões dessas disputas no plano político eram assaz desastrosas porque impediam uma conjunção de esforços que potencializasse as chances de vitória da democracia-constitucional.

Um nítido exemplo do prejuízo que a oposição de interesses causou ao projeto democrático fora a rejeição de ampla parcela da camada de proprietários à proposta de reforma eleitoral apresentada pelos "Cadetes", na qual se exigia que a escolha dos representantes da população ocorresse por meio do sufrágio universal, igualitário, direto e secreto. Subscrever um princípio de representação fundamentado em considerações éticas – tal como seria o caso de uma Duma convocada de acordo com a regra do "sufrágio de quatro degraus" – implicaria de antemão que a hegemonia em um eventual regime parlamentar seria transferida para a massa analfabeta de campesinos, supostamente desprovida de formação política em decorrência do longo período em que vivera sob a tutela da condição servil.

Não obstante sua hostilidade perante os comissários da burocracia estatal, o mujique portava-se de maneira dúbia em relação à autocracia, pois, longe de atribuir ao czar a responsabilidade por seus sofrimentos, tomava parte no culto à sua figura e emprestava ao soberano a imagem de generoso intercessor da causa do homem do campo. Por outro lado, setores da burguesia e da nobreza rural compartilhavam o temor de que os lavradores rurais recaíssem sob a esfera de influência de plataformas revolucionárias e convertessem sua vantagem aritmética em ponto de apoio para correntes que almejavam dinamitar as relações de propriedade existentes. Consequentemente, mostravam-se pouco receptivos aos argumentos que destacavam a "função pedagógica" do sufrágio universal[20] e tendiam a negar suporte aos projetos eleitorais que carecessem de filtros censitários ou estamentais.

---

mo. Desqualificou a insurreição de dezembro como "golpe" irresponsável perpetrado por um punhado de "socialistas profissionais", sem ponderar que ela foi levada a cabo num contexto em que havia mais de 300.000 pessoas em greve por motivos estritamente políticos.

20 Os advogados do sufrágio universal encontravam-se, pelo contrário, imbuídos daquela atitude posteriormente designada por Weber como "ética da convicção" [*Gesinnungsethik*] – *fiat justi-*

Em diametral antagonismo aos modelos elitistas de representação, operários e camponeses rechaçavam com particular veemência os ensaios de reforma eleitoral que se baseavam no voto descriminatório.[21] Medidas restritivas que ocasionassem assimetrias ou vetassem a expressão nas urnas daqueles cuja renda não alcançasse o mínimo estabelecido por lei chocavam-se frontalmente com as tradições da comunidade rural, onde era assegurado o direito de participação igualitária a todo lavrador que encabeçasse um lar. Enquanto célula primária da vida no campo, a *Obschtshina* configurava a instância na qual se processavam as deliberações de todos os assuntos pertinentes à aldeia. Sua estrutura organizava-se em torno de uma série de normas e valores – derivadas das relações de trabalho e vizinhança – que se transmitiam pela via dos costumes. Além de regular os assuntos de interesse coletivo, a *Obschtshina* desempenhava um papel central no processo de socialização, incidindo na conformação das categorias mentais que organizavam o universo camponês. Em linhas gerais, a maioria dos integrantes da comuna rural formavam uma massa homogênea não apenas no que dizia respeito à convergência de seus interesses, como principalmente em razão da ausência de diferenciações significativas em termos de *status* social. Essas características asseguravam a coesão social da aldeia e impregnavam o lavrador russo com um *ethos* igualitário e coletivista, de modo que ao lado do agricultor individual e das qualidades que o caracterizavam existia uma outra dimensão do *self* camponês,[22] avessa às diferenciações sociais e que se revelava na imersão com o "nós"

---

tia, pereat mundus – e julgariam preferível "suportar gerações inteiras de escuridão cultural a cometer injustiça política" [(WEBER 1971a: 255), tradução nossa].

21 "Houve um tempo em que alguém poderia acreditar com sinceridade que uma votação em que somente os proprietários tivessem direito de voto poderia valer como representação autêntica dos que ainda não eram independentes: foi a época em que a predominância das corporações dava à massa dos trabalhadores ao menos uma chance teórica de se tornarem independentes. [...] Por isso, para um agitador reformista qualquer manifestação a favor de uma eleição discriminatória equivale a pretender formar um exército só de oficiais, sem soldados. Assim, torna-se evidente que, nas cidades, os trabalhadores jamais pensariam em concordar com isso. E na zona rural, por sua vez, principalmente nas regiões das comunidades rurais, não seria possível estabelecer um direito eleitoral discriminatório sem que isso desse lugar às maiores arbitrariedades: nas aldeias existe uma tradição 'histórica', segundo a qual todos os chefes de família possuem o mesmo direito de votar, sem discriminação entre proprietários e dependentes" (WEBER, 2005a: 56-7).

22 Os efeitos da socialização no interior da comuna rural não são de todo indiferentes ao operário das grandes cidades. A formação do proletariado urbano também na Rússia se desenrolou

da *Obschtshina*. Nessas condições, um parlamento composto por deputados eleitos de acordo com uma regra eleitoral plutocrática não oferecia um terreno sólido para o enraizamento da atividade legislatória, pois, em caso de atrito entre sua representação e os interesses da autocracia, restaria ainda ao czar a alternativa de valer-se demagogicamente do espírito igualitarista da comuna rural para lançar os camponeses contra a Duma e assim desmoralizar os esforços constitucionalistas. Numa palavra, a anuência dos partidos reformistas ao voto censitário privar-lhes-ia da volumosa base de apoio assentada nas aldeias e, concomitantemente, cederia à reação uma considerável margem de manobra para que esta anulasse as realizações do parlamento.

A conjuntura russa apresentava, então, uma série de impedimentos à ascendência da burguesia por meio de restrições ao sufrágio nos moldes do que ocorrera em certas nações da Europa Ocidental ao longo do século XIX. Isso era lamentável sob a ótica do liberalismo porque impedia o predomínio, mesmo que temporário, dos setores progressivos das classes médias sobre as camadas inferiores da sociedade que ainda se encontravam ligadas à autocracia czarista por meio de laços patriarcais e de mentalidade conservadora (cf. MOMMSEN, 1997a: 5). Endossando o diagnóstico de Peter Struve, Weber considerava ser demasiado tarde na Rússia para que o direito eleitoral censitário pudesse aliviar as dores do parto de uma ordem democrática. Ao passo que a experiência histórica do capitalismo concorrencial alimentara no Ocidente a crença na harmonia de interesses entre os indivíduos livres, a democracia russa esforçava-se por vir ao mundo sob circunstâncias econômicas em que as contradições de classe inviabilizavam a projeção de uma camada intermediária com pretensão a encarnar os desígnios nacionais em sua totalidade. Os potenciais benefícios que a

---

a partir de ondas migratórias nas quais os camponeses dirigiam-se aos grandes centros para vender sua força de trabalho, e com eles migravam também as categorias oriundas da vida na aldeia – mais precisamente, do controle social exercido pela *Obschtshina* –, de modo que o conhecimento sobre a estrutura da comuna rural certamente pode iluminar aspectos sociais da vida nas cidades e dos padrões de ação coletiva dos trabalhadores industriais. Por outro lado, é claro que o operário não ficava incólume à experiência urbana, e as pressões em sentido individualizante interviam sobre sua dinâmica identitária. Dessa forma, também chama a atenção o fato de que o retorno do operário à aldeia (nos casos em que este era vitimado pelo desemprego, por exemplo) colocava-o em outro patamar de relações com a comuna rural, e não raro suas manifestações de diferenciação individual convertiam-se para ele em fonte de atrito com a comuna, sobre a qual reverberava enquanto força desagregadora (cf. MIRONOV, 1985).

aprovação do voto censitário acarretariam para a causa liberal jaziam, assim, em um passado que a Rússia não vivera e que já não se deixaria recuperar.

O caráter retardatário da modernização russa tampouco contribuíra para forjar uma burguesia com horizontes democráticos e inclinação para a disputa da liderança política no cenário nacional. De maneira similar ao que se observava na Alemanha, também na Rússia cabia à nobreza – particularmente aos militares e quadros burocráticos com formação jurídica – o monopólio *de facto* das posições mais elevadas da administração pública, ao passo que os homens de negócios viam-se alijados do alto escalão sem, no entanto, revelar traços da "vontade de poder" necessária para destituir os elementos anacrônicos dos postos de direção política e imprimir sua marca na orientação dos rumos do governo. Conquanto o vertiginoso processo de industrialização robustecesse o seu poderio econômico, a burguesia russa não disputou de maneira resoluta o controle das instituições públicas, e sua atenção voltara-se antes para as facilidades materiais que lhe eram proporcionadas pelos acordos vantajosos firmados com o Estado. O desenvolvimento industrial convertera-se, pois, numa obsessão do governo, e os homens de negócios refestelavam-se com a liberalidade de recursos que fluíam dos cofres nacionais, fosse por meio de subsídios diretos, proteção alfandegária ou de contratos para obras de infraestrutura que visavam justamente impulsionar a atividade produtiva. Uma vez que o mercado interno encontrava-se ainda em processo de formação, coube ao Estado garantir um volume de encomendas que viabilizasse a construção de linhas férreas,[23] assim como outros negócios que dependessem de uma maior inversão de capitais.

Do ponto de vista político, as dádivas oferecidas pelo czarismo figuravam como garantia de que os círculos industriais não recairiam sob a influência da oposição. Em um país onde a relação entre Estado e sociedade era dilacerada pela hostilidade mútua, a aliança com a burguesia econômica era um trunfo do qual a burocracia jamais prescindiria. Além dos benefícios econômicos, a compra dessa lealdade efetuava-se também pela concessão de privilégios políticos. Com efeito, a emergência dos partidos operários estreitava a colaboração entre o regime e a nova elite econômica, efetuando-se as articulações dos sindicatos patronais com a anuência do governo ao mesmo tempo em que a liberdade de associação era negada às demais camadas da sociedade. Nas condições do moderno conflito de classes, o pavor dos industriais me-

---

23   Com o suporte do crédito estatal foram transferidos ao longo do ministério Witte cerca de 1600 milhões de rubros às companhias ferroviárias.

diante a organização política do proletariado selava a relação de cumplicidade com as autoridades existentes, de modo que seus interesses materiais tornavam-se antes um sustentáculo que um fator de dissolução do regime despótico.

Dadas as limitações e a incipiência política da burguesia, Weber examinou de maneira detalhada o poder de incidência do programa liberal-democrático sobre o campesinato russo. De fato, seria pouco perspicaz menosprezar o apoio político dos camponeses num país onde aproximadamente 80% da população total retiravam seu sustento da agricultura (cf. HOBSBAWM, 1992: 404). Em suma, "[...] uma questão decisiva para o futuro do movimento constitucional-democrático e, o que é mais importante, para os itens do programa fundamental que esse movimento propugna, é e sempre será a posição que vier a ser assumida pelos camponeses" (WEBER, 2005a: 71). No entanto, os "distúrbios agrários" que se espalharam por centenas de propriedades agrícolas na primeira década do século XX foram motivados essencialmente pela "fome de terras"[24] do campesinato e não por qualquer interesse ideal que eles acalentassem quanto à liberalização do regime.

A insuficiência de terras férteis para o cultivo era um problema estrutural que afligia milhões de lavradores, especialmente quando fenômenos climáticos prejudicavam a safra e, desse modo, comprometiam a segurança alimentar das aldeias. Embora nesses momentos a penúria atingisse limites vitais – tal como foi o caso da "grande fome" que ceifou multitudes camponesas em meados de 1890 –, a questão agrária apresentava-se como um desarranjo crônico que convertia a paisagem agrícola em cenário de permanente instabilidade social. As origens dessa crise remontavam à abolição do trabalho servil, pois a redistribuição do solo prevista nos decretos governamentais enquanto medida de transição destinada a viabilizar a atividade econômica do camponês livre não caracterizava propriamente uma reforma agrária em larga escala. Apesar de uma vasta extensão de suas terras resumir-se a florestas ou solo impróprio para o plantio, a coroa encabeçava a lista de proprietários, administrando

---

24 "Com exceção do extremo norte e das regiões das terras novas, em quase todas as outras regiões do império russo dá-se a aparição de um fenômeno que 'subjetivamente' se manifesta na forma de uma aguda fome de terras entre os camponeses. [...] 'Objetivamente', a pressão dessa procura de terras manifesta-se claramente da seguinte forma: há duas décadas o preço dos cereais vem caindo quase que constantemente, e, enquanto as técnicas empregadas permanecem relativamente nos mesmos níveis, os preços dos arrendamentos e das propriedades estão em alta contínua, que chega a ser exorbitante." (WEBER, 2005b: 149-50).

uma porção equivalente a 151,5 milhões de deciatinas. Logo em seguida apareciam os grandes latifundiários que, descontando-se as terras estatais, controlavam 55% das propriedades agrícolas, ou seja, uma porção superior às 100 milhões de deciatinas que restavam aos demais quatro quintos da população russa (cf. KORNILOW, 1906: 387).

Na realidade, o governo decretara o fim da servidão movido por considerações que diziam respeito única e exclusivamente à manutenção do poder autocrático. Do ponto de vista econômico, essa configuração das relações de trabalho não se mostrava compatível com os imperativos da modernização que o Estado decidira levar a termo após a Guerra da Criméia, pois os recursos que uma tal empreitada requeria jamais seriam obtidos por meio de uma instituição cuja produtividade era pelo menos duas vezes inferior ao que se alcançava em domínios onde o trabalho era executado por trabalhadores formalmente livres. Por outro lado, Alexandre II já havia externalizado em círculos da nobreza moscovita o parecer de que uma revogação do trabalho servil conduzida "pelo alto" evitaria as consequências desastrosas de um movimento de libertação protagonizado pela massa campesina que desse vazão ao ressentimento acumulado em séculos de dependência forçada, e o czar tampouco ignorava os riscos de uma libertação dos servos que não viesse acompanhada em alguma medida pela concessão de um pedaço de terra do qual o mujique pudesse extrair o sustento de sua família.

A resposta encontrada pelo governo estivera, no entanto, primeiramente orientada para amenizar o impacto das medidas reformadoras sobre a propriedade dos antigos senhores, a começar pelo fato de que a liberdade concedida ao antigo servo não lhe outorgava o direito de estabelecer-se onde lhe fosse mais vantajoso. Com o intuito de evitar uma onda migratória que privasse a nobreza de força de trabalho, o governo restringiu sua liberdade pessoal encadenando-o à comuna rural, de modo que o direito de ir e vir era conferido ao mujique unicamente mediante autorização da *Obschtshina*.[25] Além disso, previa-se ainda que o conselho aldeão intermediaria a

---

25 O governo decidira limitar a mobilidade dos camponeses por razões diversas. Assim, o caráter obrigatório de sua ligação com a comuna rural era uma maneira de assegurar o cumprimento das obrigações tributárias, bem como de uma reparação aos antigos senhores em virtude dos prejuízos causados pela abolição do trabalho servil e da concessão de terras. Tal limitação dos direitos civis dos lavradores objetivava ainda conter o êxodo rural e a consequente proletarização do campesinato. As medidas decretadas pelo governo não impediram, todavia, que os camponeses desenvolvessem estratégias para burlar a compulsoriedade de suas relações com a aldeia. As pressões oriundas do crescimento demográfico foram, então, particularmente determinantes para que o mujique abandonasse a *Obschtshina* à revelia dos dispositivos legais.

transferência de terras aos camponeses e zelaria pelo pagamento regular – fosse em dinheiro ou em trabalho – de uma contrapartida às perdas sofridas pela nobreza.[26] As obrigações devidas aos proprietários – acrescidas dos impostos diretos e indiretos por meio dos quais os mujiques financiavam na prática a industrialização do país – impediam que o lavrador arrendasse uma porção de terras maior, ao mesmo tempo em que drenavam os recursos necessários para que se adquirisse equipamentos mais sofisticados ou se aumentasse o rebanho. Numa palavra, o estatuto de emancipação dos servos continha dispositivos que, por um lado, prolongavam sob novas formas a dependência das massas rurais e, por outro lado, aprisionavam a agricultura russa em seu arcaísmo secular.

Com o propósito de estimular as transações fundiárias, o governo czarista erigiu, porém, uma instituição de crédito agrário que, em sua configuração original, deveria facilitar o acesso dos agricultores sem-terra à propriedade rural e auxiliar a expansão da lavoura daqueles produtores cujos domínios fossem insuficientes para a satisfação de suas necessidades. As condições de empréstimo eram, no entanto, pouco favoráveis aos setores mais pauperizados do campesinato e, via de regra, somente os lavradores mais abastados puderam valer-se do capital disponibilizado pelo governo. De qualquer modo, a fundação do Banco Rural não se mostrou um fator determinante para que os lavradores ampliassem as suas propriedades, pois, em que pese a intensificação do comércio fundiário entre 1877 e 1900 – período no qual os camponeses adquiriram cerca de 25% das terras pertencentes à nobreza –, somente uma parcela inexpressiva dos contratos realizou-se sob intermédio dessa instituição. A transferência da propriedade rural aos agricultores por meio do financiamento público revelou-se inviável, ademais, porque a crescente demanda por solo fértil acentuou o caráter especulativo desse negócio, e a inversão de grandes somas para concretizar as diretrizes fundacionais do Banco Rural, além de arruinar as finanças do Estado, contribuiria ainda para elevar o preço do solo a patamares impraticáveis (cf. WEBER, 1971a: 297-8).

---

26 "Os partidários da servidão cuidaram para que se elevasse ao máximo possível o valor das indenizações, de modo a englobar não apenas o montante relativo ao terreno cedido ao camponês, mas simultaneamente uma reparação pela mão-de-obra libertada. Segundo as frequentes constatações dos estatísticos dos *zemstvos*, em muitos lugares tais obrigações superavam até mesmo os rendimentos do solo" [(OSEROW, 1906: 221), tradução nossa].

80   Espelho Convexo

O incremento da superfície agrícola em posse do campesinato não se traduziu, contudo, em alívio das tensões no meio rural. Em virtude da explosão demográfica verificada nas últimas décadas do século XIX, o aumento em termos relativos da quota pertencente aos lavradores foi paradoxalmente acompanhada por um recrudescimento da "fome de terras". Isto porque a expansão da área cultivável em seus domínios não fora suficiente para neutralizar o crescimento populacional galopante registrado nos quarenta anos que se seguiram à abolição do trabalho servil.[27] Nesse intervalo, a população rural dos distritos pertencentes à Rússia europeia saltara de 50 para 90 milhões de habitantes, implicando assim uma redução aproximada de 3,6 (1875) para 3 deciatinas (1900) *per capita*[28] (cf. OSEROW, 1906: 210).

Os números médios[29] oferecem, no entanto, um retrato distorcido da situação concreta na qual se encontrava a camada mais espessa do campesinato. A diferenciação interna da população rural processava-se em ritmo acelerado, e a expansão da área cultivável, assim como a ampliação do rebanho e a aquisição das ferramentas necessárias à labuta no solo, tornavam-se marcas distintivas de uma parcela relativamente diminuta de agricultores [*kulak*], ao passo que a massa de lavradores tinha de haver-se com pouca ou nenhuma terra e, consequentemente, assumir a função de base constitutiva do proletariado rural.

> Os camponeses abastados arrendam, alienam e herdam suas terras – naturalmente apenas no interior da comuna – confiantes de que nenhuma redistribuição será levada a cabo. Do contrário, aproveitam-se do fato de que os demais membros da comunidade estão a sua mercê em função de dívidas adquiridas para se fortaleceram e aumentar a sua superioridade através da redistribuição. E

---

27   A migração para a Sibéria foi a alternativa encontrada por uma parcela do campesinato russo para driblar os efeitos negativos da pressão demográfica. Todavia, esse fenômeno abarcou somente 6% do crescimento natural e não chegou a alterar de maneira significativa os contornos da questão agrária.

28   Os membros da comuna rural de Charkov expressaram o cerne do problema em uma petição endereçada ao czar que formulava a demanda por mais terras nos seguintes termos: "o solo que nos foi dado por teu avô continua o mesmo, mas o povo multiplica-se sem parar. Aqueles que conservaram seu quinhão já têm cinco ou seis netos, e estes também já possuem filhos crescidos que estão sem terra" [(*apud* WEBER, 1971a: 323), tradução nossa].

29   Dada a divisão sexual do trabalho nas aldeais russas, o cálculo distribui a área total dos títulos fundiários em posse do campesinato pela população masculina.

uma vez que a repartição diz respeito apenas à terra, sem abarcar o gado e os meios de produção em geral, ela mostra-se perfeitamente compatível com a mais inescrupulosa exploração dos elementos frágeis. Mas com a elevação do preço da terra e a crescente diferenciação aumenta naturalmente o furioso radicalismo das massas justamente em razão da discrepância entre direitos e fatos [(WEBER, 1971a: 317), tradução nossa].

Weber tinha consciência de que o futuro do liberalismo na Rússia dependia da solução do problema agrário, porém não conseguia vislumbrar como resolvê-lo sem recorrer a mecanismos arbitrários. Devido ao enraizamento histórico da *Obschtshina*, afirmava ser completamente impossível conquistar os mujiques para um programa agrário "individualista" no sentido europeu-ocidental (cf. WEBER, 2005a: 76). Por um lado, a opção de nacionalizar as terras[30] e introduzir a propriedade individual organizada segundo os moldes capitalistas apenas contribuiria para lançar os mujiques nos braços do marxismo. As correntes revolucionárias não desperdiçariam a chance de atacar o governo em função de medidas que objetivassem estimular os agentes dinâmicos da produção agrícola e certamente evocariam a "ética comunista" da aldeia russa tão logo as autoridades lançassem mão de iniciativas afins ao principio da "seleção econômica". Por outro lado, o apoio incondicional da democracia-constitucional às reivindicações das massas rurais manteria intactos os aspectos retrógrados da produção agrícola[31] e reforçaria os códigos anti-individualistas que modelavam a subjetividade do mujique. Nesse sentido, a idealização da *Obschtshina*, somada à resistência voluntarista contra a subsunção da agricultura russa aos imperativos da lógica mercantil, conformava os elementos balizadores da plataforma *narodnik*, que, por sua vez, apontavam na direção oposta à reestruturação da lavoura segundo os critérios do progresso técnico. A questão que definia a ordem de prioridades não consistia

---

30 "Uma coisa é certa: um governo que não quiser empregar a violência terá de pagar uma imensa fortuna pelas terras" (WEBER, 2005a: 86). A democracia-constitucional deveria haver-se nesse caso com um sério problema financeiro. Para indenizar a aristocracia fundiária por suas perdas seria obrigada a lançar mão de uma soma exorbitante de recursos e o significado prático disso acarretaria um abalo considerável ao frágil tesouro russo.

31 De maneira ilustrativa, a colheita de trigo na Rússia em 1902 teve como produtividade média apenas 6,7 hectolitros por hectare, enquanto na Alemanha a média era de 17,0 e na Inglaterra esse número passava de 26,0 (cf. TROTSKI, 1971: 42).

propriamente em adequar racionalmente a produção de modo a se obter o máximo de recursos poupando-se tanto quanto possível o emprego da mão de obra, senão de que forma organizar o trabalho em uma determinada propriedade para que o maior número de pessoas extraísse dela o seu sustento [*Nahrungsstandpunkt*].

A análise do problema agrário conduz Weber, portanto, à conclusão de que não era razoável esperar o engajamento do campesinato na causa da democracia constitucional.[32] Em contraste com o espírito individualista que levou uma parcela representativa do campesinato alemão a escapar da tutela patriarcal dos *Junker*, na Rússia as massas rurais eram fortemente apegadas às suas tradições coletivistas e, em diversos aspectos, portadoras de uma mentalidade tradicionalista. Na Alemanha, mesmo os camponeses que não optavam pela emigração assumiam posições individualistas em termos econômicos; seu apreço pela propriedade individual era capaz de uni-los aos proprietários rurais num sentido conservador contra qualquer bandeira coletivista que a socialdemocracia ousasse empunhar.[33] Já os mujiques, tanto por seus vínculos históricos como pelo caráter de suas reivindicações econômicas, estavam destituídos de qualquer afinidade com os princípios subjacentes às instituições políticas liberais.[34] Ainda que porventura a brutalidade da repressão policial às revoltas no campo induzisse o campesinato russo a participar de uma coalizão antagônica ao

---

32 "A particularidade da situação russa parece residir no fato de que a progressiva evolução 'capitalista', o respectivo aumento do preço do solo e de seus produtos, associado ao contínuo desenvolvimento do proletariado industrial e do socialismo 'moderno', pode ainda trazer consigo o fortalecimento do comunismo agrário 'pré-moderno'" [(WEBER 1971a: 321), tradução nossa].

33 "[...] é necessário levar em conta que o camponês da Europa Ocidental tem uma índole diferente da do camponês russo, que vive no âmbito de seu comunismo agrário. Lá o problema decisivo é a necessidade de terras, um problema que entre nós não tem importância alguma. O camponês alemão é, pelo menos hoje, um individualista; permanece ligado à propriedade hereditária e à sua terra. Dificilmente se deixa dissuadir em momentos em que sente seus interesses ameaçados e prefere se unir aos grandes proprietários agrícolas em vez de fazê-lo com os operários radical-socialistas" (WEBER, 1993b: 126).

34 "Segundo Weber, os camponeses mais prejudicaram do que ajudaram o liberalismo russo: colocaram-no ante um problema infinitamente complexo, cuja solução exige uma mudança estrutural radical. Os camponeses são estruturalmente antiparlamentares; querem tratar diretamente com o czar e reclamam o confisco de terras. Os liberais, para serem consequentes, devem apoiar essas reivindicações, apesar do caráter retrógrado e anárquico do programa. Weber não vê nenhuma saída dentro da ótica democrática para os problemas agrários russos" (TRAGTENBERG, 2005: 23).

czarismo, a longo prazo não se poderia contar com o seu suporte para a empreitada do movimento liberal.

O papel político da pequena-burguesia no curso da revolução, por seu turno, é considerado com brevidade, pois Weber não consegue precisar sua posição no espectro de forças. Em vista da opacidade de seu viés, era difícil prever a atitude que os pequeno-burgueses adotariam no decorrer das encarniçadas contendas que transcorriam à sua frente. Talvez as hostilidades que a maioria de seus representantes devotavam aos judeus, em conjunção com o apoio às Centúrias Negras,[35] afastassem-nos da democracia-constitucional. Entretanto, a série de restrições que o regime policialesco impunha à pequena-burguesia poderia torná-lo odioso aos seus olhos e empurrá-la, dessa forma, para o campo da oposição ao czarismo (cf. WEBER, 2005a: 70). Em todo caso, somente o desenrolar dos conflitos determinaria se o preconceito étnico ou as humilhações impostas pelo regime preponderariam na definição de sua perspectiva política.

Conforme pudemos vislumbrar, a situação do liberalismo na Rússia assemelhava-se aos apuros de um enxadrista prestes a ser encurralado em "xeque-mate". Os atores envolvidos no conflito eram movidos na maior parte dos casos por questões de ordem puramente material, e Weber não conseguia entrever de onde surgiria o impulso que levaria as massas a priorizar as reivindicações pertinentes à defesa da liberdade e dos direitos civis. Por essa razão, o teor de seus prognósticos colidia frontalmente com o otimismo de expoentes da oposição ao czarismo – fossem eles socialdemocratas ou liberais – que julgavam assegurado o triunfo da causa democrática na Rússia em virtude de supostas características intrínsecas à "força do progresso histórico". "Se tudo dependesse unicamente dos condicionamentos 'materiais' e dos interesses de grupo que deles diretamente procedem, qualquer análise que viéssemos a fazer friamente nos levaria somente a esta conclusão: *todos os barômetros da economia preveem o aumento das restrições à liberdade*" [(WEBER, 2005a: 103), grifo nosso].

Em vista de seu apreço pelo princípio epistemológico da multicausalidade, no entanto, Weber compreendia que, para se traçar prognósticos confiáveis acerca das

---

35 Organizações reacionárias leais ao czar e ansiosas para reverter o que havia sido posto em marcha pelo Manifesto de Outubro protagonizaram uma onda de violência contra intelectuais, trabalhadores socialistas e estudantes. Seu alvo prioritário, contudo, eram os judeus, que celebraram com particular entusiasmo a garantia de liberdades civis. Secretamente financiadas pelo governo, as Centúrias Negras desencadearam *pogrons* em mais de cem cidades como forma de difundir o terror e inibir a atividade revolucionária.

"condições atmosféricas da liberdade", seria indispensável lançar mão de instrumentos outros que não apenas os "barômetros da economia". Destarte, a bem conhecida preocupação weberiana de evitar explicações unilaterais para o entendimento dos fenômenos históricos é claramente identificável em seus estudos sobre a Rússia, e não seria exagero perceber neles a influência das ideias contidas na então recém-publicada *Ética Protestante*. Em mais de uma passagem, Weber faz referência ao impulso que as convicções religiosas imprimiram na Europa Ocidental ao "individualismo" político dos "direitos humanos", assinalando uma nítida correlação entre as nações que foram pioneiras na conformação de instituições políticas liberais e as regiões onde a reforma protestante semeou os valores individualistas por meio de seus ideais de racionalização ética. Nesses lugares, as ideias religiosas "repeliam totalmente as autoridades humanas como sendo ímpias divinizações da mera criatura" (WEBER, 2005a: 67).

Já Alemanha e Rússia eram largamente permeadas, do ponto de vista religioso, por crenças que favoreciam a submissão coletiva às autoridades estabelecidas em detrimento da independência pessoal. A igreja ortodoxa russa,[36] por exemplo, estava assentada numa estrutura autoritária intimamente ligada ao Estado e servia de base religiosa ao absolutismo. Não por acaso, a autocracia czarista empenhou-se em fortalecer o controle da ortodoxia sobre a educação popular como forma de cercear as iniciativas desenvolvidas pelos *zemstvos* no campo da instrução pública e, dessa forma, instrumentalizar a tutela clerical enquanto antídoto face às consequências políticas indesejáveis que poderiam advir do processo de esclarecimento das massas levado a cabo por organismos autônomos. Além disso, a igreja ortodoxa atuava como correia de transmissão do absolutismo na medida em que seus cultos eram importantes canais de divulgação das mensagens da coroa e declarações oficiais em geral.[37] No

---

36 Weber pretendia incluir um estudo sobre o cristianismo oriental em sua sociologia da religião, mas não chegou a concretizar essa intenção. De qualquer forma, em *Economia & Sociedade* encontram-se referências e comentários que poderiam orientar tal estudo (cf. KIMBALL & ULMEN, 1991: 188).

37 Os símbolos ritualísticos da igreja ortodoxa russa e os dogmas religiosos que envolviam a figura do czar desempenhavam, é claro, um papel chave enquanto fontes de legitimidade do poder autocrático. Gregory Freeze publicou um interessante trabalho no qual demonstra que o acirramento dos conflitos sociais na Rússia e o consequente desgaste que estes acarretavam para a figura do monarca foram acompanhados por um aumento significativo da interferência do governo central nos assuntos de competência da igreja. Nicolau II exerceu pressão sobre a cúpula ortodoxa em diversas ocasiões para que os processos de canonização fossem acelerados, uma

caso específico da Alemanha, a forma que a religião havia adotado sob o luteranismo legitimava o autoritarismo político do Estado, pois "Lutero retirou do indivíduo a responsabilidade ética pela guerra e a atribuiu à autoridade política. De sorte que obedecer às autoridades em matérias que não as de fé jamais poderia implicar culpa" (WEBER, 1972b: 118).

Assim, Weber incluía a estrutura da religião ortodoxa entre os elementos que obstavam a liberalização política da Rússia.[38] Evidentemente, isso era corroborado pelo contraste com o pensamento religioso de natureza anti-autoritária que teve lugar em certos países da Europa Ocidental. O calvinismo, em especial, fez parte de um complexo de pressupostos que explicam a gênese histórica da "liberdade moderna" e jamais se repetiriam na Rússia. Em que pese o "domingo sangrento" e demais arbitrariedades perpetradas pelo czarismo tenham despertado a indignação de uma parcela do clero[39] face às evidentes contradições entre a mensagem do Novo Testamento

---

vez que pretendia valer-se da comoção popular gerada por esses ritos para revigorar seu decadente prestígio entre as massas. As beatificações ocorridas durante o seu reinado alcançaram, portanto, um número sem precedentes, embora o saldo político colhido não tenha correspondido às expectativas da coroa. Pelo contrário, suas interferências reiteradas provocaram atritos com o clero, e a artificialidade dos palcos religiosos não passara completamente despercebida ao público a que se destinavam (cf. FREEZE, 1996).

38 A edição brasileira dos artigos que Weber dedicou à revolução de 1905 inevitavelmente transmitirá ao leitor a impressão de que os textos em questão não oferecem elementos suficientes para que se trave uma discussão a respeito do lugar ocupado pela igreja ortodoxa no tabuleiro político da Rússia. No entanto, embora o espaço dedicado a esse tema seja efetivamente reduzido em comparação com a atenção dirigida à inclinação política das diferentes camadas societárias ou a fatores de ordem institucional, não seria correto supor que Weber tenha ignorado esse problema ou simplesmente mencionado-o *en passant*. Com efeito, uma tal impressão resulta do fato de que a edição brasileira omitiu as passagens de onde se pode extrair inferências acerca das conexões sugeridas por Weber entre a estrutura da igreja ortodoxa, suas relações com o aparato estatal e a contradição de valores presente em sua hierarquia. Aliás, a tradução de que dispomos consiste numa versão extremamente condensada que tem a pretensão de oferecer somente os *highlights* da argumentação weberiana, de modo que não apenas as numerosas e extensas notas de rodapé foram excluídas, como também as passagens centrais dedicadas ao tema das nacionalidades e longos trechos da pormenorizada análise jurídica da Constituição de 1906.

39 "Weber reconhecia, entretanto, que existia no clero um movimento radical, reflexo de outro mais amplo que correspondia à sociedade global. Baseava-se numa teologia que destacava o componente da mensagem cristã que pertencia a este mundo e o desejo de realizar o reino de Deus em cada lugar e momento; isso exigia o fim do absolutismo e a implantação de um pro-

e o comportamento político da autocracia,[40] o estágio de desenvolvimento atingido pelas forças materiais constituíam um entrave para a formação de um movimento religioso-ascético afinado com os valores da liberdade e da autonomia individual que pudesse alcançar as dimensões verificadas no Ocidente (cf. WEBER, 1971a: 273-80). Numa palavra, Weber acrescentou fatores de natureza cultural – particularmente as orientações religiosas – às constelações materiais que condicionaram a longa sobrevida do despotismo oriental.

> A gênese histórica da "liberdade moderna" contava com pressupostos peculiaríssimos que jamais se repetirão. [...] Primeiramente, a expansão ultramarina, esse vento da liberdade que soprava do outro lado do mar e invadiu os exércitos de Cromwell, a Constituinte francesa, e ainda hoje invade toda a nossa vida econômica. Mas, não existem novos continentes à disposição. [...] Em segundo lugar, o caráter peculiar da estrutura social e econômica da época da "aurora do capitalismo" na Europa Ocidental. Em terceiro lugar, a conquista da vida pela ciência, o "retorno do espírito a si mesmo". [...] Por último, certas concepções ideais de valor, nascidas do caráter histórico peculiar e concreto de um determinado universo religioso que, atuando em conjunto com numerosas "constelações" políticas também inteiramente peculiares e com aqueles condicionamentos de ordem material dos quais já falamos, mol-

---

grama de reforma social. Entretanto esse movimento estava ligado à reivindicação de uma série de reformas dentro da igreja ortodoxa, dentre as quais o aumento da importância dos leigos e a intervenção da base da hierarquia na eleição do episcopado. [...] O episcopado, ao ver sua autoridade interna ameaçada, longe de unir-se aos que desafiavam o poder do Estado, tinha, pelo contrário, grande interesse em fazer causa comum com o absolutismo a fim de conseguir um apoio exterior contra seus próprios rebeldes" [(BEETHAM, 1979: 296-7), tradução nossa].

40 "Os acontecimentos de 9 de janeiro teriam demonstrado que enquanto couber ao czar o direito de ordenar o que bem lhe aprouver, inclusive disparos contra inocentes, continuará a vigorar de facto o dilema de consciência: o czar ou Cristo" [(WEBER, 1971a: 276), tradução nossa]. As fissuras que esse problema moral ocasionaram no seio do clero ortodoxo manifestar-se-iam ulteriormente na postura assumida pelos sacerdotes à época das eleições para a Duma. Não obstante a maioria das paróquias tenha seguido a determinação do governo de orientar os fiéis a votar nos candidatos dos partidos moderados, houve um número de sacerdotes que esquivou-se dessa diretriz e fez campanha aberta pelos partidos oposicionistas.

daram a peculiaridade "ética" e os "valores culturais" do homem moderno (WEBER, 2005a: 104-5).

Essas condições "peculiaríssimas" apresentavam-se, portanto, como referências para a elaboração de um modelo típico-ideal de desenvolvimento das sociedades liberais no Ocidente. A revolução de 1905, por sua vez, fora abordada em contrapartida a tal modelo como um evento histórico que permitiria verificar as chances de sucesso e sobrevivência a longo prazo da democracia e da liberdade individual em países de modernização retardatária. Ao fim e ao cabo, os desenlaces políticos no império do czar permitiriam a Weber identificar os efeitos do capitalismo tardio no plano das instituições políticas.

Percebe-se, então, que o artigo de Weber – a despeito de suas afirmações em contrário[41] – não se resume a uma mera crônica dos principais fatos políticos da revolução de 1905. Nesse texto há também um esforço de natureza propriamente sociológica em que a Rússia aparece como matéria-prima propícia à formulação de indagações a respeito dos traços inerentes ao capitalismo tardio e sua relação com os princípios do liberalismo. A Rússia tornou-se um país capitalista sem vivenciar a etapa da "livre concorrência"[42] e tampouco contou com uma "burguesia heroica"

---

41 "Eu cumpriria sem sombra de dúvidas o mais ridículo dos papéis caso se encontrasse aqui a pretensão a um 'saber especializado' [Sachkenntnis] ou se lhe considerasse algo mais que um substituto provisório de um relato sociopolítico de fato que se gostaria de ver futuramente publicado pelos russos. Essa composição – 'jornalística' tal como ela é – foi inesperadamente dificultada pela interrupção das comunicações com a Rússia em virtude da ampla greve dos correios à época de sua redação. Ainda não chegou o tempo e falta-me atualmente o material para algo como uma história aprofundada do movimento; pode-se oferecer por agora somente apontamentos em formato de crônica sobre algumas fases de sua evolução exterior, das metas evidentes e uma análise provisória de certas feições características da situação geral que deve fazer parte de um aprofundamento ulterior" [(WEBER 1971a: 234-5), tradução nossa].

42 Diferentemente das circunstâncias características do capitalismo tardio – quando diversos ramos da produção são organizados de forma monopolística e os grupos econômicos buscam influenciar o Estado em prol de seus interesses materiais – as fases iniciais do desenvolvimento capitalista foram marcadas por um elevado grau de competição em que agentes econômicos relativamente homogêneos disputavam entre si sob as condições do livre mercado. Nesses marcos, os empreendedores conseguiam identificar seus interesses materiais com uma ordem liberal, cujos princípios tiveram grande penetração no tecido social.

cuja afirmação econômica estivesse intimamente relacionada ao questionamento das autoridades terrenas e à afirmação de seus interesses ideais.

Na Rússia, bem como na própria Alemanha, o capitalismo desponta sob a égide da racionalidade burocrática, e a liberdade almejada pelos agentes econômicos é apenas a liberdade que conduz à maior lucratividade possível. Nesses países os capitalistas procuravam manter sua influência sobre a burocracia de modo a satisfazer suas exigências materiais sem que para tanto houvesse um governo parlamentar efetivo. Os empresários reivindicavam um Estado que reprimisse o movimento operário e, paralelamente, orientasse os trabalhos de seu aparato burocrático no sentido de promover a atividade capitalística.[43]

Tendo-se em vista as linhas de força que atuavam num sentido antidemocrático, somadas às falhas na consecução de uma sólida coalizão capaz de questionar os alicerces do absolutismo czarista, Weber aproximava-se da conclusão de que os eventos revolucionários de 1905 foram uma oportunidade histórica desperdiçada pelos agentes políticos portadores da causa liberal. O fracasso da aliança entre os setores progressistas da burguesia e o proletariado urbano, assim como as dificuldades encontradas na elaboração de um projeto de reforma agrária que aproximasse o campesinato do movimento reformador, reduziram praticamente a pó as chances de vitória do liberalismo.

Weber louvou o epopéico esforço revolucionário e olhou "com profunda participação e comoção interior" (WEBER, 2005a: 108) para a luta emancipatória que se desenrolava na Rússia. Concretamente, no entanto, a monarquia sobrevivera ao levante e mantivera o apoio do comando das forças armadas, da burocracia central e

---

43   Tendo como princípio básico o desejo de preservar a si mesma, a autocracia burocrática converteu-se ao longo do século XIX no principal instrumento de capitalização da economia russa. Entre os objetivos que norteavam tais iniciativas, figuravam o anseio de minimizar a distância que separava a Rússia das nações industrializadas da Europa Ocidental – em especial naquilo que concernia à tecnologia bélica – e também garantir um sustentáculo material para o pesado aparato burocrático e militar, sem o qual o czarismo estava fadado a sucumbir. Os indicadores atestam a aceleração do desenvolvimento econômico promovida pelo substancial patrocínio estatal à industrialização nos últimos anos do século XIX. Em 1861 não existiam na Rússia mais de 15% do total de empresas contabilizadas em 1907, ao passo que em 1900 essa proporção ascendeu a 61%. A produção de petróleo subiu de 21,5 milhões de puds em 1870 para 429,9 milhões em 1896 (cf. TROTSKI, 1971: 33). A produção de carvão, aço e ferro dobrou entre 1895 e 1900 e foram duplicados os quilômetros de ferrovias entre 1890 e 1904 (cf. HOBSBAWM, 1992: 406).

das camadas superiores da sociedade. A despeito de suas debilidades o czarismo era mais resistente do que muitos imaginaram, e porventura somente a derrota numa guerra europeia seria capaz de minar definitivamente a autocracia. De qualquer forma, Weber percebia que o contexto político-social tendia a se radicalizar, e o regime czarista teria de despender grandes energias para estender o seu predomínio despótico. Tudo indicava que o czar apelaria para um sistema pseudoconstitucional sustentado pela burocracia para renovar sua legitimidade e conter as forças democráticas. Aos portadores do liberalismo restava, por enquanto, a obrigação de rechaçar qualquer tentativa de compromissos fáceis com as autoridades governamentais e preservar sua autoridade moral para a eventualidade de uma reconfiguração favorável dos campos políticos na Rússia.

3.
A farsa política do Manifesto de Outubro: reestruturação do aparato czarista e "constitucionalismo de fachada"

Em outubro de 1905, rumores acerca da prisão de representantes dos ferroviários desencadearam uma nova onda de greves na Rússia. À exceção dos trens que transportavam os ativistas vinculados ao movimento revolucionário às conferências regionais, toda a movimentação nas ferrovias foi paralisada e trabalhadores de diversos ramos da produção e do setor de serviços deflagraram greve geral em solidariedade.

A dificuldade em que se encontrava o regime autocrático aprofundava as tensões entre as tendências repressoras e as reformistas no círculo do czar. Em 17 de outubro publicou-se um manifesto redigido pelo semi-liberal Sergei Witte. O manifesto estabelecia direitos civis baseados no princípio da inviolabilidade da pessoa e assegurava as liberdades de consciência, expressão, reunião e organização. O manifesto garantia ainda, para surpresa da oposição, que a Duma seria promovida[1] de órgão consultivo a órgão legislativo. A novidade era comentada nas ruas com grande entusiasmo e a revolução parecia vitoriosa, porém os mais sagazes desconfiavam que as medidas não sairiam do papel. O manifesto fora pregado nos muros da cidade, emblematicamente ao lado da ordem dada pelo general Trepov ao exército apenas cinco dias antes para "não poupar munição" na supressão do motim.

---

1   Em 6 de agosto de 1905, Bulygin, então Ministro do Interior, publicara um decreto convocando a Duma. Suas prerrogativas, entretanto, eram bastante limitadas. O decreto previa que ela deveria funcionar como órgão consultivo a ser eleito indiretamente por colégios formados com base no critério da propriedade.

Essa contradição entre as promessas de abertura democrática do regime e a manutenção das arbitrariedades policiais tornou-se cada vez mais evidente. O papel desempenhado pelo governo no período subsequente à publicação do Manifesto de Outubro não deixava dúvidas de que os princípios ali redigidos eram letra morta, de sorte que a farsa não tardou a se revelar.[2] Com o orgulho ferido e ciente de que a consecução das reformas constitucionais significaria abrir mão de seus pressupostos autocráticos, o governo russo apelou novamente para a força. Em 26 e 27 de outubro, soldados e marinheiros mais radicalizados de Kronstad decidiram encabeçar um motim popular e no dia seguinte foram colocados sob lei marcial. Após ter sido aplacada a rebelião, os militares envolvidos foram presos e ameaçados de execução. Poucos dias mais tarde, toda a Polônia fora posta sob lei marcial, sendo o próprio Conde Witte o responsável pela medida. Teriam ainda desenlaces semelhantes os conflitos agrários nos distritos de Chernigov, Saratov e Tambov.

Em agosto de 1906, Weber escreveu outro artigo sobre os conflitos políticos no império do czar. "A transição da Rússia a um regime pseudoconstitucional" [*Rußlands Übergang zum Scheinkonstitutionalismus*] concentrou o foco da análise na reação política do governo ante a sublevação revolucionária do ano anterior e intentou explicitar os mecanismos que garantiram a sobrevivência do czarismo a despeito dos abalos sofridos. Nesse artigo Weber procurou identificar os imperativos que obrigavam o governo a oscilar entre a manutenção do *status quo* autocrático e a perspectiva de transição para uma monarquia constitucional. A declaração em tom grandiloquente proferida por Witte, segundo a qual "de hoje em diante não há mais autocracia na Rússia" [(WITTE *apud* WEBER, 1971b: 167), tradução nossa] contrastava com a resistência do czar em abdicar de suas prerrogativas, assim como a conduta policialesca do Estado desmentia na prática a inflexão em sentido democrático anunciada pelo Manifesto de Outubro.

A composição do ministério encabeçado por Witte espelhava a dubiedade dessa transição, uma vez que a disparidade do perfil político das figuras nomeadas não oferecia indício algum dos rumos que se pretendia conferir à administração pública. Representantes dos setores mais conservadores do império foram indicados para o

---

2   "Em visita de Milyukov a Witte, este deixou claro que o czar não queria a Constituição e que o Manifesto de Outubro fora lançado 'numa febre'. O próprio Witte também não queria a Constituição; interessava-lhe somente um constitucionalismo de fachada" (DEUTSCHER, 2005: 175).

trabalho conjunto com defensores da abertura do regime, e o transcorrer dos procedimentos governamentais sinalizava que a balança penderia para o lado dos primeiros. "Assim, foi-me retirada a possibilidade de compor um ministério que simpatizasse com o Manifesto de Outubro ou que pelo menos reconhecesse a sua importância" [(WITTE, 1923: 357), tradução nossa]. Em que pese a liderança formal coubesse ao autor do Manifesto, não restavam dúvidas de que o poder *de facto* concentrava-se no Ministério do Interior. Durnovo assumira a pasta que pertencera a Trepov e conduziu a política de repressão com a mesma implacabilidade que seu antecessor. Sua estratégia para a solução da crise aliava o uso da coerção física ao refortalecimento da burocracia, de modo que não apenas tratou de aumentar a verba destinada a fins policiais e os vencimentos dos funcionários das repartições públicas, como também de "purificar" os telégrafos, correios e serviço ferroviário de seus elementos indesejáveis.

> Na realidade, o regime czarista não tinha intenção alguma de conceder direitos civis e políticos a seus cidadãos; no plano interno, antes de mais nada, procurara manter e ampliar os poderes dos órgãos policiais de repressão. Dessa maneira estamos diante de uma política de duas faces: no plano externo, o governo russo conduz--se como uma monarquia constitucional; no plano interno, mantém o regime tradicional caracterizado pelo arbitrário poder da polícia (TRAGTENBERG, 2005: 27).

Weber não hesitou em atribuir os *zig-zags* políticos do governo russo à sua dependência financeira perante os bancos estrangeiros. Era certo que o czarismo preferiria concluir um pacto com o diabo a negociar honestamente com forças políticas autônomas, porém os financistas internacionais não concederiam crédito à Rússia a menos que reformas institucionais de cunho liberal fossem postas em prática. Com efeito, além de amenizar as pressões internas, o Manifesto de Outubro visava atender as exigências dos investidores estrangeiros, temerosos de que uma revolução "por baixo" viesse a comprometer o pagamento de seus empréstimos.

Não bastassem os inúmeros episódios que ao longo de 1905 colocaram em dúvida a sustentabilidade do regime, a apreensão dos credores viu-se ainda reforçada pela estratégia de sabotagem financeira adotada pelos setores mais radicalizados da oposição. Cientes de que a falência dos cofres públicos era o "calcanhar de Aquiles" do governo, o soviete de Petersburgo exortou a população à desobediência fiscal e incentivou o saque dos depósitos bancários, iniciativa esta que lhe custou o aprisionamento de sua direção e ao tesouro nacional um prejuízo da ordem de 140 milhões de rublos. Dessa maneira, os banqueiros de Paris e Berlim condicionaram a transação financeira – indispensável ao absolutismo czarista após o fiasco da guerra contra o Japão[3] – à convocação da Duma, que seria encarregada de ratificá-los.[4]

> Para compreender as atitudes do governo russo é absolutamente necessário levar em consideração o fato de que a Rússia é um país fortemente endividado no exterior. Os reacionários afirmam que os "judeus" extorquiram a Constituição russa, a obtiveram por astúcia, ou pelo menos que participaram da sua elaboração. Esta afirmação é bastante correta, mas obviamente não se trata dos moradores dos guetos da Rússia, que sofrem perseguições terríveis, e sim dos de sua estirpe, muitos dos quais pertencem à nobreza, encontram-se instalados nas altas finanças de Berlim e Paris e têm em suas mãos o controle das cotações dos títulos da dívida pública emitidos pela Rússia (WEBER, 2005b: 113).

A ênfase de Weber recaíra, portanto, sobre a inefetividade das promessas de outubro. O manifesto redigido por Witte não passara de uma perspicaz manobra do governo cujos objetivos fundamentais eram causar impressão fora da Rússia e, por outro lado, provocar confusão e discórdia entre os vários setores da oposição democrática. Weber tinha plena consciência de que o czar "nunca agiu com verdadeira sin-

---

3   A avidez russa pelo controle dos territórios da Manchúria e da Coréia esbarrou nas pretensões japonesas e, em janeiro de 1904, desembocou na guerra entre as duas nações. Os objetivos implícitos da agressão russa eram, por um lado, apaziguar os conflitos internos evocando-se o fervor patriótico e, por outro lado, dar continuidade à política expansionista que nos últimos 400 anos havia ampliado as fronteiras do império. Entretanto, não obstante a superioridade militar russa, com exército equivalente a cinco vezes o efetivo do exército adversário e uma marinha quatro vezes maior que a japonesa, nenhuma batalha foi vencida. Em dezembro de 1904, a principal fortaleza russa, Porto Artur, foi tomada e toda a sua guarnição aprisionada. O golpe de misericórdia veio em maio de 1905, quando em Tsushima quarenta navios da marinha russa foram afundados ou capturados sem nenhuma perda do lado japonês (cf. SHANIN, 1986: 27-9).

4   "Por outro lado, o fracasso de numerosas missões comerciais enviadas ao exterior demonstrava muito bem que os banqueiros julgavam que a Duma fosse de fato eleita e convocada, para que se pudesse pensar em empréstimo vultoso. Portanto, a 'Constituição' deveria ser estabelecida, preservando-se formalmente as promessas de 17 de Outubro, tanto quanto fosse necessário, para que houvesse pelo menos a aparência externa de garantias 'constitucionais', visando a impressionar o público externo. Era com isso que os banqueiros contavam" (WEBER, 2005b: 116).

ceridade no sentido de transformar a Rússia em um 'Estado de direito', com 'verdadeira garantia' dos direitos individuais" (WEBER, 2005b: 116). Não lhe restavam dúvidas de que as "intenções democráticas" do governo careciam de solidez e no momento decisivo a balança penderia a favor dos interesses reacionários da burocracia czarista.

Desse modo, tal como o próprio título do artigo já nos indica, a Rússia caminhava a passos largos para um constitucionalismo de fachada. De maneira similar ao que ocorria com o *Reichstag*,[5] a Duma figuraria no contexto político russo como uma instituição de poderes meramente aparentes. Em primeiro lugar porque os deputados seriam eleitos indiretamente com base em critérios censitários. Além disso, a Duma estaria forçada a dividir as suas prerrogativas legislativas com o antigo Conselho de Estado – composto em sua quase totalidade por indivíduos indicados pelo czar e por entidades como a Igreja e corporações de nobres. Para acentuar a impotência do parlamento russo, foi promulgada, em abril de 1906, uma lei que excluía assuntos de maior relevância – como o controle do exército e os negócios estrangeiros – de sua esfera de interferência. "O conjunto das relações entre governo e representação

---

5   Na Alemanha Guilhermina não havia conexão recíproca entre o poder legislativo e o poder executivo. O *Kaiser* e seus ministros não deviam satisfações ao *Reichstag*, e os representantes da população não assumiam responsabilidade pelas ações do governo. Nesse sentido, é mais do que evidente o propósito implícito nos argumentos de Weber de chamar a atenção do público alemão para as restrições constitucionais de seu país. Sua ênfase deliberada nas amarras impostas ao *Reichstag* obscurecem, contudo, o fato de que, mesmo limitado por tamanhas constrições, o trabalho parlamentar demonstrou na Alemanha uma certa eficácia no sentido de conferir maior legitimidade ao governo e fomentar a colaboração dos partidos políticos nos termos das regras então vigentes. Os dirigentes do regime foram, assim, relativamente bem-sucedidos em construir maiorias parlamentares capazes de sancionar seus projetos mais decisivos. É bem verdade que isto não impediu que a relação entre governo e os partidos que lhes conferiam sustentação atravessasse crises mais ou menos agudas. De qualquer forma, o regime conseguiu, até certo ponto, contornar essas crises por meio de novas coalizões que incorporavam partidos outrora oposicionistas em sua base de sustentação – haja visto que o chanceler von Bülow logrou compensar a perda do apoio até então conferido pelo Partido do Centro com uma aliança que englobava os partidos liberais. Houve momentos-chave da política alemã em que o governo angariou até mesmo o consenso do SPD para as diretrizes que desejava ver implementadas, sendo a aprovação dos créditos de guerra o exemplo máximo de que o *Reichstag* não desempenhava um papel tão secundário na política alemã. Embora o *Reichstag* figurasse como um parlamentarismo raquítico, ele permitiu ao *Kaiser* apoiar o seu domínio em bases sociais concretas, algo que o czar não buscou de maneira consequente e que dificilmente seria capaz de obter.

popular foram ordenadas de acordo com o pressuposto axiomático de que a representação popular é inimiga natural da autoridade estatal e assim para sempre permanecerá" [(WEBER, 1971b: 237), tradução nossa]. Posto que segundo a ordenação constitucional nenhuma lei deveria entrar em vigor sem o consentimento dessas três instâncias, a dúvida recaía sobre a funcionalidade de um esquema institucional que previa a cooperação de poderes antagônicos. Em vista da remota probabilidade de um entendimento mútuo, vislumbrava-se, então, que a Rússia mergulharia em uma fase de paralisia legislativa, da qual somente emergiria quando as forças democráticas forçassem a autocracia à capitulação ou caso esta recorresse a mecanismos ditatoriais que coagissem a representação popular ao silêncio.

Após minucioso exame das liberdades proclamadas, Weber percebeu que elas eram, sem embargo, falsas e não passavam de imposturas. A declaração que garantia a livre expressão teve como contrapartida a perseguição à imprensa oposicionista; tipografias eram fechadas e jornais apreendidos.[6] Não se caminhou no sentido de uma reforma que desatrelasse a Igreja Ortodoxa do controle estatal e fizesse valer o princípio da laicidade na malha institucional russa. A efetividade da autonomia universitária, por seu turno, esbarrava em uma longa tradição de perseguição aos estudantes e de cerceamento ao pensamento crítico. Assim como na Prússia – onde a *"lex* Arons" sobrepunha o olhar policial às exigências inerentes aos procedimentos científicos e vetava a atividade docente a investigadores afiliados à socialdemocracia –, também no império czarista a intromissão da burocracia atuava como um filtro, cujo objetivo era impedir que simpatizantes de uma perspectiva estranha à autoconservação do regime fossem admitidos nos quadros da universidade. De maneira análoga, tampouco verificou-se na prática a liberdade de associação, pois estava proibida a organização dos trabalhadores no interior das fábricas. A perseguição às lideranças operárias e os dispositivos que puniam a deflagração de greves também faziam lembrar as instituições prussianas, em especial a "legislação anti-socialista" em vigor nos tempos de Bismarck e a polícia de Puttkamer. Ademais, contrariava-se a declaração dos direitos

---

6   Rosa Luxemburg destacou o ângulo revolucionário pelo qual os tipógrafos de São Petersburgo combateram as restrições impostas à liberdade de imprensa. O sindicato dos tipógrafos chamou para si a responsabilidade por efetivar as promessas contidas no Manifesto de Outubro, assumindo os riscos de imprimir as publicações oposicionistas censuradas pelo czarismo e, por outro lado, retaliando o governo através da negativa em rodar os periódicos e demais folhetins de orientação reacionária (cf. LUXEMBURG, 1974h: 184)

civis na medida em que a efervescência entre os operários fabris e minorias nacionais teve como resposta a imposição da lei marcial, quando domicílios eram violados em buscas desprovidas de autorização jurídica ou pela negativa em incorporar o direito de *habeas corpus* na legislação. Ao contrário do que sugeria a retórica de Witte, o período subsequente ao Manifesto de Outubro conheceu um aumento das deportações administrativas, e os detentos acusados de crime político pululavam nos cárceres.

> Considerando-se o cumprimento dessas promessas pelo velho regime, evidencia-se cada vez mais que aquele grau de "liberdades" que foi estabelecido de direito, por ocasião da abertura da Duma, com pequenas exceções, não era mais que a obra realizada pelo antigo regime antes do ministério de Witte, e que surgira num ambiente de temor perante a opinião pública, sob a impressão do prestígio perdido na guerra e na esperança de arrastar os proprietários de qualquer maneira para o lado da burocracia, sem comprometer-se com o poder ilimitado deles no futuro. Depois que o estabelecimento de um poder legislativo havia sido prometido pelo Manifesto de Outubro, o ministério provisório nada mais fez no sentido de dar cumprimento àquela declaração; usou de todas as manipulações jurídicas imagináveis para sujeitar à arbitrariedade administrativa as garantias concedidas formalmente para a imprensa, associações, reuniões e confissões religiosas, e não fez nada para eliminar a arbitrariedade absoluta com que eram tratados os cidadãos, sem que valesse nenhuma restrição legal. (WEBER, 2005b: 121).

Uma vez assegurado o empréstimo estrangeiro, o governo livrou-se de sua máscara reformista e retomou a postura autocrática sem ambiguidades. O próprio conde Witte já não era indispensável ao czar e fora prontamente substituído por um grupo de burocratas alinhados ao conservadorismo (cf. WEBER, 2005b: 168-9). Mesmo não sendo um autêntico liberal, a mera associação de sua figura com o Manifesto de Outubro bastou para que ele angariasse a hostilidade do setor hegemônico das camadas dirigentes e, sob o primeiro pretexto, fosse destituído de seu posto.[7] Weber não lamentou a sorte de Witte, pois a seu ver ele não soube impor a

---

7   "Caso ele mantenha-se íntegro, poder-se-á mais tarde dispensá-lo; caso ele pereça, que assim seja. Ele é um homem desagradável, não cede em nada e sabe tudo melhor que eu. Isso eu não

sua liderança àquela parcela conservadora existente no interior do governo à época em que ainda aparecia como uma figura imprescindível à autocracia.[8] "Em janeiro, quando ainda era indispensável, Witte deveria ter levantado a questão da liderança e enfrentado Durnovo. Ao invés disso, sujeitou-se a esse indivíduo, o único membro venal do Conselho, e condenou-se a uma absoluta falta de influência [...]" (WEBER, 2005b: 134). Devido à interlocução com as Bolsas de Valores, Witte permanecera longo tempo em seu posto, mas não conseguiu aproveitar-se dessa posição privilegiada para fortalecer, "pelo alto", a perspectiva democrática.

Assim como o governo aproveitou-se de Witte para construir uma certa aparência perante os investidores estrangeiros e descartá-lo em seguida, também a convocação da Duma consistia em artifício puramente utilitário destinado a conferir ares de monarquia constitucional à autocracia czarista. Nunca houvera um compromisso de Nicolau II com o princípio parlamentar e, em que pese as leis eleitorais terem configurado a Duma como um órgão pseudolegislativo, o governo apressou-se em dissolvê-la em julho, menos de três meses após a sua primeira sessão. "Exortei o czar a tomar resoluções que contradiziam as suas convicções e seu instinto, portanto, tais resoluções jamais seriam duradouras" [(WITTE, 1923: 342), tradução nossa].

Desde o começo das negociações, a forma como o czarismo tratara o legislativo expressava a rivalidade alimentada pelo governo contra a representação política da sociedade. As regras do jogo eleitoral estipulavam, assim, uma proporção em que o voto dos grandes proprietários de terras equivaleria individualmente ao desígnio de quinze camponeses ou quarenta e cinco operários fabris. Tal desequilíbrio não apenas excluía praticamente a representação da *intelligentsia* e das camadas médias urbanas, como apoiava-se no pressuposto de que, a despeito dos motins que assolaram o meio rural, os camponeses ainda reverenciavam o czar e portar-se-iam mediante a coroa com a mesma fidelidade do período anterior à revolução. Os filtros estabelecidos visa-

---

posso aceitar" [(NICOLAU II *apud* WITTE, 1923: 347), tradução nossa].

8   "[...] é certo que as disposições estabelecidas pelo *ucasse* de 21 de outubro eram o ápice do poder burocrático colocado nas mãos de Witte. Mas não conseguiu impor-se na posição de primeiro-ministro, cargo este que ele próprio havia criado para si. Assim se confirma uma vez mais que um homem desmedidamente ambicioso, totalmente desprovido daquilo que chamamos de 'caráter político' e usando exclusivamente a inteligência, por maior que esta seja, não consegue mais do que sacrificar tudo para alcançar a pasta ministerial, e depois afastar-se, desonrado, do cenário" (WEBER, 2005b: 134).

vam, pois, excluir do parlamento as camadas progressistas e favorecer, pelo contrário, a eleição de uma Duma com perfil conservador, afeita à lógica da burocracia.

Num primeiro momento, o czarismo – valendo-se de formalismos burocráticos e intimidação – empreendeu esforços no sentido de minimizar a votação dos partidos comprometidos com a abertura do regime. Em diversas regiões do país, as autoridades governamentais negavam-se a conferir autorização para que os "Cadetes" organizassem reuniões públicas, ao passo que nenhum empecilho era interposto à campanha dos "Outubristas" e demais organizações situadas à direita do espectro político. Entretanto, a violência empregada pela burocracia policialesca teve repercussão contrária aos seus objetivos, e os partidos alinhados ao governo obtiveram um resultado eleitoral desastroso. A coação física levada a cabo contra a oposição ofendera o senso de moralidade dos mujiques[9] e redundou na vitória do Partido Constitucional-Democrata por ampla margem de votos. Além disso, a manipulação das regras eleitorais que almejavam conferir um relativo privilégio à bancada campesina revelou-se um tremendo erro de cálculo. Preocupada com a criação de obstáculos que excluíssem do parlamento a intelectualidade pertencente às classes médias, a burocracia simplesmente não atentou para a emergência de um número considerável de quadros políticos advindos das massas rurais. Os trabalhadores do campo elegiam preferencialmente os candidatos oriundos de seu próprio meio, e o resultado desse fenômeno cristalizou-se numa robusta fração parlamentar (*Trudowaja Gruppa*)[10] dirigida pela

---

9 "Mas a violência, onde quer que fosse empregada, transformava-se em propaganda. Muitos representantes dos camponeses que haviam sido presos enviavam telegramas da própria prisão para a polícia, agradecendo-a pelos serviços que ela havia prestado para que fossem eleitos – e como se evidenciou mais tarde, tinham toda a razão para isso. O emprego da violência por parte da polícia sempre ofende o senso de justiça dos camponeses russos, de estarem acostumados e inclinados a se sujeitar, ao menos aparentemente, a essa violência, talvez mais do que em outros países. Em parte, essa é a razão por que se ofendem mais facilmente. Pois é justamente por isso que os camponeses russos não veem outra coisa nessa violência a não ser a 'imoralidade', a influência puramente 'casual', brutal e absurda do poder, que se encontra na mão de pessoas que são seus inimigos declarados" (WEBER, 2005b: 147).

10 Os "Cadetes" esforçaram-se por manter uma coalizão com os *Trudoviki* ao longo da primeira Duma, pois enxergavam-nos como representantes do espírito das massas e, além disso, necessitavam de seu apoio para consolidar uma maioria segura no parlamento. O trabalho conjunto entre essas agremiações mostrou-se, de fato, viável porque ambas vislumbravam que a tarefa histórica perante a qual a Duma se deparava era nada menos do que retirar do czarismo o controle do poder político, sendo a quebra da espinha dorsal da burocracia o objetivo concreto a

intelligentsia agrária, cujo perfil radicalizado em nada se assemelhava à lealdade passiva da qual Nicolau II esperava desfrutar. Pelo contrário, as escolhas realizadas pelos agricultores pobres no decorrer do processo eleitoral, associadas à conduta que seus representantes viriam a assumir na Duma, sinalizavam que o culto à figura do monarca decompunha-se paulatinamente e já não exercia sobre as representações coletivas dos mujiques o mesmo fascínio romântico de outrora.

A vitória alcançada pela democracia-constitucional nas urnas, porém, não representava o triunfo da causa liberal e tampouco deveria ser fonte de otimismo. Ela havia sido obtida com votos de cidadãos, campesinos e alguns latifundiários que, embora tenham-se unido contra as arbitrariedades administrativas, não apoiavam necessariamente um programa liberal completo. O êxito do Partido Constitucional-Democrata dependera dos votos da base socialdemocrata que, ao carecer de candidatos próprios, apoiara os nomes que lhes pareciam mais afins; nas poucas vezes em que integrantes da socialdemocracia concorreram ao pleito conseguiram derrotar com facilidade os seus adversários "Cadetes". Em outras palavras, a bancada de cento e oitenta delegados conquistada pelos democratas fora, em grande medida, fruto do isolamento que a extrema-esquerda impingiu a si própria,[11] visto que sua tentativa de desestabilizar o governo por

---

determinar o sucesso desse embate. As convergências estratégicas verificadas entre democratas e *Trudowaja Gruppa* não devem, entretanto, conduzir-nos à superestimação de suas afinidades. Os camponeses reprovavam o "ar aristocrático" que emanava dos "Cadetes" e, ao contrário destes, sua defesa da reforma agrária baseava-se fundamentalmente em princípios de natureza ética. Enquanto portadores da *"trudowaja norma"*, os campesinos argumentavam que o solo pertencia a Deus, e por isso deveria ser concedida a cada um tanta terra quanto suas mãos fossem capazes de semear. De qualquer modo, o fato de que a *intelligentsia* agrária assumira a liderança da bancada contribuía de maneira decisiva para que as suspeitas dos mujiques não eliminassem as possibilidades de entendimento com os democratas.

11 Eduard Bernstein avaliou o significado da resolução socialdemocrata pelo boicote nas eleições para a Duma à luz dos dilemas colocados pela reação prussiana frente ao ascenso da oposição democrática em 1848. Além de valer-se do aparato militar, os *Junker* preservaram seu domínio político por meio da implementação, em 1849, de regras eleitorais que estabeleciam amplas restrições à representação das camadas inferiores da população [*Dreiklassenwahlsystem*]. Segundo Bernstein, essas medidas confrontavam de tal maneira os princípios defendidos pelos partidos democráticos que não deixava de ser compreensível a opção destes pela abstenção nas eleições que viriam a compor o parlamento prussiano. Dado, porém, que os elementos progressistas não estavam em condições de impedir o processo eleitoral nem organizar um novo assalto com perspectivas de vitória para a revolução, o resultado dessa abstenção consistiu em permitir "que

os partidos reacionários atassem as mãos e pés da população com uma bola de ferro que ela ainda hoje é [...] obrigada a arrastar consigo" [(BERNSTEIN, 1906a: 210), tradução nossa]. Assim como Weber, Bernstein acreditava que a socialdemocracia russa dificilmente conseguiria derrotar o czarismo sem o auxílio da burguesia. Por conseguinte, a tática de boicote ativo que uma parcela do POSDR desejava implementar consistiria, a seu ver, em algo indesejável. Isto porque, ao colocarem-se como estorvo ao processo eleitoral, afastariam de si os elementos burgueses que, por sua vez, demonstravam enorme interesse pela instalação do processo legislativo, a despeito das constrições impostas pelo governo. Em primeiro lugar, os ataques da democracia burguesa ao governo seriam provavelmente deslocados para o POSDR, fragmentando, desse modo, a oposição anticzarista e proporcionando alívio temporário ao absolutismo. Além disso, a tática de boicote ativo traria consigo efeitos anti-revolucionários porque impediria a eleição de um número maior de representantes comprometidos com a democracia, algo que fortaleceria a Duma contra os ímpetos autoritários do czar. Por fim, Bernstein ressaltava que uma intervenção enérgica dos socialistas na Duma apareceria como um fator decisivo para o impulso da ação extraparlamentar. "Em vista disso, parece-me preferível a [...] política que preserva a completa independência de cada fração num bloco de todos os elementos democráticos e que torne possível, na Rússia de hoje, uma luta comum contra os partidos [...] dos privilégios de classe e o governo policial" [(BERNSTEIN, 1906a: 217), tradução nossa]. Karl Kautsky externou seus julgamentos sobre a tática de boicote de modo, por assim dizer, empaticamente crítico. A seu ver, as disposições que regulamentavam a eleição de deputados para a Duma revelavam tamanha iniquidade que, em termos relativos, faziam as sufocantes regras eleitorais da Prússia e da Saxônia parecerem instituições democráticas. Exagero ou não, Kautsky avaliava que a descrença dos socialdemocratas perante a Duma justificava-se, além disso, em virtude da estratégia perniciosa que ela colocava à disposição da burguesia. Ao contrário de Bernstein, Kautsky não enxergava o parlamento russo como uma oportunidade para a conformação de uma forte aliança anticzarista. Na realidade, os liberais desejariam com tanto ardor que a instância legislativa entrasse em funcionamento porque acreditavam que não haveria melhor alternativa para colocar um fim à revolução, e a canalização das disputas para os métodos de "evolução pacífica" apareceria também aos senhores de terras como a melhor garantia à preservação do seu patrimônio. Contudo, mesmo levando em conta essas ponderações, Kautsky concluía que a Duma forneceria um enorme impulso à causa revolucionária, pois contribuiria para dotar o movimento democrático de uma instância que poderia vir a cumprir o papel de núcleo centralizador das ações anticzaristas. "Até o momento, uma das grandes vantagens do governo consistia em sua centralização, que se opunha às revoltas e greves de massas de caráter local e apenas frouxamente articuladas. Por meio da Duma a revolução adquire um centro. Independentemente de como a Duma venha a se desenvolver, os impulsos que ela emprestará à revolução – seja direta ou indiretamente, intencionalmente ou contra os seus propósitos – repercutirão sobre toda a Rússia simultaneamente e provocarão, por toda a parte, reações também simultâneas" [(KAUTSKY, 1906c: 244-5), tradução nossa].

meio de uma abstenção eleitoral massiva não encontrou grande ressonância. Mesmo os operários fabris aptos a votar não seguiram o chamado ao boicote e, para a sua própria surpresa, o grupo liderado por Milyukov sagrou-se vitorioso em ambas as capitais. O pleito do ano seguinte justificaria, entretanto, as reservas de Weber, pois, ao corrigirem sua tática,[12] os candidatos dos partidos radicais foram alçados ao topo das listas de votação. Considerando-se a soma dos delegados eleitos por bolcheviques, mencheviques, socialistas-revolucionários e *Trudowaja Gruppa*, a composição da Duma de 1907 expressava nada menos que uma proporção de dois representantes esquerdistas para cada assento ocupado pelos "Cadetes" no parlamento.

> Em Tíflis a democracia foi superada rapidamente pelos socialistas, que conseguiram eleger 9/10 de todos os seus delegados eleitorais. Ao mesmo tempo, isso demonstra que a vitória democrática não tem bases sólidas: no caso de um comparecimento maciço da extrema esquerda às eleições, esta certamente arrebataria uma grande parte das cidades maiores das mãos da democracia e aconteceria o mesmo que se dá entre nós: o fiel da balança oscilaria somente entre os socialistas e os partidos classistas da burguesia, sendo [...] a democracia ideológica [...] eliminada. (WEBER, 2005b: 165-6).

Apesar das contradições do processo eleitoral, o Executivo viu-se obrigado a lidar com uma Duma composta majoritariamente por elementos antiburocráticos e totalmente radicais em questões sociais e políticas.[13] A esperança do governo de que

---

12 Inicialmente, os partidos socialistas boicotaram as eleições porque não concordavam com os limites impostos à Duma. Já nas eleições de 1907, os socialistas-revolucionários e o POSDR desistiram da tática do boicote porque enxergaram a Duma, mesmo com todas as suas amarras, como uma tribuna de denúncias contra as arbitrariedades da autocracia.

13 O Partido Constitucional Democrata conformava, em junho de 1906, a maior fração do parlamento com aproximadamente 180 cadeiras. Logo em seguida apareciam os *Trudoviki* com uma representação em torno de 100 deputados, número equivalente à bancada de parlamentares que – embora simpatizassem com os "Cadetes" ou alguma outra agremiação oposicionista – não declaram filiação partidária por temerem retaliações das autoridades. É necessário pontuar, entretanto, que inexiste um registro preciso da distribuição dos assentos na primeira Duma. Isto porque houve uma ligeira migração partidária durante o curto período entre o início de suas atividades e sua dissolução. Além disso, os intrincados mecanismos da legislação implicavam assincronias no processo eleitoral, de modo que à época em que o czar decretara o encer-

as dissensões em torno da questão agrária implodissem o parlamento não se confirmou, e logo no começo dos seus trabalhos a Duma aprovou por unanimidade uma mensagem na qual eram apresentadas as suas reivindicações: liberdade de expressão, imprensa e associação, lei eleitoral de "quatro elementos", igualdade de todos perante a Constituição, anistia aos presos políticos, abolição da pena de morte, autonomia cultural das minorias nacionais, instrução pública gratuita, controle parlamentar do poder Executivo, legislação trabalhista que reconhecesse o direito de greve, reforma tributária e desapropriação de terras com vistas ao assentamento da população agrária[14] (cf. WEBER, 1971b: 381).

A incisividade dessa resolução fora, em certa medida, consequência do desapontamento que o discurso da coroa provocara entre os membros da Duma à época em que esta dera início aos seus trabalhos. À expectativa de que o czar oferecesse gestos que demonstrassem a solidez da mudança de curso na política russa, em particular a concessão da anestia e o fim das detenções sem julgamento prévio, sucedeu-se apenas um pronunciamento desprovido de conteúdo, que se resumia a uma saudação formal aos parlamentares. O monarca parecia não estar seguro – assim formulara um órgão da imprensa de São Petersburgo – se a Duma deveria ser encarada como uma instituição estatal ou como um clube revolucionário. "E então deu-se início ao espetáculo. Nenhuma de ambas as partes acreditava que o fim da canção seria outro senão 'pólvora e chumbo'" [(WEBER 1971b: 380), tradução nossa].

---

ramento das atividades parlamentares existiam ainda algumas poucas circunscrições em que a escolha de delegados não havia sido concluída. Em todo caso, essa variação processou-se em limites estreitos e não compromete o quadro apresentado acerca da correlação de forças entre os partidos, principalmente quando se tem em vista a diferença numérica abismal entre a bancada oposicionista e a representação dos partidos dispostos ao compromisso com a burocracia czarista (cf. EMMONS, 1983).

14 Além do programa de reformas elaborado pela Duma, os parlamentares fizeram uso extensivo do direito de interpelação. O governo vira-se, então, confrontado por uma avalanche de protocolos que questionavam seus procedimentos administrativos e, particularmente, inquéritos a respeito da cumplicidade de autoridades oficiais no *pogrom* de Belostok, perpetrado durante o intervalo em que a Duma encontrava-se reunida. No total, aproximadamente quatrocentas interpelações foram registradas ao longo dos dois meses de existência da Duma, e nas poucas vezes em que autoridades ministeriais apresentaram-se para respondê-las foram recebidas pelo plenário com atitudes pouco amistosas (cf. EMMONS, 1983).

O teor radical do programa apresentado pela Duma, somado ao rumo das negociações entre o governo e os bancos internacionais, teve como desfecho previsível a dissolução do Parlamento. Se inicialmente a boa relação com os investidores estrangeiros dependia da convocação da Duma, num segundo momento as finanças do czar passaram a depender justamente da não-interferência do poder Legislativo. Posto que o governo necessitava urgentemente de fundos para combater o "inimigo interno", mostrou-se disposto a aceitar as pesadas condições impostas pelos banqueiros internacionais. A Duma, por seu turno, certamente não concordaria com as elevadas taxas de juros exigidas para a concretização do empréstimo. "A situação financeira do governo chegou a tal ponto que ele tinha de sujeitar-se à Duma ou aos bancos. Preferiu estes últimos, aceitando toda e qualquer condição" (WEBER, 2005b: 167). A garantia dos banqueiros de que uma revolução não colocaria em risco os seus investimentos residiria, doravante, na própria capacidade repressiva da autocracia czarista.

Weber rechaçou de modo enfático a ideia de que o fracasso do parlamentarismo na Rússia tenha sido fruto do comportamento político da Duma. Pelo contrário, o desempenho desta fora, a seu ver, surpreendentemente positivo: "não existe nenhum parlamento do mundo que tenha realizado tanto em tão pouco tempo" (WEBER, 2005b: 175). Os verdadeiros responsáveis por tal fracasso, segundo Weber, eram o czar e o aparato burocrático, pois, com receio de verem-se diminuídos em seu prestígio e poderio político, desperdiçaram a oportunidade de que houvesse "uma Duma de caráter 'burguês', agradecida, disposta ao máximo de colaboração" (WEBER, 2005b: 142). Um balanço sóbrio da curta experiência parlamentar vivenciada na Rússia não comprovaria outra coisa, portanto, senão a impossibilidade de se garantir a observância da vontade popular quando seus representantes são obrigados a legislar em conjunto com um monarca que se dirige à nação com violência e procedimentos fraudulentos.

A "vaidade dinástica" atuara, por conseguinte, como um fator decisivo para a dissolução do parlamento. O czar havia convocado a Duma sob pressão e considerava os trabalhos legislativos como uma inaceitável afronta à sua figura. Também nesse aspecto, a revolução russa espelhava as questões políticas vivenciadas pela Alemanha, pois Weber associava o comportamento autocrático de Nicolau II à resistência de Guilherme II em conceder maior autonomia ao *Reichstag*. Ambos os monarcas relutavam em abrir mão de suas prerrogativas e – de maneira teatral, grandiloquente e megalomaníaca – associavam o futuro de suas nações à "grandeza" de suas personalidades. Numa palavra, faziam jus àquele provérbio alemão segundo o qual toda enguia almeja tornar-se uma baleia. Ao invés do exercício de uma influência política modesta, porém sóbria,[15] atuavam como "diletantes" que, por suas ambições pessoais, eram incapazes de se darem conta dos prejuízos que suas bravatas acarretavam à respeitabilidade de seus povos e de si mesmos.

> Há uma coisa que se pode afirmar: os regimes dinásticos modernos sentem-se inclinados e forçados a trabalhar também por seu prestígio interno, para "livrar a cara", e isso fez com que, na Rússia, o governo fosse levado a não conceder em tempo o que tinha de conceder, e depois que as concessões lhe eram extorquidas à força uma por uma, procurou e continua procurando restabelecer o "prestígio" perdido por meio de arbitrariedades policiais. Foi a convicção de que as vítimas estavam sendo sacrificadas para lisonjear essa vaidade que levou os partidos que defendiam a "solução parlamentarista" a não oporem objeção mais vigorosa à maneira selvagem e brutal com que a esquerda vituperava os ministros na Duma e os expulsava de seus lugares (WEBER, 2005b: 177-8).

As opções antidemocráticas do czar, entretanto, não sensibilizaram as classes proprietárias. A votação do Partido do Comércio e da Indústria (agremiação esta que, em decorrência de sua atitude vacilante perante a democracia, representava na percepção do autor a variante russa do Partido Nacional Liberal na Alemanha) havia sido vergonhosa, e a burguesia preferiu seguir como um grupo que assegurava seus interesses econômicos por meio da influência exercida sobre o czar por fora dos meandros institucionais. O acordo firmado com os patrões da indústria estabelecia que o governo afrouxaria os controles e supervisões administrativas sobre os industriais, contanto que eles reconhecessem, em contrapartida, certos direitos mínimos aos trabalhadores (cf. WEBER, 1971b: 372). Dessa forma, a burguesia abandonou a Duma à

---

15 "O *kingdom of influence*, puramente parlamentar, precisamente por causa de sua modéstia consciente pode executar um belo trabalho, positivo e sistemático, em benefício de seu país, ao passo que o *kingdom of prerrogative* não pode fazê-lo, porque a vaidade dinástica ou a arrogância (do monarca) podem se inflamar facilmente devido ao reconhecimento legal das prerrogativas da Coroa, e, assim, ele é levado a ambições pessoais que são incompatíveis com a realidade da vida pública moderna, a qual não comporta mais o diletantismo do soberano como era moda no tempo da Renascença, a não ser com graves prejuízos" (WEBER, 2005b: 132-3).

sua própria sorte e resguardou-se assumindo a tática que combinava apoio político a um governo policial e pequenas concessões ao operariado.

O papel reacionário desempenhado pelas classes proprietárias em conformidade com as medidas despóticas do governo ratifica, portanto, o argumento exposto em "A situação da democracia burguesa na Rússia" de que o liberalismo russo era um movimento intelectual desprovido de sustentação econômica. Sublinhando a contradição entre poderio econômico e subsunção política, Weber captara a nítida similitude entre a estreiteza da perspectiva burguesa na Rússia e o caráter apolítico dos homens de negócios na Alemanha. Nesses países sucedeu-se uma simbiose ativa entre as antigas elites e os interesses burgueses na medida em que, desde que não lhes fossem postos empecilhos à acumulação de capital, a burguesia submetia-se de bom grado à primazia dos elementos oriundos do *ancien régime* na condução do aparato estatal (cf. MAYER, 1987: 21).[16] Embora os portadores da ótica capitalista desempenhassem uma função importante para a manutenção da hegemonia conservadora, a persistência das tradições estamentais implicava que o papel de timoneira da administração pública continuaria sendo monopolizado pela nobreza. A diminuta representação das ligas comerciais e industriais no Conselho de Estado refletia a assimetria de poderes no interior da aliança entre nobres e burgueses, de modo que os homens de negócios tinham de haver-se na Rússia com o mesmo rebaixamento a cortesões de segunda classe [*Hoffähigkeit zweiter Klasse*] ao qual se sujeitaram seus pares na Alemanha (cf. WEBER 1971b: 358).

Quanto aos proprietários de terras, era nítida a mudança que se operava em suas disposições perante o regime, pois eles estavam cada vez mais perfilados à conduta reacionária do czarismo.[17] Como era de se esperar, o principal tema discutido

---

16   Ao longo de seu livro, Arno Mayer procura demonstrar que, até 1914, os elementos pré-modernos ainda predominavam nas sociedades civis e políticas de toda Europa. Entretanto, como o próprio autor esclarece, a leste do Elba – em particular na Rússia e na Prússia – as características da antiga ordem se mostravam mais pronunciadas. Especialmente no que concerne ao processo de afirmação política da burguesia, as sociedades a leste do Elba encontravam-se muito distantes da realidade da Inglaterra e França. Nas potências da Europa Ocidental, o desenvolvimento institucional em sentido democrático encontrava-se em estágio relativamente avançado e as classes capitalistas eram menos servis à aristocracia que suas congêneres alemãs e russas.

17   Os grandes proprietários mostraram-se, na realidade, ainda mais irredutíveis que o governo em respeito à manutenção do *status quo* no campo. O congresso que a nobreza agrária realizara em janeiro de 1906 reagiu com uma negativa peremptória ao esboço de projeto que o chefe

pela Duma fora a questão agrária e – não obstante as divergências relativas à amplitude da reforma que se pretendia efetivar e ao valor das indenizações – verificou-se entre os parlamentares uma ampla convergência favorável à redistribuição de terras. A intransigência do governo em efetuar quaisquer concessões aos partidários dessa medida silenciara, no entanto, os ataques que uma parcela da nobreza rural dirigia à coroa, e latifundiários outrora ativos nos *zemstvos* recuaram de suas posições críticas em favor de uma aliança em torno do caráter sacrossanto da propriedade privada.[18]

---

do departamento agrícola encaminhara à comissão responsável pela questão agrária, muito embora as diretrizes esboçadas nesse rascunho não ultrapassassem os limites de uma reforma moderada que se embasaria em desapropriações parciais. As declarações da nobreza ao longo do congresso assinalaram, portanto, que as desapropriações obteriam consentimento de sua parte unicamente nos casos em que fossem realizadas para fins de expansão da malha ferroviária. À mesma época, a imprensa conservadora vituperou contra uma circular do Ministério das Finanças que recomendava um aumento da pressão sobre os latifundiários para que estes reduzissem o valor exigido pelas transações intermediadas pelo Banco Rural. O Ministério argumentava que a inquietação entre os camponeses tornavam essas medidas inevitáveis, pois do contrário as tensões poderiam acirrar-se de tal maneira que a intervenção do Banco Rural já não seria o bastante para equacionar o problema. Os proprietários interpretaram o conteúdo dessa circular como uma franca ameaça de desapropriação forçada e reagiram a ela com indignação, qualificando-a como uma transposição da *"Subatowschtschina"* (referência aos sindicatos operários forjados pela burocracia policial, cujo propósito era afastar os trabalhadores do campo de influência das organizações radicais e, paralelamente, sujeitar o empresariado aos desígnios do governo) para a esfera da política agrária. "Percebe-se que entre os guardiões das tradições nacionais o aumento do preço do solo coloca-se – assim como na Alemanha – acima de todas as demais considerações" [(WEBER, 1971b: 332), tradução nossa].

18 Os avanços realizados pelo capitalismo agrário na Rússia, conjugados ao espicaçamento da contradição de interesses entre as perspectivas materiais dos grandes proprietários e do campesinato, ocasionaram uma mudança de atitude das camadas dirigentes em relação à *Obschtschina*. Ao contrário da devoção romântica que os eslavófilos lhe dedicavam nos tempos de Alexandre III, representantes da nobreza rural começaram a demonstrar simpatia pela ideia acalentada em alguns círculos governamentais a favor de sua dissolução. As sublevações camponesas provocaram, desse modo, uma mudança nas representações do conservadorismo agrário em relação à comuna rural. Anteriormente louvada como suporte da "autoridade", a *Obschtschina* passara a ser retratada como a labareda que atiçava o fervor revolucionário entre os campônios. Além disso, o fato de que diversos projetos de reforma agrária tomavam por base o papel desempenhado pela comuna rural enquanto instituição histórica alimentava a convicção do governo e da nobreza rural de que o seu aniquilamento constituía um passo fundamental no sentido do fortalecimento da ideia de propriedade.

Entretanto, com o propósito de compreender mais a fundo a reconfiguração política no campo, era indispensável, no julgamento de Weber, explicitar sua conexão com os eventos que tiveram lugar nos perímetros urbanos. Os *lockouts* dos empresários e a eficiência da repressão haviam frustrado, em dezembro de 1905, um novo chamado de greve geral aos trabalhadores de São Petersburgo. O plano conjunto dos partidos revolucionários era transformar a greve geral num levante armado com vistas à derrubada do czar, mas somente em Moscou conseguiram levar esse intuito parcialmente adiante. Com o apoio de membros dos sindicatos de profissionais liberais e grupos de trabalhadores das indústrias têxteis, os revolucionários organizaram-se em pequenos grupos móveis que adotaram táticas características da guerrilha urbana na tentativa de derrotar os cossacos. Em poucos dias, contudo, o levante foi abafado e os protestos urbanos adentraram uma fase descendente. Após a derrota do levante de Moscou, os empresários aproveitaram-se do refluxo das greves para desestruturar o movimento excluindo de seu quadro de funcionários os elementos mais combativos do operariado. Tais demissões assumiram um caráter massivo e, levando-se em conta apenas os trabalhadores "filtrados" em São Petersburgo, cerca de 13.000 trabalhadores foram vitimados pelas retaliações patronais. Uma parte desses trabalhadores desempregados decidiu retornar para suas aldeias de origem e tornaram-se agitadores entre os camponeses.[19]

O regresso desses trabalhadores, cuja consciência política fora acentuadamente marcada pela vivência do processo revolucionário, desponta como um fator imprescindível para a compreensão do acirramento das tensões no campo. Ao contrário das experiências realizadas pela corrente *narodnik* "Ir ao Povo" na primeira metade da década de 1870, agora já não se tratava de um punhado de estudantes oriundos da nobreza que se imiscuíam entre os camponeses para infundir-lhes a consciência de

---

19 A agitação que os operários egressos das cidades desenvolveram nos meios campesinos fora precedida pelo retorno dos soldados que haviam combatido na guerra contra o Japão. Uma legião de mutilados e doentes retornara às suas aldeias de origem e sua presença constituía o testemunho vivo da aventura czarista no Extremo Oriente. "A esses agitadores [...] somam-se agora os trabalhadores rebelados que foram massivamente expulsos das cidades insurrectas, uma vez que é impossível fuzilar e encarcerar a todos. Eles chegam em suas aldeias como correspondentes das revoltas e artífices de novos motins. Assim, a reação russa atua da mesma forma que as leis anti-socialistas na Alemanha e o estado de exceção na Áustria, quando a expulsão de numerosos companheiros das grandes cidades fora um poderoso meio para levar a propaganda socialista às pequenas localidades" [(KAUTSKY, 1904a: 673), tradução nossa].

sua exploração, mas de indivíduos também provenientes do meio agrário que retornavam para comunicar-lhes, numa linguagem familiar, as ideias políticas modernas com as quais haviam travado contato no meio urbano. Isto explica em grande medida porque, em contraste com a relativa calmaria nas fábricas, os conflitos agrários recrudesceram no verão de 1906. Enquanto o número de trabalhadores em greve nas cidades mal ultrapassou um terço do número registrado em 1905, o total de execuções formais[20] no campo fora em 1906, ao contrário, quase três vezes superior em relação ao ano anterior. Além disso, as perdas decorrentes da enorme quantidade de incêndios nas propriedades agrícolas, contabilizando-se apenas dezessete circunscrições da Rússia europeia, foram estimadas em cerca de 31,3 milhões de rublos. A autocracia não cogitava levar a cabo a reforma agrária nem tampouco empreender as demais medidas necessárias para apaziguar o campesinato e, assim sendo, o uso da força era o único dispositivo que lhe restava para contornar esses distúrbios. "Nós não apenas aniquilaremos a revolução: iremos reduzi-la a pó" [(DURNOVO *apud* WEBER: 1971b: 180), tradução nossa]. A efervescência latente entre os mujiques acarretou, em meados de abril, a mobilização de 159 batalhões de infantaria, e o governo deu carta branca para que Durnovo fizesse valer as suas palavras. Ao terem seus interesses econômicos ameaçados, os latifundiários – entre os quais figuravam alguns dos mais destacados colaboradores dos *zemstvos* – modificaram notavelmente seu ponto de vista num sentido favorável ao conservadorismo-reacionário da autocracia czarista (cf. WEBER, 2005b: 160-1). Nos casos em que o receio pela fidelidade dos soldados impelia o estado-maior a negar o envio de guarnições, os proprietários rurais assumiam por vezes o lugar da coerção estatal e lançavam mão de seus recursos privados para a contratação de sentinelas mercenárias.

> Esse caso é um bom exemplo para se conhecer as condições de um trabalho ideológico feito por uma classe de proprietários e para se avaliar a medida da força dos ideais humanitários quando em oposição aos interesses econômicos. Enquanto a base econômica dos proprietários de terras que dominavam os *zemstvos* permanecia incólume, estes seguiam os numerosos ideólogos políticos e sociais que surgiam em seu meio. Mas agora viam-se ameaçados por um naufrágio físico e econômico iminente. Eram assaltados

---

20 Inclui execuções com ou sem julgamento prévio, mas não aquelas em que os rebeldes eram mortos sem antes terem sido presos.

pela violência dos conflitos de interesses latentes e, como não podia deixar de ser, ao serem arrancados de sua rotina cotidiana e atingidos sensivelmente nos alicerces de sua posição social, modificavam notavelmente seu ponto de vista (WEBER, 2005b: 161).

Contudo, se por um lado é certo que a inexistência de uma atitude mais enérgica das classes proprietárias em prol das liberdades democráticas permitiu ao governo "passar a perna, com malícia tipicamente mongólica, nos 'direitos' que ele próprio concedia" (WEBER, 2005b: 179), por outro lado também é evidente que o czar não saiu incólume do processo revolucionário que abalara a nação. Nesse sentido, a despeito das inúmeras tentativas empreendidas pelo governo para torná-la ineficaz, a Constituição que entrava em vigor previa a diminuição relativa do poder da coroa e o aumento paralelo das atribuições conferidas à burocracia. Os dispositivos de 1906 consolidavam no terreno institucional o predomínio do aparato administrativo, cuja centralização do poder reordenava o caos da realidade política anterior.[21] "Surge uma nova ordem que se sucede à confusão de poderes, aos conflitos de áreas de competência, à diversidade dos aparelhos administrativos, à concorrência das instituições: a administração centralizada inerente à burocracia moderna" (TRAGTENBERG, 2005: 28). Essa reordenação do poder político manteve o direito de veto do czar, mas doravante eram o primeiro-ministro e o Conselho de Estado que concentravam as principais prerrogativas do governo.

---

21 O país estava dividido, então, em numerosas satrapias que viviam em permanente conflito entre si e contra o czar, e a Constituição de 1906 deveria supostamente colocar fim a esse caos institucional. No entanto, o que se verificou historicamente foi que as novas disposições legais não se mostraram capazes de provocar uma reordenação efetiva do corpo administrativo que o configurasse enquanto uma burocracia tendencialmente organizada de acordo com o sentido típico-ideal que se atribui a esse termo. Embora o seu artigo estivesse repleto de argumentos que provavam o quanto era oca a letra da lei na Rússia, Weber incorreu no equívoco de levar a sério as diretrizes legais que previam um novo arranjo institucional. Um leitor contemporâneo de Weber que se deixasse conduzir pela força de seus argumentos tenderia possivelmente a imaginar que os novos decretos cumpririam o papel de transferir para o leste a burocracia ocidental em toda a sua implacabilidade. No entanto, a Rússia continuou a ser, tal como antes, o cenário do "Inspetor Geral" (Gógol) e seu aparato administrativo permaneceria sujeito a toda sorte de interferências deformadoras, desde as enraizadas práticas de corrupção aos delírios lunáticos de um aventureiro como Rasputín.

> Percebe-se imediatamente o que acaba de ser criado: a racionalização burocrática definitiva em todo o campo da política interna. Esta, hoje em dia, promove o técnico. E, faltando a autonomia, isso significa unicamente que promove o burocrata. Um autocrata – mesmo que sua personalidade não seja tão nula como a do czar atual – sempre receberá todas as questões de política interna "pré-mastigadas" pelo primeiro-ministro e pelo Conselho. Os interesses da burocracia uniram-se nesse Conselho para formar um poderoso truste (WEBER, 2005b: 130).

A centralidade conferida à maquinaria administrativa era, por conseguinte, um traço fundamental do "pseudoconstitucionalismo" russo. Ao concentrar o poder nas mãos de burocratas, a reordenação institucional levada a cabo na Rússia em 1906 privava o parlamento de sua capacidade decisória; a autoridade da Duma era minada e o funcionário do Estado usurpava o papel do dirigente político. Dessa forma, concedia-se ao "especialista" o poder que se recusava à nação em seu conjunto, estabelecendo-se uma guerra permanente entre o aparato burocrático e a representação popular. Em meio a esse conflito, os financistas e a grande burguesia tomaram o partido do funcionalismo e erigiram ao lado deste uma comunidade de interesses contra a Duma. A falta de lastro social dessa classe tornara-se explícita pelos resultados eleitorais pífios obtidos pelo Partido do Comércio e da Industria, de modo que aos homens de negócios estava descartada a hipótese de fazer vingar a perspectiva da acumulação capitalista por meio da intervenção parlamentar.

Por outro lado, a burguesia industrial extraiu do processo revolucionário a compreensão de que o desenvolvimento de mecanismos associativos era uma necessidade imperiosa mediante a emergência de um operariado coeso e ciente de seus interesses. Os empresários articularam-se, portanto, em organizações patronais e importaram para o contexto russo os instrumentos recorrentemente mobilizados contra os trabalhadores na Alemanha. Nesse sentido, a constituição de fundos de auxílio mútuo para a eventualidade de greves [*Streikversicherungsverband*] e os *lockouts* ensaiados em Moscou transmitiam o recado de que a solidariedade de classe não era prerrogativa exclusiva do proletariado. "Nota-se que também por aqui o país mergulha repentinamente nas formas mais modernas da luta econômica sem repetir quaisquer elos transitórios do desenvolvimento ocidental" [(WEBER, 1971b: 324), tradução nossa].

Conforme apontaremos com mais detalhes no próximo capítulo, Weber reconhecia a capacidade ímpar do aparato administrativo no que tange à consecução racional de tarefas previamente estabelecidas. Entretanto, a burocracia viciava a dinâmica institucional sempre que procurava transcender o seu caráter meramente instrumental e assumir o papel de instância política. Nessas condições, a administração burocrática sobrepunha-se ao Legislativo e terminava por comprometer a formação de dirigentes, pois o parlamento constitui o *locus* onde os grandes líderes, por meio do embate entre os partidos, emergem politicamente. Na Rússia, a dimensão patológica assumida pela burocracia, associada à perseguição policial, constituíam fortes entraves à formação de dirigentes com "vocação" política.

> Esta nossa descrição terá mostrado que na Rússia, onde o poder policial abusou de sua força, valendo-se dos recursos mais refinados da mais ladina malícia tipicamente asiática, a luta contra a polícia tinha de consumir forças em operações táticas, tinha de dar tanto valor às "considerações de técnicas partidárias", que era difícil alguém fazer o papel de "grande líder". Grandes feitos não são possíveis no combate a ratazanas. Por outro lado, as "grandes personalidades" não existem, simplesmente. No meio do funcionalismo há excelentes indivíduos, e qualquer pessoa, mesmo examinando superficialmente a situação, facilmente os localiza. Mas, dentro do sistema atual, eles podem tornar-se tudo, menos "estadistas" que venham a realizar grandes reformas. Como em nosso país, também lá as ambições dinásticas já se encarregam de impedi-las (WEBER, 2005b, p.182-3).

É importante sublinhar ainda que Weber identificava vetores burocráticos não apenas nas medidas adotadas pelo absolutismo para garantir a sua sobrevivência, mas analogamente no perfil ideológico de uma parcela significativa da oposição anticzarista. Os grupos revolucionários, particularmente a socialdemocracia, aproveitaram o embate contra o governo para difundir a aversão à propriedade privada e, consequentemente, criar um terreno propício para o programa que propugna a estatização da produção. Caso as suas perspectivas fossem realizadas (dada a fragilidade do czarismo e o aumento do número de adeptos que o POSDR angariou ao longo do levante proletário, isto não constituía um cenário dos mais improváveis), a camada político-estatal de funcionários açambarcaria o controle das empresas privadas e consolidaria o seu poder por meio de um único e gigantesco complexo burocrático.[22] Em outras palavras, sem o contraponto das corporações privadas o funcionalismo estatal emergiria como uma máquina de dimensões avassaladoras, capaz de submeter por completo o organismo societário aos seus desígnios, esmagando dessa forma a liberdade e a iniciativa individual nas engrenagens do seu sistema.[23]

Em suma, os desdobramentos do processo revolucionário acarretaram a derrota da democracia-constitucional na Rússia. Dada a incapacidade que as classes economicamente poderosas tinham para transcender seus interesses particulares, a oposição fragmentou-se, e parte considerável de seus membros aproximou-se do governo autocrático como forma de assegurar uma posição privilegiada por meio de influências extra-institucionais. Paralelamente, a Coroa cedeu a contragosto parte de suas prerrogativas e o poder enfeixou-se nas mãos do funcionalismo. Assim, a despeito da carga de dramaticidade que recobriu os conflitos, Weber abandonou a esperança de que a Rússia fosse palco do nascimento de uma cultura livre. Tudo indicava, pelo contrário, que também o vasto império do Oriente adentrava a via especificamente europeia de desenvolvimento.

Essa aproximação com as nações da Europa Ocidental revelava, porém, somente um lado da medalha: o assenhoreamento da administração pública pela fria lógica da razão instrumental personalizada no funcionalismo. Por outro lado, Weber enxergava no caso da Rússia determinadas peculiaridades que – vistas sob a ótica do liberalismo individualista – colocavam-lhe numa situação de desvantagem em relação a países como Inglaterra, França e Estados Unidos, onde o enraizamento da ideia dos direitos humanos e de instituições democráticas lançavam um contrapeso à evolução secular da racionalidade burocrática. Ao contrário daquelas nações dotadas de bases

---

22 "Mas o aspecto penoso da questão está no fato de que, enquanto a camada político-estatal de funcionários e a da economia privada (cartéis, bancos, gigantescos complexos empresariais) subsistem atualmente uma junto à outra como corpos separados, de modo que o poder econômico pode assim ser controlado pelo político, nesse outro caso as duas burocracias constituiriam um corpo único com interesses solidários, sem qualquer possibilidade de controle. De todo modo o lucro, como elemento tendencial da produção, não seria eliminado, enquanto o Estado como tal deveria suportar por parte dos operários o ódio que hoje está dirigido aos empresários" (WEBER, 1993b: 106).

23 Poderíamos afirmar que a imagem construída por Weber dessa sociedade completamente burocratizada é semelhante, *grosso modo*, àquela expressão literária do totalitarismo presente em *Admirável Mundo Novo* (Aldous Huxley).

constitucionais sólidas e efetividade parlamentar, o Estado russo mantivera-se insubmisso ao princípio da representação popular. Constrangida pelos vetos e obstruções que envolviam seus esforços legislativos em "arame farpado", a Duma viu-se desprovida de bases objetivas que lhe permitissem resistir contra as invectivas da autocracia, quanto menos forjar interstícios de liberdade em meio à couraça burocrática da qual esta se revestira.

O refluxo das tensões na Rússia configurou um cenário desfavorável ao triunfo dos ideais liberais, e a derrocada da democracia-constitucional representara uma frustração para Weber em dois aspectos. Em primeiro lugar, Weber comoveu-se com o desprendimento dos portadores do liberalismo ideológico; praticamente isolados politicamente, essa ínfima parcela da sociedade russa combatera com afinco pelos pressupostos individualistas nas condições mais adversas e malpropícias. Além disso, a revolução russa fora encarada como um emaranhado de conflitos no qual estava em jogo o destino político da liberdade, e sua análise permitir-lhe-ia extrair conclusões acerca da [in]compatibilidade entre modernização tardia e sistemas políticos democráticos. Esse problema era de suma importância porque conformaria um determinado ângulo a partir do qual Weber vislumbraria a potencialidade do liberalismo-democrático em seu próprio país. Tal como era o caso da Alemanha, na "[...] Rússia ficaram excluídos todos os estágios de desenvolvimento que, no Ocidente, eram postos a serviço do movimento burguês de libertação pelos poderosos interesses econômicos de algumas classes mais abastadas [...]" (WEBER, 2005b: 184). Por conseguinte, a percepção de que as linhas de forças do capitalismo tardio encalacravam a sociedade russa num sentido antidemocrático lançou um prognóstico sombrio quanto ao futuro político da Alemanha. Numa palavra, a revolução de 1905 surgira aos olhos de Weber como um processo histórico cujo estudo encerrava um valor heurístico para a análise das condições político-econômicas da Alemanha moderna.

O parentesco entre a abordagem de Weber acerca do "pseudoconstitucionalismo" russo e sua análise da política alemã é flagrante. Ele não aplica o termo somente ao governo czarista, mas também à Alemanha contemporânea, onde a população está submetida a um regime que priva a sua representação política dos cargos de maior importância e relega aos partidos presentes no *Reichstag* tarefas secundárias. Destarte, as críticas que Weber dirige à condução dos negócios alemães pela burocracia nos permitem inferir que – além de confundir perniciosamente as tarefas do funcionário com a do dirigente político – a preponderância do aparato administrativo na reordenação institucional de 1906 constituiria um entrave ao processo de educação política do povo russo, bem como à emergência de "líderes realmente grandes". De maneira reversa e complementar, afirmamos sem titubeios que a experiência russa serviu como material empírico para a confecção dos artigos publicados no *Frankfurt Zeitung* em 1917, uma vez que as manobras do czarismo apresentavam-se a Weber como a prova cabal da fragilidade que um monarca diletante impinge – em conjunção com uma burocracia alçada à condição de direção política – a uma nação que anseia afirmar-se enquanto potência mundial. Aliás, os artigos que Weber dedicou à revolução russa de 1905 trouxeram em seu bojo mais do que a elaboração de perspectivas e conceitos que seriam retomados nos trabalhos por ele redigidos no estertor da Grande Guerra. As críticas dedicadas ao "pseudoconstitucionalismo" forjado a leste representavam, desde já, uma denúncia implícita das patologias inerentes ao sistema político germânico e um alerta acerca das consequências dramáticas que poderiam irromper na Alemanha, caso as elites conservadoras teimassem em impor resistência à liberalização democrática de suas instituições e à transição efetiva da nação para um governo parlamentar.

As consequências do processo revolucionário foram, outrossim, avaliadas do ponto de vista das relações diplomáticas entre Alemanha e Rússia. Não obstante a derrota na guerra contra o Japão, a Rússia continuava sendo um vizinho militarmente forte, de modo que o teor de suas relações com a Alemanha constituiria um fator de primeira ordem para a definição do conflito europeu que então se delineava. Weber assinalou que as reformas liberais fariam da Rússia uma potência ainda mais temível e, a despeito de suas reiteradas declarações de simpatia aos portadores da causa democrática a leste, sempre fora de seu conhecimento que a "germanidade" não constituía, por assim dizer, um referencial positivo entre os adversários do jugo czarista. A aristocracia alemã nas regiões bálticas já havia comprovado sua fidelidade ao despotismo de Nicolau II,[24] sem mencionar que entre os mais terríveis carrascos do regime

---

24 O pedido de proteção contra os saques camponeses que os barões das províncias bálticas encaminharam ao *Reich* ofereceu a ocasião para que uma divisão de torpedos fosse enviada a Kiel. O comportamento político apresentado pelos proprietários alemães demonstrava com clareza, no entanto, que suas articulações enraizavam-se em disputas que estavam para além da preocupação com a própria segurança. Eles rejeitavam qualquer aproximação com as forças liberais porque julgavam que a proclamação de um texto constitucional ser-lhes-ia desvantajosa e temiam, particularmente, que uma legislação eleitoral ampla pudesse diminuir em muito a influência de que desfrutavam. Além disso, as expedições punitivas organizadas pelo czarismo

salientavam-se inúmeras figuras de sobrenome alemão. Os democratas russos desapreciavam o caráter reacionário da política interna germânica e enxergavam, além disso, uma solidariedade entre os interesses dinásticos das coroas Hohenzollern e Romanov. Ao lado da inclinação desses monarcas pelo "regimento pessoal", o acintoso intercâmbio entre a polícia prussiana e o serviço secreto do czar havia alimentado a percepção de que o governo da Alemanha era cúmplice da autocracia e, portanto, antagonista da liberalização democrática na Rússia. Com efeito, os agentes prussianos investigavam de perto a atividade política dos exilados russos, fiscalizando o contrabando de literatura subversiva na fronteira ou colaborando diretamente para que os oposicionistas caíssem nas mãos de suas respectivas autoridades. Não causa estranheza, portanto, que tanto periódicos russos como estrangeiros tenham noticiado alguns dias após a publicação do Manifesto de Outubro que "a Sua Majestade, o Czar, possui a intenção de fugir em um navio de guerra alemão" [(*apud* Stern, 1954: 68), tradução nossa]. Numa palavra, Weber reconhecia que a animosidade contra a Alemanha [*Deutschfeindlichkeit*] era um sentimento bastante difundido entre as camadas progressistas na Rússia.[25] Caso a revolução provocasse uma intervenção estrangeira, o mais provável era que os *Junker* seriam os primeiros a partir em socorro ao czarismo.

> É claro: o regime czarista, miserável como é, ameaçado em sua existência por qualquer guerrazinha que eventualmente surgisse, é um vizinho "agradável". Se a Rússia tivesse um regime verdadeiramente constitucional, tornar-se-ia um vizinho bem mais

---

na primavera de 1906 mostraram-se particularmente brutais nessa região. A imprensa báltica alemã aplaudiu procedimentos bestiais de repressão, e o "trabalho de pacificação" executou-se, em grande medida, com base nas "listas negras" que senhores de origem alemã entregaram às forças policiais (cf. STERN, 1954: 68).

25   Ao fim e ao cabo, o sentimento de hostilidade contra a Alemanha permeava tanto oposicionistas quanto governantes. Em que pese a colaboração estabelecida no que diz respeito à vigilância das correntes políticas subterrâneas, os círculos dirigentes da Rússia incomodavam-se com o crescimento do poderio alemão, especialmente porque a diplomacia Hohenzollern sinalizava pretensões geopolíticas conflitantes com os interesses da burocracia czarista. "De qualquer modo, é certo que o mesmo ódio nutrido pela burocracia russa desde o Congresso de Berlim também nos será dedicado pelo lado da democracia em todos os seus matizes, e essa tendência irá continuar, pois o poder internacional da Alemanha continuará sendo um estorvo ao burocratismo nacionalista e suas propriedades territoriais um escândalo para o federalismo democrático" [(WEBER, 1971a: 236, tradução nossa].

poderoso, sendo [...] mais sensível ao instinto das massas, seria também um vizinho menos tranquilo (WEBER, 2005b: 185).

Weber considerava a Rússia, por conseguinte, uma potencial ameaça aos interesses da Alemanha. Em primeiro lugar, a explosão demográfica verificada em seu território propiciava-lhe um efetivo militar que nenhuma nação europeia seria capaz de equiparar. Além disso, a "fome de terras" dos mujiques tornava os russos predispostos ao expansionismo, e um governo democrático que gozasse do apoio político das massas campesinas representaria – em comparação com o despótico regime czarista – um perigo certamente maior ao povo alemão. Por último, deve-se ainda ter em mente que – no contexto das disputas interimperialistas – as ambições russas opunham-se frontalmente aos interesses germânicos, pois a estratégia prioritária da diplomacia russa estava centrada na Áustria-Hungria e na Turquia, justamente os pontos de apoio da Alemanha nos Bálcãs e no Oriente Próximo. Weber julgava previsível, então, que um triunfo das forças democráticas no império czarista desencadearia uma intensificação da corrida armamentista empreendida pelas autoridades do *Kaiserreich*. Mesmo se o governo alemão não mobilizasse seus exércitos com o objetivo de devolver o trono ao czar e assim restabelecer o equilíbrio conservador na Europa, restar-lhe-ia a preocupação de que o estabelecimento de um regime democrático entre os russos sem dúvida contribuiria para estreitar as alianças militares entre estes e os ingleses.

Entretanto, ao contrário do que afirmou Jacob P. Mayer (cf. MAYER, 1985), Weber não era russófobo e configuraria um equívoco grosseiro pressupor que sua abordagem sobre a Rússia estivesse inteiramente condicionada por reflexões de caráter nacionalista. Por contraditórios que se apresentassem os interesses de russos e alemães, nada seria suficiente para fazer de Weber um adepto do despotismo czarista. Ademais, seria para ele uma vergonha defender os ideais democráticos em seu país e traí-los na Rússia em prejuízo de cem milhões de camponeses. "Prefiro a hostilidade aberta e sincera da democracia ao ódio dos círculos reacionários, que oscilam entre falsas declarações de amizade e difamações repulsivas" [(WEBER, 1996: 331), tradução nossa]. Assim sendo, Weber escreveu, em 1909, uma carta para desmentir uma acusação veiculada na imprensa de que ele se alegrava com a presente situação política a leste porque tal infortúnio favoreceria a posição internacional da Alemanha. "Todo e qualquer temor em relação às consequências da renovação na Rússia me é completamente estranho" [(WEBER, 1996: 332), tradução nossa]. Ele afirmava nessa correspondência, pelo contrário, que a consolidação da democracia no Oriente acarretaria a formação de um governo incomparavelmente superior à burocracia czarista em termos de força política e moral, de sorte que para os interesses germânicos seria preferível que as reformas liberais na Rússia acontecessem o quanto antes "para permitir que o povo alemão estabeleça contato direto com o povo russo na primeira oportunidade acerca das questões que nos separam" [(WEBER, 1996: 331), tradução nossa]. Weber asseverava, ainda, que as diferenças entre as duas nações deveriam ser resolvidas pelo entendimento mútuo, especialmente por meio da aproximação de suas elites culturais.

Caso não fosse viável conciliar as ambições desses países, restaria, porém, a opção de decidir as pendências de maneira litigiosa. "Olhando as coisas com olhos de puro 'realismo' político, deveríamos adotar a seguinte posição: seria melhor que isso [a liberalização política da Rússia] sucedesse já, uma vez que agora podemos nos apoiar em nossa força para resolver de maneira pacífica ou litigiosa o caos de questões pendentes entre os dois países, do que empurrar esses problemas para os nossos netos [...]" (WEBER, 2005b: 185-6). Destarte, apesar da fragilidade do czarismo tornar a Rússia um "vizinho agradável", Weber indubitavelmente julgaria ultrajante condicionar o protagonismo da Alemanha no cenário mundial à sobrevivência de um regime despótico.

4.

As "ideias de 1914" e o alerta de Weber acerca da premência de uma reforma institucional

> *Lasciate ogne speranza, voi ch'intrate.*
> Dante Alighieri [(*La divina commedia – Inferno*), Canto III, verso 9]

A *intelligentsia* alemã acompanhou de perto o desenrolar das tensões imperialistas no início do século XX. A atmosfera dos debates nas universidades estava impregnada de fervor patriótico, e os homens de letras enxergavam a si mesmos como autênticos porta-vozes da causa nacional.[1] Assim, quando o conflito estourou em 1914, a intelectualidade mostrou-se satisfeita e entusiasmada, recebendo a guerra como uma demonstração de que as "diferenças partidárias e os antagonismos de classe pareciam evaporar-se diante do apelo ao dever nacional" (RINGER, 2000: 173). Celebravam a coesão das diferentes camadas societárias perante a "ameaça estrangeira" e rejubilavam-se com o que lhes parecia ser o renascimento do "idealismo" alemão. O choque militar assumira, portanto, em suas representações mentais a conotação de um embate entre perspectivas históricas e concepções de mundo no qual se tratava de impedir que as especificidades do Estado alemão e os valores culturais da germanidade fossem solapados pelo individualismo pragmático do Ocidente. A Alemanha viu-se, então, inundada por uma profusão de discursos e panfletos que obscureciam as determinações econômicas da contenda imperialista e atribuíam-lhe primordialmente o sentido de uma guerra defensiva, travada pela nação enquanto um

---

1   Por volta de 1900, os professores universitários, juntamente com segmentos das classes administrativas e profissionais, constituíam o elemento predominante da Liga Pangermânica.

todo orgânico para impedir a colonização da vida espiritual pelo vazio bocejante do "egoísmo materialista" (cf. KJELLÉN, 1915).

> Tanto modernistas quanto ortodoxos estavam totalmente e muitas vezes acriticamente empenhados nessa causa. Não perdiam uma única oportunidade de pregar a grandeza alemã, sempre com a esperança de que o sentimento patriótico viesse "superar" o egoísmo tacanho dos partidos. Essa era uma área que o intelectual mandarim ainda podia desempenhar o papel de líder espiritual, afastando a atenção dos alemães de suas exigências materiais, demonstrando a prioridade ideal do "todo" sobre os interesses mesquinhos de seus membros (RINGER, 2000: 138).

Os homens de letras portavam-se, então, como um dos centros irradiadores do espírito belicista. Uma parcela de seus expoentes reconhecia em alguma medida a natureza econômica do conflito e estava ciente de que a guerra poderia ser também entendida como uma disputa por vantagens materiais entre as nações de capitalismo avançado. Tal percepção era relegada, contudo, ao segundo plano e o eixo de suas intervenções consistia em sublinhar os possíveis frutos da contenda militar nos planos cultural e moral, apregoando que a personalidade alemã sairia enriquecida e ampliada pela atividade internacional. Argumentavam que os interesses capitalistas não deveriam impor-se como a razão primordial da guerra e que o conflito merecia ser encarado como uma missão de alcance mundial das tradições intelectuais e culturais da Alemanha.

Os discursos que almejavam conferir substância e legitimidade ao chauvinismo germânico revelavam, por conseguinte, um acentuado descompasso entre as representações ideais da elite acadêmica e os imperativos concretos que efetivamente orientavam a política nacional. Sua retórica embasava-se, via de regra, em asserções abstratas e apologéticas que passavam ao largo da compreensão teórica da reconfiguração estrutural que o ritmo vertiginoso da industrialização impusera à sociedade alemã. Ao invés de apresentar um enfoque objetivo acerca dos interesses que desataram a procissão tanática rumo aos campos de batalha, a *intelligentsia* negligenciou a análise do papel desempenhado pelos monopólios nacionais em sua concorrência por recursos naturais e mercados consumidores, de modo que o sentido atribuído à campanha militar obnubilava os impulsos de uma nação "atrasada" em busca de uma redistribuição das possessões territoriais que contornasse as perspectivas de saturação econômica e oferecesse ao Capital Financeiro novas possibilidades de acumulação por meio do esbulho colonial.[2]

Tal distorção encontrou sua fórmula paradigmática no contraste delineado por Werner Sombart entre o "herói" e o "comerciante", onde o primeiro tipo representaria a germanidade em sua disposição para o sacrifício e a consciência do dever, ao passo que o "comerciante" simbolizaria a avidez por lucro[3] e as tendências niveladoras supostamente características dos países democráticos. Dessa forma, a guerra imperialista transmutava-se em uma cruzada espiritual, e o soldado alemão glorificado enquanto portador de uma nova época em que os ideais de "autoridade", "pertencimento coletivo" e "ordem" triunfariam sobre a mentalidade do vendeiro e seu apego idólatra aos aspectos superficiais da existência. Em suma, os literatos incorporaram o papel de publicistas do militarismo guilhermino e esforçaram-se por conferir um valor estético à unidade dos indivíduos em torno da defesa da pátria. Desnecessário dizer que a "comunidade de sentimentos" e a "inquebrantabilidade do querer alemão" eram os motivos centrais dessa novela de cavalaria, de modo que os eruditos jamais se deixariam convencer de que os balanços comerciais de Krupp e Stinnes estavam incrustados no Santo Graal da germanidade.

---

2   "A Alemanha veio a ser o Estado europeu mais representativo do imperialismo, o mais agressivo e aquele que clama de maneira mais ardente por uma nova repartição do mundo. Esse caráter do imperialismo alemão é, por outro lado, uma consequência de seu atrasado, porém rasante desenvolvimento capitalista. Quando a Alemanha tornou-se uma grande potência capitalista a repartição do mundo colonial já aproximava-se de seu término, de modo que somente poderia alcançar um império colonial equivalente ao seu peso econômico com base na agressão e açambarcamento de colônias. Disso resultou um imperialismo particularmente 'faminto', rapino e agressivo que urgia de maneira veemente e brutal por uma nova repartição das colônias e esferas de influência" [(LUKÁCS, 1984: 55), tradução nossa].

3   Ao menos desde 1903, Bernstein buscou desmistificar a representação coletiva que opunha os ingleses como inimigos irreconciliáveis da Alemanha. Longe de configurar uma característica antípoda da germanidade, o "espírito comercial" inglês atuaria como uma alavanca do desenvolvimento econômico alemão. No intervalo entre 1893 e 1902, as importações britânicas de produtos alemães saltaram de 673 para 965 milhões de marcos. O volume do comércio entre os dois países continuaria a aumentar nos anos seguintes, de modo que os ingleses não eram um entrave à economia do *Reich*, senão seu maior cliente. Assim, Bernstein considerava o "perigo inglês" uma ficção que ganhava corpo fundamentalmente em virtude da agitação irresponsável que disseminava a anglofobia no país.

Assim como a maioria dos intelectuais alemães, Weber vivenciou os preparativos militares com profunda comoção. Alegrou-se com a disposição para o sacrifício em prol dos interesses nacionais que perpassava todas as camadas da sociedade e atribuiu um sentido épico à luta em torno da preservação da cultura germânica. "Qualquer que seja seu desfecho, essa guerra é grande e maravilhosa!" [(WEBER *apud* MOMMSEN, 1984: 190-1), tradução nossa]. Numa palavra, o entusiasmo coletivo que envolvera o país durante o verão de 1914 coincidia com os valores que lhe eram mais caros e aparecera-lhe como um sinal de que o povo alemão transcenderia a postura quietista e apolítica à qual ele havia dedicado severas críticas nas décadas anteriores. Embora a Alemanha adentrasse o conflito em uma situação diplomática catastrófica que justificava o seu ceticismo em relação às perspectivas de vitória, Weber rejubilava-se com o que lhe aparecia enquanto demonstração de que a germanidade em seu conjunto portara-se à altura dos acontecimentos.[4] "Demos a prova de que somos um grande povo civilizado [*Kulturvolk*]" [(WEBER *apud* MOMMSEN, 1984: 191), tradução nossa].

Weber insistia com frequência na ideia de que a posição da Alemanha como *Machtstaat* legitimava a sua pretensão de interferir nos assuntos globais, malgrado o descontentamento que isso pudesse ocasionar entre as demais potências. A grandiosidade da nação alemã tornava imperativo, portanto, que ela conquistasse o espaço que lhe era devido no cenário geopolítico e assumisse a responsabilidade perante a história de evitar que os destinos do mundo fossem traçados de acordo com as ambições dos poderes que compunham a Entente. Em outras palavras, a Alemanha teria a obrigação de lançar o seu peso na balança mundial e pleitear que seus desígnios

---

4   A satisfação de presenciar um evento histórico que reputava sublime só não fora maior porque, em virtude de suas condições físicas, Weber fora declarado inapto ao serviço militar. O desgosto de não poder marchar rumo aos campos de batalha foi assim expresso em uma carta que endereçou à mãe na primavera de 1916: "dentre todos os seus filhos eu era aquele que possuía os mais fortes instintos guerreiros inatos, e eis-me em uma situação paradoxal e insatisfatória de não ser útil ao que se faz mais urgente" [(WEBER *apud* MOMMSEN, 1974: 211-2), tradução nossa]. A alternativa que se apresentou a Weber, então, foi tomar parte na condução administrativa de um hospital militar em Heidelberg. Embora sentisse que as tarefas com as quais se deparava representavam um subaproveitamento de suas capacidades, tais atividades preenchiam ao menos em parte o desejo de tomar parte no esforço coletivo empreendido pela nação. Conforme explicitaremos mais adiante, Weber encontraria uma ocupação mais afeita às suas inclinações políticas através do engajamento na *Comissão de Trabalho para a Europa Central*.

recebessem um tratamento que fizesse jus à sua condição de "povo senhorial". Mesmo que despertasse rivalidades no plano internacional, a proeminência econômica e militar alcançada pelos alemães embasaria a aspiração de que seu *status* nacional fosse equiparado às demais potências europeias [*Gleichberechtigung*].

> [...] as exigências colocadas sobre um povo organizado como *Machtstaat* são inescapáveis. As gerações futuras, e particularmente nossos próprios sucessores, não responsabilizariam os dinamarqueses, suíços, holandeses ou noruegueses caso o poder mundial – *que em última análise significa o poder de determinar o caráter da cultura no futuro* – fosse dividido, sem luta, entre os regulamentos dos oficiais russos, por um lado, e as convenções da sociedade anglo-saxônica, por outro, com talvez um traço de *raison* latina. Eles nos responsabilizariam, e com razão, porque somos um *Machtstaat* e podemos, portanto, em contraste com as "pequenas" nações, lançar o nosso peso na balança dessa questão histórica. É por isso que nós, e não eles, temos o amaldiçoado dever e a obrigação perante a história e o futuro de resistir à inundação do mundo inteiro por esses dois poderes [(WEBER, 1994: 76), tradução e grifos nossos].

Ao contrário da Suíça, a Alemanha não poderia render-se ao luxo de adotar uma política pacifista. O dever de atuar como potência tinha de ser aceito como seu "destino particular"[5] (WEBER, 1994: 76), ao qual não poderia escapar sob pena de tornar-se vulnerável à sanha expansionista das potências vizinhas. Em função de seu desenvolvimento capitalista tardio, associado ao caráter puramente defensivo da política externa de Bismarck, a Alemanha assistiu as nações em seu entorno converterem-se em impérios coloniais que obstaculizavam o alargamento de seu "espaço vital" [*Lebensraum*]. Por um lado, o açambarcamento de uma porção considerável do norte da África fortalecia o poderio francês e alimentava os ímpetos revanchistas pela retomada da Alsácia-Lorena, ameaçando os alemães em sua integridade territorial. A Inglaterra, por outro lado, simplesmente ignorava suas pretensões coloniais e tomava os projetos de expansão

---

5 "Se negássemos esse dever, o *Reich* alemão não terá passado de um luxo vão e dispendioso, ofensivo à cultura, um luxo do qual deveríamos nos livrar o mais rápido possível remodelando o nosso Estado de acordo com o modelo suíço, dissolvendo-o em cantões pequenos e politicamente impotentes [...]" [(WEBER, 1994: 76), tradução nossa].

da frota guilhermina como uma afronta à supremacia marítima britânica.[6] Além disso, seus interesses mostravam-se incompatíveis com as ambições russas na Turquia, e o imperialismo pan-eslavista colidia frontalmente não apenas com o ordenamento desejado pelos alemães no leste europeu, como também estorvavam seus aliados austríacos na península balcânica. Por isso, ao ver-se cercada por nações imperialistas a leste e oeste,[7] a afirmação militar da Alemanha era tida por Weber como condição necessária de sua sobrevivência cultural e existência política independente.[8]

Não restam dúvidas de que os objetivos político-culturais da guerra imperialista cativavam Weber na mesma proporção que aos demais acadêmicos alemães daquele período. No entanto, seus escritos não se pautavam pela tentativa sistemática de mascarar a dimensão material do conflito porque era-lhe evidente que a capacidade de expansão política de uma nação estava intimamente atrelada ao seu poderio econômico. Assim, quando exortava os homens de negócios a investir pesadamente na ampliação da capacidade produtiva de suas empresas, o objetivo que tinha em mente era tornar a Alemanha economicamente competitiva e – em grande medida como decorrência dessa situação material favorável – uma nação temível do ponto de vista bélico. Consoante Weber, a ascendência econômica da burguesia alemã e o enrobustecimento militar do país eram fenômenos mutuamente dependentes.

---

6 "[A Inglaterra] encarou com dissabor a equipagem de nossa frota e nossos interesses político-coloniais, conferindo-nos um tratamento evidentemente mais antipático do que aos franceses, embora estes possuíssem então uma frota bem mais desenvolvida do que os alemães. Em vista disso fomos absorvidos pela impressão de que a Inglaterra tomaria o partido contrário às oportunidades ultramarinas da Alemanha, mesmo onde não se ameaçasse qualquer de seus interesses relevantes" [(WEBER, 1988b: 115), tradução nossa].

7 "Nossos interesses externos são, em grande parte, mero condicionamento de nossa situação geográfica. [...] Para uma potência é desejável estar rodeada por nações fracas ou por um número tão reduzido quanto possível de outras potências. Nosso destino determinou, porém, que apenas a Alemanha estivesse confinada entre três grandes poderes nacionais – aliás os mais vigorosos depois de nós – e também pelo maior poderio marítimo. Nenhum outro país do mundo encontra-se em tal situação" [(WEBER, 1988e: 158), tradução nossa].

8 "Caso não fôssemos [uma potência], metade da Alemanha seria um [Estado vassalo] russo e a outra metade um Estado vassalo francês, e os alemães teriam de lançar-se – assim como em 1812, quando se derramou sangue alemão por interesses estrangeiros – novamente em uma guerra franco-russa" [(WEBER, 1988q: 337), tradução nossa].

Aliás, já havia chamado a atenção para esse vínculo muito antes do episódio de Sarajevo. Ao tomar parte no debate organizado pelo *Allgemeinen Zeitung* em 1898 a respeito das intenções governamentais de se aumentar a frota alemã, Weber deixara claro que o período de concorrência pacífica entre os países industrializados cedia lugar a uma época em que os impulsos direcionados à expansão comercial de cada nação dependeriam essencialmente do controle de territórios para além de suas fronteiras, que viabilizassem a ampliação das possibilidades materiais [*Erwerbsspielraum*] de suas respectivas populações.[9] Dessa forma, seu posicionamento inequívoco a favor do abastecimento militar, que se materializaria nesse caso específico por meio da ampliação da marinha, embasava-se tanto na necessidade de proteger a nação contra as potências que a circuncidavam como, por outro lado, assegurar as condições necessárias para o desenvolvimento capitalista da Alemanha. "Não é a partir [...] de chavões anticapitalistas, senão assumindo-se de forma resoluta as consequências de nosso desenvolvimento burguês-industrial – aliás, a única política econômica possível para a Alemanha na época do capitalismo [...] – que se pode conferir um sentido ao anseio da burguesia pelo poder marítimo. Para a proteção da renda do solo não há necessidade de frota" [(WEBER, 1988f: 31), tradução nossa].

A formulação mais sistemática elaborada por Weber a respeito dos fundamentos econômicos do "imperialismo" encontra-se, porém, em um texto *sine ira et studio*, redigido por volta de 1910. Em *Machtprestige und Nationalgefühl* argumenta-se que os impulsos expansivos de comunidades políticas ao longo da história estiveram recorrentemente – embora não sem exceções[10] – conjugados a propósitos de acumulação capitalística. Longe de constituir uma particularidade do imperialismo moderno, as "chances de lucro" decorrentes do controle de territórios estrangeiros já haviam desempenhado um papel co-determinante, por exemplo, durante as campanhas militares de Roma na antiguidade. Weber assinalara que as riquezas materiais oriun-

---

9   Assim como a maioria dos dirigentes sindicais alemães, Weber julgava que também a classe trabalhadora extrairia vantagens da empreitada colonial. Além das possibilidades de acumulação que se abririam aos empresários capitalistas, a exploração de territórios estrangeiros deveria trazer consigo uma melhora substantiva do padrão de vida do operariado urbano.

10 A expansão do império czarista, por exemplo, fora motivada por razões de ordem político-militar. A construção de estradas de ferro que se observou na Rússia nos estertores do século XIX não tivera como objetivo primário o transporte de bens econômicos, sendo antes orientada pelo intuito de tornar mais eficiente o transporte do exército e de equipamentos militares na eventualidade de uma guerra europeia.

das da espoliação colonial – empreendida com base na violência direta e no trabalho compulsório – representaram historicamente oportunidades de ganho, via de regra, muito superiores ao que normalmente se verificou nos casos de intercâmbio pacífico. Além disso, a provisão de armamento bélico constituía um negócio especialmente lucrativo quando – ao contrário das cavalarias medievais – a responsabilidade pelo equipamento militar das tropas recaía sobre as instâncias dirigentes da comunidade política. Nos tempos do imperialismo moderno, a camada de rentistas que, por intermédio dos bancos, provê o Estado com os recursos necessários para a aquisição dos instrumentos de guerra e, por outro lado, os setores da economia envolvidos na cadeia de produção da indústria armamentista figurariam como alguns dos principais beneficiários da empresa colonial, pois, em uma conjuntura internacional marcada pela crescente "saturação" das oportunidades de controle sobre territórios estrangeiros, o impulso expansionista de uma potência haveria necessariamente de chocar-se contra pretensões similares de potências concorrentes.

Apesar disso, o eixo da análise weberiana consistia em salientar que a dinâmica do imperialismo assentava-se em uma multiplicidade de fatores que não se reduziam à busca pela maximização dos lucros. Paralelamente às condicionantes de ordem material, Weber chamava a atenção para a confluência de posturas subjetivas – isto é, motivações ancoradas na esfera dos valores – que orientariam o comportamento de uma formação política em relação às comunidades situadas além de suas fronteiras num sentido predominantemente "autonomista" ou, pelo contrário, "expansionista". Embora o sentimento de "orgulho" em virtude do pertencimento a uma coletividade não estabeleça, por si só, os requisitos necessários para o nascimento de rivalidades, essa componente emocional oferece um solo bastante propício ao desencadeamento de guerras quando os membros de uma comunidade política apreendem subjetivamente a expansão do poder como um aporte à sua "dignidade". Nos grupos onde os "sentimentos nacionais" lançam raízes mais profundas – dirigentes da comunidade política, massas pequeno-burguesas e elite intelectual – esses interesses ideais são comumente expressos nos termos de uma responsabilidade perante as gerações presentes e futuras pela forma como se efetuará a divisão do "poder" e "prestígio" entre a própria comunidade e as comunidades políticas estrangeiras (cf. WEBER, 2001). O imperialismo moderno era apresentado, então, sob a ótica das "ambições de prestígio" que ditavam as animosidades entre os Estados nacionais, e a disputa por áreas de influência canalizava os esforços pelos quais uma nação buscava afirmar o seu *status* enquanto potência.

No entanto, a principal justificativa para o nosso excurso pelos raciocínios desenvolvidos em *Machtprestige und Nationalgefühl* (o leitor certamente já haverá atentado para a excepcionalidade de seu caráter em meio a uma discussão que tem como foco escritos de natureza política) reside no fato de que esse texto ocupa um lugar especial na obra de Weber, posto que submete ao escrutínio científico valores mediante os quais o autor declarava adesão incondicional. Nada lhe era mais caro que os "bens culturais" da germanidade, de modo que Weber também abordou a participação da Alemanha no conflito de 1914 invariavelmente sob a ótica da "honra nacional" e "responsabilidade perante a história". A ênfase que atribuía à dimensão subjetiva do embate entre as potências assumiu uma tonalidade particularmente acentuada nas críticas posteriormente desferidas contra os membros da Liga Pangermânica e os fabricantes de materiais da guerra, quando as intenções polêmicas de seus artigos levaram-no por vezes a burlar os juízos de fato concernentes à natureza "multicausal" do imperialismo. "A guerra alemã diz respeito à *honra*; não se trata de alterações no mapa ou de proveitos econômicos – isso nós não queremos esquecer" [(WEBER, 1988e: 176), tradução nossa e grifo do autor].

A despeito de nunca ter apresentado uma formulação explícita das metas a serem perseguidas, Weber era favorável à definição de objetivos de guerra relativamente modestos. A histeria que acometera a *intelligentsia* e a nação como um todo impediu que muitos percebessem a correlação de forças desfavorável, na qual a Alemanha enfrentava uma coalizão econômica e militarmente superior, que a obrigava a combater em dois *fronts*, materializando assim justamente o cenário que havia sido outrora o "pesadelo" de Bismarck. A diplomacia Hohenzollern colecionava uma série de malogros decorrentes de uma estratégia arrogante e temerária, diametralmente oposta à cautela que orientara a política externa trilhada pelo "chanceler de ferro" no sentido de evitar que o país fosse obrigado a amargar uma situação de isolamento no tabuleiro internacional. Em razão dessas circunstâncias, Weber estava seguro de que uma eventual manutenção do *status quo ante* constituiria um desfecho razoável, de sorte que a propaganda favorável à incorporação de territórios nos limites do continente europeu aparecia-lhe enquanto um delírio fantasioso que o levava a condenar com veemência a agitação ultra-anexionista irradiada pela Liga Pangermânica. A Alemanha não contava com poderio suficiente para concretizar o programa megalomaníaco defendido pelos literatos e, mesmo admitindo-se que o nível de excelência alcançado pela indústria bélica viabilizasse o sucesso de metas implausíveis, a violência aos sentimentos nacionais dos povos derrotados despertaria uma onda de ressentimentos similar ao que se pôde observar no caso da Alsácia-Lorena. Ao fim e ao cabo, forçar uma paz "cujo principal resultado fosse a bota alemã sobre o pescoço das nações europeias significaria o fim de qualquer política externa construtiva no continente ou além-mar" [(WEBER, 1988b: 127), tradução nossa].

Weber argumentava que a Alemanha deveria adotar como estratégia básica a reorganização da Europa Centro-Oriental de modo a liberar as nações mais fracas do jugo do imperialismo russo. Seus esforços militares tinham de ser dirigidos, portanto, à contenção do despotismo oriental que – por conta da fome de terras de seu campesinato e ânsia de poder da burocracia czarista – apresentava-se como maior ameaça à segurança e pretensões políticas da Alemanha. "Ao passo que a Inglaterra pode ameaçar nosso comércio e possessões ultramarinas, assim como os franceses a integridade de nosso território nacional, a Rússia é o único poder que em caso de vitória estaria em condições de ameaçar por completo a existência [...] da nacionalidade alemã e sua autonomia política" [(WEBER, 1988b: 123), tradução nossa].Weber ponderava, destarte, que o enraizamento do ideário pan-eslavista reduzia drasticamente as possibilidades de congruência entre Alemanha e Rússia. A obstinação em torno da unidade dos povos eslavos comprometeria, por um lado, a integridade do império Austro-Húngaro e estabeleceria, por outro lado, uma situação geopolítica no leste europeu que tornaria a Alemanha uma presa frágil mediante a eventualidade de novas dissensões com a Rússia. Além disso, a contenda acerca do destino da Polônia adquiria uma especial relevância à medida que se desejava afastar a ameaça constante de que o território polonês fosse utilizado enquanto base de operações militares e um canal de acesso dos exércitos russos a Berlim.[11]

O meio de viabilizar essa reconfiguração política seria fomentar a constituição da Polônia, Lituânia, Letônia e Ucrânia como Estados independentes e fazer dessas nações uma área de influência alemã que funcionasse como barreira contra o expansionismo russo (cf. MOMMSEN, 1984: 207-8). A estratégia de Weber ecoava, portanto, o tratamento conferido pelo Partido Constitucional-Democrata ao problema das

---

11   O termo alemão *Einfallstor*, que pode ser traduzido literalmente como "porta de invasão", é a imagem utilizada por Weber para descrever o perigo geomilitar que o controle russo do território polonês representava para a Alemanha.

nacionalidades no decorrer do processo revolucionário que acometera a Rússia na década anterior. No seu entender, a ascendência da Alemanha sobre os países do leste europeu condicionava-se fundamentalmente à garantia irrestrita da autonomia cultural dessas nações, isto é, medidas deveriam ser adotadas no sentido de assegurar-lhes que a nova disposição de poderes não significaria, de forma alguma, o prolongamento de sua opressão sob uma nova bandeira. "Nós estamos em condições de oferecer aos poloneses algo muito superior ao conteúdo de quaisquer das reivindicações formuladas ao longo da revolução na Rússia. Somente do ponto de vista militar [...] precisaríamos ter em mãos todas as garantias na fronteira nordeste que nos salvaguardem contra a prepotência russa" [(WEBER, 1988e: 173), tradução nossa].

As ideias de Weber a respeito dos objetivos que a Alemanha deveria perseguir a leste de suas fronteiras adquiriram maior projeção depois de seu ingresso na *Comissão de Trabalho para a Europa Central*. Friedrich Naumann havia impulsionado a criação dessa entidade no final de 1915 com a meta de aprofundar investigações e debates que direcionassem o estabelecimento de uma Confederação de Estados Centro-Europeus sob a liderança alemã. O projeto consistia, basicamente, em fomentar uma aliança econômica, política e militar entre Alemanha, Áustria-Hungria e Polônia que contribuísse para assegurar a hegemonia germânica no continente. No plano econômico, tal aproximação fundamentar-se-ia na instituição de uma moeda comum e em uma política alfandegária que estimulasse a atividade comercial entre os países membros. Previa-se ainda a integração do sistema bancário e da rede de transportes, bem como o esforço por uma atuação conjunta de seus respectivos cartéis (cf. WEBER, 1988o). No plano político, Weber advogava em favor da autonomia administrativa e pelo direito dos poloneses a uma representação nacional, sem contudo abrir mão de que as diretrizes relativas ao exército e aos assuntos externos da Polônia fossem submetidas ao poder decisório do governo alemão. "Seria uma tolice forçar esses poloneses à aceitação da germanidade, mas é preciso que nos sejam dadas as garantias de que os bárbaros russos não tornarão à Prússia Oriental e não poderão instalar novamente sua artilharia pesada a um quilômetro das fronteiras da Alta Silésia" [(WEBER, 1988q: 336), tradução nossa].

A comissão liderada por Naumann possuía, enfim, caráter extraoficial e não houve consenso entre seus participantes em relação a vários detalhes do projeto. De qualquer forma, é duvidoso que um desfecho da guerra favorável à Alemanha pudesse conferir efetividade a esse projeto. As intenções de Weber continham uma dimensão utópica na medida em que previam o consentimento dos poloneses sem levar em conta, porém, que a adesão voluntária desse povo a uma tal confederação era, no mínimo, incerta. A Polônia acumulava uma longa tradição de resistência contra a opressão czarista, e os anseios pela constituição de um Estado independente não eram compatíveis com uma disposição dos fatos que significasse uma outra modalidade de tutela, mesmo que a nova configuração previsse uma margem de autonomia relativamente superior e trouxesse consigo a libertação do jugo grão-russo.

Conforme argumentamos acima, as formulações de Weber ao longo desse período estavam imbuídas por uma orientação geopolítica que condicionava o balanço histórico da guerra fundamentalmente aos desenlaces do embate contra a Rússia. Os desdobramentos a leste implicavam resoluções de alcance global, comparadas às quais a disputa com as potências ocidentais apareceria futuramente como bagatela (cf. WEBER, 1926: 590). Nesse sentido, Weber aferrara-se de tal modo ao plano de expansão indireta do poderio alemão na Europa Centro-Oriental que nem mesmo a deposição do czar justificou aos seus olhos a pertinência de se reavaliar as diretrizes fundamentais dessa estratégia. Embora considerasse que as autoridades alemãs deveriam posicionar-se mediante a "revolução de fevereiro" sinalizando um acordo no qual a paz fundamentar-se-ia na mútua renúncia a quaisquer exigências de anexação territorial ou indenização financeira, Weber jamais propusera que seu país abdicasse das "tarefas culturais" que a seu ver legitimavam a campanha contra a Rússia. Ao fim e ao cabo, era de seu conhecimento que a insistência em um Estado polonês atrelado à Alemanha, bem como a negativa em se conceder aos russos livre acesso ao Estreito de Dardanelos, condenariam as negociações de antemão ao fracasso. O gesto diplomático aconselhado por Weber consistia, portanto, em uma manobra destinada a evitar que o SPD retirasse seu apoio aos esforços de guerra e deixasse influenciar-se pela radicalização das correntes socialistas no Oriente.

De maneira similar, a caracterização que traçara do governo provisório fora em grande medida orientada pelo intuito de blindar a classe trabalhadora alemã contra eventuais influências esquerdistas da política russa. Weber havia apropriado-se do conceito "*Volksimperialismus*" desenvolvido pelo austríaco Karl Leuthner para salientar pretensos impulsos expansionistas da camada que assumira a direção da Rússia e, consequentemente, desconstruir o raciocínio de que a interlocução com o novo governo encurtaria o caminho para a paz. Seu julgamento em nada lembrava a simpatia declarada aos portadores da causa democrática à época da revolução de 1905, e os posicionamentos recentes das lideranças do Partido Constitucional-Democrata figuravam-lhe enquanto confirmação de que a *intelligentsia* russa havia "lançado por terra seus antigos ideais" (cf. WEBER, 1988b: 126).

Além do ódio à germanidade que imputava aos representantes do governo provisório, Weber assinalou determinados fatores da política interna que explicitariam o interesse da Rússia no prolongamento da guerra. A incapacidade do poder central em atender as reivindicações econômicas do proletariado rural associar-se-ia, então, a um presumido conflito de perspectivas entre o campesinato e os operários fabris, de modo a conformar um cenário no qual a retenção dos mujiques na frente de batalha garantiria à ala esquerda do governo certa liberdade de movimentos para que esta levasse a termo alguns eixos de sua plataforma radical. Em suma, o retrato que Weber ofereceu ao público alemão acerca das transformações políticas sofridas pela Rússia em 1917 tinha o fito de, por um lado, vaciná-lo contra a suposição de que a derrota do czarismo representaria o fim da ameaça à germanidade proveniente do leste e, por outro lado, exercer uma contra-influência moderadora perante a audiência socialdemocrata que a dissuadisse de seguir os passos trilhados pelos russos, infortúnio este que repercutiria de maneira desagregadora sobre o moral do exército alemão.

Diferentemente da atenção febricitante com que acompanhara o processo revolucionário em 1905, os julgamentos de Weber eram agora externalizados no compasso de um frio distanciamento que minimizava o alcance das transformações em curso. Longe de apresentá-la como um fato de importância maior, qualificou a "revolução de fevereiro" enquanto um "procedimento meramente técnico", que não comportava qualquer transformação substantiva e restringia-se tão somente a retirar de cena um monarca diletante e renitente (cf. WEBER, 1988j). Nicolau II haveria cavado sua própria sepultura no decorrer de uma sucessão de equívocos políticos motivados pelos excessos de vaidade autocrática e pela recusa intransigente em compartilhar as responsabilidades governamentais com um parlamento forte. A camada que ascendeu ao poder anulara o czar por "razões puramente objetivas" sem efetivar, no entanto, qualquer alteração de fundo que encaminhasse a Rússia em direção a uma perspectiva democrática. A análise de Weber relegou, pois, ao segundo plano a conformação de um "duplo poder" – onde o elemento determinante residia no aumento da influência conquistada pelos sovietes perante as massas populares – e lançou ênfase sobre o caráter antidemocrático da junta que encabeçava o governo. Uma vez que a autoridade dessa comissão emanava de uma Duma eleita com base em um sufrágio plutocrático, Weber reduzia a totalidade do processo à simples transição para um regime "pseudodemocrático" [*Scheindemokratie*], do qual os alemães não "teriam absolutamente nada o que aprender" (cf. WEBER, 1988j).

As observações que Weber dedicou à política russa em 1917 são recheadas de imprecisões e equívocos que o desenrolar ulterior dos acontecimentos se encarregaria de desautorizar. Em primeiro lugar, salta aos olhos do leitor a completa negligência para as diferentes posições que os principais atores da política russa assumiram em relação à guerra. Fossem eles bolcheviques, "cadetes" ou autoridades czaristas, Weber atribuía-lhes o mesmo impulso expansionista e interesse no adiamento da paz enquanto condição necessária para a sustentação do próprio poder. "Qualquer que seja a filiação partidária de um intelectual russo, ele torna-se não apenas 'nacional' [...], senão *nacionalista* e imperialista, tão logo tome parte no poder do Estado. Esse fato pode, é claro, assumir diferentes roupagens, mas, ao final das contas, permanece o mesmo" [(WEBER, 1988m: 130-1), tradução nossa e grifo do autor]. Em segundo lugar, superestimou a amplitude da distância que separava as reivindicações de operários e campesinos, atribuindo-lhes interesses concorrentes que, no limite, minariam quaisquer possibilidades de uma aliança política entre trabalhadores rurais e citadinos. Por fim, a maneira desbalanceada pela qual avaliou a envergadura de cada uma das forças em contenda resultou na falsa previsão (traçada após a "revolução de outubro") de que Lênin e seus correligionários não haveriam de sustentar-se no poder senão por um curto intervalo de tempo.

Em que pese a insistência de certos apologetas em apresentar Weber como um intelectual cujo apreço pela "verdade" e poder de resignação blindavam-no contra a interferência de convicções pessoais sobre as leituras que apresentava da realidade, os escritos sobre a conjuntura russa posteriores à "revolução de fevereiro" não são um caso isolado – e tampouco o mais flagrante – de obnubilação dos fatos decorrente de premências de ordem política. Nos estertores da guerra, Weber recorreu a "cálculos táticos" e a uma "linguagem demagógica" com o intuito de fortalecer o desejo de perseverança das massas e transmitir aos adversários externos a impressão de que a Alemanha estaria ainda em condições de suportar o prolongamento da guerra por um período longo o bastante para impor-lhes consideráveis perdas humanas e materiais (cf. MOMMSEN, 1974: 283-5). Essa atitude evidenciava-se, por um lado, na apresentação do quadro alemão em cores favoráveis que não condiziam com a situação vivenciada pelo país nas frentes de batalha e tampouco com as greves que começavam a pulular nos centros urbanos. Por outro lado, manifestava-se na demonização das potências inimigas, cuja vitória haveria de transformar a paisagem alemã em um cenário dantesco. A conhecida objeção de que o debate ao qual nos referimos não arroga pretensões científicas mostra-se, pois, descabida quando se pressupõe que considerações políticas devam, tanto quanto possível, embasar-se em juízos de fato que lhes atribuam consistência.

> Os exércitos inimigos compõe-se *cada vez mais por bárbaros*. Na fronteira ocidental encontram-se hoje uma escória de selvagens africanos e asiáticos, toda corja de salteadores e patifes do planeta, armados e prontos a devastar as terras alemãs no primeiro instante em que se descuide do abastecimento militar de nossas tropas. O horror bestial que o avanço temporário das indisciplinadas hordas russas perpetrou em regiões parcialmente habitadas por populações de linhagem germânica lembram os tempos da Mongólia medieval. Uma parte da camada dirigente dos países adversários parece ter sido completamente tomada por um *ódio insano*. Um ex-ministro da guerra do governo revolucionário russo, pertencente à camada de proprietários rurais instruídos, aconselhou publicamente o uso do chicote contra presos indefesos. [...] Ninguém duvidará, portanto, do que espera o povo alemão caso a prontidão para a guerra seja negligenciada, ainda mais quando os planos de pilhagem e escravização duradoura da Alemanha foram debatidos entre os inimigos de forma pública e unânime [(WEBER, 1988n: 141), tradução nossa e grifos do autor].

Já a situação no *front* ocidental apresentava-se como a resultante dos sucessivos equívocos perpetrados pelos círculos diplomáticos e militares do *Kaiserreich*. Os anos que antecederam o conflito haviam sido marcados pela pronunciada falta de habilidade das autoridades alemãs, incluindo o próprio monarca, no que tange aos assuntos de política externa, de modo que a nação vivenciara um processo de paulatino isolamento. Convencido de que a Alemanha não poderia seguir indefinidamente rodeada por uma constelação de poderes hostis, Weber depositara grandes expectativas num possível entendimento com a Inglaterra e acreditara que as chances de seu país em assuntos coloniais seriam ampliadas à medida que se desenvolvesse uma relação de cooperação com os ingleses. Aos seus olhos, não havia obstáculos intransponíveis para que os alemães obtivessem o consentimento da Inglaterra à ampliação de sua esfera de influência no norte da África e no Oriente, desde que se oferecessem as devidas garantias de que a Alemanha estaria disposta a abdicar de quaisquer pretensões aos centros vitais da colonização britânica, nomeadamente o Egito e a Índia. Entretanto, as intervenções desastrosas de Guilherme II[12] em situações de grande tensão internacional – como, por exemplo, seu telegrama para o presidente da República Boer e a entrevista concedida ao *Daily Telegraph* – abalaram gravemente suas relações diplomáticas. Ademais, a sistemática propaganda anglofóbica levada a cabo pelos literatos contribuiu para estreitar o arco de alianças da Alemanha na medida em que tomava a derrocada do império inglês e de seu poderio marítimo enquanto *conditio sine qua non* para a ascensão global da germanidade e preservação de suas tradições políticas e culturais. Essa negligência aos pressupostos da *Realpolitik* ocultava, segundo Weber, a inquietação presente entre os círculos conservadores de que um entendimento entre os dois países exerceria uma influência corrosiva sobre a estrutura de poder do *Kaiserreich*. "O ódio contra a Inglaterra consistia, primordialmente, em ódio contra a constituição inglesa. 'Deus nos proteja de uma aliança com a Inglaterra, isso nos conduziria ao parlamentarismo!' Dessa forma, instâncias da política interna tornaram-se o fundamento da política externa" [(WEBER, 1988r: 348), tradução nossa].

Posteriormente, a agressividade alemã perante a Bélgica selou de vez a animosidade de franceses e ingleses, inviabilizando uma acomodação de interesses que possibilitasse à Alemanha dedicar-se apenas à luta contra a Rússia. Do ponto de vista da Alemanha, a intervenção justificava-se em virtude da negligência das autoridades belgas em tomar medidas condizentes com seu *status* de país neutro. A ineficácia de sua neutralidade expressara-se pela decisão de mobilizar tropas na fronteira com a Alemanha ao mesmo tempo que permaneciam desguarnecidas a divisa com a França

---

12 "As realizações de nossa diplomacia alemã somente podem ser corretamente avaliadas por aqueles que conhecem as atas. Mas qualquer um pode ver que uma direção consequente e a obtenção de sucessos duradouros tornam-se pura e simplesmente impossíveis quando o seu trabalho é repetidas vezes perturbado por ruidosos intermédios, discursos, telegramas e resoluções inesperadas do monarca, de forma que toda a sua força absorve-se em corrigir os embrulhos, isto quando não lhe ocorre a ideia de empregar ela mesma esses recursos teatrais" [(WEBER, 1971a: 256), tradução nossa]. Essa passagem encontra-se no primeiro artigo que Weber dedicou à revolução russa de 1905. Note-se que as críticas aos erros perpetrados pela diplomacia alemã e à irresponsabilidade de Guilherme II em relação a tais desvios são tema recorrente de seus escritos políticos e já lhe causavam preocupação mesmo antes dos desastres consumados ao longo da Grande Guerra.

e a costa marítima, abrindo caminho dessa forma para um eventual uso do território belga como base de operações da Entente no *front* ocidental. A marcha dos exércitos alemães sobre a Bélgica serviu, no entanto, para inflamar o discurso pangermânico acerca dos objetivos de guerra e, em particular, para alimentar a sua propaganda anexionista. Weber lançou-se contra essa perspectiva ao reiteradamente argumentar que a presença alemã justificava-se apenas enquanto um corretivo para a política de neutralidade conduzida até então, de modo que a ocupação deveria ser prioritariamente orientada segundo critérios defensivos. Por outro lado, Weber considerava que o controle da Bélgica era uma manobra temporária a servir como trunfo da Alemanha durante as negociações de paz [*Faustpfand*], ou seja, o recuo dos exércitos haveria de efetuar-se com prontidão tão logo fosse estipulado um acordo que reconhecesse o lugar da Alemanha entre as potências mundiais. A influência exercida pelos partidários da Liga Pangermânica sobre os círculos governamentais despertava-lhe, no entanto, o receio de que a ocupação da Bélgica atuaria, pelo contrário, como um fator de acirramento do conflito e aniquilação das possibilidades de entendimento futuro com Inglaterra e França. Nesse caso, os alemães veriam desperdiçadas as chances de se avançar rumo a uma nova configuração das alianças diplomáticas que os poupassem mais adiante do embate contra um alinhamento de adversários da envergadura militar da Entente.

> A ocupação duradoura da Bélgica quando atrelada com nossa marinha significa para a Inglaterra a necessidade de manter também um grande contingente de forças terrestres além de uma grande frota, e isso esclarece a tenacidade com que a guerra é travada. Um constante perigo de guerra contra a França *e* a Inglaterra, tal como representaria para nós a conquista da Bélgica, teria como consequência futura que *não* seríamos capazes de nos entender com os russos – a quem nos veríamos abandonados – em pé de igualdade [(WEBER, 1988e: 166), tradução nossa e grifos do autor].

Como se já não houvesse acumulado desastres diplomáticos o bastante, a Alemanha lançou as suas fichas na guerra submarina, apesar de todas as evidências apontarem no sentido de que tal iniciativa lhe angariaria o ódio dos norte-americanos. As relações entre ambos os países já se encontravam seriamente comprometidas em função do torpedeamento do *Lusitania*, e não restavam dúvidas de que uma investida resoluta dos submarinos alemães contra a frota inglesa reforçaria a Entente com um aliado de indiscutível poderio militar e econômico. Em março de 1916, Weber encaminhou um memorando [*Der verschärfte U-Bootkrieg*] a lideranças partidárias e representantes do Ministério dos Negócios Estrangeiros, no qual desnudava os sombrios cenários implicados nessa estratégia. Caso não se lograsse forçar uma capitulação praticamente imediata dos ingleses, a intervenção norte-americana traria consigo um prolongamento da guerra que esgotaria a capacidade de resistência militar da Alemanha, além de provocar consequências negativas de longo prazo no plano econômico. Com efeito, os alemães teriam de haver-se com um rearranjo ainda mais desfavorável da correlação de forças, onde as potências antagonistas ver-se-iam revigoradas moralmente e abastecidas com uma farta provisão de armamentos e matérias-primas.[13] Além disso, a agressividade descomedida do alto comando aumentaria o isolamento diplomático da Alemanha, de sorte que o país corria o risco de ver-se privado no período subsequente à guerra de um afluxo de capitais estrangeiros que lhe garantisse o restabelecimento de seu parque industrial e, consequentemente, de seu poder de concorrência econômica.

A diplomacia alemã colecionava manobras malfadadas, e os "literatos" exibiam a própria bravura por meio de discursos inflamados. Contudo, especialmente após a entrada da Itália e da Romênia no conflito ao lado das potências da Entente, os relatos provenientes das frentes de batalha tornavam-se cada menos animadores e apontavam para a iminência da derrota. Assim, embora qualquer inteligência medíocre fosse capaz de perceber que não havia esperanças de um desfecho favorável à Alemanha, amplos setores da *intelligentsia* insistiam em elevar o tom de seu brado patriótico e rotular como "derrotista" qualquer indivíduo que ousasse duvidar do sucesso alemão. Weber revoltou-se particularmente com a unilateralidade das autoridades responsáveis pela observância da censura, uma vez que estas tratavam de maneira complacente o recorrente desrespeito dos membros da Liga Pangermânica à proibição de se discutir publicamente os objetivos de guerra. "O perigo pangermânico consiste sobretudo no fato de que o governo está acostumado a ter esse movimento na mais alta consideração" [(WEBER, 1988r: 348), tradução nossa]. Ao seu ver, a insistência nas fantasias anexionistas e a renitência contra um acordo de paz elaborado com base em termos e

---

13 "O signatário postou-se desde o princípio e ao longo dos desdobramentos com absoluta confiança de que sairíamos da guerra com honra. Em vista [...] da probabilidade de que uma ação incerta nos encaminhe para uma guerra contra a América, ele externa, pela primeira vez, sérias preocupações pelo país e, talvez, pelo futuro da dinastia" [(WEBER, 1988c: 152), tradução nossa].

condições razoáveis ocultavam, por um lado, os massivos interesses de setores da economia para os quais o prosseguimento das hostilidades representava oportunidades de lucro e, por outro lado, o temor perante as demandas por uma reordenação política e institucional que se fariam prementes após o término da contenda. Com efeito, a definição de metas irrealizáveis passava ao largo dos interesses nacionais e beneficiava tão somente os capitães da indústria armamentista e os indivíduos que engrandeciam suas fortunas com o pagamento de juros pertinentes aos empréstimos de guerra. Não poucos dentre estes últimos prestavam, além disso, um desserviço à Alemanha ao inverterem seus ganhos na aquisição de propriedades fundiárias com vistas à aquisição de títulos de nobreza, desconsiderando, assim, a devastação material sofrida pelo país e negligenciando a tarefa de reconstrução da economia nacional. Já no plano da política interna, o "medo da paz" constituía uma manobra para escamotear o debate referente à necessidade de alterações constitucionais em sentido democratizante. Em vista dos sacrifícios exigidos da população alemã ao longo da guerra e do esforço coletivo de reconstrução que a esperava após o seu término, era previsível que o movimento pela ampliação do sufrágio ganhasse força e compelisse o governo a suprimir aspectos legais que sustentavam a estrutura antidemocrática do regime, nomeadamente o direito eleitoral prussiano. "Caso a política fosse conduzida objetivamente [...], a guerra terminaria no exato momento em que estivesse assegurada a necessária segurança de nosso país" [(WEBER, 1988r: 349), tradução nossa].

Numa palavra, Weber temia que a longa duração do conflito surtisse um efeito desagregador no âmbito da política interna. Tombava cotidianamente nas trincheiras uma parte considerável daquilo que a Alemanha possuía de melhor em termos de material humano, e nas grandes cidades o operariado começava a demonstrar sinais de esgotamento em função dos sacrifícios que lhes eram demandados. Tanto os empréstimos de guerra quanto o bloqueio econômico imposto pela marinha britânica desencadearam uma pressão inflacionária que corroía o salário dos trabalhadores, e o racionamento de gêneros essenciais intensificava a sensação de penúria mesmo entre as camadas médias. Verificara-se, ademais, extensões da jornada de trabalho em diversos ramos da produção, e os sindicalistas enfrentavam dificuldades crescentes para assegurar que as perspectivas militares da Alemanha não seriam comprometidas pelo recrudescimento da luta de classes no plano doméstico [*Burgfrieden*]. Nessas condições, Weber deplorava a campanha anexionista também por enxergá-la como uma provocação aos operários fabris. Envoltas no discurso de que a Alemanha deveria perseguir suas ambições "até a última gota de sangue", as metas propugnadas pelos literatos revelavam uma total desconsideração pelo estado de ânimo das massas e, dessa forma, contribuíam para alargar as fendas que se abriam na coesão nacional. De acordo com Weber, a Alemanha somente conseguiria manter-se firme em busca de uma paz "honrosa" caso evitasse que as tensões internas degenerassem em esgarçamento social. Essa convicção levou-o a advogar que, ao regressarem dos campos de batalha, os soldados residentes em circunscrições onde vigorasse graduações do sufrágio deveriam ser incorporados às camadas eleitoralmente privilegiadas. Na prática, a aprovação dessa regra significaria a abolição dos privilégios eleitorais, inclusive dos critérios plutocráticos que distorciam os mecanismos de representação na Prússia. "*Qualquer outra solução que não o direito eleitoral* [igualitário] *na Prússia* deverá ser *objetivamente* avaliado [...] pelos combates que regressam como uma *entrujice*" [(WEBER, 1988j: 95), tradução nossa e grifos do autor].

Weber declarou abertamente que a democracia não constituía para ele um fim em si mesmo, e as observações externalizadas durante a revolução russa de 1905 comprovam que, em determinadas circunstâncias, o direito eleitoral censitário surgia-lhe como a alternativa mais adequada. Weber julgava, contudo, politicamente inaceitável que a voz daqueles enriquecidos com os lucros de guerra assumisse um peso maior no processo de reconstrução da Alemanha em detrimento dos soldados que haviam pago nas trincheiras com sangue e nervos o preço das ambições nacionais. Caso interesses plutocráticos frustrassem as expectativas em torno da ampliação do sufrágio, "a nação *nunca mais* faria, tal como em agosto de 1914, causa comum perante qualquer ameaça externa" [(WEBER, 1988t: 406), tradução nossa e grifos do autor]. Weber exigiu a revogação do voto censitário em um contexto no qual outras reformas institucionais também se faziam necessárias, inclusive para garantir que os alemães sustentariam o espírito de unidade nacional durante e após o período em que a guerra se arrastasse. A urgência de suas reivindicações estava implicitamente vinculada ao receio de que alterações constitucionais levadas a cabo após o término do conflito fossem demagogicamente apresentadas por seus antagonistas como fruto de uma imposição estrangeira e, consequentemente, desprovidas de legitimidade. Diga-se de passagem que os ataques da direita nacionalista à República de Weimar confirmaram tragicamente a pertinência desse cálculo político.

As bravatas de Guilherme II e do estado-maior causaram prejuízos ao país devido às falhas do seu desenho institucional. Weber criticou também os exageros decorrentes da "vaidade dinástica" e da inabilidade política da burocracia, mas procurou salientar que a origem do problema residia na ausência de mecanismos legais que restringissem as prerrogativas do *Kaiser* e estabelecessem critérios de responsabilidade política bem definidos. Conforme a guerra aproximava-se do fim, Weber concentrou suas energias, portanto, na formulação de princípios orientadores de uma reforma que teria como propósito reordenar o sistema político alemão. Durante o verão de 1917, publicou uma série de artigos no *Frankfurt Zeitung* nos quais apresentava pormenorizadamente as bases de sua proposta de reorganização institucional. Nesses artigos, Weber explicitou novamente que suas considerações eram tecidas sob o ângulo dos interesses da nação alemã, e que as reformas defendidas constituíam uma série de "mudanças técnicas"[14] na forma de governo. "Não me importo com a forma do Estado, se somente políticos, e não tolos diletantes como Guilherme II e congêneres, governarem o país [...]. No momento não vejo outra saída além da parlamentarização impiedosa – nem que seja apenas para imobilizar esses incompetentes" (WEBER *apud* MAYER, 1985: 59).

É interessante atentar para o parentesco entre as ideias defendidas no *Frankfurt Zeitung* e o discurso proferido vinte e dois anos antes em Friburgo. A política econômica e as formas de governo são equacionadas tecnicamente porque Weber assume o pressuposto de que não existe qualquer fundamento intrínseco que as oriente. O indivíduo é, por conseguinte, responsável por designar os valores determinantes do funcionamento econômico e do modelo de organização estatal. Em ambos os casos, Weber explicitou o próprio viés nacionalista e buscou convencer os seus interlocutores de que essas matérias deveriam ser debatidas com vistas à proeminência da Alemanha na condução dos assuntos mundiais. "Mudanças técnicas na forma de governo em si mesmas nem fazem uma nação competente, nem feliz, tampouco valorosa. Somente conseguem tirar de seu caminho empecilhos mecânicos, sendo, pois, pura e simplesmente, meios para um fim" (WEBER, 1993a: 27). A preocupação em lançar ênfase sobre os limites da ciência não tinha, porém, o objetivo exclusivo de formular o pro-

---

14 "No terreno das questões simples da técnica de formação de Estado, que é o nosso caso, não existem muitas, mas somente um número limitado de formas de se conceber um Estado de massas. Para um político racional isso é também uma pergunta racional a ser respondida de acordo com as tarefas políticas exigidas pela nação. Somente uma visão mesquinha da força do legado alemão pode pressupor que seu espírito esteja ameaçado se partilharmos com outros povos instituições técnicas de Estado adequadas" (WEBER, 1993a: 25-6).

blema em termos coerentes com sua perspectiva metodológica. Ao reconhecer que as possibilidades de intervenção consciente sobre a organização da vida coletiva adquirem efetividade por intermédio de valores, Weber desmascarava a pretensa objetividade que os literatos atribuíam às instituições políticas do *Kaiserreich*, trazendo à luz as feições conservadoras do discurso que insistia em apresentar o modelo prussiano enquanto manifestação genuína do "espírito alemão".

Sua reforma política era apresentada, então, como parte do esforço de reconstrução da Alemanha após a guerra. Em linhas gerais, Weber argumentava que a parlamentarização das instituições políticas seria o meio específico de romper com a dominação burocrática à qual o país estava submetido e eliminar os artifícios que impediam a emergência de genuínos estadistas capazes de elevar a nação a um patamar que fizesse jus à sua condição de "povo senhorial". Numa palavra, tratava-se de encerrar o longo período no qual a condução do Estado recaíra sobre os vários departamentos do funcionalismo sem que houvesse, porém, espaço para a ascensão de lideranças dotadas de caráter político. Weber observava, ademais, que os governos monárquicos desprovidos de controle parlamentar efetivo estavam propensos ao desenvolvimento de uma relação concorrencial entre suas diferentes repartições. De maneira análoga ao típico procedimento da burocracia czarista, o alto funcionalismo alemão padecia de uma guerra interna, no qual as seções governamentais disputavam a influência sobre Guilherme II com uma profusão de documentos e relatórios aos quais se sobrepunham as atas e pareceres de departamentos concorrentes, sem que houvesse entre eles uma instância coordenadora responsável por imprimir um conteúdo explicitamente político ao curso dos trabalhos.

Nesse sentido, Weber retomou o debate sobre o legado de Bismarck com o fito de demonstrar que a impotência política do *Reichstag* e a inconsequente direção da política alemã por um corpo de burocratas eram, em grande medida, sequelas advindas das manobras do "chanceler de ferro" para concentrar poderes em sua pessoa, impedindo que os representantes eleitos pela nação participassem ativamente das decisões sobre o seu destino político. Bismarck fizera uso de artifícios demagógicos e toda sorte de manobras – como, por exemplo, na querela acerca do orçamento militar e das leis de exceção contra os socialistas – com o objetivo de impor soluções antidemocráticas, obter concessões e quebrar a espinha dorsal dos segmentos que lhe faziam oposição com base em princípios liberais. "A situação atual de nossa vida parlamentar é uma herança do longo domínio do Príncipe Bismarck sobre a Alemanha e da postura interior que a nação adotou em relação a ele na última década de seu mandato" (WEBER, 1993: 29). Os obstáculos interpostos à emergência de poderes independentes que opusessem resistência aos seus desígnios contribuiu para o baixo nível de formação política dos alemães, acostumando-os a deixar sob os cuidados de outrem os assuntos que lhe concerniam.[15] Com a saída de Bismarck e a ausência de um estadista à sua altura, o funcionalismo burocrático assumiu as tarefas de direção política, e o parlamento permaneceu como uma instituição de fachada, com poucas responsabilidades e poderes limitados. "Decisivo para o alto ou baixo nível de um parlamento é se, em suas instâncias, os problemas são meramente debatidos ou se elas têm poder de decisão. Isto é, se o que acontece entre suas paredes é decisivo ou se ele é simplesmente um órgão decorativo tolerado a contragosto pela burocracia reinante" (WEBER, 1993a: 39).

O propósito fundamental de Weber em seu plano de reorganização institucional era mudar a tônica das relações até então estabelecidas entre a representação parlamentar e a administração burocrática. A distribuição de competências prevista na Constituição alemã estabelecia limites demasiado estreitos ao *Reichstag*, tornando-o uma instância desprovida de autoridade para versar sobre temas de primeira importância. Seu poder de determinação em relação às diretrizes orçamentárias e à condução dos assuntos diplomáticos era praticamente nulo, e o parlamento estava condenado a exercer uma política estritamente negativa, uma vez que suas sessões não eram orientadas por um trabalho construtivo que se destinasse à formulação e discussão de projetos estratégicos, senão ao mero trâmite de propostas encaminhadas pelo governo.[16] Assim sendo, a representação popular somente não despontara como um poder frontalmente antagônico à coroa, tal como se observara nas relações entre a Duma de 1906 e Nicolau II, porque a bancada conservadora dispunha de um peso relativo que lhe permitia oferecer um contraponto à ascensão das forças progressistas e, por outro lado, em virtude da obrigação institucional que recaía sobre a presidência do *Reichstag* de prestar deferências ao *Kaiser* em determinados cerimoniais. Weber

---

15 "Ele nos legou uma nação sem qualquer formação política e muito abaixo do nível que já alcançara vinte anos antes. E, principalmente, uma nação sem qualquer vontade política, acostumada a ver o grande estadista, lá no alto, a cuidar da política em seu lugar" (WEBER, 1993: 38).

16 "Atualmente, toda a estrutura do parlamento alemão está talhada para uma política meramente negativa: críticas, queixas, aconselhamento, modificação e tramitação de propostas de governo" (WEBER, 1993: 71).

argumentava, portanto, que não haveria sentido em manter o parlamento enquanto um corpo figurativo, cujas mínguas atribuições enredavam seus trabalhos em "parvoíce diletante", e abandonar as resoluções de maior importância a um estamento burocrático completamente desprovido de "vocação política". Em outras palavras, a correção das distorções institucionais que viciavam os processos decisórios na Alemanha dependia fundamentalmente da ampliação de poderes do *Reichstag*, incluindo-se a prerrogativa de ver a administração pública submetida ao seu controle .

Um passo decisivo para inverter a subordinação política do *Reichstag* ao aparato administrativo seria revogar o Artigo 9 da Constituição Imperial, pois ele estabelecia impedimentos legais para a ascensão de dirigentes parlamentares aos principais postos do governo. Mais especificamente, tal dispositivo declarava inconstitucional que um deputado conservasse seu mandato no parlamento enquanto ocupasse um assento no *Bundesrat*, residindo a justificativa para tal incompatibilidade em um suposto "conflito de consciência" que acometeria o político entre a disposição para executar rigorosamente as instruções governamentais e a fidelidade devotada à plataforma encampada por sua agremiação no *Reichstag*. Weber demandava a supressão desse artigo porque ele transformava o aparato estatal em instrumento de cooptação de personalidades independentes e, acima de quaisquer outras considerações, por entender que o assim denominado "conflito de consciência" não era senão um argumento que esvaziava o significado da liderança política. A seu ver, o traço distintivo de um estadista consistia justamente em não abrir mão de seus posicionamentos naquelas matérias que julgasse decisivas. Embora as exigências da *Realpolitik* pressupusessem inevitavelmente algum grau de compromisso, um político digno dessa alcunha jamais sacrificaria suas convicções últimas por razões de fidelidade partidária e tampouco para assegurar a posse de um cargo. "Um membro do parlamento que esteja encarregado de um cargo dirigente, e em função disso plenipotenciário do *Bundesrat*, tem o dever de abandonar o posto se receber instruções que contrariem suas *convicções políticas* em pontos decisivos. [...] Caso ele não o faça, isto seria uma desprezível falta perante seus deveres políticos que lança uma grave mácula em seu caráter" [(WEBER, 1988k: 138), tradução nossa e grifo do autor].

Weber estava convencido de que não se deveria subtrair a influência parlamentar dos principais quadros políticos da Alemanha. Lideranças de grande envergadura eram forjadas por meio do embate entre os partidos e suas intervenções contribuíam para elevar o nível das atividades desenvolvidas pelo *Reichstag*. O desafio de converter o parlamento em uma instância propícia à seleção de líderes dependia, no entanto, do grau de responsabilidade que se atribuía aos seus membros, de sorte que era necessário oferecer aos deputados a oportunidade de exercer tarefas positivas e fiscalizar a administração pública. "Pois, somente um parlamento realizador, que não se limita a arengas, pode assegurar a ascensão de dirigentes com qualidades políticas e não somente de demagogos. Um parlamento realizador, contudo, é aquele que controla a administração participativa de forma constante" (WEBER, 1993a: 70). Nesse sentido, Weber declarou-se favorável à institucionalização de comissões de inquérito [*Enquêterecht*] que viabilizassem o acesso dos parlamentares às informações técnicas [*Fachwissen*] sob as quais o corpo burocrático respaldava os seus procedimentos. Tal medida operaria como um limite às ambições de poder do funcionalismo, uma vez que o monopólio dos segredos de Estado e registros periciais estava intimamente vinculado à importância desproporcional que essa camada assumira na condução da política alemã. Além de impor rédeas à burocracia, o trabalho no âmbito das comissões de inquérito disponibilizaria aos representantes parlamentares aqueles dados e conhecimentos especializados imprescindíveis para que a tomada de decisões fosse encaminhada num sentido positivo.

Conforme sugerimos acima, o núcleo das alterações constitucionais propugnadas por Weber assentava-se na delimitação tão precisa quanto possível entre as competências específicas da administração pública e das lideranças partidárias. Tanto a crítica às arbitrariedades implícitas no Artigo 9 como os argumentos elencados em defesa da institucionalização das comissões de inquérito embasavam-se no raciocínio de que, a despeito de estarem vinculadas por um laço de complementaridade, as atribuições de funcionários e dirigentes políticos orientam-se por critérios distintos, de modo que a confusão entre suas respectivas prerrogativas incide como uma influência deletéria à persecução dos objetivos nacionais. A diferença principal entre o estadista e o burocrata residia, dessa forma, no tipo de responsabilidade que cada um estaria destinado a assumir. Por sua formação especializada [*Fachschulung*], os funcionários de carreira executam da forma mais disciplinada e racional as tarefas que lhe são atribuídas. Entretanto, ao contrário do estadista, não possuem a "vocação política" necessária para ditar orientações e estabelecer o sentido das tarefas a serem executadas. O sucesso de qualquer rearranjo no sistema político condicionar-se-ia, portanto, ao pressuposto de que as tarefas do funcionário e do dirigente político não deveriam imiscuir-se. Aliás, os episódios recentes da conjuntura alemã corroboravam tal ideia, pois era evidente que "a burocracia fracassou totalmente quando teve que resolver problemas políticos" (WEBER, 1993: 72).

Inspirado pela experiência inglesa, Weber propunha dotar o *Reichstag* de poderes reais, tornando-o assim um controle externo à burocracia, bem como um celeiro de dirigentes para a nação. "Toda a estrutura interna do parlamento deve estar voltada para tais dirigentes e para os frutos de seu trabalho, como já acontece há muito tempo na maneira de trabalhar do parlamento inglês e de seus partidos" (WEBER, 1993: 86). Dessa forma, o embate entre os partidos no parlamento engendraria líderes políticos que, por um lado, atuariam como um contraponto à racionalidade burocrática e, por outro lado, exerceriam uma influência salutar para reverter o déficit de educação política na Alemanha. Paralelamente, as comparações com a Inglaterra realçavam os obstáculos que a Alemanha deveria transpor em seu caminho rumo à parlamentarização das instituições e democratização da vida política. Os ingleses haviam consolidado o seu sistema de governo numa época em que as constelações materiais propiciavam o florescimento do individualismo e da liberdade, ao passo que na Alemanha o Estado moldara-se de acordo com certos condicionantes econômicos do capitalismo em sua fase avançada. O caráter tardio da modernização capitalista na Alemanha – marcado pelo aguçamento dos conflitos de classe e pressão política dos grandes conglomerados industriais – fora, portanto, decisivo para moldar o *Kaiserreich* em suas feições autoritárias.

Note-se que as comparações efetuadas com o processo de desenvolvimento político-econômico na Inglaterra salientaram aspectos da modernização alemã que já haviam sido destacados anteriormente nos contrastes que Weber traçara entre a Rússia czarista e o Império Guilhermino. À diferença da Rússia, no entanto, a Inglaterra surgia-lhe como um exemplo positivo não somente em virtude do maior grau de liberdade política assegurado por suas instituições, mas também pelas tarefas construtivas exercidas pelo parlamentarismo inglês no que tange à ampliação de seus domínios coloniais. Ao fim e ao cabo, os preconceitos políticos dos literatos alemães turvavam-lhe os olhos para a evidência de que a representação parlamentar na Inglaterra desempenhara um papel decisivo na constituição de um império que abarcava nada menos do que um quarto da população mundial (cf. WEBER, 1988t: 355).

As reformas advogadas por Weber sofreram, porém, obstinada resistência de vastas parcelas do mandarinato alemão, e membros da Liga Pangermânica chegaram a acusar-lhe injuriosamente de escrever a soldo de agentes britânicos. De maneira geral, os antípodas da reorganização institucional eram incapazes de dissociar as formas de governo das especificidades nacionais e, consequentemente, louvavam o arranjo burocrático e autoritário do *Kaiserreich* como expressão política da germanidade.[17] Negavam-se, ademais, a pactuar com as reformas porque o lugar que alcançaram na administração pública, apoiados em sua formação qualificada, lhes conferiu prestígio social e fortaleceu o seu vínculo de identidade com o Estado. Analogamente, rechaçavam o parlamentarismo porque associavam-no à Inglaterra e ao "utilitarismo ocidental". Em suma, enxergavam no parlamento um espaço onde o palavrório demagógico encobria a disputa particularista por vantagens materiais. Weber discordava enfaticamente dessa reprimenda, pois em sua avaliação a estrutura política da Alemanha não tornava a governança imune aos conluios de interesses privados. Pelo contrário, esse fenômeno manifestava-se ali com agravantes na medida em que a busca por vantagens não se processava de maneira transparente.

Com efeito, a burocracia alemã enredara-se em uma complexa malha de patrocínios e *lobbies* que tinham lugar a portas fechadas, de modo que os compromissos eram selados com agentes particulares sem a necessidade de angariar para tanto o consentimento da representação popular e sem permitir que instâncias democráticas estabelecessem critérios reguladores. "[...] Os grandes poderes capitalistas, que nossos literatos – sem qualquer conhecimento de causa – retratam em cores desfavoráveis, conhecem seus próprios interesses melhor do que qualquer intelectual de gabinete. E deve haver uma boa razão para que os mais brutais entre eles, nomeadamente os patrões da indústria pesada, postem-se *como um só homem* ao lado do *burocrático Obrigkeitsstaat contra* a democracia e o parlamento" [(WEBER, 1988t: 349), tradução nossa e grifos do autor]. Além disso, o espírito de casta do funcionalismo opunha resistência contra a prerrogativa exercida pelos partidos em nações democráticas de indicar os nomes de sua preferência para certos cargos do aparelho estatal. Weber identificava que a patronagem político-partidária de cargos lançava raízes na Alemanha de formas semelhantes ao que se observava em outros países, entretanto com a desvantagem de transcorrer num formato encoberto que beneficiava tão so-

---

17 "Desde o começo da guerra pretendeu-se falsificar a luta por nossa existência nacional enquanto uma luta pela suposta especificidade 'alemã' da meramente burocrática estrutura de Estado vigente contra uma pretensa 'conspiração' da democracia ocidental. É inaceitável para a grande maioria da nação, porém, que nossos irmãos tenham derramado sangue por nada mais que um tal produto de literatos e pela [...] *dominação ilimitada do funcionalismo*" [(WEBER, 1988l: 134), tradução nossa e grifos do autor].

mente os apadrinhados das agremiações conservadoras e de personalidades municiadas de conexões com a corte.

Weber não se opunha ao prestígio social da camada de funcionários. Ao contrário, julgava que seu "código de honra" – abarcando o sentimento de dever e integridade – era indispensável para a realização técnica dos trabalhos administrativos. Aliás, esse código era um dos traços fundamentais que definiam o burocrata em seu modelo típico-ideal. De qualquer forma, Weber negava-se a aceitar que a alta qualificação do oficialato justificasse as pretensões externadas por setores da *intelligentsia* alemã que desejavam estabelecer a formação acadêmica enquanto critério básico da hierarquia política. As manifestações públicas do mandarinato ao longo da guerra apareciam-lhe, pelo contrário, como a prova definitiva de que a titulação universitária não era sinônimo de discernimento político, de sorte que a mera posse de diplomas jamais legitimaria a concessão de privilégios eleitorais ou vantagens políticas de qualquer natureza.[18] Ademais, a observação empírica do aparato burocrático na Alemanha atestava que o funcionalismo era ali incapaz de livrar-se das perspectivas inerentes às classes sociais em que era recrutado. A alegação de que seus principais quadros pairavam "acima dos partidos" apenas acobertava o monopólio gozado pelas agremiações conservadoras de preencher os cargos da administração estatal com os nomes de sua preferência. Os mecanismos de patronagem não oficial revelavam-se particularmente acentuados na Prússia, onde conexões de ordem privada – tais como o pertencimento às confrarias estudantis ou mesmo a recomendação de empresários

---

18 "Um dos pensamentos mais em voga entre os literatos de todas as espécies é o privilégio eleitoral da assim chamada 'cultura' [*Bildung*], ou seja, da camada detentora de *certificados acadêmicos*. Eu mesmo faço parte dessa camada, examinei a nova geração em Berlim e posteriormente em outros estados, e conheço os produtos de nossas diferentes fábricas de exames. Posso dizer com a maior ênfase, portanto, que *absolutamente não há na Alemanha* uma camada em média pior qualificada em termos políticos do que esta. A carência de percepção política demonstrada pelos professores acadêmicos, especialmente durante a guerra, não encontra precedentes. E onde está escrito que qualquer saber especializado adquirido em universidades e academias [...] proporciona qualificação para o julgamento *político* ou para [a intervenção em] realidades políticas? Fazê-lo por meio de lições teóricas é *completamente impossível*. A crença tipicamente alemã de que nossas instituições públicas de ensino poderiam figurar como centros de instrução política é um dos preconceitos mais ridículos. Elas devem oferecer conhecimento especializado, e conhecimento especializado qualifica para [a carreira de] *cientista, funcionário* ou *técnico*, mas certamente jamais fará o *político*" [(WEBER, 1988j: 97), tradução nossa e grifos do autor].

proeminentes – desempenhavam um papel decisivo no que diz respeito ao controle de prebendas e poder decisório. Por essas razões, Weber denunciara a hipocrisia manifesta nas pretensões de imparcialidade da burocracia prussiana, visto que na prática ela operava como instrumento da preservação dos interesses *Junker* em conluio com a burguesia industrial.

> O grande capitalismo, que a ignorância parva de nossos ideólogos considera ligado ao parlamentarismo maldito, age em uníssono em favor da manutenção da burocracia acima de qualquer controle. Na verdade, são apenas poderosos interesses corporativos em combinação com o aproveitamento capitalista de "conexões" e não verdadeiramente o espírito alemão que estão engajados na luta contra a parlamentarização da indicação de cargos (WEBER, 1993a: 88-9).

A expressiva dimensão que a burocracia assumiu no *Kaiserreich* não era uma realização magnânima do "espírito germânico", e Weber jamais foi conivente com o enlevo que os "literatos" dedicavam ao corpo administrativo. Objetivamente, o enorme peso do funcionalismo na política alemã decorria, em grande medida, do caráter retardatário, porém acelerado, por meio do qual se processara a modernização capitalista nesse país. Uma vez que a burguesia não apresentava o vigor necessário para dirigir essas transformações, confiou à burocracia a tarefa de regular a maquinaria pública e mediar os conflitos de classe. Assim, o aparato burocrático submeteu o conjunto da sociedade alemã às suas opções políticas e – em virtude de sua funcionalidade para a dinâmica da acumulação capitalística – adquiriu proporções consideravelmente maiores do que se observara na Inglaterra e na França. As linhas de força do capitalismo tardio incidiam, por conseguinte, sobre a estrutura do Estado na Alemanha pressionando-a num sentido antidemocrático. Weber reconhecia, no entanto, a imprescindibilidade técnica da burocracia e em momento algum cogitou que as nações modernas pudessem abdicar de seus instrumentos administrativos.[19] As pesquisas históricas nas quais se engajou levaram-no a constatar que a emergência de um corpo burocrático era resultante inexorável do longo processo de racionalização das diversas esferas da vida. Seus estudos

---

19 "É óbvio que o grande Estado moderno depende tecnicamente, com o decorrer do tempo, cada vez mais, de uma base burocrática, e isto tanto mais quanto maior é a sua extensão, particularmente quando é uma grande potência ou está a caminho de sê-lo" (WEBER, 1999a: 210).

apontavam ainda que a burocracia era "[...] a forma moderna por excelência, e a mais eficaz de todas, de se alcançar objetivos pré-fixados mediante a organização de tarefas coletivas" (COHN, 1993: 15). Com efeito, por sua capacidade de concretizar da forma mais racional possível determinados objetivos previamente estabelecidos, o avanço da burocracia fazia sentir-se de modo pronunciado não apenas na administração dos negócios públicos, mas também nas diversas instituições da vida social, tais como o exército,[20] a Igreja e as empresas privadas.

> Do ponto de vista sociológico, o Estado moderno é uma empresa da mesma forma que uma fábrica: é exatamente essa a sua especificidade histórica. Tanto num como noutro caso, a relação interna de poder é a mesma. [...] Esse pressuposto econômico decisivo, a separação do trabalhador dos meios concretos de manufatura, dos meios de produção da economia, do armamento de exército, dos meios de administração pública, dos meios de pesquisa nas universidades e nos laboratórios [...] é o alicerce comum aos organismos públicos modernos que detêm o poder político, cultural e militar e aos empreendimentos privados. Nos dois casos, esses meios estarão efetivamente nas mãos do poder ao qual o aparato burocrático (juízes, funcionários, oficiais, mestres de fábricas, empregados do comércio, suboficiais) obedeça diretamente ou ao dispor do qual esteja (WEBER, 1993a: 42-3).

A burocracia desempenhava, no entanto, um papel pernicioso na política alemã porque relutava em restringir-se aos problemas de sua alçada. De acordo com Weber, o país carecia de um redesenho institucional que preservasse o potencial administrativo desse aparato e, ao mesmo tempo, desenvolvesse controles externos capazes de podar a ambição especialmente pronunciada do funcionalismo para "en-

---

20 Weber considerava que a Guerra Mundial era um marco histórico que indubitavelmente catalisaria o processo de burocratização. Embora o aparato administrativo tenha, por um lado, prestado desserviços à Alemanha em suas aventuras pelo campo da política, Weber considerava que o fato de o país ter enfrentado em relativa igualdade de condições uma "coalizão mundial" deveria ser creditado à superioridade técnica da burocracia alemã. Mesmo dispondo de um contingente militar que em 1914 equivalia apenas à metade das tropas russas, a eficácia da indústria armamentista alemã – associada à integração das linhas férreas e a uma série de outros fatores administrativos que garantiram a excelência na alocação de recursos bélicos – justificara as esperanças de vitória em determinadas etapas do conflito.

golfar o próprio terreno da ação política" (COHN, 1993: 17). A preocupação em circunscrever os poderes da burocracia não se limitava, contudo, a um debate operacional encaminhado no sentido de minimizar as influências distorcivas que o aparelho administrativo provocava no sistema político alemão. Weber também formulava essa reflexão em um plano histórico-filosófico que remontava à sua análise dos dilemas enfrentados pelo liberalismo russo em 1905, pois inquietava-lhe a necessidade de precisar em que medida o espraiamento da racionalidade técnica comportaria ainda alguma margem de expressão para a personalidade individual no mundo moderno. De que forma seria então viável preservar os resquícios da liberdade de movimentos em uma perspectiva individualista tendo-se em vista o poder coercitivo daqueles imperativos característicos da tendência à racionalização burocrática? Com efeito, Weber desdenhava do temor externado pelos literatos perante o "excesso de individualismo" que estes atribuíam aos mecanismos de representação democrática e parlamentar justamente por identificar que os princípios de "organização" e "estratificação orgânica" condensados nas "ideias de 1914" reforçavam as tendências históricas que drenavam a vitalidade humana em prol da obediência à hierarquia e aos regulamentos. A ênfase no papel criativo da liderança política e o apego às premissas que outrora haviam estabelecido as bases dos "direitos do homem" surgiam-lhe – embora não sem uma considerável dose de pessimismo – enquanto os contrapontos nos quais o ideário da "liberdade" deveria ancorar-se para fazer frente aos avanços da dominação burocrática, este "espírito coagulado" que preparava o terreno para a servidão do futuro. Por conseguinte, a menos que se relutasse em sacrificar os valores de "independência" e "dignidade humana" aos critérios da eficiência técnica, o indivíduo moderno estaria condenado a ver o seu destino subjugado pelo aparato burocrático de uma forma tão tirana quanto o eram as determinações impostas pela máquina ao ritmo de trabalho no âmbito fabril.

II.
O espectro da greve de massas ronda a Alemanha

Quando os telégrafos e periódicos da Alemanha reportaram a sublevação popular subsequente ao *Domingo Sangrento*, a conjuntura doméstica atravessava um período de atribulações. O ano despontara na região do Ruhr com uma greve de proporções então inéditas, na qual mais de duzentos mil trabalhadores das minas de carvão cruzaram os braços. Antes mesmo de ser declarada oficialmente em 16 de janeiro, mais de um terço dos mineiros já estavam em greve. Em apenas dois dias os adeptos da paralisação já somavam mais de três quartos do total da força de trabalho nas minas. A causa imediata dessa mobilização havia sido a decisão unilateral das minas Stinnes de elevar o tempo que os mineiros deveriam despender viajando no subsolo para alcançar os locais de trabalho. Essa alteração ofendeu o senso de justiça dos trabalhadores porque o tempo de deslocamento no subsolo não era contabilizado como parte da jornada de trabalho. Ademais, o fato de que a modificação fora anunciada sem qualquer negociação prévia com os trabalhadores explicitava o caráter assimétrico e autoritário das relações de trabalho às quais eles se encontravam submetidos.

A tonalidade despótica do comportamento patronal constituía um elemento recorrente nas fábricas e minas alemãs do *Kaiserzeit*. Em decorrência disso, a demanda por tratamento humano adequado era compartilhada por amplos setores do proletariado e não raro figurava no imaginário dos trabalhadores como uma expectativa tão legítima quanto a melhoria de suas condições materiais de existência. No caso dos mineiros do Ruhr, as exigências de salário mínimo para todas as categorias de trabalhadores e a abolição dos turnos dominicais eram apresentadas juntamente com os pedidos de punição e dispensa de todos os funcionários que maltratassem ou ferissem verbalmente os trabalhadores. Assim, não obstante a consciência de que não se deve tratar o proletariado alemão como um todo homogêneo, a ampliação da greve no Ruhr e a simpatia que a opinião pública lhe dirigiu indicam que o processo de industrialização na Alemanha assumiu certas características que contribuíram para fomentar mobilizações de cunho classista dotadas de lastro social. Apesar de não terem logrado no curto prazo as concessões que almejavam, os mineiros provocaram desconforto entre as camadas interessadas na preservação do *establishment*, pois sua investida apontava para um cenário de radicalização dos conflitos entre Capital e Trabalho.

Com efeito, a greve dos mineiros do Ruhr salta aos olhos pelas dimensões que assumiu e por ter suscitado – como procuraremos demonstrar ao longo do sexto capítulo – uma série de questões relevantes tanto do ponto de vista político como teórico. No entanto, levando-se em consideração que os embates trabalhistas multiplicavam-se nos principais centros urbanos do país, seria obviamente um equívoco abordá-la como um episódio isolado.[1] Ao contrário do que se observara no período de formação do capitalismo monopolista – abarcado pelas três décadas subsequentes à unificação do *Reich*, quando o crescimento da produtividade do trabalho fora acompanhado por um aumento efetivo do salário real –, a virada do século inaugurou uma nova fase em que os aumentos nominais do salário já não eram suficientes para compensar a inflação dos gêneros que determinavam o custo de vida.[2] Isto porque a estratégia desenvolvida pela

---

1   Tenha-se em mente, por exemplo, a onda de greves desencadeada a partir da mobilização de um conjunto de trabalhadores da indústria elétrica de Berlim. Após verem recusadas suas exigências por aumento salarial, um grupo de cerca de quinhentos operários da *Allgemein Elektrizitätsgesellschaft* (AEG) e do grupo *Siemens & Halske* deflagrou uma greve que teve como reação da patronal um *lockout*, no qual aproximadamente 35.000 membros da categoria foram afetados. Esse conflito ampliou-se em seguida, quando os operários da AEG de Breslau e da indústria metalúrgica de Berlim decretaram greve em solidariedade a seus companheiros de profissão, de modo que a queda de braço entre o movimento grevista e o empresariado chegou a abarcar 55.000 funcionários. Ao fim e ao cabo, os trabalhadores viram-se forçados a recuar porque o governo correu em auxílio dos patrões, contornando os prejuízos causados à produção com bombeiros, maquinistas e até mesmo militares que deveriam atuar como fura-greves.

2   As queixas relativas à ininterrupta elevação dos preços dos artigos de primeira necessidade foram um tema recorrente na imprensa alemã nos primeiros anos do século XX. Aliás, o problema da inflação extrapolava os círculos socialdemocratas e adquiria significativa ressonância também entre as camadas pequeno-burguesas da cidade e do campo.

burguesia alemã em sua disputa com as demais nações de economia avançada no mercado internacional assentava-se na exportação de mercadorias a preços reduzidos, que somente adquiriam viabilidade em termos comerciais na medida em que seus dispositivos protecionistas conferiam-lhe margem de manobra para encarecê-las no mercado interno. Nesse sentido, o *dumping* praticado pelo empresariado – aliado à estagnação das reformas sociais e aos estímulos decorrentes da luta de classes no plano internacional – contribuiu decisivamente para que 477.516 operários se engajassem em pelo menos uma greve na Alemanha entre 1900 e 1904. Tal cifra supera o montante de toda a década anterior, para a qual os registros somam 425.142 grevistas. Já o ano de 1905, isoladamente, contabiliza 2.323 greves e paralisações envolvendo 507.964 trabalhadores. Se acrescentarmos às iniciativas dos trabalhadores aquelas oriundas da patronal – dado que também os *lockouts* configuravam indícios da atmosfera conflituosa nas fábricas e minas – constataremos o equivalente a 7.362.802 jornadas de trabalho canceladas em virtude de contendas entre operários e seus empregadores. As estatísticas confirmam uma leve distensão nos dois anos seguintes. Em 1906, realizaram-se 3.480 greves e paralisações, com 316.042 grevistas; em 1907, 2.792 greves e paralisações, com 281.030 grevistas (cf. SALVADORI, 1984: 245).

Paralelamente ao ascenso do movimento de lutas sindicais, a sociedade alemã assistiu, ainda em 1905, ao desenrolar de protestos de natureza propriamente política. Dresden, Leipizig e Chemnitz foram palcos de manifestações contra o iníquo "sistema eleitoral das três classes" em vigor na Prússia e na Saxônia, que conferia aos socialdemocratas uma representação institucional inferior ao peso do seu eleitorado. Em novembro e dezembro, os manifestantes entraram em confronto com a polícia em Dresden e, logo no começo do ano seguinte, demonstrações de massa fervilharam em Hamburgo contra o sistema eleitoral comunal. Nesta última cidade, aliás, os trabalhadores não se limitaram a expor suas reivindicações no espaço público e decidiram paralisar suas atividades como forma de aumentar a pressão sobre as autoridades. Tratava-se, portanto, da primeira greve de massas levada a cabo no país com finalidades políticas.

Outra fonte de inquietação eram as pretensões imperialistas da Alemanha, que demandaram um pesado investimento financeiro por conta da corrida armamentista travada contra as demais potências europeias. Os gastos bélicos do governo alemão traziam consigo certa carga de impopularidade, pois impunham limites orçamentários às demandas por reforma social. Nesse contexto, a falta de sutileza diplomática de Guilherme II em sua visita ao Marrocos em 1905 acendeu uma crise internacional que esquentou o termômetro da animosidade interimperialista.[3] A desorganização interna que a derrota no Extremo Oriente e a sublevação revolucionária haviam provocado na Rússia surgira aos olhos do governo alemão como uma excelente oportunidade para desencadear uma guerra preventiva contra a França. Por outro lado, o exemplo da revolução russa alertava o governo que uma declaração de guerra poderia funcionar como o sinal aguardado pela socialdemocracia para que se lançasse uma cartada decisiva contra as instituições do *Kaiserreich*. Em correspondência endereçada ao chanceler Bülow, Guilherme II expôs de maneira cristalina o estorvo representado pelo SPD aos seus planos de guerra: "o fundamental, no entanto, é que, graças aos nossos socialistas, nós não poderíamos retirar nenhum homem do país sem perigos extremos para a vida e a propriedade dos cidadãos". Numa palavra, a Alemanha viu-se obrigada a ceder na crise do Marrocos não apenas em virtude de pressões internacionais, como também em função de "pendências" em sua batalha contra as "ameaças internas". "Primeiro disparar contra os socialistas, decapitá-los e torná-los inofensivos – se necessário por meio de um banho de sangue –, e depois guerra para fora" [(GUILHERME II *apud* STERN, 1954: 50), tradução nossa].

Em meio a esse convulsionado cenário, as notícias acerca da primeira revolução russa produziram um efeito catalisador nas fileiras operárias. A audiência socialdemocrata acompanhou apreensivamente os desdobramentos dos embates travados a leste, e o *Vorwärts* estampava em sua capa uma coluna diária destinada a acompanhar cada passo dado pelas forças revolucionárias, bem como as respostas que tais iniciativas suscitavam no campo czarista. As seções locais do SPD organizaram *meetings*, nos quais seus membros discutiam os acontecimentos e arrecadavam fundos para seus camaradas russos. Numa sessão dramática transcorrida em dezembro de 1905, Bebel endereçou um recado às frações reacionárias do *Reichstag* que sintetizava as possibilidades históricas abertas pela revolução no Oriente à classe trabalhadora alemã: "aquilo que o povo russo mostrou aos seus senhores também pode – em determina-

---

3   A bordo de um dos navios de guerra da Alemanha, o Kaiser viajou para a África e declarou-se favorável à independência política marroquina. Tal declaração opunha-se aos interesses coloniais da França e acirrou o clima de animosidade entre os dois países, conturbado desde a guerra franco-prussiana de 1870. No ano seguinte, uma conferência internacional encaminha uma resolução que permite à França estabelecer seu protetorado sobre o Marrocos, circunscrevendo uma parte desse país ao controle espanhol.

das circunstâncias – ser mostrado pelos povos da Europa Ocidental" [(BEBEL *apud* STERN, 1954: 60), tradução nossa].

No terreno das polêmicas internas, as diferentes vertentes do SPD construíram juízos relativos à revolução russa com vistas ao fortalecimento de suas proposições estratégicas. A ala radical do partido, em especial, aproveitou-se do momento para traçar prognósticos que asseveravam o endurecimento das lutas de classe no plano internacional. De acordo com os elementos situados mais à esquerda no espectro político da socialdemocracia, as lutas do proletariado russo refutavam de maneira definitiva os argumentos reformistas de que o sistema socioeconômico tendia a estabilizar-se e o operariado teria suas reivindicações políticas e econômicas satisfeitas por meio da via institucional. Já os setores moderados esperavam da revolução russa a derrubada daquilo que consideravam o maior baluarte da reação na Europa, mas levantavam-se contra qualquer formulação teórica que procurasse aproximar a Alemanha da realidade russa. Dessa forma, sua ênfase nas particularidades germânicas tinha por objetivo preservar as "táticas consagradas" da socialdemocracia alemã contra a influência da experiência em curso no Oriente.

Por conseguinte, o pivô da controvérsia entre revolucionários e reformistas era a decisão que o partido deveria assumir quanto à inclusão da greve de massas em seu próprio repertório tático. As razões que levaram determinadas lideranças partidárias a advogar pela adoção da greve de massas foram variegadas, como veremos ao longo das páginas seguintes. De maneira ilustrativa, ao passo que personalidades como Rosa Luxemburg tendiam a enxergar nos métodos russos a forma por excelência da revolução socialista, Eduard Bernstein endossaria tais recursos apenas enquanto instrumentos defensivos voltados à salvaguarda das liberdades democráticas. No entanto, a quase totalidade dos aliados de Bernstein no campo reformista – especialmente os dirigentes sindicais – esforçou-se ao máximo para tornar as organizações operárias alemãs impermeáveis ao modelo de contestação associado ao proletariado russo. Eles argumentavam, em geral, que o governo do *Kaiser* reprimiria iniciativas de teor mais ousado lançando mais uma vez os socialistas na ilegalidade e temiam, sobretudo, que as novas formas de luta comprometessem a sua proeminência na condução do movimento operário.[4]

---

4   A descaracterização da greve de massas foi expressa por um trocadilho que se tornou bordão entre os sindicalistas. Em seus discursos, a palavra *Generalstreik* (greve geral) era frequentemente substituída por outro termo composto – *Generalunsinn* (loucura geral).

Assim como os artigos de 1906 publicados por Weber em *Archiv für Sozialwissenschaft und Sozialpolitik*, também as análises que os principais teóricos do SPD traçaram a respeito do levante proletário na Rússia estavam prenhes de elementos direcionados à compreensão do processo de modernização da Alemanha, de modo que as comparações entre Ocidente e Oriente figuraram como o substrato das polêmicas que os socialdemocratas travaram entre si nesse período. Numa palavra, o fio condutor desse debate entrecruzava a discórdia estratégica em torno da greve de massas e a constelação de fatores específica do desenvolvimento capitalista na Alemanha.

A circunscrição do problema em torno dos escritos de Karl Kautsky, Eduard Bernstein e Rosa Luxemburg justifica-se, contudo, não como opção analítica consagrada pela bibliografia dedicada ao tema, mas porque suas intervenções constituíram polos de aglutinação da militância socialdemocrata. Pode-se afirmar que em torno de suas respectivas leituras sobre o modo como deveriam ser assimilados os desafios levantados pela revolução russa de 1905 delinearam-se as três vertentes partidárias que disputariam os rumos da socialdemocracia alemã até o seu esfacelamento na segunda metade da década seguinte. Além disso, tal delimitação teórica encontra sua razão primeira na originalidade da fricção crítica que os autores em questão foram capazes de promover entre a realidade social, política e econômica do império czarista e aquele contexto singular no qual se desenrolavam suas atividades partidárias.

Como veremos adiante, o estímulo teórico proporcionado pela revolução russa sobrepôs-se às discussões suscitadas por Bernstein nos estertores do século XIX. Seria impossível, portanto, entender a problemática em torno da assimilação da greve de massas sem ter em mente o posicionamento que os atores políticos assumiram em meio à querela revisionista. O desconforto das lideranças sindicais face aos influxos do modelo russo no imaginário socialdemocrata e as energias que despenderam para garantir a autonomia dos sindicatos perante o SPD revelam de modo cabal seu apego ao *modus operandi* reformista, bem como sua recusa em lançar mão de qualquer iniciativa que pudesse arriscar o patrimônio organizacional com o qual se identificavam.

5.
Sísifo e Penélope: condensações mitológicas dos dilemas da socialdemocracia

"A doutrina [o marxismo] não me parece realista o bastante; ela ficou, por assim dizer, para trás da evolução prática do movimento. Talvez ela ainda sirva para a Rússia (…), mas para a Alemanha ela está – em sua velha interpretação – ultrapassada"[1] [(BERNSTEIN *apud* COLLETI, 1971: 11), tradução nossa].

No período entre 1850 e 1870, a Alemanha ensaiou os primeiros passos em direção à modernização de sua estrutura econômica. A construção de ferrovias e a promoção da atividade bancária imprimiram, então, uma nova dinâmica às transações comerciais, e redirecionaram de modo paulatino o caráter predominantemente agrário de sua economia em favor das atividades produtivas urbanas. Contudo, seria fundamentalmente no período subsequente à unificação do país e fundação do império que as forças produtivas na Alemanha experimentariam uma expansão sem precedentes. O primeiro sinal dessa expansão foi a explosão demográfica de 41 milhões para mais de 49 milhões de habitantes entre 1871 e 1890.[2] Além disso, estava em curso

---

1   Carta de Eduard Bernstein a Victor Adler em fevereiro de 1899.

2   A mesma tendência permaneceria em vigor nas décadas seguintes. A despeito da massiva imigração em direção aos Estados Unidos, a Alemanha contava com 56 milhões de habitantes em 1900 e cerca de 64 milhões em 1910. O aumento em questão vinculava-se, em grande medida, à elevação da expectativa de vida da população, que decorrera sobretudo da melhoria nas condições de higiene e dos progressos efetuados pela medicina. Assim, os aperfeiçoamentos da infraestrutura sanitária e a vacinação em massa contribuíram para uma redução drástica

uma modificação na composição da força de trabalho. Os camponeses migravam em direção às aglomerações urbanas[3] e, enquanto apenas oito cidades ultrapassavam a barreira dos 100.000 habitantes em 1871, vinte e seis cidades já haviam superado tal marca em 1890. Nesse mesmo intervalo de tempo, decresceu de 60% para 40% a proporção daqueles que retiravam seu sustento da agricultura.

O novo governo central forneceu um poderoso estímulo ao processo de industrialização do país. A quantia de cinco bilhões de francos paga pela França a título de indenização de guerra[4] foi disponibilizada como crédito para o desenvolvimento da atividade fabril. Mais especificamente, a ênfase dos investimentos recaiu sobre a indústria pesada, e o fruto dessa iniciativa deixava-se entrever pelo crescimento exponencial da produção de ferro e aço. Entre 1870 e 1890, a produção de aço multiplicou-se por doze na Alemanha e prosseguiu numa curva ascendente ao longo dos anos que antecederam a guerra. Assim, ao passo que em 1890 o aço produzido na Alemanha não alcançava 60% do montante inglês, em 1900 a produção alemã já lhe era superior em 30% e, em 1910, mais do que dobrava os resultados da rival (cf. RODES, 1964: 381). As indústrias químicas e de material elétrico constituíam outro foco de dinamismo da economia germânica. Nesses ramos industriais os alemães avançaram nas inovações técnicas e dotaram suas empresas de elevado poder de competitividade.

---

dos casos de tifo e varíola, de modo que as estatísticas registradas em 1914 apontavam que os homens viviam em média 47,4 e as mulheres 50,7 anos – ou seja, aproximadamente doze anos mais do que a geração de seus avós (cf. KOCKA, 2004).

3   As dimensões desse processo migratório saltam à vista ao se atestar que, por volta de 1900, somente metade dos alemães residiam em sua cidade natal. A mesma cifra mostrava-se válida para a capital do império, de modo que um em cada dois habitantes de Berlim provinha de outra cidade. Com efeito, a virada do século registrou o ponto máximo das elevadas taxas de deslocamento populacional registradas desde a fundação do *Reich*.

4   Como salienta Engels no prefácio à segunda edição da *Contribuição ao problema da habitação*, "(...) naquela época choviam sobre a Alemanha os bilhões franceses; o Estado pagou suas dívidas; construíram-se fortificações e quartéis e foram renovados os estoques de armas e munições; o capital disponível, assim como a massa de dinheiro em circulação, aumentaram de repente em enorme escala. E tudo isso exatamente no momento em que a Alemanha surgia na cena mundial não só como 'Império unido', mas também como um grande país industrial. Os bilhões deram um formidável impulso à jovem grande indústria; foram eles, sobretudo, que trouxeram depois da guerra um curto período de prosperidade, rico em ilusões e, imediatamente em seguida, a grande bancarrota de 1873/1874, que demonstrou que a Alemanha era um país industrial já maduro para participar no mercado mundial" (ENGELS, 1980: 107).

Paralelamente, graças aos incentivos do governo, as linhas férreas estenderam-se por todo o país, e a marinha mercante assumiu dimensões tais que somente os ingleses ainda eram capazes de superá-la. "Esse rápido desenvolvimento que transformou a economia alemã em poucas décadas numa das mais industrializadas do mundo é frequentemente designado o 'milagre alemão'" [(RODES, 1964: 382), tradução nossa].

O padrão de desenvolvimento industrial na Alemanha assumiu, portanto, características bastante diferenciadas do "modelo clássico" inglês. Sua economia nunca experimentara um longo período de *laissez faire*, e a atividade fabril alemã desde sua formação já prenunciava um acelerado movimento de concentração capitalística. Conforme assinalamos há pouco, coube ao governo parcela considerável de responsabilidade pelos rumos desse processo, pois ele chamara para si a tarefa de levar adiante os empreendimentos de infra-estrutura necessários à circulação de mercadorias, e tivera como pressuposto de sua política fiscal a estratégia de fomento à indústria por meio da concessão de subsídios, tarifas privilegiadas e proteção alfandegária. Além disso, os organismos governamentais enxergavam o amálgama de capitais como um recurso para tornar as empresas alemãs mais competitivas e, dessa forma, encorajavam largamente a formação de trustes e cartéis. A emergência de grandes consórcios empresariais que controlavam ramos específicos da produção industrial destaca-se, aliás, enquanto um fator emblemático da velocidade pela qual se processou a industrialização alemã. O número de cartéis em atividade no país saltou de apenas 14 em 1879 para 90 em 1885, 210 em 1890 e nada menos do que 250 em 1896 (cf. GUSTAFSSON, 1972: 15)!

No tocante às relações de trabalho, o governo central adotou um viés paternalista, cujo objetivo central era conter o potencial reivindicatório do operariado. Consoante a tradição prussiana de reformas "pelo alto", Bismarck interveio em prol de uma legislação social que concedesse direitos mínimos aos trabalhadores, evitando, porém, que o ônus das medidas de assistência social recaísse unicamente sobre o empresariado. De maneira ilustrativa, a lei aprovada em 1889 que versava sobre a aposentadoria aos setenta anos ou em caso de invalidez precoce estabelecia um fundo, cujos provedores eram os industriários, o Estado e os próprios trabalhadores. Apostava-se que tais medidas levariam a classe trabalhadora a identificar-se com o Estado e considerá-lo guardião de seus interesses. Por outro lado, as concessões efetuadas pelo governo foram desenhadas de modo a evitar que os operários conquistassem direitos por meio de mobilizações que lhes pudessem legar estruturas organizativas autônomas.

Em outra frente de contenção do "perigo vermelho", Bismarck conseguiu aprovar no *Reichstag* uma série de dispositivos que lançavam o SPD numa condição semi-clandestina. Os socialdemocratas ver-se-iam doravante forçados a realizar suas reuniões sob a supervisão da polícia, e a maioria das publicações atreladas ao partido seria proscrita. Da mesma forma, as contribuições financeiras que lhe eram endereçadas foram declaradas ilegais e suas metas censuradas por "conteúdo subversor da ordem pública" e "hostilidade aos interesses do Estado". O governo chegou a declarar estado de sítio em algumas localidades e aplicou sanções particularmente duras contra os quadros partidários. August Bebel e Wilhelm Liebknecht foram condenados à prisão, e outras lideranças forçadas ao exílio. As estimativas apontam que, entre 1878 e 1879, cerca de novecentas pessoas foram expulsas das cidades onde residiam em função de suas atividades políticas.[5] Contraditoriamente, ainda se lhes permitia eleger representantes e travar debates no interior do parlamento, pois a maioria do *Reichstag* não se mostrara disposta a minar o princípio da livre representação.

Ao longo dos doze anos (1878 a 1890) em que as leis anti-socialistas vigoraram, a socialdemocracia viu-se confinada às atividades de propaganda eleitoral e à vida parlamentar. Entretanto, os grilhões aos quais Bismarck buscou atar o SPD trouxeram como consequência indesejada a radicalização da consciência política dos militantes do partido. A repressão inflexível que o SPD teve de enfrentar contribuiu em grande medida para que abandonasse alguns ranços lassalleanos do seu período de formação, reordenando a sua *Weltanschauung* com base na assimilação progressiva de elementos do marxismo. Em outras palavras, a impermeabilidade das instituições alemãs colaborou para que a socialdemocracia definisse a sua identidade política em termos de frontal contestação ao *establishment*. Os representantes do SPD pautaram-se em suas atividades parlamentares por uma tática de oposição intransigente, que se materializava na negação das propostas orçamentárias e, num plano simbólico, na recusa em prestar homenagens ao *Kaiser*. Dadas as circunstâncias, procuravam ins-

---

5   "O partido foi então literalmente decapitado por uma emigração temporária e forçada. O número dos que, nessa época, foram privados de seus meios de subsistência e viram-se obrigados a procurar asilo e trabalho no estrangeiro, alcançou, afirma Bebel, muitas centenas de pessoas. Somente do grupo que, antes do desencadeamento da tempestade anti-socialista, militava ativamente no partido, mais de quatrocentos abandonaram a Alemanha durante os primeiros anos da famosa lei (contra os socialistas), e a maioria deles não mais retornou. 'Foi uma grande sangria de forças'" (MICHELS, 1982: 55).

trumentalizar o *Reichstag* antes por seu potencial enquanto "tribuna de agitação" do que por suas prerrogativas legais.

Com a revogação da legislação anti-socialista em setembro de 1890[6] e o arrefecimento da repressão praticada pelo exército e pela polícia, a palavra de ordem de defesa incondicional da legalização perdeu sua razão de ser e a coesão partidária necessitaria, a partir de então, de outras bases em que se assentar. A nova conjuntura permitiu uma oxigenação das discussões táticas e abriu espaço para que se formassem tendências não alinhadas à direção do SPD. Logo em 1891, a seção socialdemocrata da Baviera, sob a liderança de Georg von Vollmar, posicionou-se contra determinadas assertivas marxistas contidas no *Programa de Erfurt*, numa perspectiva similar àquela que o revisionismo propugnaria poucos anos depois. Os correligionários de Vollmar justificavam suas discrepâncias com base nas especificidades do desenvolvimento

---

6 A revogação da legislação anti-socialista não significaria, porém, o fim das ameaças de restrição aos trabalhos políticos do SPD. A administração estatal continuou a encará-lo com animosidade, e Guilherme II declarou-se perante o chanceler Hohenlohe "pronto e decidido a travar uma luta de vida ou morte" contra os estorvos que a socialdemocracia impunha aos seus desígnios. Nesse sentido, apresentou-se ao *Reichstag*, em dezembro de 1894, um projeto de lei que previa dispositivos de repressão às forças que representassem um "perigo de subversão da legislação vigente" [*Umsturzvorlage*]. É óbvio que se tratava de um pretexto para endurecer o tratamento aos socialistas, mas o parlamento rechaçou o projeto por considerar que ele implicaria cerceamentos à liberdade de imprensa e aos pressupostos da atividade científica. Cinco anos depois, submeteu-se à discussão no *Reichstag* um novo projeto que estabelecia punições mais severas nos casos em que se coagisse "fura-greves" a aderir aos protestos trabalhistas [*Zuchthausvorlage*]. Na prática, as forças conservadoras pretendiam lançar empecilhos ao movimento sindical que, em última instância, revogariam o direito de greve. Essa manobra causou grande indignação para além dos círculos socialistas. Berlim e Hamburgo foram palco de manifestações com dezenas de milhares de participantes, e figuras notáveis como Max Weber, Lujo Brentano e Friedrich Naumann também se posicionaram contra as medidas apresentadas. O desfecho dessa polêmica culminou no rechaço do projeto por ampla maioria no parlamento, de modo que os conservadores e a ala direita do Partido Nacional-Liberal votaram isolados. A derrota sofrida provocou grande irritação em Guilherme II, que chegou mesmo a considerar a dissolução do *Reichstag*. A despeito dos resultados favoráveis nesses episódios, as discussões táticas no interior da socialdemocracia continuariam sendo pautadas – conforme demonstraremos em capítulos posteriores – pelo receio de que o governo recorresse a um golpe [*Staatsstreich*] que mutilasse a sua intervenção no movimento operário.

econômico dos *Länder* em que atuavam,[7] visto que a industrialização processava-se em ritmo mais lento na Alemanha meridional e o adensamento urbano assumia ali feições de pouca monta. Argumentavam que o progresso da socialdemocracia dependia nessa região da incidência sobre o campesinato, o que seria impensável tendo-se em mãos um programa em cujo horizonte delineava-se o engolfamento da pequena propriedade pelo latifúndio e a proletarização dos camponeses.

> Tal é, na sociedade atual, o termo inevitável da evolução econômica, tão inevitável quanto a morte. E da mesma maneira que o paciente atormentado por uma doença dolorosa vê na morte uma redenção, aos olhos do artesão e de um pequeno camponês, a bancarrota é apenas, muito frequentemente, a salvação; ela o salva de uma propriedade que se transformou, para ele, num fardo penoso. A persistência da pequena exploração conduz a uma desmoralização, a uma tal miséria que se pode perguntar sob qual direito poderíamos nos opor a sua desaparição, se esse poder nos fosse realmente dado. Será mais desejável que os artesãos e os camponeses caiam todos numa situação de tecelões em domicílio no lugar de se transformarem em assalariados da grande indústria? [(KAUTSKY, 1927: 26), tradução nossa].

O menor apelo da tática de "pura oposição" nos *Länder* do sul explica-se, além disso, pela singularidade política de suas classes médias. Não obstante a tendência generalizada no *Kaiserreich* de subsunção burguesa à *satisfaktionsfähige Gesellschaft*, as classes médias da Alemanha meridional demonstravam maior fidelidade aos ideais liberais descartados por seus congêneres das regiões política e economicamente mais decisivas do país. Dado que seu ambiente político destoava em alguma medida daquele onde a tradição dos *Junker* sufocava o processo democrático, a socialdemocra-

---

7   "Em razão do meio social em que vivem, os socialistas da Alemanha do Sul sentem-se como que separados por um oceano de seus camaradas do Norte. Se exigem para si o direito à autonomia e à tática ministerial, é porque vivem em regiões onde o parlamentarismo já tem uma história gloriosa, remontando a mais de um século, enquanto a Prússia está ainda inteiramente imbuída do espírito autoritário e feudal. É também por viverem sob um regime agrário em que predomina a pequena propriedade, enquanto nas províncias centrais e orientais vigora mais o regime da grande propriedade, do 'latifúndio'. As diferenças de classe e de mentalidade são também menos acentuadas no Sul do que no Norte e o partido não se defronta com os mesmos adversários em ambas as regiões" (MICHELS, 1982: 112).

cia incorporou ali uma postura menos suspicaz em relação às agremiações políticas da burguesia, revelando-se inclinada a colaborar positivamente nos trabalhos institucionais. Em resumo, Vollmar sustentava que a derrocada da lei de exceção contra os socialistas e a emergência de um contexto político relativamente arejado nas províncias do sul tornavam – ao menos naquelas paragens – a rigidez férrea da tática partidária obsoleta. Ao invés de restringir-se à pura negação do *status quo*, o SPD deveria "trilhar o caminho da negociação e provocar melhorias econômicas e políticas com base na ordem estatal e societária vigente" [(VOLLMAR *apud* CARSTEN, 1993: 59), tradução nossa]. Em que pese a legislação social patrocinada pelo governo estivesse fundamentalmente orientada pelo objetivo de minar o poder de atração do SPD, seria imprescindível que as iniciativas do partido levassem em conta os efeitos positivos que tais mecanismos acarretavam no padrão de vida da classe operária – aproveitando-se, inclusive, da simpatia devotada por círculos não socialistas à aprovação de reformas em benefício dos trabalhadores.

A dissensão provocou maior rebuliço nas fileiras do SPD quando a delegação bávara apoiou, em 1894, uma proposta orçamentária que continha provisões favoráveis aos interesses dos trabalhadores e camponeses. No Congresso de Frankfurt daquele mesmo ano, Vollmar argumentou sob fortes protestos que a socialdemocracia adquiriu na Baviera uma influência para além de seus círculos somente porque "nos afastamos de todas as formas mecânicas de agitação, estudamos a terra e seu povo e nossa agitação foi apropriadamente adaptada. Se mudássemos a tática [...] nossos sucessos desapareceriam" [(VOLLMAR *apud* SCHORSKE, 1993: 8), tradução nossa]. De qualquer forma, as palavras de Vollmar não convenceram a maioria ortodoxa, e sua política foi formalmente reprovada pelo partido.

A derrota imposta à seção bávara não significava, contudo, que os "desvios reformistas" estivessem completamente extirpados do SPD. Como veremos posteriormente, os "sindicatos livres" – com o aperfeiçoamento de seus aparatos organizacionais e a crescente filiação de trabalhadores – relegariam a segundo plano e, com o decorrer do tempo, repudiariam publicamente o viés revolucionário da socialdemocracia em prol de uma perspectiva que se atinha às conquistas econômicas parciais nos limites do modo de produção capitalista. Em consonância com as objeções levantadas por Vollmar, os sindicalistas pronunciaram discursos que atribuíam uma eficácia supostamente maior à luta por objetivos modestos – porém concretos e factíveis –, ao invés da persecução de metas absolutas que desprezavam os "critérios práticos" do movimento. Por ora, concentraremos nossa atenção nos impactos causados pelo reformismo no plano teórico, isto é, na revisão de uma série de elementos do programa socialdemocrata, a partir da qual um segmento do partido buscou reformular os prognósticos acerca do desenvolvimento político-econômico da Alemanha.

Assim, o marco para a assunção do reformismo enquanto corpo teórico sistemático localiza-se em 1896, quando Eduard Bernstein[8] publicou em *Die Neue Zeit* uma série de artigos intitulada *Probleme des Sozialismus* [Problemas do Socialismo]. A origem dos questionamentos levantados contra a doutrina oficial do SPD remonta ao período em que ele próprio esteve incumbido de refutar as teses dos críticos burgueses de Marx. Embora tenha sido capaz de apontar erros de detalhe nesses autores (Georg Adler, Julius Wolf,[9] Lujo Brentano, Heinrich Herkner e Gehart von Schulze Gävernitz), Bernstein não seguiu incólume à influência dos trabalhos que pretendia desautorizar. A proposta de seus artigos consistia, pois, em avaliar se os desdobramentos do modo de produção capitalista na Alemanha corroboravam os pressupostos teóricos que enquadravam o debate partidário. Bernstein conclamava a audiência socialdemocrata a despir o "marxismo" do caráter sacrossanto[10] que lhe havia sido

---

8   Antes de chocar o mundo socialista com suas "heresias", Bernstein desfrutara da mais alta reputação no meio socialdemocrata. Inicialmente simpático às ideias de Eugen Dühring, Bernstein convertera-se ao marxismo a partir da polêmica engelsiana contra a concepção de ciência defendida por Dühring. Entre 1871 e 1878, Bernstein ganhou a vida como empregado do *Rotschildbank* em Berlim e dedicou sua militância política às tarefas de propagandista e agitador da socialdemocracia alemã. Em virtude da perseguição empreendida pela legislação bismarckiana, dirigiu-se à Zurique, onde tornou-se secretário privado do socialista neokantiano Karl Höchberg e redator do influente periódico *Der Sozialdemokrat*. Mesmo refugiando-se na Suíça, Bernstein não esteve a salvo da cruzada contra o SPD. A pressão exercida pelo governo da Prússia obrigou-lhe a deixar Zurique e, em 1888, Bernstein transferiu suas atividades jornalísticas para Londres. Durante sua permanência na Inglaterra, Bernstein manteve relações estreitas com Engels, e – talvez com exceção de Bebel – nenhum outro socialista gozaria de tamanha estima e confiança perante o "general" como ele próprio.

9   Julius Wolf, por exemplo, havia procurado demonstrar, com base em estatísticas sobre indicadores econômicos da Grã-Bretanha que, longe de implicar a progressiva pauperização do operariado, o desenvolvimento capitalista fora capaz de melhorar as suas condições de vida. Assim como os escritos de Wolf, outras investigações empíricas aos poucos convenceram Bernstein de que alguns dos pressupostos teóricos mais caros à ortodoxia marxista deveriam ser revistos.

10   No plano teórico, os escritos de Bernstein representavam um protesto contra o dogmatismo no interior do partido. A militância não raro curvava-se acriticamente aos textos de Marx e

atribuído, submetendo-o a um confronto racional com os fatos da realidade socio-econômica que permitisse uma distinção tão clara quanto possível entre aqueles de seus elementos dotados de algum grau de objetividade daqueles outros que ainda orientavam as análises e conformavam o programa socialista única e exclusivamente por conta da mistificação dogmática de um sistema teórico.

Ainda que a emergência do revisionismo seja indissociável de seu nome, Bernstein não fora o único a julgar anacrônico o aparato teórico pelo qual a social-democracia interpretava as mudanças em curso na sociedade alemã. Além de encontrar respaldo entre diversas lideranças sindicais, houve também uma gama de intelectuais[11] do SPD que desafiou as interpretações ossificadas da doutrina marxista. Tampouco devemos imaginar que as disputas acerca do revisionismo tenham sido um capítulo circunscrito à história da socialdemocracia alemã. Pelo contrário, tratava-se de um fenômeno europeu, cuja magnitude devia-se, é claro, à ressonância dos debates travados naquela que era a organização modelo do socialismo internacional, mas também às reflexões teóricas e estratégias formuladas em outras seções que, não raro, apresentavam notáveis semelhanças com as questões propostas por Bernstein. Aliás, os trabalhos apresentados pelos representantes do assim chamado "marxismo legal"[12]

Engels, conferindo às proposições neles contidas o valor de verdades incontestes. "Um erro não merece ser conservado somente porque alguma vez foi compartilhado por Marx e Engels, nem uma verdade perde valor por tê-la descoberto ou primeiramente exposto um economista anti-socialista, ou um socialista que não seja de primeira linha" [(BERNSTEIN, 1982: 262), tradução nossa].

11 David, Woltmann, Calwer, Schippel, Schmidt, Heine, Peus, Quarck, Quessel, Schulz, Südekum, Lindemann e Hirsch foram alguns daqueles expoentes com perfil mais acadêmico no interior da socialdemocracia que tomaram o partido de Bernstein ao longo da querela revisionista. No entanto, Erika Rikli demonstrou com argumentos pormenorizados que – a despeito de comungarem de uma atitude cética perante a doutrina partidária – não há razões que justifiquem uma abordagem do campo revisionista como um grupo estritamente homogêneo (cf. RIKLI, 1936). Ao invés disso, a autora salienta que existiam ali não somente diferenças de matizes, como também polêmicas agudas em relação a praticamente todos os assuntos mais controversos que definiriam a história do SPD durante o *Kaiserreich* (questão agrária, diretrizes fiscais, greve de massas, militarismo, política colonial, etc).

12 A designação "marxismo legal" abrange a atividade política e cultural de um pequeno círculo de estudiosos russos desenvolvida entre 1894 e 1901, cujas publicações não foram barradas pelo crivo da censura czarista. Piotr Struve, Mikhail Tugan-Baranóvski, Nicolai Bardiev e Semën Frank foram os principais responsáveis pelas formulações teóricas dessa corrente de pensamento, le-

na Rússia distinguem-se pela originalidade das críticas desferidas ao catecismo socialdemocrata, não somente por terem vindo à luz antes da publicação de *Probleme des Sozialismus*, como pela ousadia que demonstraram ao pautarem suas controvérsias "sem reservas e restrições conciliadoras de nenhuma espécie" (STRUVE *apud* STRADA, 1984b: 92), inclusive levando a cabo a ruptura completa com os arautos da ortodoxia e confirmando sua adesão ao movimento liberal.

No caso do revisionismo alemão, o estudo comparativo das estatísticas fornecidas pelos censos industriais de 1882 e 1895 teve especial relevância para que Bernstein assumisse publicamente a erosão de suas convicções prévias. Em primeiro lugar, verificava-se que a ampliação e difusão das grandes indústrias não implicavam necessariamente a absorção dos empreendimentos menores, que sequer haviam congelado o seu desenvolvimento. Se o ritmo de crescimento das grandes indústrias de fato sobrepujava todos os demais ramos da produção, isso não significava, contudo, que fossem pífios os resultados obtidos pelos capitais de pequeno e médio porte. Em outras palavras, não obstante os estabelecimentos industriais que empregavam mais de 51 operários terem praticamente duplicado entre 1882 e 1895, as pequenas empresas (1 a 5 operários) e as empresas medianas (6 a 50 operários) aumentaram não apenas em sentido absoluto como também em termos relativos. Os números atestavam, portanto, que apenas as empresas individuais encontravam-se assoladas pelo fantasma da bancarrota. Dado o processo de diversificação e complementação dos ramos produtivos, os capitais de médio e pequeno porte encontravam brechas na economia alemã para seguir convivendo com a grande indústria.

---

gando contribuições nas áreas da filosofia, política, economia e história. Os "marxistas legais" alinharam-se aos "marxistas revolucionários" na polêmica contra os *narodniki* porque duvidavam da possibilidade de assentar a construção do socialismo russo em aspectos vinculados à tradição da comuna rural. Julgavam, ademais, que a derrocada do czarismo dependeria, em grande medida, da industrialização capitalista nos moldes europeus. Sem dúvida o maior ícone do "marxismo legal", Piotr Struve apresentava-se enquanto defensor de um ocidentalismo radical que se orientava pelo objetivo de impulsionar uma relação de unidade e homogeneidade da Rússia com os países desenvolvidos da Europa. Pode-se inclusive afirmar que o lugar assumido pelo marxismo nesse grupo equivalia a um prisma por meio do qual se advogava a favor do livre desenvolvimento da modernização capitalista na Rússia. De qualquer forma, a relação desses autores com a obra de Marx fora permeada por conflitos teóricos e epistemológicos que lhes renderam a mais ácida aversão entre as lideranças da socialdemocracia russa (cf. STRADA, 1984b).

	Número de Empresas [Número total de empregados] (1882)	Peso relativo % (1882)	Número de Empresas [Número total de empregados] (1895)	Peso relativo % (1895)
Empresas Individuais	755176	61,8 [22,3]	674042	57,5 [14,78]
Pequenas Empresas (1-5 empregados)	412.424 [1.031.141]	33,7 [30,4]	409.332 [1.078.396]	34,9 [23,66]
Médias Empresas (6-50 empregados)	49.010 [641.594]	4 [18,9]	78.627 [1.070.427]	6,7 [23,48]
Grandes Empresas (acima de 50 empregados)	5.529 [962.382]	0,5 [28,4]	10.139 [1.734.884]	0,9 [38,06]
Total	1.222.139 [3.390.293]	100	1.172.140 [4557749]	100

Fonte: BERNSTEIN, Eduard. "La lucha de la socialdemocracia y la revolución de la sociedad". IN: *Las premisas del socialismo y las tareas de la socialdemocracia*. México: Siglo Veintiuno, 1982, p. 68.

O quadro de evolução das atividades comerciais apontava para tendências similares àquelas observadas na produção fabril. Apesar do rápido ascenso dos grandes armazéns, seguiam firmes os pequenos e médios comerciantes. Destarte, mesmo que o número de pessoas empregadas nos maiores estabelecimentos da Prússia (empreendimentos com 51 ou mais ajudantes) tenha crescido vultosos 142% entre 1885 e 1895, elas ainda representavam ali apenas 5% da mão-de-obra empregada no comércio. Bernstein concluía, então, que "assim como é ilusório esperar que a grande indústria absorva rapidamente as empresas medianas e pequenas ao ponto de reduzi-las a um resíduo quase insignificante, também é utópico pensar que os grandes armazéns de dimensões capitalistas absorverão as empresas medianas e pequenas" [(BERNSTEIN, 1982: 163), tradução nossa].

Quando se deslocava o foco da investigação para a análise do censo agrícola, os resultados obtidos contradiziam os pressupostos tradicionais da teoria socialista tanto no que diz respeito à manutenção das pequenas e médias propriedades quanto em suas tendências evolutivas. Ao passo que as atividades industriais e comerciais caminhavam continuamente em direção aos empreendimentos de maiores dimensões, a agricultura alemã manifestou, entre 1882 e 1895, um aumento relativamente mais forte entre as empresas medianas (entre 5 e 20 hectares). O vigor das propriedades médias assentava-se não apenas em seu crescimento relativo, mas sobretudo no fato de que lançavam mão de métodos intensivos de cultivo e zootecnia qualificada. Pela incorporação dos avanços tecnológicos no ramo agrícola, as propriedades médias assumiam um caráter nitidamente capitalista e mostravam-se capazes de conquistar seu espaço em meio à concorrência com os latifúndios.

A realidade traduzida pelos censos indicava, portanto, que o número de proprietários na Alemanha aumentava concomitantemente ao desenvolvimento do grande capital. Ao lado do que expusemos acima, outra razão apresentada por Bernstein para esse fenômeno consistia na proliferação das sociedades por ações em diversos campos da economia. Não obstante o aspecto negativo materializado no surgimento dos "capitalistas parasitários", Bernstein julgava que as sociedades por ações eram potencialmente benéficas para a economia em virtude da distribuição do "produto social excedente" para uma quantidade maior de indivíduos. Ao fim e ao cabo, percebia-se que o montante de possuidores na Alemanha crescera consideravelmente, acompanhando o enorme incremento da riqueza social (cf. ANDRADE, 2006: 158).

> É [...] absolutamente falso considerar que o atual desenvolvimento indica uma relativa ou mesmo absoluta diminuição do *número de proprietários*. O número de proprietários aumenta não "mais ou menos", mas simplesmente "mais", ou seja, em *sentido absoluto* e em *sentido relativo*. Se as atividades e as perspectivas da socialdemocracia dependessem da diminuição do número de proprietários, ela poderia verdadeiramente "ir dormir". Mas ocorre precisamente o inverso. *As perspectivas do socialismo dependem não da recessão, mas do incremento da riqueza social.* O socialismo [...] já sobreviveu a muitas superstições: sobreviverá também a que afirma que seu futuro depende da concentração da propriedade ou, se se quer, da absorção da mais-valia por um grupo cada vez mais restrito de mamutes capitalistas [(BERNSTEIN *apud* FETSCHER, 1982: 277), grifos do autor].

Uma análise objetiva da dinâmica econômica da Alemanha não corroboraria, segundo Bernstein, a expectativa então em voga entre os principais quadros teóricos do SPD de que se caminhava para um aguçamento dos antagonismos sociais. Mais uma vez apegando-se às cifras, Bernstein sustentava que a elevação da renda média na Prússia e na Saxônia entre os indivíduos com receitas superiores a 100.000 marcos explicitava a fragilidade da tese segundo a qual o capitalismo resultaria inexoravelmente na pauperização da população. Ao invés de provocar um estreitamento do topo da pirâmide social e um alargamento de sua base, constatou-se a multiplicação do número de grandes fortunas, assim como um adensamento das camadas intermediárias. Entre 1854 e 1898 a população da Prússia duplicou, enquanto os estratos superiores aumentaram em mais de sete vezes. A situação na altamente industrializada Saxônia não era distinta, pois no intervalo entre 1879 e 1890 o total de pessoas com rendimentos entre 1.600 e 3.300 marcos subiu ali de 62.140 para 91.124 . Já o segmento que percebia entre 3.300 e 9.600 marcos ampliou-se em quase 60% (cf. BERNSTEIN, 1982: 152-3). Mesmo entre os "batalhões pesados" da classe operária registravam-se aumentos salariais, de modo que os trabalhadores encontravam-se, em muitos casos, longe do cenário de miséria e degradação física apresentado pelos manuais da ortodoxia. Os ganhos conquistados incrementaram o nível de vida dos trabalhadores, ainda que se levasse em consideração o surto populacional e a inflação dos meios de subsistência.[13]

Por outro lado, a análise da estratificação social alemã despertou em Bernstein um maior ceticismo em relação à expectativa de que a lógica sistêmica da produção econômica desaguasse numa polarização cada vez maior da luta de classes. Ao passo que as interpretações do "materialismo vulgar" prognosticavam a simplificação da estrutura social – a ponto de converter o que Marx descrevera enquanto "tendência" num processo regido por forças tão avassaladoras como as "leis da natureza" –, Bernstein constatou que o espectro de classes sociais apresentava uma nova variedade de matizes. Numa perspectiva análoga às críticas traçadas por Weber, Bernstein enxergou uma diferenciação crescente não apenas entre os diversos segmentos sociais, como uma maior heterogeneidade no próprio interior da classe trabalhadora. Nesse sentido, o proletariado industrial continuava a figurar enquanto uma parcela minoritária da sociedade alemã, e a complexificação da economia trouxera consigo uma nova gama de profissões – técnicos, supervisores e funcionários de "colarinho branco" –, que se enquadravam em diferentes faixas de renda e posições na hierarquia das empresas. Seria, portanto, ilusório depositar as esperanças de transformação socialista

---

13 O mesmo não é válido para o período compreendido pela década que antecedeu a Primeira Guerra. As despesas militares do governo alemão provocaram o aumento da carga de impostos, e a cartelização da economia também reverberou sobre os preços em detrimento dos trabalhadores. Por outro lado, o fortalecimento das associações patronais colocaria um freio nos incrementos salariais decorrentes de greves e protestos trabalhistas.

na cristalização de extremos, cujo antagonismo estaria assegurado em virtude de um suposto nivelamento de consciência, decorrente do pertencimento comum a lugares determinados na estrutura produtiva.[14] O desafio consistiria, antes, em potencializar um sentimento de solidariedade transversal que abarcasse uma camada mais ampla do que a representada pelo operariado em sentido estrito.

Os elementos mobilizados por Bernstein para avaliar as mudanças engendradas pelo modo de produção capitalista permitiram-lhe inferir que, longe de avançar a passos largos rumo a uma crise avassaladora, a economia alemã tendia à estabilidade. Isto não significava, de modo algum, que o país estivesse definitivamente imune aos ciclos recessivos. Significava apenas que a capacidade de adaptação e auto-regulação proporcionada pelo progresso técnico e econômico descartava, a seu ver, as esperanças de que a transição para o socialismo pudesse embasar-se em crises de repercussão catastrófica para a produção. Nesse sentido, a expansão geográfica do comércio mundial, unida aos avanços dos meios de comunicação e transporte, teria igualmente fortalecido as possibilidades de compensação dos desequilíbrios. Paralelamente, a ampliação do sistema creditício e as associações empresariais (trustes, cartéis, etc.) atenuariam a magnitude dos abalos a ponto de tornar improvável a eclosão de crises gerais, pois, à medida que reuniam em poucas mãos imensas forças produtivas, contribuíam para a gradual extensão das atividades econômicas, ao mesmo tempo em que minimizavam o aspecto anárquico do capitalismo.

A ideia de que a transição para o socialismo estivesse intimamente conectada com a bancarrota do modo de produção capitalista surgia, então, como um ponto central nas desavenças teóricas de Bernstein com os representantes da "ortodoxia marxista". As análises econômicas contidas no programa da socialdemocracia, a partir de sínteses vulgarizadas das reflexões desenvolvidas por Marx em *O Capital*, desenhavam o colapso geral do capitalismo [*Zusammenbruch*] como um processo inexorável. A evolução produtiva era interpretada, então, segundo uma lógica que se arrogava

---

14 Embora a literatura "ortodoxa" seja, de fato, abundante em passagens que legitimam os questionamentos perpetrados, não é menos verdade que Bernstein imputou a alguns de seus adversários teóricos um grau de reducionismo maior do que uma leitura exegética dos mesmos permitiria inferir. Assim, o conceito de "classe social" que emerge dos escritos de Kautsky comportava não somente elementos estruturais, como também fatores político-organizativos que – mesmo não extirpando de todo seus "desvios reducionistas" – introduziam novas variáveis que conferiam às suas análises uma dimensão mais esférica do que Bernstein esteve disposto a reconhecer.

capaz de prever o desenrolar econômico com a mesma infalibilidade pela qual se descreviam os fenômenos do mundo natural. Bernstein lamentava, portanto, a aridez daquele ponto de vista que atribuía o caráter de necessidade aos acontecimentos societários e reduzia qualquer episódio da história humana aos "impulsos imanentes do desenvolvimento material". Enredados nessa engrenagem epistemológica, os principais ícones do SPD estavam imbuídos da certeza de que a história trabalhava a favor de sua causa, e os exageros inerentes a tal concepção – associados à progressiva ampliação do eleitorado socialdemocrata – chegaram a provocar em Bebel o arroubo profético de apresentar o "grande *Kladderadatsch*" enquanto uma certeza matemática, isto é, um evento que se poderia, inclusive, assinalar no calendário. Numa palavra, o fatalismo revolucionário surgia como expressão do materialismo vulgar, de modo que seus adeptos convertiam-se ao papel de "calvinistas sem Deus".

> A sociedade capitalista chega ao seu limite. Sua dissolução não é mais que uma questão de tempo. A irresistível evolução econômica conduz necessariamente à bancarrota do modo de produção capitalista. A constituição de uma nova sociedade destinada a substituir aquela existente, mais que somente desejável, tornou-se inevitável [(KAUTSKY, 1927: 130-1), tradução nossa].

Além de sustentar que a bancarrota não era a tendência para a qual se encaminhava a produção capitalista, Bernstein esforçou-se por afastar as expectativas mais catastróficas do imaginário socialdemocrata porque julgava que as bases necessárias para o advento do socialismo estavam fortemente atreladas ao incremento da riqueza social e, nessa medida, os períodos de recessão deveriam ser encarados como entraves aos objetivos dos trabalhadores. Inversamente, os momentos de ascensão econômica não apenas desabrochavam as premissas para a socialização da produção, como garantiam parâmetros favoráveis ao enrobustecimento do movimento sindical. Em outras palavras, Bernstein questionava a ideia de que uma situação de caos econômico oferecesse condições mais vantajosas para a reformatação da sociedade nos termos almejados pela socialdemocracia.

Aliás, é provável que nosso leitor já tenha atentado para a coincidência entre a publicação dos artigos que inauguram o debate revisionista e a inversão na conjuntura econômica vivenciada pela Alemanha a partir de 1896. Mesmo que não se possa reduzir as críticas levantadas por Bernstein àquele período específico do desenvolvimento capitalista alemão, tampouco se deve desprezar os vínculos existentes entre o fim do ciclo recessivo amargado desde 1873 e a natureza de seus questionamentos teóricos à estratégia política socialdemocrata. Entre 1893 e 1902, ocorreu uma vigorosa retomada dos investimentos e a produção industrial expandiu-se 45%, ou seja, o maior surto de crescimento desde a década de 1860. Em virtude disso, as taxas de desemprego – que variavam de 3% a 6% nos primeiros anos da década de 1890 – reduziram-se a menos de 1,5% no intervalo de 1895 a 1900 (cf. GUSTAFSSON, 1972: 18). Não há dúvidas, portanto, que a ascensão do movimento sindical nos estertores do século XIX havia sido enormemente beneficiada pelo interregno de prosperidade econômica desfrutado pela Alemanha.

A luta dos trabalhadores organizados em sindicatos por melhores condições de vida constituía, no seu entender, uma experiência fundamental na trajetória do movimento operário rumo a uma sociedade superior do ponto de vista civilizatório. Nesse sentido, a constatação de que o número de proprietários aumentava ao invés de decrescer não se apresentava enquanto uma legitimação dos parâmetros vigentes, senão como a prova de que um número cada vez maior de pessoas extraíam vantagens da exploração do trabalho e de que a produção se orientava numa direção absolutamente equivocada. Com base na experiência inglesa, Bernstein compreendia o movimento sindical como um foco privilegiado de intervenção num duplo aspecto, pois o fortalecimento da posição dos trabalhadores nas disputas relativas à distribuição do produto do trabalho[15] era, ao mesmo tempo, uma questão de amadurecimento político da classe.[16] Em outras palavras, os sindicatos representavam uma escola política para o operariado alemão na medida em que – por meio da mobilização em torno de interesses materiais – contribuía para que os trabalhadores alcançassem autoconsciência e envergadura para assumir o poder político enquanto classe.[17]

---

15 "Em síntese: o aumento do preço do trabalho humano traz como consequência, na imensa maioria dos casos, por um lado, uma modernização tecnológica e uma melhor organização da indústria e, por outro, uma distribuição mais uniforme do produto do trabalho" [(BERNSTEIN, 1982: 215-6), tradução nossa].

16 "Por sua posição político-social, os sindicatos ou associações operárias representam o elemento democrático da indústria. Têm a tendência a destruir o absolutismo do capital e lograr para o trabalhador uma influência direta na direção da indústria" [(BERNSTEIN, 1982: 216), tradução nossa].

17 Assim como Weber preocupava-se com a maturidade política da burguesia para assumir a direção dos assuntos nacionais, também os intelectuais do SPD reconheciam a importância do amadurecimento do proletariado enquanto requisito para a conquista do poder. Essa questão surgia como uma preocupação comum aos intelectuais que confrontamos neste trabalho, pois,

O gradualismo econômico de Bernstein encontrava seu correlato político no modo como concebia a ascensão do proletariado ao poder. Se, por um lado, o movimento econômico indicava o amainar das crises – e o crescimento da capacidade produtiva combinada à atividade sindical prenunciava ao trabalhador uma condição de vida mais próspera –, por outro lado o peso politicamente decisório do proletariado aumentava em proporção direta à ampliação do sufrágio universal e aperfeiçoamento das instituições democráticas. A seu ver, tão escusado quanto pensar a transição para o socialismo segundo o molde das catástrofes econômicas seria vincular um ordenamento político favorável aos trabalhadores a modelos embasados numa tomada violenta do poder. Dessa forma, Bernstein sublinhava que a conquista do poder político pelos trabalhadores era uma premissa necessária para a construção do socialismo. Entretanto, distanciava-se daquela visão disseminada nas fileiras do partido segundo a qual esse processo concretizar-se-ia pela via revolucionária. Sustentava, pelo contrário, que uma reordenação política condizente com os interesses do operariado dependia não de uma subversão completa das instituições existentes, mas do reforço e ampliação de seus aspectos democráticos. Assim, à medida que se democratizassem as instituições políticas das nações modernas, reduzir-se-iam a necessidade e as oportunidades de grandes "catástrofes políticas" (cf. BERNSTEIN, 1982: 96).

Com o intuito de reforçar seus argumentos, Bernstein recorreu ao célebre texto de 1895 no qual o co-fundador do materialismo histórico dava por ultrapassada a época dos combates de rua e das barricadas (cf. ENGELS, 1981). Salientou, então, a reprovação de Engels ao caráter anacrônico de revoluções conduzidas por minorias conscientes à frente de massas inconscientes, bem como suas ressalvas quanto à viabilidade desse modelo face ao aperfeiçoamento das estratégias militares e dos instrumentos bélicos utilizados pelos aparatos de repressão. Em suma, Bernstein apoiou-se em Engels para concluir que os avanços políticos da socialdemocracia deviam-se às ações empreendidas nos marcos da legalidade, enquanto qualquer apelo às práticas

---

como veremos adiante, Rosa Luxemburg e Kautsky sustinham a educação política do proletariado como passo indispensável à emancipação socialista. O sentido dado ao processo de amadurecimento político da classe à qual se filia o intelectual, assume, contudo, feições variegadas segundo o autor em questão, de modo que pretendemos voltar a esse ponto. Por enquanto basta percebermos que em nenhum dos quatro autores a aptidão dos atores sociais para o poder é pressuposta. Ao contrário, a envergadura necessária para alcançar e sustentar o poder é uma qualidade que se adquire por meio do conflito, cuja conotação revela igualmente um caráter particular consoante cada um deles.

ilegais e subversivas representaria, pelo contrário, o perigo de se lançar por terra todo o trabalho organizacional até então acumulado.[18]

Bernstein respaldou-se nos trechos em que Engels destacara o impulso conferido pelo sufrágio universal ao movimento socialista e, particularmente, no tom de aprovação do autor à assertiva do programa marxista francês que apresentava o direito de voto como algo que se convertera de *"moyen de duperie qu'il a été jusqu'ici en instrument d'émancipation"* (*apud* ENGELS, 1981: 217-8). Não há dúvidas, porém, de que Bernstein valeu-se do raciocínio de Engels para legitimar sua estratégia de integração política do operariado numa acepção um tanto distinta da postura de

---

18 Certas passagens do mesmo texto não permitem, todavia, uma conclusão inequívoca de que o objetivo de Engels fosse estabelecer uma contraposição definitiva entre a intervenção institucional e a revolução violenta. Na verdade, uma leitura desse tipo só foi possível devido a uma versão (publicada no *Vorwärts*) expurgada de qualquer menção revolucionária. A eliminação dos trechos mais ásperos efetuou-se com o intuito de influenciar favoravelmente a comissão reunida desde abril de 1895, cuja tarefa era elaborar um novo projeto de lei para enquadrar os socialistas. Bernstein, organizador das obras póstumas de Engels, evitou a divulgação do manuscrito completo e o mal-entendido vigorou até as descobertas de Riazhânov seguidas da publicação da versão integral em 1925-1926 (cf. NEGT, 1982: 153). A interpretação revisionista do texto de Engels obnubilava, sobretudo, a ideia acalentada pelo "general" de que o entusiasmo que o SPD despertava em fatias cada vez maiores da população em algum momento contaminaria a baixa oficialidade, revertendo dessa forma a superioridade militar das classes dominantes em favor das massas trabalhadoras urbanas – especialmente tendo-se em vista que a origem dos soldados recrutados espelharia as mudanças ocasionadas pela industrialização no panorama demográfico. De qualquer modo, se a versão integral da "Introdução" nos permite reconhecer os matizes da posição defendida por Engels em seu testamento político, não há como negar que os reformistas – assim como representantes do "centrismo" o fariam posteriormente – respeitavam a letra do texto quando chamavam a atenção para a "revisão tática" proposta por Engels. "A ironia da história universal põe tudo de pernas para o ar. Nós, os 'revolucionários', os 'subversivos', prosperamos muito melhor através dos meios legais do que pelos ilegais e pela subversão. Os partidos da ordem, como eles se autodenominam, desaparecem pelo estado legal que eles mesmos criaram. Com Odilon Barrot, gritam, desesperados: *la legalité nous tue*, enquanto nós, nesta legalidade, desenvolvemos músculos firmes, adquirimos faces rosadas e respiramos eterna juventude" (ENGELS, 1981: 224). O documento em questão tornar-se-ia o escrito mais controverso do SPD à época da II Internacional, e o enorme peso que se conferia aos argumentos de autoridade nas polêmicas partidárias inclusive sobrepor-se-ia para muitos ao fato óbvio de que a "revisão tática" assinalada por Engels datava de um período anterior à revolução russa, isto é, quando ainda se desconhecia o alcance político da greve de massas e seu potencial revolucionário.

antagonismo irreconciliável que, segundo o "general", deveria nortear a atividade parlamentar da socialdemocracia. Isto porque o crescente poderio eleitoral do SPD era vislumbrado por ele como um fator decisivo para que os socialistas criassem uma disposição favorável ao trabalho parlamentar construtivo. Os triunfos obtidos a cada eleição apareciam-lhe como pilares em que apoiar a luta por reformas sociais sem, no entanto, quebrar as regras do jogo democrático. Desde que se renunciasse à tática de contraposição total à sociedade e ao Estado, as intervenções dos deputados socialdemocratas no *Reichstag* potencializariam sobremaneira as chances de os trabalhadores alcançarem suas demandas específicas (abolição dos privilégios políticos, diminuição da jornada de trabalho, leis de proteção ao trabalhador, etc.), ou seja, aquelas metas próximas, "inspiradas por um princípio definido que expresse um grau superior de vida econômica e social, que sejam uma materialização de uma concepção que significa, na evolução da civilização, uma visão superior dos direitos morais e jurídicos" (BERNSTEIN, 1968: 199).

Todavia, precisamente as loas tecidas em relação às potencialidades da democracia parlamentar – assim como a satisfação em constatar melhorias no padrão de vida dos trabalhadores – revelam o quanto Bernstein era vítima de uma concepção ingênua acerca do "progresso". Não seria demais afirmar que ele representava, por assim dizer, a versão operária daquele otimismo – à época bastante disseminado entre a burguesia ascendente – que era capaz de reconhecer tão somente os aspectos positivos do desenvolvimento capitalista. As guerras, a sanha predatória por colônias e as crises econômicas – quando não justificados enquanto partes constitutivas ou requisitos para o progresso social – eram relativizadas como ervas daninhas que não ameaçavam, porém, a beleza de um campo florido.

Ano	Número de Votos (%)		Cadeiras no Parlamento
1871	124.655	(3,0)	2
1874	351.952	(6,8)	10
1877	493.158	(9,1)	13
1878	437.158	(7,6)	76
1881	311.961	(6,1)	13
1884	549.128	(9,7)	24
1887	763.128	(10,1)	11
1890	1.427.298	(19,1)	35
1893	1.786.738	(23,3)	44
1898	2.107.076	(27,2)	56
1903	3.010.771	(31,7)	81
1907	3.259.020	(28,2)	43
1912	4.250.329	(34,8)	110

Votos obtidos pelo SPD nas eleições para o *Reichstag* entre 1871 e 1912. Fonte: CARONE, Edgard. *A II Internacional pelos seus congressos (1889-1914)*. São Paulo: Edusp, 1993, p. 19.

Em linhas gerais, a manifesta dimensão conciliatória da revisão bernsteiniana enraizava-se numa lógica que não opunha frontalmente o socialismo à tradição liberal. De acordo com esse pensamento, a socialdemocracia não estaria interessada na erosão da sociedade ou na proletarização de seus membros; mais frutíferos seriam aqueles impulsos canalizados para a elevação do trabalhador de sua condição de proletário àquela de cidadão, tendo-se em vista a generalização do sistema civil [*Bürgerthum*]. Numa palavra, o socialismo era considerado "herdeiro legítimo"[19] do

---

19 "Porém, no que concerne ao liberalismo enquanto movimento histórico universal, o socialismo é seu herdeiro legítimo, não somente do ponto de vista cronológico como também do ponto de vista de seu conteúdo social. Isto ficou evidente sempre que a socialdemocracia teve de tomar partido sobre uma questão de princípio. Cada vez que devia levar-se a cabo uma reivindicação do

liberalismo, cujas instituições não necessitavam ser destruídas, mas tão somente aperfeiçoadas. Vale a pena recordar que Bernstein depositava grandes esperanças numa colaboração parlamentar[20] entre socialdemocratas e o Partido Liberal [*Freisinnige Volkspartei*],[21] embora as demarcações classistas do SPD e a envergadura raquítica do liberalismo alemão não oferecessem bases sólidas para uma tal aliança. Nesse aspecto, o revisionismo alemão e os "marxistas legais" partilharam um destino análogo, pois, assim como os esforços de Bernstein não desaguaram numa aproximação entre SPD e liberalismo, Struve e outros expoentes do "marxismo legal" afastaram-se da socialdemocracia russa e engajaram-se em associações liberais avessas à crescente radicalidade do movimento operário.

> Ademais, a experiência nos demonstra que tanto se aumentava o respeito e consideração pelos direitos das minorias e suavizava-se a luta entre os partidos quanto mais antigas eram as instituições democráticas de um Estado moderno. Os que não conseguem imaginar a realização do socialismo sem atos de violência veem nisto um argumento contra a democracia [...]. Porém os que não se deixam levar pela visão utópica de que as nações modernas, sob a influência de uma prolongada catástrofe revolucionária, dissolver-

programa socialista de uma maneira ou sob circunstâncias tais que implicassem um sério perigo para o desenvolvimento da liberdade, a socialdemocracia não vacilou nunca em tomar partido contra aquela. Sempre considerou a salvaguarda da liberdade político-social como um bem superior à realização de qualquer postulado econômico. O desenvolvimento e salvaguarda da livre personalidade são os objetivos de todas as medidas socialistas, mesmo daquelas que externamente se apresentam como medidas coercitivas" [(BERNSTEIN, 1982: 223), tradução nossa].

20 Os liberais de esquerda Theodor Barth e Paul Nathan comungavam das expectativas acerca de uma coalizão entre as forças progressistas e lançaram mão de sua influência para anular o processo movido contra Bernstein, de maneira a viabilizar seu retorno à Alemanha. Eles acreditavam que as atividades partidárias de Bernstein favoreceriam o curso reformista do SPD, imprimindo um contraponto às lideranças radicais. O chanceler Bernhard von Bülow também imaginava que o teórico do revisionismo contribuiria para uma moderação da socialdemocracia e quiçá até mesmo para uma eventual cisão partidária. Ao fim e ao cabo, os impedimentos legais foram arquivados e, em 1901, Bernstein pôde regressar à Alemanha.

21 Após a cisão interna do *Deutsche Freisinnige Partei* (DFP), os liberais de esquerda agruparam-se no *Freisinnige Volkspartei*, ao passo que seus antigos correligionários de feitio mais conservador fundaram a *Freisinnige Vereinigung*. Em virtude de seus fracassos eleitorais, os liberais de esquerda fundiram-se com o *Deutsche Volkspartei*, dando origem em 1910 ao *Fortschrittliche Volkspartei*.

-se-ão numa miríade de grupos radicalmente independentes entre si, enxergarão na democracia algo mais que um bom meio político, enquanto palanque à disposição da classe trabalhadora, para dar o golpe de misericórdia no capital. A democracia é ao mesmo tempo um meio e um fim. É um meio para a luta em prol do socialismo e a forma de realização do socialismo [(BERNSTEIN, 1982: 218), tradução nossa].

Não é de se estranhar, por conseguinte, que o sufrágio universal fosse identificado por Bernstein como o ponto de apoio para uma transição democrática – isto é, sem rupturas violentas – em direção a uma ordem social superior. Aos seus olhos, o movimento socialista alcançara uma dimensão que permitiria aos trabalhadores exercer uma crescente influência pelos meandros institucionais, sem que o exercício do poder em seu benefício tivesse necessariamente de assumir a forma de "ditadura do proletariado".[22] Ao invés de baionetas, a cédula eleitoral era o instrumento pelo qual a classe trabalhadora organizada faria valer sua vontade política e converteria seu peso numérico em intervenção decisória. Entretanto, como sugeria a experiência do movimento cartista na Inglaterra,[23] a conquista da maioria necessária para levar a cabo as reformas almejadas pelo proletariado trazia consigo o imperativo de conformar alianças com segmentos da sociedade que transcendiam os círculos do operariado. A solução desse dilema para Bernstein implicava que a socialdemocracia assumisse um perfil de classe menos rígido, de modo que seu programa contemplasse os anseios do campesinato e, em alguma medida, da burguesia radical.[24]

---

22 Não seria despropositado identificar um paralelo entre a rejeição bernsteiniana da "ditadura do proletariado" e a revisão da teoria marxista do Estado levada a cabo por Struve. As instituições estatais, ponderava Struve, não se reduziam exclusivamente a uma forma de domínio de classe, que os socialistas buscariam implodir após a conquista do poder pelos trabalhadores. Aos seus olhos, o aparelho estatal constituiria uma forma permanente de organização social que demandava uma elaboração teórica a respeito de sua relação com os indivíduos e grupos que se moviam em seu interior.

23 "Os trabalhadores ingleses não obtiveram o direito de voto quando o movimento cartista levou até o extremo sua atitude revolucionária, mas quando foi desaparecendo o eco dos tiroteios revolucionários e deu-se o alinhamento com a burguesia radical na luta por reformas" [(BERNSTEIN, 1982: 256-7), tradução nossa].

24 Argumentamos reiteradamente ao longo deste trabalho que as fraquezas da estratégia defendida por Bernstein residiam precisamente na irrelevância política daquilo que se poderia desig-

Os campesinos, em particular, formavam na Alemanha uma fração importante da população, cujos votos em muitas circunscrições eleitorais decidiam entre os partidos capitalistas e o SPD. Dessa forma, os candidatos da socialdemocracia deveriam atrair pelo menos uma parcela desse contingente, sob pena de condenar o partido a uma intransponível minoria política. A maneira de evitar esse desfecho era – tal como procederam os correligionários de Vollmar na Baviera – incluir entre as bandeiras do partido uma série de disposições que acarretassem melhorias na condição de vida do campesinato num futuro próximo. Em sua campanha contra o isolacionismo do SPD, Bernstein discordava da própria imagem que a socialdemocracia formara a respeito de seus adversários burgueses. Ao invés de apresentá-la genericamente como "uma única massa reacionária", ele enxergava a "burguesia" enquanto uma classe social composta por diversas camadas, de modo que a defesa consequente de uma política gradualista seria também uma aposta no deslocamento de uma de suas frações para aquilo que vislumbrava como um amplo campo democrático. Uma tática de coalizão nos termos propostos por Bernstein coincidia, portanto, com a leitura weberiana da política alemã, na medida em que ambos creditavam a responsabilidade pela tendencial coesão da burguesia em torno de uma plataforma conservadora e avessa à expansão dos direitos dos trabalhadores à radicalidade intransigente do SPD. "Essas camadas mantêm-se unidas a longo prazo quando se veem constantemente pressionadas ou ameaçadas" [(BERNSTEIN *apud* CARSTEN, 1993: 75), tradução nossa].

Como nos lembra Przeworski, deve-se a Bernstein a introdução do conceito de *Volkspartei* no arcabouço teórico da esquerda socialista. Isto significava, no limite, a diluição do caráter de classe do SPD[25] enquanto condição necessária para que se obti-

---

nar "burguesia radical" na Alemanha. Especialmente nessa questão, os adversários de Bernstein estavam corretos ao repudiar o caráter marcadamente "anglicizado" [*verengländert*] de seus pressupostos. A política de alianças propugnada em seus escritos revela, desse modo, um esquema abstrato que desconsidera as inclinações políticas dos setores para os quais se dirigia. Além de depositar esperanças numa burguesia que sob hipótese alguma existia em seu país, Bernstein conclamou o SPD a adaptar seu discurso para as classes médias, sem problematizar devidamente o forte apelo das ideologias nacionalista e antissemita entre esses segmentos.

25 "Ao estender seu apelo às 'massas', os socialdemocratas enfraquecem a importância geral da classe como determinante do comportamento dos indivíduos. [...] É o próprio princípio do conflito de classes – o conflito entre coletividades internamente coesas – que se torna comprometido quando partidos de operários transformam-se em partidos de massas" (PRZEWORSKI, 1991: 42-3).

vesse êxito nas urnas. Ou, dito de outra forma, a busca por aliados seria determinada por constrições inerentes à prática eleitoral, uma vez que persistir na manutenção de um partido homogêneo em termos de apelo a uma classe específica condenaria a socialdemocracia a testemunhar o malogro de seus esforços em todos os pleitos indefinidamente (cf. PRZEWORSKI, 1991). Bernstein celebrava os progressos realizados pelo proletariado ao longo da segunda metade do século XIX, mas também ponderava que tal ascensão não equivalia a um desenvolvimento suficiente para garantir a conquista do poder sem o apoio de uma coalizão para além de suas fronteiras de classe. Além disso, uma convergência de forças pluriclassistas mostrava-se-lhe imprescindível porque Bernstein duvidava que o crescimento eleitoral do SPD chegasse algum dia a abarcar os trabalhadores em sua totalidade.[26] Em sua afirmação de que o impulso dos operários industriais para a produção socialista era antes uma suposição do que uma certeza, repudiava-se a *petitio principii* segundo a qual a adesão de um indivíduo a um programa político constituiria uma expressão mecânica do lugar que se ocupa no processo produtivo.

Em suma, a inclinação de Bernstein para o pragmatismo decorria, em grande medida, da própria estratégia de valorização da democracia como meio pelo qual o proletariado seria capaz de exercer o poder. No seu entender, o aperfeiçoamento das instituições democráticas era, ao mesmo tempo, parte do processo de amadurecimento político dos trabalhadores. A socialdemocracia catalisaria esse percurso na medida em que se despisse de sua "fraseologia revolucionária" para assumir-se enquanto um partido de reformas. Ao fim e ao cabo, Bernstein dizia-se satisfeito com as reivindicações imediatas apresentadas no *Programa de Erfurt* e asseverava que, em geral, as ações quotidianas do partido constituíam a prova cabal da validade da perspectiva reformista. A tomada de consciência a respeito do sentido que se imprimira à *praxis*

---

26 O SPD alcançou a cifra de 2,1 milhões de votos nas eleições de 1898. Tendo-se em vista que a Alemanha contabilizava, à época, aproximadamente 4,5 milhões de operários fabris conclui-se que o discurso socialdemocrata ainda não orientava sequer a metade de seu público-alvo. Mesmo subtraindo-se desse universo aqueles operários impedidos de votar (em razão de não terem atingido a idade mínima exigida por lei, por exemplo), não há razões para supor que a adesão eleitoral do proletariado à socialdemocracia ultrapassasse 50%. Quando se atenta para o argumento lógico de que nem todos os eleitores do SPD pertenciam à classe trabalhadora conclui-se, pelo contrário, que na virada do século o SPD não havia conquistado uma hegemonia sólida nem mesmo entre a parcela da sociedade que suas lideranças julgavam identificadas com a plataforma socialista.

do SPD deveria, portanto, redundar no abandono daquela concepção que apresenta a transformação social como uma inflexão histórica disruptiva e violenta[27] para ceder terreno a uma visão que apreendesse a superação do capitalismo como um processo em que a sociedade futura emergiria no interior e enquanto lapidação contínua da sociedade presente [Hineinwachsen].

As iniciativas práticas da socialdemocracia encontravam-se, segundo Bernstein, em contradição com sua doutrina oficial. Se as catástrofes políticas e econômicas constituíssem premissas necessárias para a transição ao socialismo, grande parte das iniciativas do SPD assemelhar-se-iam ao "trabalho de Penélope". Dessa forma, vincular o progresso social ao aguçamento das mazelas e ao desmoronamento da sociedade existente seria um raciocínio dogmático e contraproducente que, em última instância, destituiria a luta por reformas de sua *raison d'être*. Assim como o laborioso bordado que a personagem mítica desmanchava todas as noites com o fito de postergar *ad infinitum* o seu acabamento, as iniciativas em prol da melhoria da situação vivenciada pela classe trabalhadora nada mais seriam do que uma estéril labuta, caso o socialismo de fato dependesse da degradação do ambiente social.[28] A maneira de sanar tal absurdo residiria na compatibilização do discurso socialdemocrata com sua prática por meio do confronto objetivo entre o aparato teórico do partido e os elementos concretos da realidade socioeconômica onde o SPD desenrolava sua intervenção política.

---

27 Em que pese a diferença substantiva entre a concepção revolucionária defendida pelos "marxistas ortodoxos" e o gradualismo reformista, parece-nos evidente que Bernstein apegou-se a uma concepção estreita de "revolução social" que deturpava a perspectiva de seus adversários. Aliás, Bernstein enxergava no próprio Marx um forte ranço blanquista, de modo que seus escritos revisionistas apresentam a subversão revolucionária da ordem capitalista fundamentalmente como sinônimo de *putsch*, isto é, enquanto um assalto violento ao aparelho estatal. Victor Adler ironizou essa redução arbitrária ao dizer que ninguém acreditava no conceito de "revolução social" utilizado por Bernstein, "a não ser um punhado de policiais bastante idosos" [(ADLER *apud* STEINBERG, 1978: 45), tradução nossa].

28 Em seu estudo *Die Marxsche Theorie der sozialen Entwicklung – Ein Kritischer Versuch*, publicado em 1894, Struve identificaria uma suposta contradição no conceito marxiano de revolução, uma vez que julgava o postulado da crescente pauperização do operariado incompatível com as tarefas de emancipação social que lhe eram atribuídas. Segundo o autor, a degradação material seria um gigantesco obstáculo à conquista da maturidade político-social necessária para que os trabalhadores realizassem a missão de elevar o patamar cultural da humanidade (cf. STRADA, 1984b).

A densidade dos argumentos de Bernstein, somada ao respeito que a militância socialista nutria por sua figura, exigiu dos intelectuais da ortodoxia partidária um esforço redobrado no combate às teses do revisionismo.[29] Principal representante teórico da linha oficial, Kautsky procurou demonstrar em seu *Anti-Bernstein*[30] que, ao contrário do que afirmavam os críticos de Marx, as tendências contraditórias do sistema capitalista acentuavam-se. A teoria do depauperamento [*Verelendung*] era nesse texto reafirmada para demonstrar que – embora o desenvolvimento econômico combinado às intervenções sindicais reverberasse positivamente sobre as condições de vida de alguns setores do proletariado – verificava-se, efetivamente, o decréscimo concomitante da proporção da riqueza social apropriada pela classe trabalhadora como um todo. Kautsky procurou, então, reabilitar os pressupostos relativos à crise terminal do capitalismo e, paralelamente, negar a ideia de que a distribuição das riquezas estivesse redefinindo-se num sentido progressivamente equitativo. Por outro lado, ao embasar suas assertivas na teoria do valor, Kautsky intencionava polarizar com os questionamentos de Bernstein a validez das teses econômicas de Marx.

Na realidade, a investida de Bernstein contra o estatuto científico do materialismo-histórico fora determinante para que Kautsky tomasse a iniciativa de rechaçar publicamente a inflexão vivenciada por seu antigo colaborador. Kautsky sentia-se atrelado a Bernstein não somente por conta de um sólido intercâmbio intelectual, como em razão de estreitos laços de amizade, de modo que a correspondência epistolar entre ambos registra o processo ao longo do qual Bernstein amadurecera suas dúvidas em relação à validade da doutrina. Além disso, a leitura dessas cartas revela que a postura inicial de Kautsky não consistiu na refutação imediata dos problemas levantados por seu interlocutor. Pelo contrário, afirmou reiteradamente que partilhava em alguma medida das ideias externadas por Bernstein quanto à necessidade de se

---

29 Conforme salienta Musse, "muito da força e do impacto do revisionismo advém do fato de que não se tratava de mais um projeto de reformulação do marxismo oriundo do campo burguês, mas de uma autocrítica levada adiante por um dos expoentes da Internacional Socialista" (MUSSE, 1998: 135). O engajamento de Bernstein nas fileiras do SPD datava de 1872 e boa parte de sua reputação devia-se a suas ligações com Engels, de quem fora discípulo e amigo. Além disso, coube-lhe, em princípios da década de 1890, a responsabilidade pela redação do programa do SPD. Enquanto Kautsky encarregara-se dos pressupostos teóricos do *Programa de Erfurt*, Bernstein redigiu a parte desse texto referente às tarefas práticas da socialdemocracia.

30 Abreviatura pela qual ficou conhecida a coletânea *Bernstein und das sozialdemokratische Programm. Eine Antikritik.*

arejar o discurso partidário e promover novas investigações que examinassem o teor das modificações promovidas pelo desenvolvimento capitalista nas últimas décadas.[31] A princípio, Kautsky não havia compreendido nitidamente a dimensão da reviravolta que se incubava em Bernstein e, ao dar-se conta de que o teor dessa crítica atentava contra as bases epistemológicas do marxismo, recuou assombrado: "se a concepção materialista da história e a concepção [que aponta] o proletariado como força motriz da revolução social vindoura fossem superadas, eu seria obrigado a confessar que eu estaria acabado. Então a minha vida não teria mais qualquer conteúdo" [(KAUTSKY *apud* SCHELZ-BRANDENBURG, 1992: 300), tradução nossa].

A decisão tomada por Kautsky de assumir o combate contra as heresias de Bernstein não se explica, todavia, somente pelo fato de que tais questionamentos colocavam em xeque certas convicções que lhe apareciam como valores existenciais. Kautsky fora obrigado a romper o silêncio porque Alexander Parvus, imigrante russo e redator do *Sächsische Arbeiterzeitung*, publicara uma virulenta série de artigos em resposta a *Probleme des Sozialismus*. A intervenção de Parvus causou alvoroço nas fileiras partidárias e chamou a atenção da audiência socialdemocrata para os "perigos" que as ideias de Bernstein representavam. Aos vitupérios de Parvus somaram-se ainda os ataques do também russo Georgi Plekhánov – que exercia perante a intelectualidade marxista de seu país a função de guia teórico num sentido análogo ao papel representado por Kautsky na Alemanha. Face à repercussão internacional que o *Bernstein-Debatte* alcançara, já não era possível que o redator da *Neue Zeit* se esquivasse do tema. Kautsky optou, dessa forma, por varrer as dúvidas que Bernstein lhe inoculara, de modo que o resultado do *sacrificium intellectus* por ele empreendido foi uma obra que municiou o comitê executivo com um discurso contra o revisionismo, ao mesmo tempo em que minimizava as inquietações da militância socialdemocrata.

Não obstante o sucesso do *Anti-Bernstein*, comprovado por sua tradução em diversos idiomas, a resposta mais contundente às teses revisionistas adveio de Rosa Luxemburg, uma intelectual polonesa recém-chegada à Alemanha.[32] Com efeito, o

---

31 "O que nos diferencia – assim creio – não é o ponto de vista nem os resultados, senão o tom pelo qual nós os apresentamos" [(KAUTSKY *apud* SCHELZ-BRANDENBURG, 1992: 309), tradução nossa].

32 Rosa obtivera na Suíça pouco antes o título de doutora em economia. Seus estudos acerca do desenvolvimento industrial da Polônia haviam sido orientados por Julius Wolf, justamente um daqueles críticos burgueses do marxismo em que Bernstein se apoiara.

próprio Bernstein reconhecera em *Sozialreform oder Revolution?* [Reforma social ou revolução?] a melhor réplica aos seus escritos (cf. BERNSTEIN, 1982: 266). Além disso, Kautsky endossou o conteúdo da obra, de modo que esta se consagrou como o pronunciamento definitivo da ortodoxia partidária nesse debate. Os aspectos mais consistentes de sua brochura derivavam do notável conhecimento que Luxembug dispunha acerca do funcionamento da economia capitalista e da destreza com que aplicou os princípios do marxismo aos diferentes problemas a partir dos quais Bernstein investira contra a linha oficial do SPD.

A estratégia argumentativa de Luxemburg fora elaborada, portanto, com a intenção de desconstruir as premissas revisionistas a partir de seus alicerces, submetendo a escrutínio aqueles "fatores de adaptação" que, de acordo com Bernstein, blindariam o capitalismo contra a natureza corrosiva de suas contradições internas e, dessa forma, preveniriam o seu desmoronamento. Em primeiro lugar, a autora refutou a ideia de que o sistema de crédito fosse capaz de contornar as crises do capital. Na medida em que se verifica um conflito fundamental entre as tendências expansivas da produção e as limitações da capacidade de consumo, a intervenção do crédito na esfera produtiva teria por efeito potencializar a fabricação de mercadorias num volume tal que o mercado já não conseguiria absorvê-las. Uma vez estabelecida a crise de superprodução, o sistema de crédito contribuiria para a destruição dos fatores produtivos ampliados às suas custas, pois, ao menor sinal de abalo, o mercado de capitais encolheria, comprometendo assim a oferta de recursos destinados ao consumo. Logo, a escassez de crédito verificar-se-ia justamente nos períodos em que mais se faz necessária sua atuação enquanto fator de troca. Além disso, tal mecanismo – quando disponível – permitiria que se lançasse mão da propriedade alheia para especulações arriscadas, convertendo a troca numa operação complexa e artificial, com um mínimo de metal por base verdadeira.[33] Numa palavra, Luxemburg inverte as conside-

---

33 "[...] se existe na economia capitalista atual um meio de agravar ao máximo os seus antagonismos, é ele, precisamente, o crédito. Agrava o antagonismo entre o *modo de produção* e o *modo de troca*, estendendo a produção ao extremo e paralisando a troca ao menor pretexto. Agrava o antagonismo entre o *modo de produção* e o *modo de apropriação*, separando a produção da propriedade, transformando o capital empregado na produção em capital social, mas transformando também uma parte do lucro, sob a forma de juros do capital, em simples título de propriedade. Reunindo, em poucas mãos, pela expropriação de muitos pequenos capitalistas, imensas forças produtivas, agrava o antagonismo entre as relações de *propriedade* e as relações de *produção*. Enfim, tornando necessária a intervenção do Estado na produção [...],

rações bernsteinianas sobre o sistema de crédito para apresentá-lo, antes, como um "meio de destruição do maior alcance revolucionário" (LUXEMBURG, 1999: 31). Analogamente, sua exposição acerca do papel desempenhado pelos cartéis visava minar aqueles argumentos que lhes imputavam uma função econômica reguladora. O objetivo das medidas adotadas por essas associações consiste, de maneira geral, em intervir na repartição total do lucro no mercado em favor de um segmento específico da indústria. Entretanto, posto que a taxa de lucro apenas aumenta num determinado ramo em detrimento dos demais setores da economia, o espraiamento tendencial dos cartéis para todas as esferas da produção teria como consequência lógica a anulação de seus efeitos. Além disso, o propósito dos acordos pelos quais emergem os cartéis reside na supressão da concorrência no interior de uma nação, porém, uma vez abocanhada a totalidade do mercado interno, defrontam-se com a necessidade de escoar suas mercadorias para além das fronteiras nacionais. A busca por novos mercados choca-se, então, não somente com as barreiras alfandegárias, mas também com a igual propensão expansionista dos cartéis oriundos de outras nações. Luxemburg percebeu, assim, que a supressão da concorrência no interior das próprias fronteiras não era condição suficiente para mitigá-la no plano externo. Aliás, a seu ver tal questão constituía à época o cerne das tensões entre as principais potências mundiais.[34] Especialmente depois que Alemanha e Estados Unidos desenvolveram parques industriais pujantes, a corrida por mercados acirrou-se e mais lenha foi posta na fogueira das tensões interimperialistas.

A controvérsia entre Luxemburg e o revisionismo abarcava, ainda, o sentido da persistência das pequenas e médias empresas ao longo do desenvolvimento capitalista. Em *Reforma social ou revolução?*, os empreendimentos econômicos de menor vulto são analisados como parte integrante da lógica sistêmica do capital. Em outras palavras, Bernstein haveria incorrido num erro de interpretação ao enxergar na teoria marxista o pressuposto de que o capitalismo evoluiria linearmente em direção à grande indústria,

---

agrava o antagonismo entre o caráter *social* da produção e a *propriedade* capitalista *privada*" [(LUXEMBURG, 1999: 30-1), grifos da autora].

34 "Enfim, [os cartéis] agravam as contradições entre o caráter internacional da economia capitalista mundial e o caráter nacional do Estado capitalista, porque se fazem sempre acompanhar de uma guerra geral de tarifas, aguçando assim os antagonismos entre os diferentes Estados capitalistas" (LUXEMBURG, 1999: 34).

quando, na realidade, Marx[35] já teria chamado a atenção para o papel desempenhado pelos pequenos capitais enquanto pioneiros da revolução técnica. Se, por um lado, a elevação contínua da escala de produção efetivamente compromete a sobrevivência dos empreendimentos de pouca monta, por outro lado a depreciação periódica do capital existente reduz, por um certo tempo, a escala de produção e, consequentemente, o valor mínimo necessário para fazer vingar empresas menos vultosas. Além disso, as empresas menores também conquistam seu espaço na medida em que fazem penetrar a produção capitalista em novas esferas da economia.[36]

A interpretação de Bernstein sobre o curso do desenvolvimento capitalista mostra-se novamente equivocada, segundo a autora, quando ele se vale das estatísticas relativas às sociedades por ações para depreender do aumento constante do número de acionistas a conclusão de que a burguesia, enquanto classe, expande-se ao invés de minguar. Ora, primeiramente é necessário atentar que, na Alemanha, o capital médio que viabilizava a fundação de uma empresa diminuía quase regularmente. Ao passo que em 1871 eram necessários aproximadamente 10,8 milhões de marcos para se inaugurar uma firma, em 1873 esse número despencou para 3,8 milhões e, em 1892, constatou-se que o investimento médio requeria apenas 620 mil marcos (cf. LUXEMBURG, 1999: 70). Logo, a redução do montante necessário para a viabilização de novas empresas significava que também pequenos e médios negócios recorriam ao mercado acionário para se constituírem. Entretanto, conforme discutimos acima,

---

35 "A taxa de lucro, isto é, o aumento relativo do capital é importante principalmente para os novos empregadores do capital, que se agrupam independentemente. E do momento em que caísse a formação do capital exclusivamente nas mãos de um punhado de grandes capitalistas, o fogo vivificador da produção se extinguiria. Viria um arrefecimento" (MARX *apud* LUXEMBURG, 1999: 40).

36 "A luta das empresas médias contra o grande capital não deve ser considerado como uma batalha regular com o aniquilamento cada vez mais direto e quantitativo dos exércitos da parte mais fraca, e antes como uma ceifa periódica dos pequenos capitais, que sempre tornam a brotar rapidamente para ser de novo ceifados pela grande indústria. Das duas tendências que jogam com as classes médias capitalistas como uma bola, é, em ultima instância, a descendente que vence [...]. Não é, contudo, indispensável que se manifeste pela diminuição numérica absoluta das empresas médias, mas, em primeiro lugar, pelo aumento progressivo do capital mínimo necessário ao funcionamento das empresas nos ramos antigos da produção, e, segundo, pela diminuição constante do prazo de manutenção, por parte dos pequenos capitais, da exploração de novos ramos" (LUXEMBURG, 1999: 38-9).

a coexistência da grande indústria com empreendimentos menores não representaria um fenômeno anômalo e tampouco suprimiria as contradições internas ao modo de produção. O ponto central dessa questão seria, antes, observar que o mecanismo das sociedades por ações estimula a socialização crescente da produção, fenômeno este que, por sua vez, acirraria tais conflitos sistêmicos e, paralelamente, acalentaria a gestação revolucionária da economia socialista.[37] Por outro lado, o significado do mercado acionário em termos analíticos equivale à socialização da própria categoria "capitalista", uma vez que o portador do capital não é mais um indivíduo isolado. Porém, ao entender por "Capital" uma certa quantidade de dinheiro em lugar de um fator da produção, Bernstein desloca a noção de "capitalista" das relações de produção para as relações de propriedade e, consequentemente, desloca a questão do socialismo do domínio da produção para o domínio das relações de fortuna, "da relação entre o Capital e o Trabalho para a relação entre ricos e pobres" (LUXEMBURG, 1999: 73). Esse viés ofusca a compreensão de que tanto o capital acionário quanto o capital de crédito tornam supérflua a direção pessoal do capitalista no processo produtivo, visto que colaboram para desvincular de sua figura as funções administrativas, convertendo-o em simples proprietário. Por fim, isto significa também que o capitalismo acionário incide sobre a economia sem, no entanto, reverter a subsunção dos trabalhadores ao regime de assalariamento.

Ora, se o sistema de crédito, os cartéis e as sociedades por ações não suprimem a anarquia do mercado, como explicar que após 1873 não tenha ocorrido em duas décadas sequer uma crise comercial de grandes proporções?[38] Nesse ponto Luxemburg

---

37 O grau de socialização da economia representa, do ponto de vista marxista, um elemento chave para a consideração da maturidade dos fatores objetivos para a superação do modo de produção capitalista. Quanto mais socializada a economia, mais aguda é a contradição entre produção social e apropriação privada. Além disso, a progressiva socialização da economia estabelece as bases materiais concretas que viabilizariam o controle social da produção.

38 Na realidade, os efeitos deletérios ocasionados pela crise de 1873 arrastaram-se por vários anos, embora não houvessem comprometido de todo a capacidade de expansão do parque industrial alemão. Já esclarecemos, além disso, que a recuperação plena da economia e as altas taxas de crescimento observadas na década de 1890 auxiliam a compreensão do prisma pelo qual o revisionismo enfoca as crises. Entretanto, Luxemburg julgava que a conjuntura econômica que se seguiu à emergência dessa polêmica colocava em xeque os argumentos aventados pelo revisionismo a respeito da estabilidade do capitalismo, pois "mal acabava Bernstein de refutar, em 1898, a teoria de Marx sobre as crises, surgiu em 1900 uma profunda crise, e outra sete anos mais tarde,

retoma a ideia do caráter cíclico das crises capitalistas, ou seja, a alternância entre períodos econômicos expansivos e recessivos constituiria um elemento intrínseco ao modo de produção vigente. Isto se verificaria, ademais, pela análise das principais crises transcorridas desde 1825. Os distúrbios comerciais desenrolaram-se, via de regra, após eventos que ocasionaram extensões bruscas da produção. A grande crise de 1873, por exemplo, fora "consequência direta da nova constituição, do primeiro surto da grande indústria na Alemanha e na Áustria, seguindo-se aos acontecimentos políticos de 1866 e 1871" (LUXEMBURG, 1999: 36). Note-se, contudo, que Bernstein não chegou propriamente a sugerir que os "fatores de adaptação" estabilizariam o capitalismo ao ponto de extinguir as crises e transformar a economia burguesa em um mar sem ondas. Ao fim e ao cabo, também ele estava ciente de que movimentos de expansão e retração continuariam a alternar-se enquanto perdurassem as relações de produção capitalistas. A divergência fundamental entre esses autores residia, portanto, no fato de que, aos olhos de Bernstein, o capitalismo teria logrado desenvolver mecanismos que atenuavam o impacto dessas crises e afastavam do horizonte os cenários onde elas se converteriam em hecatombes que produziriam, em algum momento, a ruína do sistema.

Quando se enfoca o problema sob o ângulo do agravamento das crises, torna-se mais do que evidente que Luxemburg acertara em constatar que, em virtude das contradições imanentes do capitalismo, as crises tendiam a assumir maiores proporções. Todavia, a despeito do abismo vivenciado após a quebra da bolsa de valores, em 1929, e das consequências da bolha de especulação imobiliária norte-americana que se arrastam em nosso presente histórico, não é menos certo que Luxemburg subestimou a força de contenção dos instrumentos de ajuste econômico forjados pela burguesia. No próximo capítulo abordaremos como as associações patronais, enquanto formas pelas quais se expressa no plano político o poder dos cartéis, efetivamente postaram-se como entrave à ofensiva dos trabalhadores alemães. Aliás, tem-se aqui apenas um exemplo de como os antídotos às crises extravasariam o campo da economia, mobilizando paulatinamente recursos políticos, até o momento em que a burguesia converteria o próprio Estado em "fator de adaptação".

---

que, vinda dos Estados Unidos, se estendeu ao mercado mundial" (LUXEMBURG, 1999: 35). No entender da autora, a crise de 1907-08 contrariaria de maneira ainda mais profunda os escritos de Bernstein, visto que seus reflexos mostrar-se-iam particularmente agudos justamente naquelas economias em que se encontravam mais desenvolvidos os ditos "fatores de adaptação".

A desconcertante percepção de que o capitalismo demonstra maior potencial de sobrevivência do que imaginavam os teóricos da ortodoxia marxista torna a ocasião propícia para um breve parênteses epistemológico que nos auxiliará – nos capítulos finais deste trabalho – a descortinar o significado histórico das polêmicas travadas pela ala esquerda do SPD a partir de 1905. Referimo-nos, pois, ao controverso debate acerca das eventuais distorções que a influência de pressupostos marcadamente economicistas em relação aos destinos do capitalismo haveria provocado nas formulações teóricas de Luxemburg. Ora, o leitor que percorre os raciocínios externados em *Sozialreform oder Revolution?* provavelmente será levado a concluir que não poucas de suas afirmações mais contundentes poderiam inserir-se entre as páginas do *Anti-Bernstein*, sem que isto acarretasse modificações substantivas no espírito da obra.[39] Ora, o exagero consciente dessa interpretação não procura senão ressaltar o peso conferido pela autora àquele raciocínio teleológico que postula a implosão do capitalismo em virtude de suas propriedades econômicas imanentes. Não por acaso, Luxemburg dedicou todo um capítulo de sua brochura à reafirmação da teoria do colapso, inclusive porque também associava sua validez ao próprio estatuto científico do marxismo e ao caráter "necessário" da transformação socialista. "Bernstein começou a revisão do programa socialdemocrata pelo abandono da teoria do desmoronamento capitalista. Mas é essa teoria a pedra angular do socialismo científico, e a rejeição desta pedra angular haveria logicamente de levar ao desmoronamento de toda a doutrina socialista em Bernstein" (LUXEMBURG, 1999: 107). Isto não significava, porém, que ao SPD caberia adotar uma postura fatalista e aguardar "de braços cruzados" que os desequilíbrios econômicos resolvessem a luta de classes a favor do proletariado. A depender da correção da linha política adotada e do espírito revolucionário que orientasse a sua aplicação, o partido ver-se-ia, de fato, em condições de abreviar o sepultamento do capitalismo, embora o adensamento dessa temporalidade não desviasse, por assim dizer, a história de seu caminho inequívoco, isto é, o desmoronamento do sistema atual e a consequente emergência do socialismo.

Michael Löwy redefiniria, contudo, os termos dessa problemática ao sugerir a ocorrência de uma inflexão na maneira pela qual Luxemburg abordaria o processo histórico após 1914. Segundo a ótica desse autor, ao resgatar a disjuntiva "socialismo

---

39 Desconsiderando-se, é claro, a heterogeneidade estilística que resultaria da mescla entre a sagacidade polêmica de Rosa e o pedantismo bocejante de Kautsky.

ou barbárie",[40] Luxemburg ressaltava a dramaticidade da luta de classes face à violência assumida pelo conflito imperialista, mas, acima de quaisquer outras considerações, rompia definitivamente "com a concepção – de origem burguesa, mas adotada pela II Internacional – da história como progresso irresistível, inevitável, 'garantido' pelas 'leis objetivas' do desenvolvimento econômico ou da evolução social" (LÖWY *apud* LOUREIRO, 2007: 72). Em suma, Luxemburg abandonava a concepção unilateral que apontava para um colapso inexorável da economia de mercado – fato que, por sua vez, pavimentaria o caminho para o advento do socialismo com a força de uma "necessidade histórica" –, em prol de uma outra, segundo a qual o futuro da humanidade despontaria como um "processo em aberto", de modo que não mais se tratava de abreviá-lo, senão de decidi-lo. Embora indiscutivelmente profícua no que diz respeito ao diálogo que estabelece entre o pensamento de Luxemburg e os dilemas da esquerda contemporânea, a tese sustentada por Löwy mitiga contradições que não chegam a encontrar uma solução definitiva na obra da revolucionária polonesa.[41] Com efeito, os artigos publicados após a deflagração da guerra – incluindo-se o *Panfleto Junius*, de onde Löwy extrai seus argumentos – intercalam de maneira

---

40   Trata-se de uma formulação antiga que havia sido cunhada por Engels, mas cujo significado passara despercebido aos ícones da ortodoxia no período da II Internacional.

41   Mesmo ciente de que o ponto de vista externado por Löwy encobre certas ambiguidades de Luxemburg, Norman Geras não foi capaz de apresentar uma solução adequada ao problema. Ao transferir o debate para o campo semântico, Geras contesta a guinada à qual se refere Löwy porque, a seu ver, justamente a teoria do colapso imprimiria sentido ao slogan "socialismo ou barbárie" (cf. GERAS, 1978: 32). Isto porque Geras enxerga o "colapso" unicamente pelo ângulo das formas desagregadoras e destrutivas por ele assumidas, ou seja, enquanto sinônimo de "barbárie". Embora questione Löwy por acreditar que ele imputa, em alguma medida, seu próprio olhar aos textos de Luxemburg, Geras não se mostra capaz de distinguir a especificidade do termo *"Zusammenbruch"* tal como este se apresenta, via de regra, na polêmica de 1898 contra o revisionismo. A distinção fundamental entre *"Zusammenbruch"* e "barbárie", segundo depreendemos dos escritos de Luxemburg, reside no fato de que, no primeiro caso, o desmoronamento caótico do capitalismo traria consigo a sua própria superação, constituindo uma espécie de momento negativo na dialética da emancipação socialista, ao passo que "barbárie" implica um mergulho no caos, onde a possibilidade de emancipação encontrar-se-ia, no limite, completamente anulada. Por mais que em certos contextos a autora de fato empregue *"Zusammenbruch"* como sinônimo de "barbárie", não há uma relação de equivalência necessária entre ambos no léxico de sua obra. A profusão de trechos evocados por Geras nada revelam, portanto, senão o princípio seletivo que orientou as citações quotadas em prol de seu argumento.

assistemática proposições acerca de uma relativa contingência do processo histórico e postulados que reafirmam a inelutabilidade da vitória final do proletariado. Nesse sentido, a opção de Löwy por realçar somente o primeiro desses aspectos[42] acarreta o prejuízo de obscurecer as tensões pelas quais a valorização da ação política e do fator subjetivo debatem-se para romper a crosta do marxismo vulgar de sua época. De qualquer forma, existe um relativo consenso entre seus intérpretes de que o principal antídoto de Rosa contra o determinismo reside em sua *práxis* política, uma vez que os posicionamentos por ela assumidos buscavam desvendar cada episódio da luta de classes como uma decisão prenhe de consequências múltiplas e antagônicas.

A outra faceta do embate travado por Luxemburg contra os prognósticos de estabilização do capitalismo delineados por Bernstein manifestou-se numa acirrada disputa em torno do sentido estratégico das intervenções cotidianas da socialdemocracia. Embora valorizassem positivamente o movimento sindical e as iniciativas políticas canalizadas para a democratização do Estado, não existia senão uma convergência aparente na maneira pela qual ambos reiteravam a pertinência das "táticas consagradas". Mesmo que no período anterior a 1905 ainda não se questionasse o fato de que as lutas por reformas sociais e políticas ocupavam o centro das diretrizes partidárias, os consensos desapareciam tão logo o foco se deslocasse para a maneira como estas deveriam ser aplicadas e, mais do que isso, qual o papel desempenhado por essa tática no processo de educação política dos trabalhadores e no curso de sua emancipação enquanto classe.

Nesse contexto, Luxemburg recusava-se a enxergar a legislação operária como um fator de limitação da propriedade capitalista. O famigerado "controle social" pro-

---

42 "No meu entender, Michael exagera ao dizer que Rosa rompeu radicalmente com todo determinismo. Hegel, no prefácio à *Filosofia do direito*, diz, com razão, que 'cada um é filho do seu tempo'. Rosa não é exceção à regra. Seu pensamento político e econômico que, como bem mostra Michael, dá elementos para pensar uma concepção de história não-linear, não-progressista, aberta à ação das massas populares, é ao mesmo tempo impregnado pelo marxismo cientificista da época, segundo o qual as contradições do capitalismo levarão necessariamente a seu colapso. Rosa não salta por cima da própria sombra" (LOUREIRO, 2007: 72-3). Além de ter um pé fincado em seu presente histórico, Luxemburg permanece suscetível à "tentação" da doutrina que prega a inexorabilidade do triunfo socialista em virtude de seus "atrativos" enquanto recurso propagandístico e de agitação – especialmente depois da frustração experimentada pelos setores mais conscientes do proletariado face à capitulação do SPD em 4 de agosto e aos rumos posteriormente tomados pelo governo Ebert-Scheidemann.

pugnado pelos revisionistas atuaria, pelo contrário, de acordo com os interesses dos empresários, uma vez que suas consequências, do ponto de vista econômico, estariam meramente circunscritas à regulamentação da extração de mais-valia. As ilusões implícitas naquele bordão segundo o qual "as leis fabris são um pedaço de socialismo" mascarariam, portanto, as evidências de que, ao legislar sobre as relações de produção, o Estado sempre o faz tendo em vista a manutenção da propriedade, isto é, resguardando os interesses de classe que estão em seu cerne.[43] Por isso, Luxemburg encarava o revisionismo como uma infiltração dos valores burgueses no movimento socialista. Nettl observou corretamente que a acidez de suas acusações contra Bernstein deviam-se, em parte, ao julgamento de que ele representava a versão socialdemocrata das ideias de "harmonia social" assinadas pelos sociólogos alemães de perspectiva reformadora – em particular os *Kathedersozialisten*. "De repente, todas essas boas pessoas, cuja profissão é combater a socialdemocracia com suas teorias [irradiadas] do púlpito de conferências, acharam-se, para seu próprio espanto, transplantadas em pleno campo socialista" [(LUXEMBURG *apud* NETTL, 1974: 181), tradução nossa]. Aos olhos de Luxemburg, Bernstein prestava um desserviço à causa do socialismo ao cerrar fileiras com os "profetas da integração social" em prol de concessões feitas à classe trabalhadora com o fito de desviá-la da luta de classes.

No que diz respeito às tarefas objetivas desempenhadas pelas organizações sindicais na luta de classes, Luxemburg atribuí-lhes um caráter essencialmente defensivo. Sua ênfase recai, portanto, sobre os limites da ação sindical e a impossibilidade de converter esse instrumento em base para a supressão, ainda que progressiva [*schrittweise*], dos mecanismos de exploração dos trabalhadores.[44] Sua serventia restringe-

---

43 "Salta aos olhos a mistificação. Precisamente, o Estado atual não é uma 'sociedade' no sentido da 'classe operária ascendente', mas o representante da sociedade capitalista, isto é, um Estado de classe. Eis porque a reforma por ele praticada não é uma aplicação do 'controle social', isto é, do controle da sociedade trabalhando livremente no seu próprio processo de trabalho, mas um controle da organização de classe do Capital sobre o processo de produção do Capital" (LUXEMBURG, 1999: 46). De acordo com a autora, não apenas a legislação operária, mas também o militarismo, as barreiras alfandegárias e a política colonial corroborariam seu ponto de vista sobre o caráter de classe do Estado.

44 "Os sindicatos, a que Bernstein atribui a tarefa de dirigir o verdadeiro assalto, na luta emancipadora da classe operária, contra a taxa de lucro industrial, transformando-o por etapas em taxa de salário, não estão absolutamente em condições de dirigir uma política de ofensiva econômica contra o lucro, porque na verdade não são mais que a *defesa* organizada da força-trabalho

-se, desse modo, ao propósito de evitar que as oscilações de mercado constrinjam os operários a vender sua força de trabalho por uma quantia inferior àquela que permitiria a reposição de seu valor enquanto mercadoria. Mesmo que consigam eventualmente aumentar os salários pagos e assim garantir que a remuneração da mão-de--obra alcance o patamar mais alto que uma determinada conjuntura econômica pode proporcionar-lhe, os sindicatos jamais estariam em condições de dirigir uma política de ofensiva contra o lucro que ultrapasse esse teto. Em suma, a própria lógica do desenvolvimento capitalista circunscreveria as fronteiras da ação sindical. Em primeiro lugar, porque os enormes contingentes das classes médias que decaem à condição de proletários acarretam uma expansão do exército industrial de reserva, de modo que o aumento da oferta de mão-de-obra vem a exercer um impacto depreciativo sobre a remuneração que lhe é destinada. Em segundo lugar, os incrementos salariais que os sindicatos porventura sejam capazes de alcançar via de regra não se traduzem numa maior apropriação da riqueza social por parte dos trabalhadores. Isto porque, "com a fatalidade de um processo da natureza" (LUXEMBURG, 1999: 84), os constantes avanços da técnica repercutem sobre a produtividade do trabalho e – a despeito das negociações "vantajosas" com a patronal – garantem que, em termos relativos, a porção abocanhada pela burguesia mantenha-se estável ou até mesmo se eleve.

Diferentemente de Bernstein, Luxemburg avaliava o sindicalismo como um movimento de alcance delimitado. Não era de se esperar, por exemplo, que progressos substantivos no que tange à expansão do controle operário sobre o processo produtivo fossem obtidos por essa via. Por outro lado, mesmo que a pressão exercida sobre os empresários resultasse por vezes em ganhos salariais e redução da jornada de trabalho, a natureza cíclica da economia de mercado encarregava-se de transformar os resultados da ação sindical em benefícios transitórios, a serem novamente revertidos a favor da patronal tão logo a ocorrência de crises restringisse o poder de barganha dos trabalhadores. Com argumentos análogos àqueles empregados por Marx em sua polêmica contra o "cidadão Weston" em *Salário, Preço e Lucro* –, Rosa Luxemburg chamava atenção para o fato de que a redução dos salários, assim como outras modalidades de ataque às conquistas dos trabalhadores, representava um artifício pelo qual a burguesia procurava contornar a diminuição da taxa de lucro. Desse modo, as lutas sindicais imitariam o "trabalho de Sísifo", uma vez que nos períodos de contra-

---

contra os ataques do lucro, a expressão da resistência da classe operária contra a tendência opressora da economia capitalista" [(LUXEMBURG, 1999: 83-4), grifo da autora].

ção econômica o saldo positivo de greves e mobilizações anteriores rolaria montanha abaixo, impingindo novamente aos operários um grau de exploração que já se acreditava superado. Aos sindicalistas estaria assim reservada a inglória sina de ver os frutos de seus embates drasticamente anulados, com multidões de operários lançadas ao desemprego e outras tantas amargando salários mais ralos.[45] Numa palavra, a menos que fossem subvertidas as relações de produção – algo que os sindicatos não teriam condições de empreender –, a sorte da classe trabalhadora continuaria oscilando ao sabor do mercado.

Não obstante o golpe desferido contra as "ilusões" reformistas, a análise de Luxemburg em relação aos obstáculos da luta sindical rendeu-lhe dificuldades de várias ordens. Do ponto de vista das disputas internas à socialdemocracia, Luxemburg tornou-se *persona non grata* entre a maioria dos sindicalistas. Em seu afã de rebater teoricamente o gradualismo de Bernstein, a autora relegou a segundo plano a importância que o longo e penoso trabalho de afirmação das organizações sindicais ocupava na escala de valores dos dirigentes do movimento operário. Embora a participação dessas lideranças no *Bernstein-Debatte* tenha sido quase irrisória, a descrição do sindicalismo como um esforço baldado e afeito a práticas oportunistas surtiria o efeito contrário de alargar o fosso que as separava dos elementos radicais do SPD, vistos por elas como intelectuais completamente alheios à realidade do movimento operário e à lógica que lhe era particular. A leitura dos próximos capítulos possivelmente reforçará o ceticismo quanto à viabilidade de uma relação mais dialógica entre revolucionários e sindicalistas durante o *Kaiserreich*, mas é certo que a aspereza de uma análise que priorizava as limitações ao invés de ressaltar as potencialidades das lutas sindicais tornou essa relação mais espinhosa. Por outro lado, pesa a favor de Luxemburg o argumento de que ela compreendia os episódios cotidianos do movimento operário como experiências que fomentariam o desenvolvimento da "consciência de classe" entre os trabalhadores, pois, justamente em

---

45 "Mas nem mesmo nos limites efetivos de sua ação se estende o movimento sindical de forma ilimitada, como o supõe a teoria da adaptação. Muito pelo contrário. Se se examinarem setores amplos do desenvolvimento social, não se poderá deixar de ver que, de um modo geral, não é para uma época de desenvolvimento vitorioso das forças do movimento sindical que caminhamos, e sim de dificuldades crescentes. Uma vez que o desenvolvimento da indústria atinja o seu apogeu, e comece, para o capital, no mercado mundial, a fase descendente, a luta sindical redobrará em dificuldades" (LUXEMBURG, 1999: 45).

razão dos entraves ressaltados, tais iniciativas possuíam uma dimensão pedagógica que despertaria o proletariado para o sentido da ação coletiva e para as amarras que impediam sua emancipação nos limites do sistema atual. Por conseguinte, o sindicalismo deixaria de ser "*Nur-Gewerkschaftlerei*" conforme as entidades de classe enxergassem o processo de conscientização do operariado – e não somente os acréscimos na folha de pagamento – como sua verdadeira *raison d'être*.[46]

Assim como os sindicatos não representavam uma garantia incontroversa de ascensão econômica aos trabalhadores, Luxemburg tampouco compartilhava do entusiasmo que perpassava os escritos de Bernstein sobre as instituições democráticas. Uma vez que seu enfoque dirigia-se para a índole extralegal da dominação burguesa, Luxemburg rechaçava a hipótese de que a cédula eleitoral e os trâmites parlamentares assegurassem a hegemonia política da maioria da população, de modo que o prisma revisionista acerca dessa questão ludibriava, a seu ver, o público socialdemocrata com a esperança de uma falsa panaceia para as mazelas do capitalismo. Em síntese, a exploração do trabalho seria uma realidade histórica constituída a partir de um determinado desenvolvimento econômico que, ao privar o proletariado dos meios de produção, obrigava-o a submeter-se ao regime de assalariamento. Por conseguinte, não seria plausível almejar que uma servidão resguardada por assimetrias econômicas fincadas em processos estruturadores da vida social pudesse ser revertida com base em artifícios legislativos.[47] Nas palavras da

---

46 O problema dessa fórmula, mesmo quando avaliada segundo os objetivos revolucionários que a orientam, consiste num certo automatismo que postula implicitamente o padrão adotado pelas entidades de classe como única variável que opera a transição de "classe em si" em "classe para si". Ainda que se considere essa transição não como um processo automático, senão como uma aposta, e ainda que se tenha em mente outros escritos onde seus argumentos adquirem maior complexidade, parece-nos que Luxemburg encontra dificuldades para atingir uma formulação teórica que englobe os momentos em que as expectativas das massas trabalhadoras mostram-se incompatíveis com as metas delineadas por organizações revolucionárias. Embora muito de sua envergadura histórica como marxista advenha da coerência mantida após a adesão do SPD à guerra imperialista, seus escritos posteriores a 1914 consagram-se à denúncia das alas oportunistas e centristas, sem oferecer, contudo, uma reflexão de maior fôlego sobre os fatores que permitiram a tais setores gozar seja do suporte, seja de uma indiferença até certo ponto conivente das massas com as políticas adotadas. De maneira análoga, Rosa não conseguiu enxergar senão oportunismo na afirmação tão recorrente entre os sindicalistas de que a propaganda revolucionária comprometia a expansão de seus sindicatos entre porções mais amplas do operariado.

47 "Não é o proletariado obrigado por lei alguma a submeter-se ao jugo do Capital e sim pela miséria, pela falta de meios de produção. Mas, nos quadros da sociedade burguesa, não haverá

autora, "como suprimir progressivamente, 'pela via legal', a escravidão do assalariado, se ela não está absolutamente expressa nas leis?" (LUXEMBURG, 1999: 97-8).

O objetivo da altercação de Luxemburg contra as premissas políticas do revisionismo era, por outro lado, desmistificar as associações entre burguesia, liberalismo e democracia. Quanto às relações entre liberalismo e burguesia, nossa discussão até agora já reiterou exaustivamente que na Alemanha os burgueses não hesitaram em abandonar seus "ideais de 1848" quando os segmentos conservadores e politicamente autoritários satisfizeram seus desígnios econômicos. A escolha dos membros do *Reichstag* pelo sufrágio universal convivia com privilégios eleitorais no âmbito regional, sem mencionar o caráter autoritário da maquinaria estatal e a permanente ameaça de emprego das forças armadas contra eventuais irrupções das massas no tablado da política. Além disso, uma análise comparativa dos regimes políticos na Europa atestava que a democracia não era um vocábulo obrigatório no dicionário burguês. Se, por um lado, as experiências inglesas e francesas demonstravam que esse regime não comprometia irreversivelmente o predomínio político das classes dominantes, por outro lado a história recente daqueles países onde o capitalismo despontara tardiamente – mais especificamente a Rússia e a própria Alemanha – constituíam a melhor prova de que, se lhe for conveniente, a burguesia abre mão sem pestanejar de qualquer invólucro democrático.[48]

> Na Alemanha, a única instituição verdadeiramente democrática, que é o sufrágio universal, não é conquista do liberalismo burguês, e sim um instrumento para a fusão dos pequenos Estados, e por conseguinte só nesse sentido tem importância para o desenvolvimento da burguesia alemã, que em tudo mais se contenta com uma monarquia constitucional semifeudal. Na Rússia, longos anos prosperou o capitalismo sob o regime do absolutismo oriental, sem que tivesse a burguesia manifestado o mínimo desejo de ver introduzida a democracia (LUXEMBURG, 1999: 89).

---

no mundo lei que lhe possa proporcionar esses meios de produção, porque não foi a lei, e sim o desenvolvimento econômico que lhos arrancou" (LUXEMBURG, 1999: 99).

48 "Não se pode estabelecer, entre o desenvolvimento capitalista e a democracia, qualquer relação geral absoluta. A forma política é pois sempre resultante do conjunto dos fatores políticos tanto interiores quanto exteriores, e cabem dentro de seus limites todos os diversos graus da escala, desde a monarquia absoluta até a república democrática" (LUXEMBURG, 1999: 89).

Ao sublinhar a pertinência de uma moderação discursiva, Bernstein corroborava a opinião externada por Weber em seu discurso inaugural de 1895, segundo a qual o radicalismo da socialdemocracia haveria aprofundado a cisão entre burguesia e democracia na Alemanha. Mesmo que em vista de sua condição de ícone do SPD Bernstein tivesse de se expressar em termos que não provocassem um rebuliço ainda maior entre a militância partidária, também ele julgava despropositada uma contraposição absoluta frente ao *establishment* – manifesta, por exemplo, no cunho estratégico que se atribuía às reivindicações em torno da expropriação da propriedade burguesa. Essas opções minavam quaisquer alianças mais sólidas com os "elementos progressistas" e sacramentavam a deserção burguesa do campo democrático. Enquanto Bernstein e Weber confluíam ao assinalarem que a renúncia ao "objetivo final" era o preço que o SPD deveria pagar pelo fortalecimento da perspectiva democrática, Luxemburg enveredava pelo caminho oposto, designando o proletariado socialista como único ator político no qual essa causa encontraria respaldo efetivo. Somente o espraiamento da "consciência de classe" poderia forjar uma ação de massas capaz de opor os princípios democráticos às "consequências reacionárias da política mundial e da deserção burguesa" (LUXEMBURG, 1999: 92-3).

Da mesma forma que a crítica de Luxemburg às práticas corriqueiras do sindicalismo alemão não se confundia com a negação absoluta da luta sindical, as metáforas nas quais associava as instituições democráticas à imagem de um terreno pantanoso não implicavam quaisquer reconsiderações táticas que pregassem a abstenção do trabalho parlamentar. Se, no primeiro caso, sua oposição dirigia-se à interpretação *tradeunionista* da greve enquanto simples forma de acesso da classe operária às benesses do conforto pequeno-burguês, no segundo caso o foco da crítica recaía sobre a adaptação dos representantes socialdemocratas ao formalismo parlamentar.[49] Nesse sentido, observemos de perto alguns episódios de sua trajetória que contrariam frontalmente as acusações que imputam a Luxemburg uma indiferença – ou, por vezes, até mesmo uma recusa anarquista – à dimensão institucional da luta política. Em primeiro lugar, vale recordar que uma das primeiras tarefas que lhe coube ao chegar na Alemanha fora a agitação eleitoral

---

49 "A grande importância da luta sindical e da luta política reside em que elas socializam o *conhecimento* a consciência do proletariado, organizam-no como classe. Considerando-as como meio de socialização direta da economia capitalista, perdem elas não só o efeito que se lhes atribui, mas também sua outra significação, isto é, cessam elas de ser um meio de preparação [*Erziehungsmittel*] da classe operária para a conquista do poder" [(LUXEMBURG, 1999: 60), grifo da autora].

entre os poloneses da Alta Silésia – um desafio que não teria aceito caso enxergasse nele algo de contraproducente. Sua motivação derivava de um certo olhar que enxergava na soma dos votos mais do que estatísticas e cadeiras no parlamento, mas essencialmente um momento da disputa pela consciência dos trabalhadores. Em segundo lugar, tenha-se em mente a crítica que Luxemburg dirigiu aos bolcheviques após a Revolução de Outubro por conta da dissolução da Assembleia Constituinte. Assim como refutara a proposição tipicamente revisionista de que as instituições democráticas tornavam a revolução obsoleta, Luxemburg não poupou aqueles dirigentes russos, cujas práticas desvelavam um certo desdém pelas instituições democráticas face às exigências da revolução. Aliás, seus argumentos questionavam uma falsa contraposição entre tais elementos e, por conseguinte, quaisquer medidas que justificassem restrições à democracia e à participação das massas em nome de supostos critérios de "eficiência revolucionária".[50] Em terceiro lugar, não se deve esquecer que ela mesma teve de defender-se contra a maioria esquerdista no congresso fundacional do KPD, que rejeitava como oportunista a participação nas eleições para a Assembleia Nacional. Luxemburg redarguiu, então, que o equívoco daqueles que pendiam para a tática do boicote consistia em subestimar o potencial das eleições e do parlamento enquanto instrumentos da luta revolucionária. No seu entender, a opção por ocupar os espaços da democracia burguesa, além de impulsionar a educação socialista das massas, surgia como uma oportunidade para arrancar uma parcela do poder aos adversários da classe trabalhadora e apropriar-se de recursos que contribuíssem para a implosão desses mecanismos de dominação.[51] "Vocês pensam: ou metralhadoras ou parlamentarismo. Nós queremos um radicalis-

---

50   "Tudo isso mostra que 'o pesado mecanismo das instituições democráticas' encontra um corretivo poderoso exatamente no movimento vivo e na pressão constante da massa. E quanto mais democrática a instituição, quanto mais viva e forte a pulsação da vida política da massa, tanto mais imediata e precisa é a influência que ela exerce – apesar das etiquetas partidárias rígidas, das listas eleitorais obsoletas etc. É claro que toda instituição democrática tem seus limites e lacunas, o que, aliás, compartilha com todas as instituições humanas. Só que o remédio encontrado por Lênin e Trotsky – suprimir a democracia em geral – é ainda pior que o mal que devia impedir; ele obstrui a própria fonte viva a partir da qual podem ser corrigidas todas as insuficiências congênitas das instituições sociais: a vida política ativa, sem entraves, enérgica das mais largas massas populares" (LUXEMBURG, 2011: 201).

51   Houve ao menos um deputado alemão cujo mandato fora uma espécie de síntese daquilo que Luxemburg esperava de um parlamentar socialista. Karl Liebknecht distinguiu-se em meio ao "bazar de palavras" do *Reichstag* porque o centro gravitacional de sua política localizava-se fora

mo um pouco mais refinado, não apenas este grosseiro 'uma coisa ou outra'. Ele é mais confortável, mais simples, mas é uma simplificação que não serve para a formação nem para a educação das massas" (LUXEMBURG, 2011: 338).

O título conferido por Luxemburg à brochura na qual expressou suas divergências com Bernstein transmite inicialmente a falsa impressão de que as reformas obtidas pelos canais da legalidade e o método revolucionário constituiriam vertentes mutuamente excludentes, como se a definição do perfil do movimento operário dependesse de uma escolha consciente por um desses caminhos. Todavia, o curso de sua argumentação indica que a formulação do problema em termos dicotômicos consistiria precisamente na falácia alardeada pelos teóricos do revisionismo para afastar a perspectiva revolucionária do horizonte da classe trabalhadora. De acordo com Luxemburg, haveria, pelo contrário, uma relação de complementaridade dialética entre esses dois polos da transformação social ao longo da história. Isto não somente porque as reformas implementadas por meios legais obedecem, por definição, as fronteiras constitucionais delimitadas pela última revolução, mas igualmente porque os limites objetivos em que esbarra o impulso reformista desencadearia na consciência dos agentes sociais interessados na transformação social a percepção [*Erkenntnis*] de que a consecução de suas metas depende, em última instância, da superação daqueles constrangimentos materiais que tornam as bases jurídicas da sociedade presente impermeáveis às suas reivindicações mais amplas.[52]

Em suma, a ortodoxia partidária buscou diligentemente evitar que sua réplica ao reformismo fosse interpretada como subestimação do potencial revolucionário imbuído nas lutas destinadas à conquista de direitos e à elevação do padrão de vida da classe operária. Também partidário de uma abordagem não-disjuntiva acerca da relação entre objetivos imediatos e a consecução revolucionária da emancipação socialista,[53] Kautsky atribuía enorme importância às conquistas do proletariado nos

---

do parlamento, de modo que suas intervenções consistiam numa interpretação literal do imperativo "*durch das Fenster reden*".

52 "Precisamente, o esforço pelas reformas não contém força motriz própria, independente da revolução; prossegue em cada período histórico, somente na direção que lhe foi dada pelo impulso da última revolução, e enquanto esse impulso se faz sentir, ou, mais concretamente falando, somente nos quadros da forma social criada pela última revolução" (LUXEMBURG, 1999: 96).

53 No último capítulo desta tese perceberemos que a indissociabilidade dialética do par reforma-revolução assumiu na trajetória de Kautsky o lugar de um discurso teórico, nem sempre

marcos do capitalismo, pois julgava que elas o tornavam menos suscetível às intempéries desse modo de produção. Caso suas existências transcorressem sob a mais completa miséria, os trabalhadores simplesmente não disporiam da energia física e intelectual que requer a tarefa de organização política. Além disso, as conquistas obtidas por meio da democracia educariam politicamente a classe, familiarizando-a na prática com os problemas e métodos administrativos dos governos e das grandes indústrias. O aprofundamento das instituições democráticas figurava-se-lhe, pois, como meio indispensável e, ao mesmo tempo, processo pelo qual se realizaria o amadurecimento do operariado para a tomada do poder [*Machtergreifung*]. No entanto, Kautsky ressalvava em letras maiúsculas que, embora a democracia fosse imprescindível aos trabalhadores como "a luz e o ar para o organismo" (KAUTSKY, 1968a: 185), seria absolutamente utópico imaginar que a paz social pudesse configurar-se no interior do capitalismo, ou que a "via legal" permitisse uma transição amena ao socialismo.

Note-se, por último, que o lugar-chave do "processo revolucionário" em *Reforma social ou revolução?* não apenas contesta o postulado de que reformas graduais pudessem mitigar [*abstumpfen*] as contradições do sistema capitalista, como ainda estabelece parâmetros para uma diferenciação epistemológica das perspectivas em contenda.[54] A negação bernsteiniana da "teoria do desmoronamento" em favor de um olhar a partir do qual o capitalismo – por meio de seus "fatores de adaptação" –

---

corroborado pelas posições táticas por ele adotadas. Aos poucos tornar-se-ia claro que havia, de fato, uma abordagem disjuntiva entre os polos dessa relação que, embora mascarada no plano discursivo, apresentava-se como uma oposição temporal entre uma prática reformista fincada num presente estendido e uma subversão revolucionária envolta num futuro metafísico.

54 Bernstein creditava ao método dialético boa parte daquilo que lhe aparecia como erros na obra de Marx. Com efeito, a influência de Hegel surgia, aos seus olhos, como empecilho para o tratamento estritamente científico da realidade socioeconômica e contribuía, do ponto de vista político, para tornar o marxismo suscetível às concepções herdeiras do blanquismo. Bernstein sentiu-se, portanto, atraído pelas premissas do neokantismo porque acreditava ter encontrado nessa corrente filosófica um antídoto contra as distorções teóricas características da doutrina socialdemocrata – que derivavam, segundo ele, da incapacidade em se distinguir, por um lado, as constatações objetivas realizadas pelo marxismo e, por outro lado, o socialismo enquanto movimento fundado numa determinada imagem daquilo que se entenderia como ordenamento societário mais desejável. Posto que uma tal imagem não era acessível por métodos científicos, senão fundamentalmente uma expressão idealizada do "sentimento de justiça", a opção pelo neokantismo também cumpriria o papel de enfatizar a "dimensão ética" do socialismo (cf. BERNSTEIN, 1996f).

rumaria em direção à estabilidade é associada por Luxemburg ao ponto de vista da economia vulgar, ou seja, à generalização do modo de pensar do empresário isolado.[55] Em sua consciência distorcida pelo fenômeno da concorrência, o capitalista individual abstrai as diversas conexões sistêmicas e isola os diferentes elementos econômicos da totalidade com o propósito de avaliar a maneira pela qual cada um deles, separadamente, interfere em seu negócio – seja provocando desarranjos ou favorecendo a segurança e equilíbrio do empreendimento. Assim, mesmo que o "apelo à ciência" presente nos escritos de Bernstein tenha chamado a atenção para os aspectos anacrônicos do marxismo vulgar e para o dogmatismo que lhe era característico, a solução por ele encontrada não constituía propriamente uma superação dessas deformações, senão uma recaída naquilo que Lukács posteriormente denominaria "o ponto de vista monográfico da ciência burguesa" (cf. LUKÁCKS, 2003). Em contraposição, Luxemburg reafirmou a dialética como instrumento de análise da totalidade social, destacando a superioridade epistemológica daquela perspectiva que aponta a classe social enquanto sujeito do conhecimento. Além de escapar aos excessos formalistas da ciência burguesa, sua opção colocava em primeiro plano o aspecto dinâmico da realidade social, bem como os vínculos intrínsecos entre cognição e ação transformadora.

Ora, a despeito da oxigenação proporcionada pelos escritos de Rosa Luxemburg à ortodoxia partidária, o embaraço criado pelo desafio revisionista não fora abafado definitivamente. Embora o congresso realizado em 1899 tenha reafirmado os princípios norteadores do *Programa de Erfurt* e rejeitado qualquer tentativa de alterar ou obscurecer o antagonismo do SPD à ordem social burguesa, o senso de unidade partidária e o temor de cisões no movimento operário evitou que a minoria fosse expelida das fileiras da organização. Entretanto, o lastro social das práticas reformistas – especialmente entre os quadros sindicais – e a dificuldade em solucionar as contradições apontadas por Bernstein transformaram os eixos dessa querela em divergências que se imiscuiriam, de forma mais ou menos explícita, nos demais problemas enfrentados pelo SPD durante os anos que antecederam a guerra. Em 1903, o congresso realizado em Dresden aprovou uma resolução cujo espírito consistia numa ampla condenação do revisionismo. Tal resolução denunciava os esforços para forjar uma acomodação

---

55 "Nessa teoria, as manifestações todas da vida econômica [...] não são estudadas nas suas relações orgânicas com o conjunto do desenvolvimento capitalista e com todo o mecanismo econômico, e sim fora dessas relações, como *disjecta membra* (partes esparsas) de uma máquina sem vida" (LUXEMBURG, 1999: 65).

com a ordem vigente e descartava qualquer possibilidade de colaboração com governos de cunho burguês (cf. SCHORSKE, 1993: 22-4). A vitória da linha oficial contra os correligionários de Bernstein apoiou-se, é claro, no peso da tradição socialdemocrata. Bebel valeu-se do amplo respeito de que desfrutava em meio às bases do SPD – juntamente com o prestígio teórico de Kautsky – para conservar o *status quo* partidário. De qualquer modo, somente a partir da revolução russa de 1905 é que os adeptos do viés revolucionário seriam capazes de opor ao revisionismo uma síntese original que lhes proporcionasse maior diferenciação no plano tático. Aliás, mesmo o cenário que em breve despontaria no Oriente não eliminaria de todo a propensão de certos dirigentes para seguir mascarando a progressiva adaptação do SPD por trás de palavras de ordem retumbantes. No que tange aos problemas internos da socialdemocracia, a preocupação central dos dirigentes partidários deixaria de ser, com o passar do tempo, o esforço para afugentar o espectro do reformismo para converter-se no afã de evitar que as crescentes dissensões reverberassem sobre a coesão de sua militância.

> Verdadeiramente não tens ideia sequer do erro que cometes quando [...] escreves: "A socialdemocracia deveria encontrar a coragem de emancipar-se de uma fraseologia, superada pelos fatos, e de aparecer tal como hoje é na realidade: um partido de reformas democrático-socialista"!? Consideras na verdade possível que um partido que tem uma literatura de cinquenta anos, uma organização de quase quarenta e uma tradição ainda mais antiga pode, num pestanejar de olhos, realizar tal mudança? Agir assim, como tu pretendes, especialmente por parte dos círculos autorizados [...], significaria simplesmente explodir o partido, lançar ao vento trabalho de decênios (AUER *apud* MATTHIAS, 1988: 56).

Por muitos anos secretário do SPD, Ignaz Auer era perspicaz o bastante para compreender que, do ponto de vista dos objetivos práticos acalentados por Bernstein, não era absolutamente imprescindível submeter o partido ao desgaste de assumir oficialmente seu caráter reformista. Pelo contrário, seu conselho sugere uma maneira ladina de conduzir a socialdemocracia do ponto de vista tático sem, contudo, desrespeitar certos tabus, nem tampouco alimentar hostilidades contra os adeptos do reformismo. "Meu caro Ede, o que tu pretendes, uma coisa deste tipo, não se *delibera*, uma coisa semelhante não se *diz*, uma coisa semelhante se *faz*" [(AUER *apud* MATTHIAS, 1988: 56), grifos do autor].

6.
Considerações teóricas acerca da greve dos mineiros do Ruhr em 1905

> Mas o princípio, politicamente necessário, da organização, se permite evitar a dispersão das forças que interessa ao adversário, encobre outros perigos. Escapa-se de Scylla para se chocar contra Caribde. É que a organização constitui precisamente a fonte de onde as correntes conservadoras invadem a planície da democracia, provocando inundações devastadoras que tornam essa planície irreconhecível (MICHELS, 1982: 8).

A análise do movimento operário alemão tornar-se-ia oca se nos contentássemos em reduzir as múltiplas dimensões dessa problemática às representações conceituais que os ícones da socialdemocracia construíram a seu respeito. Embora os intelectuais do SPD estivessem atentos para os vínculos entre o processo de modernização capitalista na Alemanha e as iniciativas políticas da classe trabalhadora ao longo dessa trajetória, seria um equívoco sociológico estabelecer uma relação de identidade entre as características assumidas pelo operariado germânico de então e as maneiras pelas quais se pinta a classe nos escritos desses teóricos. Com raras exceções,[1] as obras

---

1   O livro escrito por Eduard Bernstein acerca do movimento operário berlinense figura como uma dessas exceções, pois nele a ênfase do autor recai sobre os embates concretos, os esforços organizativos e outros elementos que buscam elucidar aquelas experiências históricas que exerceram um papel formativo sobre o conjunto dos trabalhadores da capital do *Reich* (cf. BERNSTEIN, 1924). No entanto, mesmo que nesse volume Bernstein tenha adotado uma perspectiva metodológica mais afim àquilo que a tradição do pensamento social alemão de-

dos autores clássicos da socialdemocracia destinavam-se, prioritariamente, à análise de tendências gerais do panorama socioeconômico e à formulação de argumentos que lhes permitissem intervir nos rumos das diretrizes partidárias. Nesse sentido, os retratos do operariado alemão que emergem dos textos legados por esses escritores oferecem apenas imagens difusas a respeito das categorias de assalariados entre as quais buscavam ressonância, sem mencionar que as feições ali delineadas estiveram em grande medida impregnadas daquelas expectativas que – cada um deles a seu modo – desejavam ver ratificadas no comportamento político dos trabalhadores. Além disso, demonstraremos nos capítulos seguintes que as percepções e apostas políticas de Bernstein, Kautsky e Luxemburg sofreram consideráveis influências de padrões externos à realidade alemã, levando-os inclusive a projetar no operariado local certas experiências e tradições proletárias de países onde a luta de classes assentava-se em parâmetros nem sempre condizentes com a moldura social do *Kaiserreich*.

Não há dúvidas de que uma fricção crítica entre os representantes das principais tendências da socialdemocracia colabora para minimizar certas distorções a respeito da formação histórica do operariado alemão enquanto classe, uma vez que as divergências entre as perspectivas em questão oferecem um contraponto às interpretações enviesadas que certamente decorreriam do apego a referências unilaterais. De qualquer forma, as vantagens do contraste proposto não tornam menos relevante um enfoque complementar que seja capaz de trazer ao primeiro plano os trabalhadores de carne e osso, isto é, os protagonistas daqueles conflitos que forneceram a matéria-

---

nominaria *Froschperspektive* – isto é, um deslocamento de foco que retrata os processos vistos "de baixo" com o objetivo de captar elementos dificilmente apreensíveis em macroanálises –, também a bibliografia desse autor demonstra que a quase totalidade de suas obras consiste em escritos polêmicos e debates acerca das tendências gerais de desenvolvimento do capitalismo. Além disso, houve uma porção de quadros do sindicalismo alemão que se devotou à elaboração de monografias – embasadas em minuciosas compilações de arquivos – sobre a trajetória das categorias às quais pertenciam [*Zunftgeschichte*]. Tais monografias não deixam de revelar o distanciamento dos sindicalistas alemães em relação à perspectiva "generalizante" dos teóricos socialdemocratas, vistos por eles como "literatos" que ignoravam as questões mais práticas e concretas do movimento operário. Por outro lado, é curioso notar que os esforços dessa natureza restringiram-se fortemente ao nível empírico. Os sindicalistas não foram capazes de desenvolver uma teoria alternativa às formulações dos "literatos", de modo que sua maior proximidade com o revisionismo devia-se não exatamente a uma corroboração sistemática das análises dessa corrente, mas à necessidade de compensar suas lacunas teóricas e à maior simpatia pela qual esse campo avaliava os significados do trabalho prático quotidiano (cf. CASSAU, 1925).

-prima para as reflexões teóricas acerca da dinâmica da luta de classes na Alemanha. Por essas razões, apresentaremos ao leitor nas páginas seguintes um breve excurso crítico sobre as disputas trabalhistas nas quais se viram envolvidos os mineiros que desempenhavam a labuta pesada no vale do Ruhr. Nossa ênfase consistirá, portanto, em analisar a forma pela qual as pressões modernizantes repercutiram sobre a existência dessa camada proletária, bem como as respostas coletivas forjadas pelos mineiros face às novas relações de trabalho a que foram submetidos. Mais especificamente, chamaremos a atenção para os padrões de mobilização e problemas organizacionais que emergiram desses conflitos e – juntamente com as questões levantadas pela revolução russa de 1905 – constituiriam o pano de fundo das discussões táticas que fervilharam no interior do SPD no período que antecedeu a catástrofe de 1914.

O vale do Ruhr localiza-se na porção ocidental da Alemanha, ou seja, precisamente na região mais industrializada do país. Empresas de grande porte erigiram-se ali nas últimas décadas do século XIX e foram responsáveis por garantir ao *Kaiserreich* um lugar de destaque entre as nações de economia avançada da Europa. Além de principal centro da mineração de carvão no território germânico, o Ruhr concentrava parcela significativa das mais competitivas indústrias metalúrgicas do continente. "Entre 1910 e 1914, a Alemanha produziu em média duas vezes mais ferro e mais que o dobro do aço produzido na Grã-Bretanha. Por volta de 1900, o Ruhr não somente estava deslocando os artefatos de aço ingleses do mercado europeu; ele se incrustava no mercado da própria Inglaterra" (MOORE JR., 1987: 318). Em suma, o desenvolvimento econômico reordenou a paisagem populacional dessa região, desencadeando a aglomeração de massas trabalhadoras em proporções tais que mineiros e metalúrgicos representavam 48% da mão-de-obra local. Considerando-se ainda os empregados do comércio e dos transportes, a classe trabalhadora abarcava então três quintos da população economicamente ativa.[2] As minas e fundições assumiram, por conseguinte, uma posição-chave no conjunto da economia alemã. Basta lembrar, por

---

2 O grau de industrialização do vale do Ruhr era aproximadamente o dobro da média nacional. Em 1882, nada menos do que 64,4% da população economicamente ativa extraía sua renda de ocupações ligadas à indústria ou ofícios artesanais, ao passo que tal cifra equivalia a 33,2% no restante do império. Essa diferença tenderia a diminuir ao longo dos anos, mas em 1925 ela ainda permanecia alta: 60,2% e 36,9%, respectivamente (cf. JÄGER, 1995: 14). A importância econômica do Ruhr também se expressava pelo volume de circulação de mercadorias, que alcançava um montante superior a um terço do total registrado para o conjunto do império nos últimos anos do século XIX (cf. PIPER, 1903: 11).

exemplo, que a pujança bélica da nação dependia em grande medida dos artigos industriais ali produzidos e que o carvão representava, à época, uma matriz energética de importância estratégica.

Em virtude disso, o controle da mão-de-obra figurava particularmente no vale do Ruhr como uma das preocupações centrais das camadas dirigentes. O crescimento da produtividade e a preservação das hierarquias no interior das empresas dependiam fundamentalmente da postura que assumiriam os operários perante as condições de trabalho vigentes. No entanto, os donos das minas via de regra não se mostraram dispostos a responder às exigências dos trabalhadores por meio da solução negociada e tampouco a admitir sem resistência a formação de organismos representativos entre seus empregados. Pelo contrário, eles revelavam abertamente que não tolerariam afrontas, e a condição por eles estabelecida para eventuais negociações era que estas fossem travadas entre proprietários e operários individualmente. A recusa peremptória desses empresários a canalizar as disputas trabalhistas para vias institucionais de interlocução contribuiu, portanto, decisivamente para que o Ruhr se transformasse num barril de pólvora. Não por acaso, as greves dos mineiros dessa região – 1872, 1889, 1905, 1912 – despontam como algumas das maiores ações coletivas de massas da história da Alemanha Guilhermina, de modo que não seria exagero perceber nesse cenário diversos ingredientes que poderiam ter desencadeado convulsões sociais análogas à revolução russa.

Antes de nos debruçarmos sobre as principais questões levantadas pela emblemática greve que chamou a atenção da opinião pública para a situação dos mineiros em 1905, cabe destacar alguns dos pressupostos históricos que elucidam o modo pelo qual essa categoria viu-se afetada pelo processo de modernização das relações de trabalho na Alemanha. No caso das minas de carvão, o desenvolvimento de formas contratuais propriamente capitalísticas teve como pano de fundo a existência de um sistema de paternalismo corporativo. Por um lado, os direitos de caráter fundamentalmente tradicionalista que regulavam esse sistema favoreceram a construção de uma autoimagem positiva entre os mineiros, enquanto o pertencimento a uma corporação profissional de *status* reconhecido na ordem social alemã encarregou-se, por outro lado, de reforçar o orgulho e senso de honra que os distinguiam. Além disso, os mineiros gozavam da isenção de certos impostos e taxas feudais, que, juntamente com um fundo coletivo, lhes assegurava uma situação material relativamente satisfatória. O direito a esse benefício previdenciário – cujas contribuições advinham dos próprios mineiros e do tesouro estatal – dependia da inscrição no *Knappschatsregister*, e beneficiava-os em caso de doença ou acidente. Numa palavra, a legislação paternalista fomentava o espírito de obediência e lealdade entre os mineiros, de modo que estes acatavam a disciplina de trabalho e mantinham-se alheios aos momentos de instabilidade política, vide sua apatia perante as turbulências de 1848.

Contudo, a legislação liberal prussiana relativa à mineração reestruturou significativamente as relações de trabalho no Ruhr. Entre 1851 e 1865 foram aprovadas leis que transferiam do Estado para as mãos da iniciativa privada as responsabilidades quanto ao gerenciamento e supervisão da labuta nas minas, restando então ao poder público somente as atribuições relativas à vigilância policial do operariado (cf. PIPER, 1903). Essas alterações conferiram maior liberdade aos proprietários para conduzir suas operações em consonância com os imperativos da racionalidade capitalística. Os mineiros não mais se vinculavam a uma mina específica e doravante o contrato de trabalho seria estabelecido em bases individuais. Em resumo, os aspectos corporativos de sua profissão erodiam à proporção que as leis de oferta e procura no mercado tornavam-se o fator de alocação da mão-de-obra. Além de provocarem a dissolução das tradições estamentais que distinguiam os mineiros, as novas disposições acarretaram a proletarização e empobrecimento de uma categoria que se encontrava anteriormente numa situação de relativo bem-estar material (cf. KOCH, 1954).

De modo geral, os proprietários das minas sobrepuseram alguns traços da moderna indústria capitalista às relações sociais pré-industriais sem, no entanto, destruírem-nas completamente. Orientados pelas exigências do mercado, os magnatas do carvão impuseram controles burocráticos mais rígidos, alternando turnos extras com períodos não remunerados de inatividade. Os mineiros, por sua vez, ressentiram-se de tais medidas, pois avaliavam as transformações em curso segundo aqueles parâmetros que haviam outrora moldado seus ofícios em termos corporativos e estamentais.[3] Ao fim e ao cabo, os procedimentos ainda rudimentares por meio dos quais o carvão era extraído das profundezas, associados àqueles elementos da mentalidade pré-industrial que levavam os mineiros a encarar os processos em curso como deterioração dos padrões de vida do passado, explicitam a marca deixada por fatores de cunho

---

3 "Tanto suas definições de injustiça como a sua capacidade para a ação coletiva podem ser claramente referidas a práticas pré-industriais específicas da mineração alemã" (MOORE JR., 1987: 317).

tradicionalista[4] na reconfiguração do tecido social onde se desenrolariam, conforme mencionamos, alguns dos conflitos trabalhistas mais agudos do *Kaiserreich*.

A abolição dos limites pré-industriais à acumulação teve como consequência um surto exponencial da produção de carvão. No que se refere à tecnologia empregada, porém, as modificações não foram tão relevantes, de sorte que a mineração permaneceu uma forma de trabalho manual. O adensamento da força de trabalho nas minas explica-se, portanto, pelo fato de que o aumento da extração carvoeira efetuou-se com base em padrões tecnológicos herdados da época em que a mineração consistia, basicamente, numa série de procedimentos artesanais (cf. BURGHARDT, 1992). A produção ampliava-se extensivamente por meio de escavações mais profundas que, por seu lado, demandavam uma considerável expansão numérica da força de trabalho. Assim, o alargamento quantitativo da massa de assalariados ali empregada concorreu, em primeiro lugar, para que os embates com a patronal adquirissem paulatinamente as feições características da luta de classes em sua versão moderna. Enquanto a extração carvoeira mantivera-se em níveis relativamente baixos, o número de operários por mina fora suficientemente reduzido para que pudessem conhecer-se uns aos outros e seus supervisores pessoalmente. Essa configuração dava margem para o estabelecimento de relações patriarcais e paternalistas, ao passo que a mudança na escala produtiva elevou de tal forma a quantidade de operários nos locais de trabalho que suas relações tornaram-se impessoais, contribuindo para que o paternalismo também deixasse de ser eficaz enquanto fator de regulação dos conflitos.

Em segundo lugar, a demanda por mão-de-obra estimulou um fluxo migratório de enormes proporções que resultaria numa mudança da composição da força de trabalho no Ruhr. Isto porque a solução aventada pelos proprietários para contornar a escassez de braços foi importar trabalhadores oriundos da Prússia Oriental e da Polônia. Dessa forma, apenas 58% dos mineiros do Ruhr declaravam, em 1906, o alemão como seu idioma materno. Em algumas minas a proporção de trabalhadores estrangeiros era ainda maior, variando entre dois terços e noventa por cento do total.[5]

---

4   "Mesmo em algumas de suas petições mais antigas pode-se encontrar o apelo à restituição de seus 'direitos tradicionais', arrancados de suas mãos com a liberalização da indústria mineira" (GEYER, 1992: 1050).

5   "Entre 1871 e 1905 o número de habitantes do Ruhr que tinham nascido nessas regiões do Leste cresceu de 11 para 254 mil, com o maior aumento sendo registrado unicamente nos três anos entre 1898 e 1901" (MOORE JR., 1987: 327). Embora os poloneses representassem o maior contin-

Assim sendo, causa estranheza que Weber tenha conferido tanta ênfase à imigração polonesa nas terras a leste do Elba. Conforme apontamos no primeiro capítulo, Weber reprovou a ganância dos *Junker* que, atentos para a concorrência no mercado de grãos, comprometiam a preservação da germanidade apelando para a força de trabalho estrangeira. No entanto, uma parcela muito significativa dos imigrantes poloneses que na virada do século estabeleceram-se na Alemanha tiveram como destino as minas do Ruhr. Aliás, os grandes domínios da Prússia Oriental transformavam-se, cada vez mais, num corredor de passagem em direção aos polos industriais do oeste. Em suma, não apenas os *Junker*, mas as camadas proprietárias alemãs de modo geral, aproveitavam-se do baixo padrão de vida desses imigrantes em sua terra natal para nivelar por baixo a remuneração de seus empregados. Os operários alemães encararam com animosidade a crescente afluência de imigrantes que se sujeitavam a salários irrisórios e jornadas extenuantes. Embora as condições de trabalho na Alemanha distassem de perspectivas idílicas, elas representavam para os poloneses – em sua maioria camponeses familiarizados com a penúria e submetidos à autoridade severa – um salto de qualidade em relação ao seu contexto social originário. "Uma liderança polonesa disse certa vez que 'ali onde o operário alemão não é capaz de suportar dois dias, o polonês emprega toda sua força de trabalho, frequentemente com prejuízos para sua saúde'" [(PIPER, 1903: 246), tradução nossa].

Em terceiro lugar, não se deve menosprezar a importância que determinadas estruturas informais de solidariedade assumiram enquanto alavanca das mobilizações coletivas fermentadas no Ruhr. Tenha-se em mente, por exemplo, que o adensamento populacional resultante do fluxo migratório observado nas últimas décadas do século XIX deu lugar à emergência de inúmeras associações locais [*Vereine*] que desempenharam um papel relevante quanto à sociabilidade dos operários. Ademais, vale salientar que os barões das minas alojaram uma porção crescente desses trabalhadores em colônias, inclusive porque acreditavam que a disposição sobre a residência de seus empregados facilitaria o controle da mão-de-obra. A existência compartilhada nessas colônias fortaleceu, porém, os laços de solidariedade entre os mineiros, pois, além da labuta em comum, vivenciava-se conjuntamente o tempo livre

---

gente estrangeiro em atividade nas minas de carvão, houve uma profusão de indivíduos oriundos de outros países que se dirigiram para o Ruhr em busca de trabalho, de modo que o complexo econômico da porção ocidental da Alemanha converteu-se num verdadeiro *melting pot*, onde se falava trinta e seis línguas diferentes, segundo os registros de 1893 (cf. PIPER, 1903: 241).

e estabelecia-se relações familiares por meio de casamentos no interior da mesma camada (cf. BRÜGGEMEIER, 1983). Não é de se estranhar, portanto, que a adesão às greves tenha sido particularmente forte entre os indivíduos que habitavam esse microcosmo operário – algo semelhante ao transcorrido em 1905 nas grandes vilas de São Petersburgo, diga-se de passagem, onde a concentração do proletariado em vastos conglomerados residenciais estreitou a coesão entre o exército de mujiques desterrado na capital do império e favoreceu a disseminação da revolta após o "domingo sangrento" (cf. SUHR, 1989).

Por último, o vertiginoso aumento quantitativo da força de trabalho que a expansão das carvoarias trouxe consigo desencadeou um processo de crescente heterogeneização da população mineira. Mesmo que os trabalhadores compartilhassem uma situação objetiva praticamente idêntica em função da homogeneidade da estrutura produtiva, não há razões para supor que a existência de um solo profissional comum tenha dado lugar a uma coesão análoga no plano identitário. Ao invés disso, faz-se necessário chamar a atenção para clivagens de diversas ordens – religiosas, nacionais e políticas – que se mostraram prenhes de consequência para a organização sindical e para a assimilação dos ideais emancipatórios inscritos no programa socialdemocrata. O primeiro indício a corroborar tal afirmação seria a distribuição dos votos nas eleições para o *Reichstag*. No período anterior à greve de 1889, o comportamento eleitoral dos mineiros baseava-se, sobretudo, nas confissões religiosas que professavam. Em outras palavras, havia entre os operários do vale do Ruhr uma polarização entre o *Zentrum* e outros partidos burgueses de orientação protestante, em particular o Partido Nacional-Liberal. Embora a votação do SPD tenha sido catapultada pelas mobilizações operárias – a ponto de se converter no partido com o maior número de eleitores após 1903 –, a elevação da radicalidade nos conflitos trabalhistas não impediu que os católicos e os partidos burgueses continuassem a figurar enquanto potências eleitorais nessa região (cf. JÄGER, 1996: 20). Além disso, a emergência de um sindicato polonês entre os mineiros [*Zjednoczenie Zawodowe Polskie*] revelaria não somente as hostilidades da força de trabalho germânica contra a mão-de-obra eslava, mas também as dificuldades das agremiações socialdemocrata [*Alte Verband*] e cristã [*Gewerkverein Christlicher Bergarbeiter*] para atrair os operários estrangeiros para sua base organizativa.[6]

---

6   Uma parcela considerável dos trabalhadores poloneses dispunha de conhecimentos rudimentares da língua alemã, e tanto o *Alte Verband* como o *Gewerverein* somente decidiram-se a lançar

Dessa forma, a totalidade dos mineiros do Ruhr estava submetida a uma existência proletária bastante homogênea que explica o caráter unitário de suas reivindicações ao longo das greves que protagonizaram. No entanto, as diferenças identitárias que se sobrepunham à tal condição objetiva esclarecem a segmentação que havia entre os mineiros no plano organizativo, assim como certos obstáculos que se interporiam à massificação de uma perspectiva revolucionária e emancipatória nesse meio. O papel desempenhado por fatores identitários em relação ao comportamento político dos operários das minas evidencia, portanto, as insuficiências e desvios teóricos característicos da intelectualidade socialdemocrata em sua vertente hegemônica. Numa palavra, o peso de interpretações vulgarizadas do marxismo – que pressupunham as representações no plano cultural como simples "reflexo" da posição ocupada pelos agentes na estrutura produtiva [*Widerspiegelungstheorem*] – mostrou-se um empecilho para que se reconhecesse a interferência de categorias mediadoras entre a condição proletária objetiva e as formas históricas de ação política dessa classe.

Com efeito, é possível identificarmos alguma regularidade no padrão de reivindicações que nortearam os protestos dos mineiros após a introdução da legislação prussiana. Em 1872, teve lugar a primeira mobilização de grande envergadura, na qual um terço da mão-de-obra negou-se a trabalhar durante seis semanas. A irrupção dessa greve consistiu num reflexo tardio da resposta negativa conferida pelas autoridades à petição encaminhada em 1867 pelos trabalhadores ao rei da Prússia, na qual se queixavam das jornadas excessivamente longas, do trabalho extra e compulsório, bem como dos salários insuficientes. Cinco anos mais tarde, os mineiros reuniram-se em Essen com o intuito de eleger um comitê que apresentaria suas demandas a cerca de vinte das companhias mineradoras da região. Além dos tópicos elencados na petição de 1867, reivindicavam uma quota de carvão para combustível doméstico a preços mais baixos e mudança nos regulamentos sobre a carga dos vagonetes. Os mineiros reclamavam de descontos em sua remuneração nos casos em que se derramava parte do carvão no seu transporte à superfície, o assim chamado "vagão nulo". Por outro lado, existiam outras causas para a insatisfação dos operários que não diziam respeito a questões de ordem material. A brutalidade do tratamento que lhes era conferido por parte dos supervisores acirrava os descontentamentos da força de trabalho, algo que era tanto mais ultrajante aos mineiros em virtude do contraste entre a forma

---

publicações em língua polonesa depois da fundação do *Zjednoczenie Zawodowe Polskie* (cf. KULCZYCKI, 1992).

desrespeitosa pela qual eram abordados e as noções de honra profissional que haviam herdado do período em que ainda gozavam de suas dignidades estamentais. Ainda que a paralisação tenha sido encerrada sem quaisquer concessões aos trabalhadores e grevistas tenham sido demitidos, essa queda de braços deu início a um período em que os mineiros aprofundariam sua compreensão acerca da necessidade de se erigir ferramentas organizativas que pudessem capacitá-los para enfrentamentos em outro patamar com os barões do Ruhr.

Os mineiros voltariam à cena em 1889, desencadeando uma greve que abarcou cerca de 81 mil operários, ou seja, mais de 70 por cento da mão-de-obra local. Inicialmente atrelado aos problemas de representação dos trabalhadores, o movimento desdobrou-se em torno das exigências de aumento salarial, turno de oito horas e proteção face às intempéries de seu labor. A paralisação eclodiu como um fenômeno espontâneo que se estendeu para outras regiões, incorporando mineiros da Silésia, Saxônia e Sarre. Nessa época, os esforços organizativos desses operários ainda não haviam surtido resultados palpáveis, uma vez que a lei de exceção contra os socialistas favorecia os desígnios da patronal de coibir a emergência de entidades de classe entre seus empregados. Não obstante a promessa governamental de que essa medida teria como alvo somente o braço político da socialdemocracia, ela representou, na prática, uma camisa de força para o conjunto do sindicalismo alemão (cf. CASSAU, 1925). As restrições à liberdade de associação e reunião provocaram, assim, uma radicalização dos grevistas, e a resposta do governo consistiu no envio de tropas para garantir a contenção dos protestos. Essa decisão conduziu a um desfecho sangrento, no qual onze pessoas foram mortas e outras vinte e seis feridas. Em seguida, o comitê de greve foi preso e o movimento refluiu uma vez mais sem que os trabalhadores houvessem alcançado os direitos que pleiteavam. A ampla simpatia que a causa dos mineiros despertou em outras camadas da população forçou o *Kaiser*, entretanto, a assumir uma postura de intermediário paternalista e receber pessoalmente uma comissão de representantes dos operários do Ruhr. Além das vagas promessas que dirigiu a seus interlocutores, sua mensagem esteve permeada de admoestações para que os mineiros não se deixassem levar pela influência de círculos socialdemocratas nem permitissem que seu movimento fosse convertido em atentados contra a ordem pública (cf. PIPER, 1903: 172-83).

Os ativistas envolvidos na greve estavam convencidos de que a inexistência de uma espinha dorsal organizativa havia sido determinante para a vitória da patronal. Com a revogação das leis antissocialistas no ano seguinte, a formalização de seus interesses de classe converteu-se, então, na prioridade do movimento trabalhista das minas. Em resumo, tratava-se de constituir sindicatos que lhes possibilitassem exercer pressão sobre os empresários do carvão e, em alguma medida, influenciar o parlamento em torno daquelas exigências que demandassem regulação legal. As instituições organizativas fundadas pelos mineiros do Ruhr acompanharam as principais tendências do sindicalismo alemão no intervalo entre 1890 e 1914. Isto não somente porque também ali se verificou a médio prazo um aumento consistente do número de membros, mas principalmente porque suas estruturas reproduziram o modelo tático das associações patronais. Os sindicatos lançavam ênfase na disciplina organizativa de seus membros e no fortalecimento de seu aparato burocrático. Nesse sentido, o incremento de suas finanças era visto como um fator crucial, uma vez que se acreditava necessário profissionalizar um certo número de lideranças e, acima de tudo, assegurar que em momentos de greve os operários não se vissem forçados à capitulação por conta de suas desvantagens materiais em relação aos empresários.

No entanto, as clivagens políticas e identitárias que existiam entre os mineiros, às quais nos referimos acima, impediram que seus esforços organizativos confluíssem para uma instituição que englobasse de forma unitária a mão-de-obra do Ruhr. Um grupo de militantes influenciados pelo SPD estabeleceu formalmente, em outubro de 1890, o Sindicato para a Proteção e Progresso dos Interesses Mineiros na Renânia e Vestfália, que ganhou notoriedade sob a alcunha *Der Alte Verband*. Existiam, no entanto, outras entidades sindicais que disputavam com os socialistas a influência sobre o movimento operário nas minas. Em matéria de adesão, seus principais concorrentes eram os católicos que, em 1894, fundaram o *Gewerkverein Christlicher Bergarbeiter für den Oberbergamtsbezirk Dortmund*. Embora praticamente não existisse diferenças entre as reivindicações materiais dessas entidades, os católicos resolveram fundar uma organização própria com o intuito de evitar que a propaganda socialdemocrata cooptasse sua base de influência. O *Zentrum* era o único partido burguês da Alemanha que possuía algum lastro social no proletariado, e não havia qualquer outro centro urbano onde seu poder de mobilização entre os trabalhadores fosse tão significativo quanto no vale do Ruhr. Socialdemocratas e católicos eram seguidos em influência pelo sindicato polonês e pelo quase inexpressivo *Hirsch-Dunckersche Gewerkverein*, que representava a vertente social-liberal do movimento operário alemão.

Não há dúvidas de que a grande marca distintiva do sindicalismo alemão foi o lugar central que se conferiu a problemas de ordem técnica. Os aparatos burocráticos que emergiram das lutas travadas no período anterior apresentavam-se como instâncias coordenadoras das ações coletivas dos trabalhadores, ou seja, pressuponha- -se uma espécie de logística do movimento operário que dotaria as investidas contra os empresários de maior eficácia. Mesmo que a proeminência alcançada pelo *Alte Verband* fosse em parte decorrência da radicalidade que caracterizou a greve de 1889, sua ascensão ao posto de maior sindicato operário das minas de carvão explica-se também pelo fato de que suas lideranças aplicaram com esmero os princípios da racionalidade instrumental a serviço do fortalecimento da entidade que dirigiam. As próprias circunstâncias da luta de classes no Ruhr encarregaram-se, porém, de revelar as contradições entre a lógica da qual se faziam portadores e os impulsos de mobilização espontânea dos mineiros, uma vez que os proprietários continuavam a mostrar- -se inflexíveis e diversos fatores confluíam para tornar cada vez mais insuportável a deterioração de suas condições de trabalho.

Em janeiro de 1905, o reservatório de indignação dos mineiros transbordou novamente seus limites e o vale do Ruhr conheceu a maior greve que o continente europeu já havia testemunhado. Apesar de todos os esforços que o conjunto das lideranças sindicais envidaram para demover os trabalhadores do confronto, mais de 200.000 operários das minas decidiram cruzar os braços. Além de coincidir temporalmente com o início da revolução russa, a greve dos mineiros evocava semelhanças com a tempestade revolucionária do Oriente por seu caráter inteiramente espontâneo. Se a espontaneidade enquanto fenômeno sociopolítico de massas atrelava-se, na Rússia, à inexistência de organizações sólidas e dotadas de recursos que lhes permitissem orquestrar um movimento de tamanha envergadura, no vale do Ruhr ela expressou- -se no fato de que metade dos grevistas não pertencia a qualquer sindicato, ao passo que a outra metade teve de voltar-se contra a burocracia incrustada nas entidades a que pertenciam para dar vazão à sua revolta elementar (cf. BUECK, 1905: 67). Ao fim e ao cabo, a existência concreta desses trabalhadores via-se prejudicada por uma série de fatores degradantes, onde a explosão de indignação apresentava-se como uma realidade latente. Ao abordar a greve dos mineiros, o *Correspondenzblatt* – periódico dos sindicatos atrelados ao SPD – confessou sem peias que "[...] lutas sérias foram evitadas nos últimos anos somente por mérito dos líderes sindicais" [(*apud* STERN, 1954: 107), tradução nossa].

A partir da virada do século, registrou-se um aumento dos acidentes de trabalho entre os mineiros. Assim, o número de acidentados subiu de 124 (1900) para 152 (1904) vítimas a cada 1.000 assegurados (cf. BRÜGGEMEIER, 1983). Além disso, a saúde dos mineiros foi prejudicada por uma epidemia de verminoses, que teve seu pico de incidência em 1902 – quando cerca de 30.000 operários foram acometidos por doenças desse tipo –, mas que em 1904 ainda contabilizava pelo menos 14.000 casos (cf. KOCH, 1954). Os doentes não possuíam outra escolha senão recorrer a um tratamento que durava em média oito dias, e os proprietários não os remuneravam durante esse período, embora fosse evidente que se tratava de uma moléstia adquirida em função de suas condições de trabalho.[7] Tendo-se em vista que o salário dos mineiros já era bastante modesto, não será difícil imaginar que, ademais do padecimento físico, a doença representava um desagradável contratempo financeiro para a família desses trabalhadores. Aliás, Koch argumentou erroneamente que a situação material não desempenhou um papel relevante para desencadear a greve de 1905. Mesmo que os salários tenham efetivamente melhorado nos últimos anos da década anterior, verificou-se um aumento paralelo dos aluguéis[8] e dos alimentos, de modo que somente em 1906 os mineiros recuperaram o valor que sua remuneração havia alcançado em 1900. Não por acaso, entre as quatorze reivindicações formuladas pelos grevistas em 1905, há quatro pontos que – direta ou indiretamente – dizem respeito à insatisfação com o salário que lhes era pago. Em contraposição, os lucros dos proprietários das minas subiu consideravelmente no mesmo intervalo, algo que reforçava o sentimento de injustiça que açolava os mineiros.

Além disso, os trabalhadores continuavam a queixar-se do desrespeito e dos impropérios de seus supervisores, que os enxergavam amiúde como animais estúpidos e preguiçosos.[9] Em resumo, havia inúmeros pontos de conflito entre emprega-

---

7   As larvas beneficiavam-se do ambiente úmido e escuro das minas e alojavam-se no corpo dos operários por meio da pele. Os doentes padeciam com frequência de anemia e, nos caos mais graves, observava-se um enfraquecimento do sistema cardiovascular.

8   Desde os anos 1890 não se promoveu melhorias palpáveis na situação habitacional dos trabalhadores do Ruhr. Pelo contrário, o afluxo de mão-de-obra piorou em muito esse cenário, de modo que uma proporção crescente dos salários era carcomida pelo aumento galopante dos aluguéis.

9   "Segundo as reclamações dos mineiros que vieram à tona nas greves, havia uma pletora de abusos pessoais por parte dos superiores. [...] O sindicato dos mineiros elaborou questões sobre abusos verbais em sua enquete, cobrindo cerca de 760 empresas, e compilou os resultados

dos e proprietários, de forma que a opção tática das lideranças sindicais por frear[10] a revolta dos mineiros já provocava descontentamento nas fileiras operárias. O dique rompeu-se quando o magnata Hugo Stinnes comunicou a seus funcionários a decisão de aumentar a duração da jornada de trabalho. O processo de extração tornava os veios de carvão mais profundos, e a medida que Stinnes desejava implementar contrariava uma cláusula acordada em 1889, segundo a qual a jornada prevista era de oito horas e o limite fixado para o transporte dos mineiros da superfície às profundezas deveria ser de, no máximo, trinta minutos. Por outro lado, o caráter unilateral dessa resolução atentava contra o *Gedinge*, uma tradição de negociação coletiva forjada pelos mineiros que obrigava os patrões a rediscutir permanentemente o valor pago a seus funcionários.[11]

Ao perceberem que a greve já não poderia ser evitada, os sindicalistas buscaram restringi-la à *"Bruchstraße"*, isto é, à propriedade de Stinnes. Desde o princípio, a intervenção das lideranças esteve orientada pela percepção de que o fundo de greve não bastaria para cobrir as necessidades de uma tamanha falange de operários. De acordo com esse cálculo, um movimento localizado possuiria maior sobrevida,

---

com meticuloso cuidado. Duas páginas em ótima impressão enumeram os epítetos proferidos contra os operários nas várias empresas do Ruhr, constituindo um suplemento interessante ao vocabulário alemão de qualquer estrangeiro" (MOORE JR., 1987: 369).

10　Não é de somenos importância para a explicação dessa estratégia de contenção o fato de que os principais dirigentes sindicais haviam sido eleitos para o *Reichstag*. O último confronto de grande magnitude fora a greve de 1889, e nesse intervalo as lideranças trabalharam para que a luta de classes assumisse a forma mais "civilizada" da ação parlamentar. Os discursos que proferiam na tribuna do *Reichstag* eram habitualmente recheados de ameaças à patronal. Os burgueses mais perspicazes, no entanto, pouco se abalavam com tais vituperações, pois se davam conta de que a energia retórica desses pronunciamentos não se converteria em ações efetivas. Um exemplo de que sua reação por vezes beirava a zombaria foi uma declaração publicada na *Rheinische Westphaelische Zeitung* – periódico associado aos industriais da Alemanha Ocidental –, segundo a qual a possibilidade de uma greve geral era tida por remota "enquanto as lideranças mineiras permanecessem em seus postos" [(*apud* MICHELS, 2009), tradução nossa].

11　O *Gedinge* era uma forma de pagamento por resultado ou por tarefa. Entretanto, dadas as especificidades do processo de extração do carvão, os patrões tinham de rediscutir permanentemente a remuneração conferida aos trabalhadores. Isto porque "o caráter dos veios de carvão podia variar bastante em espessura, pressão e outras características, afetando, dia após dia, ou semana após semana, o desenvolvimento e a dificuldade com que os veios podiam ser trabalhados [...]" (MOORE JR., 1987: 332).

uma vez que os trabalhadores que permanecessem em seus postos continuariam recebendo salários e, dessa forma, participariam indiretamente do movimento, garantindo auxílio financeiro aos demais companheiros que estivessem na linha de frente da disputa com a patronal. No entanto, a revolta alastrou-se por todo o vale do Ruhr e aproximadamente oitenta por cento dos mineiros dessa região aderiram ao movimento.[12] A ampliação da greve provou ser infundado o temor que os sindicalistas nutriam quanto à elevada participação de trabalhadores não-organizados. "Eles mostraram-se extremamente solidários, muito disciplinados e tranquilos. As autoridades constataram a 'mais absoluta ordem'. Comprovou-se, portanto, que a escola da organização sindical não era uma condição imprescindível para a ação solidária" [(BRÜGGEMEIER, 1983: 214), tradução nossa].

Por outro lado, os setores conservadores buscaram desacreditar o movimento e rotulá-lo como uma manobra da socialdemocracia. O Kreuzzeitung classificou o protesto dos mineiros como um "prejuízo à riqueza nacional" (apud STERN, 1954: 105), e o chanceler pronunciou um discurso no Reichstag, onde afirmou que as greves registradas na Alemanha, salvo raras exceções, não eram motivadas pelas necessidades materiais dos trabalhadores, senão deflagradas com o propósito de "educar os trabalhadores para o comunismo, o que seria o fim de nossa cultura e a morte das liberdades individuais" [(BÜLOW apud BUECK, 1905: 13), tradução nossa]. Apesar dessas manifestações de rechaço, a greve dos mineiros do Ruhr angariou a simpatia da opinião pública em nível nacional.[13] O apoio conquistado transcendia os círculos operários e setores da classe média tomaram parte em comícios que visavam arrecadar fundos para os grevistas.[14]

---

12 Os proprietários das minas resolveram pagar um bônus para os fura-greves, mas esse artifício não se mostrou suficiente para evitar uma adesão massiva à paralisação. A animosidade entre grevistas e fura-greves deu lugar, assim, a uma intervenção do governo a favor dos proprietários. O aparato policial encarregou-se de escoltar os fura-greves de suas residências até os locais de trabalho, e a justiça aproveitou-se desse conflito para sentenciar os grevistas que submetessem a quaisquer constrangimentos aqueles mineiros que não aderiram ao movimento (cf. BUECK, 1905).

13 Veremos posteriormente que o suporte da opinião pública foi um elemento que Bernstein colocou em primeiro plano ao discutir a pertinência e eficácia da greve de massas desde seu primeiro texto a respeito do tema, escrito ainda em 1893.

14 O governo partilhava da opinião de que o esgotamento dos recursos financeiros seria um fator determinante para que a greve se tornasse insustentável. Por isso, o governo também recorreu ao uso da força para dispersar as reuniões que tinham como finalidade arrecadar dinheiro para

Com o intuito de influenciar os destinos da greve, os quatro sindicatos em atividade no Ruhr estabeleceram um comitê unitário formado por um pequeno grupo de sete representantes de suas entidades. Os "chefes" tomaram para si as rédeas do movimento porque acreditavam que as massas não possuíam o mesmo preparo e consideração pelas questões "técnicas" e "organizativas" do movimento operário. Em outras palavras, eles enxergavam a própria participação nos termos de uma influência moderadora que se concentraria de modo tão objetivo quanto possível na negociação das reivindicações dos mineiros, valendo-se de todas as precauções para que a greve não se tornasse um espaço de agitação política. Face às dimensões alcançadas pelo protesto, algumas vozes no interior da socialdemocracia haviam efetivamente manifestado o interesse de que a greve fosse conjugada a uma ampla agitação em prol da democratização do direito eleitoral na Prússia. Os sindicalistas – inclusive os representantes do Alte Verband – consideraram essa proposta um disparate e, além de restringir o conflito às demandas materiais dos grevistas, suas metas consistiam em aproveitarem-se da mobilização para arregimentar novos membros para suas organizações e garantir, é claro, que ao fim da greve a normalidade fosse restabelecida nas minas sem qualquer distúrbio "à moda russa".

Os proprietários das minas rejeitaram travar discussões com a comissão sindical, pois não enxergavam nela um órgão de representação legítima que dispusesse de autoridade sobre os trabalhadores – percepção esta, aliás, que não era de todo descabida. Eles apoiavam-se, ademais, na legislação das minas [Berggesetz] para desqualificar a greve como uma quebra unilateral do contrato de trabalho e apegavam-se novamente ao artigo que previa negociações individuais entre empresários e operários. Seu discurso enfatizava, por fim, que a aceitação dos pontos reivindicados pelos grevistas representaria a "ruína da minas da Renânia-Vestfália e da disciplina que lhes era imprescindível" [(apud KOCH, 1954: 91), tradução nossa]. O Alte Verband estava

---

os grevistas. Os proprietários reivindicavam uma atitude mais enérgica por parte do governo que pusesse fim à greve pela intervenção do exército. Nesse sentido, a pressão da opinião pública mostrou-se um fator decisivo para evitar que o desfecho do movimento fosse sacramentado pela via militar. Em 1912, os mineiros organizariam uma nova paralisação. Contudo, dessa vez o governo não hesitou em recorrer à violência. O *Kaiser* apressou-se a ordenar que cinco mil soldados ocupassem o vale do Ruhr com ordens expressas para disparar contra os mineiros que coagissem fura-greves. Quatro mineiros foram mortos e centenas de pessoas condenadas, algumas à prisão e outras a pagarem multas em dinheiro. Entre os sentenciados havia uma proporção significativa de mulheres.

desde o princípio convencido de que a patronal não efetuaria quaisquer concessões e, tendo em vista a tirania dos magnatas do carvão, apontava a estatização das minas como única alternativa para uma melhoria consistente na situação dos mineiros.

O impasse nas negociações, aliado à crescente pressão sobre os órgãos estatais, obrigou o governo a apresentar-se como "intermediário neutro" e assumir a responsabilidade pela investigação das condições de trabalho nas minas. Dessa forma, as autoridades prussianas anunciaram a disposição de regulamentar pela via legal as queixas que se mostrassem pertinentes [Berggesetznovelle], uma promessa que agradou o comitê de greve, especialmente porque oferecia um pretexto para encerrar a paralisação sem que as entidades por ele representadas perdessem sua auréola mediante os trabalhadores. Os sindicalistas portaram-se, então, como representantes da ordem estabelecida. "Sem o enérgico e exaustivo trabalho dos [mineiros] organizados dificilmente teriam sido evitados grandes distúrbios. Então viriam os militares e os grevistas não teriam sido reconduzidos às minas; pairaria a ameaça de tumultos selvagens e destrutivos, talvez com cenas como as de São Petersburgo" [(HUE, 1905b: 204-5), tradução nossa]. Embora o movimento contasse com a participação de centenas de milhares de operários, o término da greve foi decretado em assembleia composta por inexpressivos 170 delegados, que sequer haviam sido regularmente eleitos.[15] Com o intuito de legitimar sua manobra, o comitê dirigente alegou que a continuidade do movimento implicaria consequências desastrosas para a economia nacional, e procurou tranquilizar suas bases com a promessa governamental de levar adiante a reforma da legislação das minas – a despeito de as autoridades já haverem selado esse compromisso dez anos antes, sem que houvesse sido empreendida nesse intervalo, porém, qualquer medida que trouxesse alívio para a exploração vivenciada pelos mineiros.

A massa de trabalhadores em greve não comungava da decisão de abreviar o movimento, e não poucos interpretaram a ardilosa trama tecida pelos dirigentes como um golpe que lhes era desferido pelas costas. Em diversas reuniões, optaram pela desobediência à resolução vinda de cima, e discutiu-se entre as bases o eventual prosseguimento da mobilização a despeito da "capitulação dos chefes". No dia seguinte à declaração de encerramento da greve, mais de 180.000 operários negavam-

---

15 "O fim do movimento foi imposto de cima por um punhado de "delegados", sem que os grevistas – os quais haviam desejado a greve com toda sua energia – tivessem a mínima chance de interferir em seus próprios assuntos" [(MICHELS, 2009), tradução nossa].

-se a retomar suas atividades.[16] "A história do movimento dos trabalhadores mineiros demonstra, porém, que os dirigentes sindicais jamais tiveram controle sobre os operários, nem mesmo sobre aqueles filiados às organizações" [(KOCH, 1954: 137), tradução nossa]. Entretanto, após alguns dias de exasperação e confusão tática, os operários viram-se obrigados a retornar aos seus postos sem quaisquer garantias de que suas reivindicações seriam atendidas. As articulações da cúpula sindical levaram água ao moinho da patronal de tal forma que a correlação de forças inverteu-se e nem ao menos a garantia de seus empregos era dada aos trabalhadores que encamparam a greve com mais entusiasmo.

Os trâmites parlamentares que se seguiram ao fim da greve não assumiram um curso vantajoso para os mineiros. Embora tenha sido aprovada a formação de comissões de operários que tomariam parte na fiscalização do trabalho nas minas, a poderosa influência parlamentar dos empresários do Ruhr cuidou para que o poder de determinação dessas comissões fosse restringido a questões secundárias. Além disso, as fortes represálias sofridas pelos grevistas intimidaram os mineiros, de forma que a maioria deles acanhou-se perante os emissários governamentais, pois a colaboração com as investigações oficiais era vista como sinônimo de demissão. Os magnatas da região possuíam uma central de dados compartilhada e, por essa razão, ser demitido representava para os trabalhadores punidos uma ameaça de desemprego prolongado. Os mineiros lograram, porém, que o "vagão nulo" fosse abolido[17] e a jornada de trabalho fixada em oito horas, sendo que a duração do translado até os locais de escavação não deveria ultrapassar trinta minutos. O balanço da greve de 1905 inclui, portanto, o atendimento parcial a algumas daquelas reivindicações que impulsionaram a mobilização dos operários das minas, embora tenha permanecido um sentimento generalizado de insatisfação, que voltaria à tona em 1912, desencadeando novos protestos. De qualquer forma, os maiores vitoriosos desse episódio foram as organizações sindicais. A despeito de sua postura antidemocrática ter contrariado o sentimento de revolta das bases, o número de associados registrou um aumento bastante sensível. No caso do *Alte Verband*, por exemplo, a quantidade de membros saltou de 56.153 (1904) para

---

16 A assembleia que determinou o fim da paralisação ocorreu em nove de fevereiro, mas a totalidade dos grevistas somente retornaria ao trabalho uma semana após essa resolução.

17 Ao invés disso, estabeleceu-se que vagões incompletos ou preenchidos com carvão impuro redundariam em pagamento de multas em dinheiro, cujos valores não deveriam ultrapassar o valor de cinco marcos por mês.

75.862 (1905), além de ter sido aprovada uma elevação do valor das contribuições sindicais[18] (cf. BRUGGEMEIR, 1983: 222).

Max Jürgen Koch, renomado estudioso do movimento trabalhista nas minas de carvão durante o *Kaiserzeit*, afirmou erroneamente que a greve de 1905 no vale do Ruhr não teve maior relevância para as disputas internas da socialdemocracia a respeito da greve de massas (cf. KOCH, 1954: 104). Ora, seria pouco razoável imaginar que a principal greve de massas da Alemanha não tenha exercido qualquer influência sobre os teóricos do SPD, justamente no período em que a revolução russa colocava essa tática no centro do debate partidário. Logo em seguida ao término da paralisação, o *Leipziger Volkszeitung* publicou um artigo que relatava um discurso de Karl Liebknecht perante uma audiência de mais de dois mil e quinhentos mineiros. Nesse comício, Liebknecht sublinhou o caráter internacional da revolução russa e seu parentesco com os embates que os operários travavam contra o despotismo das associações patronais na Alemanha. O orador encerrou sua fala com uma resolução – que seria aprovada por unanimidade pelos trabalhadores ali presentes –, na qual se prestava uma homenagem simbólica aos grevistas do Ruhr, bem como aos "heróis russos da liberdade" (cf. STERN, 1954: 131-4). No entanto, o argumento central desse discurso consistia em apresentar a greve de massas como único instrumento que capacitaria o proletariado a impor suas demandas, uma vez que a enorme coesão das associações patronais[19] e os obstáculos interpostos por um governo que lhes era solidário haviam comprovado o esgotamento das ferramentas tradicionais. Em virtude disso, a greve dos mineiros do Ruhr – assim como a batalha do proletariado russo contra o czarismo – possuiriam uma "significância universal, pois apontam a tática à qual o movimento operário deverá recorrer no futuro" [(LIEBKNECHT *apud* STERN, 1954: 132), tradução nossa].

---

18 Mesmo que constitua uma atitude paradoxal, o incremento de novos filiados explica-se pelo fato de que somente os associados possuíam o direito de usufruir do fundo de greve.

19 Tenha-se em mente que o "sindicato do carvão" era responsável, em 1900, por nada menos do que 87,4% da extração carvoeira (cf. PIPER, 1903: 11). Ao assumir as feições de um poderoso cartel, a patronal não tinha em vistas, porém, somente um maior controle sobre os termos de negociação do carvão no mercado. Além disso, a associação que os proprietários estabeleceram entre si visava aumentar sua capacidade de exercer pressão sobre o governo e, talvez principalmente, responder de maneira coordenada às exigências da luta de classes.

Além disso, Koch subestima o papel desempenhado pela greve dos mineiros nos congressos da socialdemocracia em 1905. Tanto em Colônia, onde se reuniram os delegados sindicais, como em Iena, palco da instância máxima do SPD naquele ano, a experiência do Ruhr figurou – juntamente com o levante do proletariado na Rússia – como pano de fundo dos principais debates acerca da greve política de massas. No entanto, a explicação para o fato de que os delegados efetivamente furtaram-se a uma análise minuciosa do que sucedera na região das minas encontra-se – em primeiro lugar – na explícita tentativa de contornar as discussões a respeito de procedimentos táticos que confrontassem os métodos nos quais sua prática estava enraizada e – em segundo lugar, mas não menos decisivo – na consciência de que o perigo de uma reedição das leis anti-socialistas ainda pairava no ar. Por outro lado, a conduta dos dirigentes sindicais ao longo da greve dos mineiros e sua repulsa à consideração das potencialidades da greve de massas ensejaram um desenvolvimento teórico referente ao fenômeno da burocratização do movimento operário na Alemanha.

Com efeito, as manobras e demais procedimentos de que se valeram as lideranças sindicais durante a greve do Ruhr não se assentavam em razões fortuitas. Na verdade, suas opções táticas revelavam um anseio deveras arraigado nos escalões superiores do movimento operário alemão de subtrair-se ao controle democrático das bases às quais estavam formalmente vinculados. Em outras palavras, os dirigentes almejavam resguardar a independência de suas iniciativas por meio da concentração do poder decisório, de sorte que a massa de assalariados via-se então relegada ao papel de exército disciplinado, que avança ou recua no campo de batalhas consoante os desígnios de seus comandantes. As organizações da classe trabalhadora esvaziavam-se, pois, de seu conteúdo democrático e, em nome da eficiência tática, assumiam progressivamente um caráter oligárquico (cf. MICHELS, 1982).[20] Advogava-se a centralização do poder como garantia para a rapidez e efetividade das decisões,

---

20 Enquanto militou nas fileiras socialistas, Robert Michels alinhou-se às alas radicais do SPD – mais especificamente ao pequeno grupo de anarcossindicalistas – e foi um crítico severo do revisionismo e da preponderância do grupo parlamentar na delimitação das estratégias partidárias. Após romper com a socialdemocracia em 1907, Michels tornou-se pupilo de Max Weber e apoiou-se em seus escritos acerca da burocratização da esfera política para descrever a estrutura dos partidos modernos. Em *Sociologia dos Partidos Políticos*, sua antiga agremiação foi claramente tomada como protótipo da tendência moderna que impele as associações democráticas a converterem-se em aparelhos dominados por oligarquias burocráticas.

sacrificando-se, contudo, o protagonismo dos operários em benefício daquele mecanismo característico da racionalidade instrumental.[21]

Conforme enrobusteciam seus aparatos, as entidades de classe do proletariado assumiram cada vez mais um caráter superestrutural. Embora fossem apresentadas como órgãos executivos da vontade coletiva, tais associações converteram-se ao longo do tempo em forças dotadas de grande autonomia, predispostas a se contrapor aos sentimentos dos trabalhadores por elas representados.[22] Os princípios de ordem técnica foram, portanto, alçados ao primeiro plano e tornaram quase irreconhecíveis os fundamentos democráticos do socialismo. Em resumo, os avanços obtidos por essas entidades no plano organizacional reforçaram as preocupações de cunho administrativo, e a ampliação da "máquina" tornou-se um fim em si mesmo. Não obstante sua concepção inicial estivesse vinculada ao princípio de afirmação da soberania das massas, os aparatos da socialdemocracia converter-se-iam paulatinamente em sustentáculos de uma direção com matizes autoritários.

Dado que o proletariado encontrava-se à mercê das forças econômicas, superar a fragilidade de sua posição no processo produtivo dependia da canalização de sua vantagem numérica para estruturas sólidas que evitassem a dispersão de forças e, ao mesmo tempo, fortalecessem a coesão entre os membros dessa classe. Os êxitos organizacionais do movimento operário alemão mostraram-se, no entanto, indissociáveis do processo de burocratização[23] das entidades socialdemocratas. À medida que se complexificavam

---

21 A orientação que se imprimiu ao *Alte Verband* caminhou, assim, naquele sentido preconizado por Lassalle, que imputava ao conjunto do movimento a obrigação de seguir fielmente seus chefes e portar-se como o martelo que eles empunhariam para golpear os antagonistas de uma ordem social favorável ao proletariado. O pressuposto subjacente a essa diretriz era que "somente certo grau de cesarismo assegura a rápida transmissão e a precisa execução de ordens na luta de todos os dias" (MICHELS, 1982: 22).

22 "Quanto mais o aparelho de uma organização se complica, isto é, quanto mais ela vê aumentar o número de seus adeptos, seus fundos crescerem e sua imprensa desenvolver-se, mais terreno perde o governo diretamente exercido pelas massas, suplantado pelo crescente poder dos comitês" (MICHELS, 1982: 15).

23 Otto Hue, principal expoente do *Alte Verband*, publicou artigos e tomou parte em conferências onde se encarregou de expor a tática das lideranças sindicais durante a greve no Ruhr. É interessante sublinhar que, no seu entender, os limites do protesto dos mineiros remetiam-se não aos excessos de burocracia, mas, pelo contrário, ao desenvolvimento incipiente desta, quando não à completa inobservância dos critérios racionais que a orientam. Em primeiro lugar, a greve teria

as tarefas relacionadas à administração dessas instituições, surgiu a necessidade de se designar funcionários especializados que as executassem segundo os princípios da competência. Nesses termos, as dimensões assumidas por tais aparelhos impossibilitavam que seus múltiplos aspectos pudessem apreender-se com um golpe de vista.[24] A divisão do trabalho tornou-se, por isso, um imperativo que demandou a formação de profissionais capazes de avaliar as questões relativas ao movimento operário consoante um prisma técnico.[25]

---

consistido num impulso desarrazoado porque havia carvão em abundância nos reservatórios. Ele próprio haveria alertado os mineiros a respeito da necessidade de se verificar a condição dos estoques semanas antes do movimento eclodir, mas os trabalhadores "lamentavelmente" não atentaram para essa precaução. Os proprietários desfrutaram, portanto, de uma situação vantajosa, pois a greve possibilitou que seus estoques fossem revendidos a preços bastante elevados, inclusive o carvão da pior qualidade. Em segundo lugar, a prova de que a greve jamais poderia ter alcançado os resultados almejados demonstrava-se pela enorme quantidade de carvão que a Alemanha importou nesse período. O parque industrial alemão não se viu prejudicado pela falta de combustível porque Bélgica e Inglaterra enviaram toneladas que supriram a demanda de maneira satisfatória. "Organização internacional dos mineiros: essa é a moral da estória!" [(HUE, 1905b: 202), tradução nossa]. Assim, enquanto os sindicatos dos mineiros de outras nações não participassem de maneira coordenada das decisões tomadas na Alemanha, os patrões certamente buscariam apoio no mercado internacional para resistir às pressões dos grevistas. Por fim, Hue argumentou reiteradamente que os protestos operários não disporiam da consistência necessária aos enfrentamentos se os cofres dos sindicatos não estivessem em condições de garantir um fundo de greve que evitasse a capitulação pela fome. Mesmo que o valor pago aos grevistas tenha gerado insatisfações, ele consumiu quase todas as reservas dos sindicatos – fato evocado por Hue para justificar a presteza do comitê em abreviar a paralisação. "Estou absolutamente convicto de que os empresários provocaram a greve para desferir um golpe certeiro que esmagasse as organizações dos mineiros" [(HUE, 1905a: 31), tradução nossa].

24 "O princípio da divisão do trabalho cria a especialização. Não é pois sem razão que se quis comparar a necessidade da instituição dos chefes com a que provocou a especialização profissional do médico e do químico. Mas especialidade significa autoridade. Da mesma forma que se obedece ao médico porque os longos estudos por ele feitos levam-no a conhecer o corpo humano melhor do que o paciente, assim o paciente político deve entregar seus assuntos ao chefe do partido, o qual possui a competência que lhe falta" (MICHELS, 1982: 53).

25 Chegou-se mesmo a criar uma Parteischule (1906), onde se ministravam cursos especiais destinados àqueles que estivessem em vias de se tornar empregados do SPD ou dos sindicatos a ele atrelados.

Tal processo de burocratização não se desenrolou, porém, como um fenômeno restrito ao *Alte Verband*, ou mesmo ao sindicalismo alemão. Não obstante uma parcela do SPD tenha acusado as lideranças sindicais de abrirem mão da luta contra a ordem capitalista e limitarem-se aos objetivos mais imediatos dos operários, o partido experimentou modificações análogas na sua estrutura interna, que resultaram em aumento do número de secretários, de modo que também no braço político da socialdemocracia havia uma camada ascendente de militantes profissionais que assumiam um peso cada vez maior na formulação das diretrizes partidárias.[26] Diversos funcionários galgaram postos na hierarquia do SPD e, em decorrência de seus conhecimentos específicos, arrogaram para si a exclusividade das decisões táticas. Julgavam que sua formação especializada conferia-lhes uma posição vantajosa em relação aos operários comuns no que diz respeito à visualização das possibilidades de vitória das lutas que se pretendiam encetar. "Ao criarem seus chefes, os operários criam, com suas próprias mãos, novos senhores cujo principal instrumento de dominação consiste em sua maior instrução" (MICHELS, 1982: 49). Um forte indício do controle exercido pelos políticos profissionais sobre suas organizações pode ser captado pela considerável proporção de funcionários entre os delegados eleitos para os congressos do SPD. Não foi por acaso que se qualificaram de "congressos de funcionários" os encontros deliberativos do partido.

> As atividades dos membros são muito limitadas, geralmente não fazem mais que pagar suas contribuições, assinar o jornal do partido, comparecer com certa regularidade às assembleias onde oradores do partido se apresentam, e oferecer uma cota moderada de trabalho à época das eleições. Em troca, eles obtêm pelo menos participação formal na eleição do executivo local do partido e dos administradores [*Vertrauensmänner*] e, dependendo do tamanho da localidade, obtêm também o direito de opinar direta ou indiretamente na seleção dos representantes às convenções do partido. Por via de regra, entretanto, todos os candidatos são designados pelo

---

26 "Com o intuito de fortalecer o próprio comitê executivo [da socialdemocracia] para as crescentes tarefas administrativas das quais ele se incumbia, a seção do estatuto partidário que discorria sobre a composição da executiva foi alterada em 1905, deixando em aberto o número de secretários pagos a serem eleitos [...], enquanto se fixava em quatro o número de membros 'políticos' que fariam parte dessa composição. Assim, estava pavimentado o caminho para a criação de uma permanente maioria burocrática na executiva" [(SHORSKE, 1983: 122), tradução nossa].

> núcleo composto de líderes permanentes e burocratas. As mais das vezes estes candidatos são também recrutados dentre esses últimos, suplementados por alguns dignitários que são úteis e meritórios em virtude de seus nomes bem conhecidos, influência social pessoal ou sua presteza em fazer contribuições financeiras. [...] O eleitor comum, que não pertence a nenhuma organização e é cortejado pelos partidos, é completamente inativo; os partidos o levam em consideração principalmente durante as eleições, e, de resto, somente pela propaganda a ele dirigida (WEBER, 1993a).

A leitura dos órgãos da imprensa sindical e do próprio SPD revelam que o ponto de vista desenvolvido por Michels em *Soziologie des Parteiwesens* representa, em certa medida, uma sistematização do debate que se travava no interior da socialdemocracia a respeito do processo de burocratização do movimento operário alemão. Em sua obra, tais discussões são apresentadas em termos afins com as críticas que a ala esquerda do partido dirigia às lideranças profissionais e secretários das instituições proletárias. Embora seus escritos tenham destacado fatores que efetivamente contribuíram para refrear a luta dos trabalhadores alemães, as conclusões universalizantes que propõe acarretam o prejuízo de, por um lado, obnubilar as particularidades assumidas por esse fenômeno em contextos específicos e, por outro lado, incorrer em asserções reducionistas que diminuem artificialmente a complexidade dos problemas enfrentados pelo movimento operário na Alemanha.

Mesmo que seja correto afirmar que as exigências e atribuições dos "chefes" elevavam-nos acima de sua própria classe a ponto de torná-los algo distinto [*Wesenanders*] dos trabalhadores por eles representados, a biografia dessas lideranças não corrobora uma perspectiva que lhes apresente como meros autômatos, responsáveis pela drenagem da energia revolucionária e emancipatória para fins puramente organizacionais.[27] Aliás, não é raro depararmo-nos com a trajetória de dirigentes sin-

---

27 Além do papel desempenhado pelas lideranças sindicais enquanto portadoras da racionalidade instrumental no interior do movimento operário, Michels atribuiu o hiato que se estabeleceu entre dirigentes e dirigidos aos "degraus sociais" que o abandono da condição operária permitiria ao "chefe" galgar. Desprovidos de fortuna própria, a retribuição pecuniária constituiria, assim, uma razão extra para que os dirigentes se mantivessem agarrados aos cargos e terminassem por considerá-los um bem inalienável. Com o abandono do trabalho braçal, as lideranças desfrutariam de relativo conforto material e, mais do que isso, ver-se-iam alçadas a uma posição de *status* diferenciado. "Que interesse terá para ele o dogma da revolução social? Sua revo-

dicais que se mantinham em contato com as bases, conheciam o universo de representações dos trabalhadores e gozavam do respeito e admiração por parte destes. Numa palavra, os "chefes" acreditavam-se vinculados às massas operárias e imbuídos de um "compromisso ético" com a melhoria da qualidade de vida das camadas proletárias.

Não se trata de negar que os "burocratas" tenham, de fato, interposto obstáculos ao desenvolvimento da luta de classes na Alemanha, uma vez que seu apego

---

lução social já foi feita. No fundo, todas as ideias desses chefes concentram-se agora num único desejo: que continue a existir por muito tempo um proletariado que lhes delegue poderes e os faça viver" (MICHELS, 1982: 183). Numa palavra, Michels argumentava que as configurações estruturais do capitalismo tardio haveriam convertido o *self made man* numa figura ultrapassada, de sorte que o movimento operário apareceria então aos olhos do proletário ambicioso como a mais curta via de ascensão social. Somente nas entidades de classe encontravam-se abertas ao *self made leader* as portas que a indústria lhe fechara – e as organizações sindicais representariam para o proletário moderno a mesma possibilidade de ascensão social que a Igreja Católica oferecera ao campesinato durante a Idade Média. Ora, Michels não errou ao descrever a fascinação que o prestígio social exercia sobre as lideranças operárias. Apesar disso, sua tese a respeito de supostas vantagens materiais que explicariam o conservadorismo dos "chefes" e o apego destes aos cargos que ocupavam [*Entproletarisierung*] não se aplica à realidade do *Kaiserreich*. Embora seja válido afirmar que a existência incerta dos trabalhadores contrastasse com a estabilidade de uma carreira nas instâncias da burocracia operária, os salários recebidos por esses dirigentes não lhes oferecia um padrão de vida necessariamente melhor do que a remuneração de um operário comum. Aliás, muitas vezes observava-se precisamente o contrário, isto é, lideranças em potencial renunciavam aos postos na estrutura dos sindicatos porque seus empregos rendiam-lhes dividendos maiores do que ele obteria como "burocrata" (cf. CASSAU, 1925: 132). August Quist, funcionário de um sindicato metalúrgico da Alemanha, chegou a publicar nas páginas do *Sozialistische Monatshefte* um desabafo contra as acusações lançadas aos "burocratas". Quist apontava um certo paradoxo no fato de que não era muito gratificante ter-se operários como patrões. Muitos trabalhadores não possuiriam noções claras a respeito das atribuições de uma entidade de classe, recorrendo ao sindicato ao qual eram filiados com demandas pessoais, que por diversas vezes fugiam à alçada dessa organização. E tão logo lhe explicasse o mal entendido, o funcionário via-se, não raro, objeto da frustração e da incontida fúria do associado. Fora isso, Quist queixava-se do inconveniente de que a preparação de assembleias, reuniões ou até mesmo procedimentos formais necessários ao bom funcionamento do escritório sindical obrigavam-lhe quase sempre a trabalhar além de seu expediente, inclusive aos finais de semana. Por fim, lamentava-se que durante os poucos momentos de folga que lhe restavam não lhe era possível frequentar com sua família aqueles lugares onde os operários circulavam, pois, ao darem por sua presença, importunavam-lhe com perguntas e discussões que lhe impediam de gozar o descanso e ocupar sua mente com alguma distração (cf. QUIST, 1906).

às conquistas imediatas estava imbuído de uma concepção também ingênua acerca do "progresso". Os discursos das alas radicais acerca da realização da sociedade futura [*Zukunftsgestaltung*] figuravam-lhes como algo abstrato e, segundo eles, ainda menos palpável aos operários alemães. Em virtude disso, suas ponderações estavam primordialmente voltadas para o presente histórico do qual faziam parte [*Gegenwärtsüberlegungen*], mesmo porque imaginavam que sua "postura objetiva" implicaria uma contribuição mais efetiva ao futuro almejado pelos socialistas do que a "desconsideração pela realidade", supostamente característica dos expoentes revolucionários. Parece-nos assim claro que essa opção contribuiu para a integração subalterna do proletariado no *Kaiserreich* e, em última instância, favoreceu a emulação de valores tipicamente pequeno-burgueses por parte da classe que, ao menos teoricamente, estava reservada à condição de portadora de uma nova subjetividade. Não seria mais razoável, porém, compreender os resultados paradoxais desse processo em função da estrutura piramidal[28] dessas entidades do que atrelá-las a supostas propriedades inerentes à natureza das organizações políticas?

Ademais, o ângulo pelo qual Michels aborda o problema da burocratização do movimento operário faz "tábula rasa" das diretrizes políticas que orientavam essas instituições. Isto quer dizer que, em seu afã de identificar o princípio organizativo como o vetor que traz consigo uma inexorável adaptação conservadora ao *establishment*, Michels pouca importância atribui aos "sentidos" que se imprimiram à condução dos aparelhos burocráticos. Não custa lembrar que, segundo Weber, a burocracia é uma engrenagem que se coloca a serviço dos "deuses" de quem está a frente desse aparato. Os "sentidos" que se imprimem às organizações – isto é, os fins para os quais elas estão idealmente voltadas – nem sempre provocam as consequências desejadas. No entanto, eles são parte fundamental das inflexões históricas produzidas pelos atores coletivos. Aliás, mesmo que as organizações políticas com frequência degenerem em aparelhos ossificados, os valores de seus dirigentes constituem um momento necessário da explicação acerca das feições peculiares assumidas pela "máquina" que emerge ao final de um determinado processo de burocratização. É bem verdade que, tanto na Alemanha como na Rússia, os partidos

---

28 Idealmente antagonistas do espírito prussiano, as entidades da classe operária moldaram-se na Alemanha à sua imagem e semelhança, não apenas em virtude da direção burocrática que se lhe imprimiu como, outrossim, pela forte analogia com o modelo autoritário e vertical da organização militar comandada pelos *Junker*.

operários terminaram por converter-se em instrumentos desprovidos de caráter emancipatório. Apesar disso, a teoria de Michels acoberta as marcantes diferenças entre esses casos, reduzindo-os à mesma rubrica. Por outro lado, esse autor não efetua distinções significativas entre "burocracia" e "burocratização", um equívoco que o leva a apresentar com cores assaz deterministas um fenômeno que se pode remeter, ao menos em certa medida, aos cursos pelos quais os agentes resolvem enveredar.[29] Rosa Luxemburg também se mostrou uma crítica feroz da burocratização do movimento operário, mas a prova de que ela se esquivou à teleologia de Michels encontra-se, por exemplo, nas entrelinhas do questionamento endereçado aos sindicalistas alemães e à ala centrista da socialdemocracia: "o que os senhores diriam sobre um Estado militar que alegasse não poder entrar em guerra por temer que seus canhões sejam despedaçados?" [(LUXEMBURG, 1974t: 478), tradução nossa].

---

29 Que essa ressalva não seja interpretada enquanto corroboração daquelas simplificações típicas dos epígonos de Trotsky. Estes colocam-se na margem oposta do pensamento de Michels, intercalando, no mais das vezes sem qualquer rigor científico, explicações assentadas em constrições sociais com outras que encontram a explicação para catástrofes ou desvios de curso em "direções traidoras", execradas como "quinta coluna" dos partidos burgueses no seio do movimento operário. Os representantes extremos dessa concepção simplesmente não atentam para o fato evidente de que ela nada mais é senão uma versão da história palaciana disfarçada de materialismo-histórico. Embora os mineiros do Ruhr tenham demonstrado uma cortante revolta contra a aviltante exploração a que estavam submetidos, Otto Hue não estava completamente desprovido de razão ao afirmar que tamanha indignação não os convertia automaticamente em socialdemocratas (cf. HUE, 1905a). Nesse sentido, as lideranças sindicais demonstravam maior consciência que a ala revolucionária do SPD a respeito dos perigos subjacentes a uma idealização das massas [*Massenverhimmelung*]. Os dirigentes do *Alte Verband* já haviam externalizado tal preocupação quando reconheceram que as tentativas de fomentar ideias esquerdistas e angariar novos adeptos para a socialdemocracia chocavam-se contra a indiferença política e os preceitos religiosos das bases, ocasionando a migração de operários para as fileiras de outros sindicatos, especialmente aquele de inclinação católica. A situação teria mudado de figura somente quando lideranças moderadas ascenderam à direção do aparato e, impelidos pela pressão "vinda de baixo", abstiveram-se de pautar o programa radical do SPD (cf. MOORE JR., 1987). Por fim, cabe registrar que a insatisfação, particularmente forte em Dortmund, de uma parcela dos mineiros em relação ao *Alte Verband* levou, em 1909, à criação de um sindicato atrelado a visões políticas mais radicais. Porém, essa organização [*Freien Vereinigung*] não foi capaz de rivalizar com o *Alte Verband*, uma vez que apenas um número pequeno de operários acorreu às suas fileiras.

7.

De te fabula narratur

"Hoje, também a maturidade das oposições de classe da Alemanha se reflete nos acontecimentos e no poder da Revolução russa. Os burocratas espiolham as gavetas da sua secretaria para encontrar a prova do poder e da maturidade do movimento operário alemão sem verem que o que procuram está na sua frente, numa grande revelação histórica" (LUXEMBURG, 1974: 87).

A dimensão retumbante dos protestos trabalhistas na região do Ruhr – juntamente com as demonstrações políticas que exigiam o fim das distorções provocadas pelos sistemas eleitorais da Prússia e da Saxônia – impeliu a audiência socialdemocrata a considerar com particular atenção o embate dos operários russos contra a monarquia dos Romanov. Desde Marx e Engels, a Rússia era tida pelos socialistas como o principal baluarte da reação na Europa, pois de suas gélidas planícies sopravam os ventos que insuflavam ânimo aos setores mais retrógrados do continente. Além da inquebrantável barreira que seu numeroso exército de camponeses impôs às investidas napoleônicas, a máquina militar russa atuou no tabuleiro político europeu como uma importante peça de contenção das forças democráticas durante a "Primavera dos Povos". Encarnação máxima do militarismo e do burocratismo, a monarquia dos Romanov era vista como irmã das coroas germânica e habsbúrgica e, nessas condições, sua derrocada constituiria um fato político de primeira importância para o proletariado alemão. Em que pesem as divergências relativas aos instrumentos de luta utilizados pelo proletariado russo, havia consenso entre as diversas correntes da socialdemocracia alemã em reconhecer a liberalização da Rússia como um acontecimento que provocaria uma inflexão política em toda a Europa. A derrubada do czar engendraria um clima político mais favorável à extensão da democracia e à distensão internacional. Poucos dias antes das tropas czaristas terem banhado de sangue as portas do Palácio de Inverno, o órgão da socialdemocracia bávara – de inclinação nitidamente reformista – avaliava que uma eventual derrota do absolutismo no Oriente teria sobre o movimento democrático europeu um efeito propulsor. Lia-se nas páginas do *Müncher Post*[1] que uma Rússia liberada constituiria talvez o fato mais importante da história contemporânea depois da Revolução Francesa.

Do ponto de vista tático, no entanto, a principal consequência da revolução russa foi suscitar o debate em torno da aplicação da greve de massas e sua validade para o contexto alemão. De certa forma, os trabalhadores da Itália,[2] Holanda,[3] Bélgica e Suécia já haviam criado precedentes ao utilizar esse tipo de recurso com finalidades políticas. Em 1902, os trabalhadores belgas lançaram mão da greve de massas com o propósito de conquistar o sufrágio igualitário. No ano seguinte, os suecos levaram a cabo protestos semelhantes tendo em vistas a obtenção de reformas nas regras que

---

1   "Enquanto escudo da reação, a Rússia não constitui hoje tão somente o Estado ideal para as dinastias alemã e austríaca, para os *Junker* e para todas as potências reacionárias da sociedade, sobreviventes da Idade Média; a Rússia pesa também como pesadelo sobre todas as outras potências da Europa Ocidental, assim como sobre todo o resto do mundo; obstaculiza todos os movimentos para a liberdade, atua em sentido reacionário e obscurantista" (*apud* SALVADORI, 1984: 248).

2   Os recorrentes episódios de violência policial contra operários na Itália culminaram, em setembro de 1904, numa explosão de cólera que se expressou sob a forma de um sem número de greves espontâneas de caráter local. O estopim dessa mobilização foi a notícia de que, uma vez mais, os policiais haviam atirado em trabalhadores, uma arbitrariedade que resultou na morte de duas pessoas. Assim, os distúrbios que se iniciaram em Monza e Milão expandiram-se para Gênova e Roma, entre outras cidades. Os socialistas italianos entusiasmaram-se com a onda de revoltas e aconselharam, por meio de suas instâncias de direção partidária, a máxima ampliação possível dos protestos. O movimento configurou-se, porém, como uma avalanche caótica e desordenada que prejudicou, inclusive, a comunicação entre os grevistas das diferentes localidades.

3   Após uma mobilização vitoriosa dos ferroviários e portuários, o governo holandês preparou alterações legislativas, cuja finalidade era impossibilitar as paralisações nos serviços públicos. Os trabalhadores organizaram, em abril de 1903, uma ampla greve em protesto às restrições impostas que, no entanto, fracassou em seu propósito de obrigar o governo a anular tais dispositivos de cerceamento à luta sindical.

versavam sobre a eleição de representantes ao *Riksdag*.[4] Não houve, porém, consenso entre os socialistas quanto ao balanço dessas experiências. Em 1904 reuniu-se em Amsterdam o Congresso da Internacional, e o debate acerca da greve de massas gerou polarização entre os delegados presentes. A maioria pronunciou-se de maneira favorável, indicando a greve de massas como um instrumento que, em circunstâncias extremas, deveria ser dirigida no sentido "de obter significativas mudanças sociais, ou rechaçar atentados reacionários contra os direitos dos trabalhadores" (*apud* KAUTSKY, 1914: 104-5). Contudo, entre os demais membros do plenário era marcante a corrente de pensamento que associava a greve de massas às tendências anarquistas. Vale notar que os mais ferrenhos opositores dessa tática eram justamente os delegados alemães. Ao tomar a palavra, o dirigente sindical Robert Schmidt declarou que, para os sindicatos de seu país, a questão do recurso a uma greve geral "não era sequer discutível", de modo que os socialdemocratas deveriam, pelo contrário, perseverar no trabalho gradual e no fortalecimento das organizações operárias.

Com a eclosão da revolução no Oriente, porém, ampliou-se a repercussão da greve de massas enquanto fenômeno político-social, e os sindicalistas alemães passaram a ter dificuldades maiores para abafar as discussões referentes ao tema. Difundia-se entre a militância socialdemocrata o anseio de precisar em que medida as formas de luta dos operários russos poderiam ter eficácia nos embates contra as camadas dirigentes do *Kaiserreich*. Nessa perspectiva, algumas das renomadas lideranças do SPD procuraram extrair "lições" da revolução russa que pudessem também na Alemanha lançar o movimento operário à ofensiva. Rosa Luxemburg, Clara Zetkin, Karl Liebknecht, Franz Mehring[5] e, num primeiro momento até mesmo Karl Kautsky, avaliaram a greve de

---

4   Os trabalhadores suecos aproveitaram-se das discussões governamentais em torno de uma nova legislação eleitoral, em maio de 1903, para denunciar o fato de que ainda não se gozava do direito ao sufrágio. Organizou-se, então, uma greve que tinha como peculiaridade o estabelecimento de um prazo determinado para o retorno às fábricas. O objetivo perseguido pelos manifestantes não consistia, portanto, em forçar o governo à aprovação imediata de mecanismos de representação mais inclusivos, senão apenas provocar um efeito moral que angariasse a simpatia da opinião pública e, dessa forma, exercesse pressão sobre as autoridades. Tanto a produção fabril como os meios de transporte permaneceram em Estocolmo três dias sem atividades, de modo que a greve representou um capítulo importante na história do movimento sufragista escandinavo.

5   O periódico *Leipziger Volkszeitung*, cujo redator-chefe era Franz Mehring, foi particularmente incisivo em suas saudações às táticas consagradas pelos trabalhadores russos. No período que

massas como uma ferramenta que abriria caminhos alternativos à tradicional estratégia parlamentar e sindical-reivindicativa. Enxergavam com bons olhos, em especial, a possibilidade de o movimento democrático apoiar-se nela como meio de pressionar o governo a promover a reforma eleitoral do "sistema das três classes".

Os influxos da revolução russa ocasionaram, portanto, uma guinada em sentido radical nas fileiras da socialdemocracia. A convulsão que tomou conta do proletariado a leste encerrava um período de três décadas e meia, ao longo do qual o desenvolvimento e reprodução da sociedade burguesa na Europa transcorreram de modo relativamente pacífico. Em que pese o cenário dessa insurreição tenha sido a periferia do capitalismo, tratava-se de um marco histórico que – tanto em virtude da dimensão assumida pelos conflitos, quanto pelo estímulo teórico proporcionado à intelectualidade de esquerda – provocou uma ressonância no mínimo comparável à experiência da Comuna de Paris. O ambiente político tornou-se, então, propício àquelas vozes que identificavam uma unidade tendencialmente revolucionária entre Oriente e Ocidente, com ênfase na iniciativa elementar das próprias massas. Os entusiastas do modelo russo salientavam, ademais, que a efetividade da greve geral potencializar-se--ia conforme os trabalhadores lograssem estabelecer uma linha de continuidade entre suas reivindicações econômicas e as bandeiras de cunho político. Por outro lado, os dirigentes sindicais interpretaram as exaltações à revolução russa como uma declaração de guerra aos seus métodos, bem como uma ameaça às posições que ocupavam. Dessa forma, as discussões táticas provocaram hostilidades entre lideranças partidárias e representantes dos sindicatos, lançando nuvens sobre o tipo de relação que as entidades de classe do operariado alemão estabeleceriam entre si.

Os sindicalistas caracterizaram as análises dos radicais como discursos de "literatos", pois a seu ver não existiam razões que justificassem a aproximação das realidades russa e alemã. As demonstrações de rua e demais metodologias de protes-

---

por ora nos interessa, sua linha editorial esteve em grande medida direcionada para convencer seus leitores de que os eventos transcorridos a leste ofereciam uma nova síntese tática que deveria ser incorporada pelos socialistas alemães. "A revolução russa introduz um novo elemento nos métodos de luta do proletariado internacional [...]. Os operários russos mostraram aos operários da Europa Ocidental de que modo se deve pôr em prática a tão discutida greve geral [...]. Uma tal greve geral [...] é a revolução organizada; é a ação do proletariado como classe [...] A greve geral, a greve política de massa, que representa na Europa Ocidental a última e extrema forma de luta de classe no plano político-econômico, está sendo agora empregada pela social-democracia russa de forma exemplar" (*apud* SALVADORI, 1984: 250).

to associadas ao modelo russo seriam características das regiões onde o movimento operário não fora lapidado por uma "escola da organização" (cf. SALVADORI, 1984: 250). Além disso, sublinhava-se que na Alemanha as forças repressivas do Estado interpunham maiores obstáculos ao uso da greve de massas em comparação à Rússia, um país corrupto e atrasado, cuja debilidade acentuara-se com a derrota militar que o Japão lhe impusera.

No Congresso Sindical de Colônia, realizado em maio de 1905, a *Generalkomission* incumbiu Bömelburg de apresentar uma resolução que estabelecesse claramente a recusa dos sindicalistas aos métodos de combate que não se enquadrassem no clássico modelo reivindicativo. Na realidade, tratava-se de uma antecipação da burocracia operária aos debates e posicionamentos que se construiriam no SPD a respeito da greve de massas, de forma que se lançava a militância socialdemocrata diante de um fato consumado que visava minimizar as tendências radicalizantes afloradas pela conjuntura recente. Em sua intervenção, Bömelburg desqualificou os partidários da greve geral como indivíduos desprovidos de conhecimentos relativos às práticas do movimento trabalhista, e sublinhou que as entidades de classe não dispunham de recursos materiais para arcar com o ônus de uma greve geral. Os patrões não hesitariam em suspender o pagamento dos salários e a fome minaria a capacidade de resistência dos funcionários que aderissem às paralisações. Mesmo se os grevistas eventualmente dispusessem de fundos que lhes possibilitassem conduzir lutas políticas dessa envergadura, sofreriam um desgaste contínuo que permitiria aos empresários impor seus próprios termos conforme o movimento se fragmentasse. Bömelburg julgava, ainda, que o futuro do movimento operário dependeria do fortalecimento das entidades de classe e, nessa medida, repudiava a greve de massas por considerar que seus desdobramentos implicariam o esfacelamento dessas organizações.

Não obstante o protesto de vozes dissonantes, a resolução apresentada em nome da *Generalkomission* foi aprovada pela quase totalidade dos delegados presentes: 208 votos contra apenas sete. O espírito da resolução tratava a greve geral como um tabu e orientava os trabalhadores a não permitirem que tais ideias os distraíssem "das pequenas tarefas cotidianas de edificação das organizações trabalhistas".[6] A greve

---

6   O texto da resolução apresentada em Colônia sobre a greve de massas condenava esse instrumento de luta nos seguintes termos: "O V Congresso Sindical Alemão considera um dever imperioso dos sindicatos [...] combater com a máxima firmeza qualquer iniciativa que se destine à limitação dos direitos populares. As táticas correspondentes a lutas dessa importância devem,

geral anarquista cumprira, mais uma vez, a função de espantalho por meio do qual os sindicalistas desencorajavam o proletariado alemão a considerar com atenção o exemplo vindo do Leste. Em suma, tão logo o espectro da revolução despontou no horizonte, revelaram-se plenamente os limites conservadores da atuação política dos dirigentes sindicais, os quais declaravam por meio de seus órgãos de imprensa não possuir afinidades com os "partidários das demonstrações de rua" e rotulavam o modelo tático seguido pelo operariado em São Petersburgo como uma "operação desvairada" (cf. STERN, 1954: 36).

Por conta das tensões políticas vivenciadas nos cenários nacional e internacional, as deliberações e os discursos proferidos pelos "chefes" em Colônia não encontraram boa acolhida nas fileiras da socialdemocracia. Entre os membros da "ortodoxia marxista", os resultados do congresso representavam a decorrência lógica do menosprezo *tradeunionista* pela teoria revolucionária, dado que em suas análises as críticas à economia capitalista e ao caráter de classe do Estado eram, via de regra, relegadas a segundo plano. Nem sequer no interior do próprio movimento sindical as lideranças estiveram livres de constrangimentos, pois uma parcela das bases recebeu com indignação o conservantismo explícito em suas prescrições táticas. Em Stuttgart – sede da Liga dos Trabalhadores Metalúrgicos, de orientação reformista –, as resoluções de Colônia foram alvo de veementes protestos. Paralelamente, o congresso dos mineiros assistiu a revolta do plenário contra a condenação da greve de massas. Em Leipizig, assim como em diversas assembleias por toda Alemanha, trabalhadores e dirigentes sindicais de menor proeminência manifestaram desacordo com o teor das diretrizes elaboradas pela *Generalkomission* (cf. SCHORSKE, 1993: 42).

O capítulo seguinte dessa controvérsia teve Iena como palco, onde se realizou, em setembro, o congresso anual do SPD. O principal item da agenda era, obviamente, o posicionamento oficial do partido quanto à greve política de massas. É desnecessário dizer, no entanto, que o acirramento das contradições no interior do movimento

---

assim como qualquer tática, ajustar-se às circunstâncias dadas. O Congresso julga, portanto, reprovável qualquer tentativa de se estabelecer uma tática específica por meio da propaganda da greve política de massas e aconselha o conjunto da classe trabalhadora organizada a opor resistência enérgica a empreendimentos dessa ordem. A greve geral – tal como defendida por anarquistas e pessoas sem nenhuma experiência no terreno da luta econômica – é um assunto que o Congresso toma por indiscutível, alertando os trabalhadores a não permitirem que a [...] propagação de tais ideias os distraiam das pequenas tarefas cotidianas de edificação das organizações trabalhistas" [(*apud* BARTHEL, 1916: 129-30), tradução nossa].

operário trouxe também para a ordem do dia a problemática do delineamento das relações entre a agremiação partidária e os sindicatos que atuavam sob sua influência. As agitações que assolavam a Alemanha, ao lado das novidades apresentadas pela revolução russa, colocaram em xeque as premissas do *Programa de Erfurt*, este solo comum em que, ao menos formalmente, os membros do partido e dos sindicatos haviam assentado sua prática. De sua parte, os sindicalistas receavam que a conjuntura provocasse no SPD uma guinada em sentido radical[7] e, por isso, sua preocupação básica era garantir às instituições que comandavam um grau de autonomia que as preservassem desses influxos.

A questão permaneceu em aberto até o momento em que August Bebel, brilhante orador e líder carismático do partido,[8] fez uso da palavra. Bebel ainda não havia declarado sua posição, e o plenário aguardava ansiosamente para que se revelasse a qual grupo o lendário fundador da socialdemocracia concederia seu apoio. A linha mestra de seu discurso atrelou, então, o recrudescimento da política conservadora do *Kaiserreich* aos progressos realizados pela socialdemocracia no âmbito eleitoral, de modo que os mais de três milhões de votos obtidos pelo SPD nas eleições para o *Reichstag* em 1903 haveriam aguçado a sensibilidade das camadas dominantes para o "perigo socialdemocrata". A contra-ofensiva destinada a reverter essa tendência ascendente ganhava corpo, aliás, por meio do crescimento das associações patronais e do recorrente apelo dos industriais aos *lockouts*. Além disso, o governo mostrava-se pouco inclinado a conceder novas reformas sociais ou políticas, de sorte que o cenário se mostrava prenhe de indícios que apontavam para o acirramento das lutas de classes. Esse fenômeno revelava-se, por exemplo, no conteúdo das medidas recentemente encaminhadas pelo governo, uma vez que os socialistas não haviam conseguido aprovar resoluções favoráveis aos trabalhadores das minas e tampouco obter avanços na questão relativa ao imposto sobre a herança, ao passo que os partidos da burguesia

---

7   "O Congresso de 1905 teve para a socialdemocracia alemã um significado de grande importância, já que representou uma virada em sentido radical, que deve decerto ser relacionada diretamente com a influência exercida pela revolução russa, influência que se processou [...] numa situação social e política alemã bastante tensa e conflitiva" (SALVADORI, 1984: 252).

8   "Na Alemanha, a autoridade que possuía e ainda possui Bebel manifesta-se através de mil sintomas, desde a felicidade com que é acolhido aonde quer que se apresente, até os esforços periódicos que fazem nos congressos os representantes de diferentes tendências a fim de ganhá-lo para suas causas" (MICHELS, 1982: 93).

comemoravam os dispositivos da legislação tributária e a política de incremento da frota marítima.

Em linhas gerais, Bebel argumentava que os defensores do *establishment* não assistiriam a escalada socialista de braços cruzados. Ao contrário das expectativas revisionistas, as contradições econômicas da sociedade alemã impeliam os liberais a formar alianças com os setores conservadores e, se necessário fosse, sacrificar premissas democráticas em nome da preservação de seus interesses materiais.[9] "As contradições de classe tornaram-se tão penetrantes desde 1903 que, em caso de necessidade, os liberais estarão invariavelmente prontos a unir-se com os conservadores contra nós" [(BEBEL, 1905: 5), tradução nossa]. Numa situação em que se encontrassem acuadas, as camadas proprietárias certamente aprovariam novas leis restritivas contra a socialdemocracia. Em que pese o sistema político alemão estivesse orientado formalmente enquanto uma monarquia constitucional, na prática as resistências ao avanço das organizações proletárias denunciavam as bases autocráticas em que ele estava assentado.

Nessas condições, Bebel admite que a greve política de massas pudesse converter-se em imperativo da luta socialista, isto é, numa resposta efetiva do proletariado aos prováveis atentados das camadas dominantes contra a democracia. Numa palavra, caso o governo revogasse os direitos políticos dos trabalhadores, a reação destes deveria obrigatoriamente ter um cunho mais incisivo. Qualquer medida destinada a limitar ainda mais a legislação relativa ao sufrágio seria, portanto, encarada como o sinal verde para o desencadeamento de greves políticas em vastas proporções. Baseando-se em tal linha de raciocínio, Bebel lamentou que os sindicalistas em Colônia tivessem apressadamente condenado essa tática. Ao renegar a greve de massas com o intuito de preservar suas organizações, os dirigentes sindicais incorriam em contradição evidente, pois abriam mão de um valioso recurso capaz de impedir que elas se perdessem quando as autoridades atacassem os direitos de coalizão e associação. A seu ver, as deliberações dos sindicalistas em Colônia apenas conseguiram obscurecer a questão com sua excessiva cautela.

---

9   "Em outros tempos [...] o Partido Liberal defendeu o sufrágio universal para as várias câmaras locais, bem como para o *Reichstag*. Mas desde então colaboraram com satisfação para restringir a cidadania, saudando cada violação do sufrágio da classe trabalhadora nos bastiões do movimento socialdemocrata" [(BEBEL, 1905: 7), tradução nossa].

> Por isso, o Congresso [de Iena] declara que, particularmente em caso de uma conspiração contra o sufrágio universal, ou ao direito de coalizão, é o dever da classe trabalhadora unida empregar com a máxima energia todos os meios de defesa que se provem oportunos. O Congresso considera que, em caso de emergência, um dos mais efetivos meios de defender a classe trabalhadora contra o crime político de privação dos direitos, ou da conquista de [novos] direitos fundamentais para sua emancipação, é o emprego da greve geral na mais extensiva escala [(BEBEL, 1905: 3), tradução nossa].

Depreende-se, por conseguinte, que Bebel recomendava a utilização da greve de massas num sentido defensivo. Conforme ressalvou o orador, essa medida em nada alterava as táticas implementadas até então; ela simplesmente visava adaptar o partido às novas circunstâncias. Logo, Bebel "encaixou" a greve política nas prescrições balizadoras do *Programa de Erfurt*, pois sua função primordial consistiria em manter livres de impedimentos aquelas vias consideradas mais propícias para a realização do socialismo, isto é, movimento sindical e trabalho parlamentar. Os mais céticos em relação à presença dos socialistas no legislativo deveriam lembrar-se, então, que a convocação da Duma figurava entre as principais reivindicações que haviam provocado na Rússia aquela situação política tempestuosa. "Primeiro democracia, depois socialismo!" [(BEBEL, 1905: 12), tradução, nossa] era um recado implícito às alas radicais para que estas não enxergassem naquele momento a greve de massas como estratégia de transição imediata ao *Zukunftstaat*. O proletariado na Alemanha ainda encontrava-se num patamar organizativo inferior ao da burguesia e, por conseguinte, escusado seria lançar-se em aventuras temerárias. "Há muitas ligas industriais que incorporaram todos os empresários de seu ramo, enquanto ainda existem centenas de milhares de trabalhadores que, infelizmente, não pertencem aos sindicatos livres nem às associações cristãs. Em termos de coesão e consciência de classe, a burguesia é muito superior ao operariado" [(BEBEL *apud* PROTOKOLL, 1905: 291), tradução nossa].

Nesse ponto específico, a centralidade da atuação institucional justificava as situações excepcionais em que a greve política não assumiria um caráter meramente reativo. Em certos *Länder*, o voto censitário marginalizava os socialistas, a despeito dos excelentes resultados que o SPD obtinha nas urnas. Na Prússia, dois milhões de votos foram insuficientes para que o partido conquistasse representação na câmara local.[10]

---

10 "A burguesia prussiana antes de 1848 defendeu seus direitos com mais energia do que nós o fazemos. Recebemos do governo prussiano um golpe após o outro, e sempre em silêncio, silêncio"

De maneira análoga, o "sistema das três classes" criava na Saxônia uma situação paradoxal, pois faltara apenas uma cadeira para que a socialdemocracia conquistasse ali todos os mandatos do *Reichstag*. Todavia, a injustiça consistia no fato de que, apesar de tamanha sucesso nas urnas, a representação do SPD permanecera excluída do *Landtag* (cf. BEBEL, 1905: 11). Assim, para romper-se os bloqueios políticos impostos pela legislação eleitoral, caberia aos socialistas, em certas ocasiões, atribuir um sentido ofensivo à greve de massas. Contanto que fosse posta em prática com limites bem definidos, seu emprego representaria um trunfo na luta pela ampliação do sufrágio.

Nada disso se viabilizaria, porém, caso sindicatos e partido atuassem de maneira descompassada. Bebel pronunciou um discurso comedido justamente porque a unidade do movimento operário era uma de suas preocupações centrais. Segundo ele, o sucesso da greve de massas tinha como pressuposto "um movimento sindical altamente desenvolvido, um partido socialista poderoso e, o que ainda é mais importante, harmonia entre ambos com a consciência de uma meta comum" [(BEBEL, 1905: 12), tradução nossa]. Em que pese Bebel tenha chamado a atenção dos sindicalistas para que estes não negligenciassem os aspectos políticos da luta dos trabalhadores em prol do anseio de arregimentar novos filiados para suas entidades, sua intervenção orientou-se também no sentido de responder às inquietações desses dirigentes quanto aos aspectos organizativos do novo instrumento. A imagem que Bebel oferecia da greve de massas pressupunha um minucioso trabalho de propaganda que, de maneira ordenada e compacta,[11] colocaria em marcha os exércitos do operariado sob o diligente comando das lideranças socialistas. Isto seria factível porque em termos

---

[(BEBEL, 1905: 10), tradução nossa].

11   Em que pese a experiência da greve de massas na Bélgica, em 1902, não tenha resultado nas alterações da legislação eleitoral reivindicadas pelo socialistas e tal fracasso derivasse, em grande medida, do posicionamento dúbio das lideranças operárias perante o liberalismo, parte da notoriedade conquistada pelo movimento remetia-se à disciplina demonstrada pelo conjunto dos trabalhadores em seu retorno às fábricas. Ao avaliar que as perspectivas de vitória não se mostravam animadoras, a direção achou por bem encerrar as paralisações e a consequência dessa determinação foi o mais disciplinado retorno dos operários aos seus postos de trabalho. A imagem que Bebel alimentava de uma possível greve de massas na Alemanha encaminhava-se, certamente, para um cenário em que os trabalhadores obedeceriam os comandos da burocracia socialdemocrata com semelhante "prontidão militar". A superestimação do controle das bases operárias por suas direções era, no entanto, uma ideia que sofreria ataques tanto por parte dos adversários inconciliáveis da greve de massas como de seus defensores mais convictos.

de estrutura organizacional o proletariado alemão encontrava-se anos-luz à frente de seu congênere russo, e a imprensa socialdemocrata – ancorada no trabalho de base dos sindicatos – encarregar-se-ia de levar a cabo a tarefa de esclarecimento das massas operárias com o fito de que a greve política se tornasse praticável e seus resultados alcançassem a máxima eficiência.

> Nunca recomendamos greves gerais sem preparo e desorganizadas. E devemos considerar bem antes de entrarmos numa severa batalha que possa conduzir a resultados da mais séria natureza. Devemos agitar e organizar, tornando claro aos trabalhadores que – quando um assunto vital está em jogo, um assunto que decidirá seu destino enquanto homens, pais de família e cidadãos – eles devem estar prontos para tudo arriscar. Nunca desejamos precipitarmo-nos cegamente numa greve geral;[12] não é nossa intenção inflamar as massas desorganizadas. Contudo, a organização necessária pode e deve ser criada; e se a imprensa – não apenas do partido como também dos sindicatos – realizar seu dever de esclarecer a classe trabalhadora, tudo isso pode ser alcançado [(BEBEL, 1905: 9), tradução nossa].

A resolução encaminhada por Bebel sagrou-se vitoriosa no Congresso de Iena. Num universo de 303 votos, sua mensagem recebeu a aprovação de 287 delegados. O órgão central dos sindicatos, porém, reagiu à deliberação com intransigente oposição, deixando claro que não toleraria qualquer propaganda da greve de massas no interior de suas entidades. Embora os radicais comemorassem o fato de que o SPD havia incorporado a nova arma ao seu arsenal tático, a polêmica não estava, de maneira alguma, encerrada. A direita partidária construiu uma interpretação própria da resolução, na qual se enfatizava que o aval dado à greve de massas limitava-se a circunstâncias políticas extremas. Robert Schmidt chegou a sustentar que o emprego da greve de massas em resposta às limitações do sufrágio traria consigo represálias de ordem militar aos trabalhadores e, consequentemente, a transposição de "condições russas" para o cenário alemão. Numa palavra, os perigos implícitos no recurso a esse

---

12 Vale pontuar que a polêmica com os anarquistas refletia-se na terminologia empregada pelos socialdemocratas. Os socialistas recorriam aos termos "greve de massas" [*Massenstreik*] e "greve política" [*politischer Streik*] para diferenciarem-se da "greve geral" [*Generalstreik*] propugnada pelos discípulos de Bakunin (cf. GUÉRIN, 1982).

método causavam-lhe tamanha apreensão que – uma vez confirmada a determinação dos setores reacionários de estrangular as prerrogativas da democracia – os labirintos subterrâneos da ilegalidade vivenciada no período das leis anti-socialistas figuravam--lhe como uma alternativa menos desfavorável ao SPD do que o apelo a instrumentos radicais (cf. PROTOKOLL, 1905).

Paralelamente, desencadeou-se uma campanha de ataques pessoais contra os mais ardorosos propugnadores do método russo, desafiando-lhes a partir para o Oriente e provar suas convicções teóricas ao lado daqueles que lutavam pela derro-cada da autocracia czarista.[13] Rosa Luxemburg desdenhava das provocações de seus adversários, mas suas intenções políticas coincidiram com o desafio que lhe foi perpe-trado. Como uma das personalidades mais autorizadas em matéria de política russa, viajou ao longo de 1905 por toda a Alemanha, tomando parte em inúmeras reuniões que se organizavam por conta do interesse suscitado pela luta anticzarista. Ela valia-se desses espaços para debater a necessidade da socialdemocracia tomar medidas práti-cas condizentes com a radicalização da atmosfera política, e as analogias entre os con-textos russo e alemão constituíam o foco de sua argumentação. A palavra escrita era outro meio de amplificar suas ideias, pois a correlação de forças no interior do SPD proporcionara-lhe um posto na redação do *Vorwärts*.[14] A despeito da intensidade e do volume dessas atividades, Luxemburg resolveu abrir mão temporariamente de suas responsabilidades no movimento operário alemão. Essa decisão justificava-se porque alguns dos episódios mais decisivos do combate ao czar estavam sendo travados na Polônia, e o SDKPiL[15] (partido que ajudara a fundar antes de ingressar no SPD e que

---

13 "Já está na hora de que todos aqueles possuídos de excessivo zelo revolucionário tomem parte prática no combate da Rússia pela liberdade em lugar de andar discutindo a greve de massas em centros de férias. Vale mais fazer do que dizer. Que partam para a Rússia os teóricos da luta de classes!" [(HUE *apud* NETTL, 1974: 256), tradução nossa].

14 No outono de 1905, o comitê executivo do SPD decidiu reestruturar a redação do *Vorwärts*. Com a inflexão partidária em sentido radical, visava-se golpear os revisionistas naquela que era, então, uma de suas poucas fortalezas. A nomeação de dois redatores pertencentes aos grupos de esquerda levou os antigos membros à indignação. A queda de braço teve como desfecho a saída de seis redatores revisionistas, e os nomes que os substituíram deram outras cores à orientação do periódico. Indicada por Bebel, Rosa Luxemburg tomou parte na nova equipe.

15 *Socjaldemokracja Królestwa Polskiego i Litwy* (Socialdemocracia do Reino da Polônia e Lituânia).

continuava a dirigir mesmo após sua mudança para a Alemanha) encontrava-se no olho do furacão.

"Os meses passados na Rússia, os mais felizes da minha vida" (LUXEMBURG *apud* LOUREIRO, 2004: 73). Luxemburg cruzou a fronteira munida de documentos falsos, e tão logo se viu em solo polonês, mergulhou a fundo nas atividades conspiratórias do SDKPiL. Contudo, justamente nesse momento, estava em curso uma reconfiguração do tabuleiro político. O levante armado de Moscou fora abafado e a balança do poder pendia a favor da reação czarista; o cerco policial recrudescia e uma multidão de ativistas era lançada aos cárceres. Informadas pela imprensa burguesa alemã que Luxemburg encontrava-se em Varsóvia, as autoridades polacas conduziram um processo investigativo que culminou em sua prisão. Rosa encarou sua sorte com ironia fatalista, e a propaganda que em segredo dirigia aos demais presos políticos conferiu-lhe a motivação necessária para suportar as péssimas condições do cárcere (cf. NETTL, 1974: 289-94). Entretanto, sua saúde estava muito fragilizada[16] e os disparos que ouvia de sua cela indicavam o perigo concreto de ser submetida à corte marcial. Seus familiares estavam cientes do risco que corria e comunicaram-lhe o propósito de endereçar ao conde Witte um pedido de clemência. Rosa rejeitou a proposta com veemência e seu irmão decidiu, sem consultá-la, solicitar ao SPD auxílio financeiro para o pagamento da fiança.[17]

Antes de regressar à Alemanha, Luxemburg participou de uma conferência bolchevique realizada na Finlândia. Nos intervalos das discussões, porém, redigiu um trabalho que os socialdemocratas de Hamburgo lhe haviam encomendado acerca da revolução russa em geral e da greve de massas em particular. Nessa brochura – intitu-

---

16 Em correspondência destinada a Sonia Liebknecht muitos anos depois, Rosa relembra as deploráveis condições de saúde em que se encontrava quando recebeu uma visita de seus familiares na prisão: "acabava de sair de uma greve de fome de seis dias no cárcere e estava tão débil que o alcaide da fortaleza mandou carregarem-me pelos braços à sala de visitas [...]" [(LUXEMBURG *apud* NETTL, 1974: 290), tradução nossa].

17 Rosa sentiu-se desgostosa quando, já em liberdade, tomou conhecimento do expediente que garantiu sua soltura. "Estava decidida a conservar sua postura revolucionária até o final e não pedir ajuda às autoridades alemãs nem ao partido" [(NETTL, 1974: 292), tradução nossa]. Desagradava-lhe que favores pessoais interferissem em suas polêmicas partidárias e, com efeito, quando em 1910 Rosa assumiu um posicionamento de clara oposição ao comitê executivo do SPD, alguns de seus adversários políticos cometeram a baixeza de insinuar que as críticas endereçadas à direção do partido não condiziam com a gratidão que lhes era devida.

244 Espelho Convexo

lada *Massenstreik, Partei und Gewerkschaften* [Greve de Massas, Partido e Sindicatos] – encontra-se condensada uma análise do processo revolucionário de 1905 e dela extrai-se uma série de considerações teóricas, cuja originalidade confere à autora um lugar de destaque entre os marxistas de sua época. Embora tenha sido breve a atuação de Luxemburg nos eventos que abalaram o absolutismo, tal experiência provocou inflexões em sua obra e consolidou determinados posicionamentos nos quais sua intervenção política apoiar-se-ia doravante.

Em primeiro lugar, Luxemburg assinalava que a revolução russa obrigava a socialdemocracia a rever o antigo ponto de vista marxista acerca da greve de massas. O emprego que dela fizeram os trabalhadores de São Petersburgo, Odessa e Varsóvia não demonstrara qualquer parentesco com a concepção anarquista que a contrapunha à luta política e, em particular, ao parlamentarismo. Na Rússia, essa tática não se colocara em prática sob a perspectiva de um "golpe teatral" que configurasse uma passagem brusca à revolução. Pelo contrário, os operários russos serviram-se dela enquanto instrumento eficaz na luta pela conquista de direitos políticos. A greve de massas incidia, pois, como fator de pressão que buscava arrancar ao absolutismo as pré-condições necessárias à luta política cotidiana do proletariado. Aliás, não é mero acaso que Luxemburg tenha iniciado seu texto dissociando 1905 da concepção anarquista da greve de massas.[18] Embora a cúpula do movimento operário alemão expressasse suas reservas quanto ao modelo russo resgatando as divergências históricas com o anarquismo, os fundamentos de seus próprios argumentos denunciavam certo parentesco com o modo pelo qual os discípulos de Bakunin encaravam o problema. Revelavam-se afinidades entre essas perspectivas na medida em que consideravam a greve de massas de maneira abstrata e anti-histórica, sem levar em conta os fatores objetivos que provocam seu desencadeamento em contextos específicos. Assim, quando se discutia na Alemanha os méritos e deméritos da propaganda da greve de

---

18 Além de dissociar a onda de greves de massas que assolou a Rússia do credo anarquista, Rosa Luxemburg caracterizou a tradição vinculada ao pensamento de Bakunin como uma ideologia estranha ao movimento operário. A seu ver, os portadores históricos do anarquismo deveriam ser procurados antes no seio das camadas lumpemproletárias, que se encontravam apartadas da classe trabalhadora não somente em função de critérios relativos à posição ocupada na estrutura produtiva, como também em razão dos instrumentos de luta aos quais se inclinavam. O anarquismo aparecia-lhe, então, como um movimento reacionário que sabotava a coesão do proletariado, sobrepondo ações fragmentárias tendencialmente embasadas no terrorismo ao trabalho político sistemático orientado para o fortalecimento da consciência de classe.

massas, coincidia-se com a utopia anarquista que avaliava os desdobramentos da luta de classes num "espaço etéreo", deslocando-a de suas prerrogativas materiais e esvaziando-a de concretude. Ao fim e ao cabo, Bakunin e Bömelburg representavam lados distintos de uma mesma moeda.

> Ora, no mesmo terreno da consideração abstrata e sem *preocupação histórica*, colocam-se hoje, de um lado, os que proximamente gostariam de ver desencadear na Alemanha, num dia assinalado do calendário, por um decreto da direção do Partido, a greve de massas, do outro lado, os que [...] querem liquidar definitivamente o problema da greve de massas, interceptando a sua "propaganda". Uma e outra das tendências partem da ideia comum, e absolutamente anárquica, de que a greve de massas é uma arma puramente teórica que, de acordo com o que se julgue útil, poderia ser facilmente "decidida" ou, inversamente, "proibida", qual navalha que se pode ter fechada no bolso para qualquer eventualidade ou, pelo contrário, aberta e pronta a servir, quando se decidir [(LUXEMBURG, 1974: 16), grifos da autora].

Uma vez que a análise histórica concreta desautorizava qualquer interpretação que considerasse as decisões dos atores políticos desvinculadas dos demais elementos objetivos que configuravam a totalidade social, tornava-se necessário identificar no período anterior a 1905 o entrecruzamento das diversas "correntes subterrâneas" que tiveram por resultado a "precipitação" (no sentido químico) do processo revolucionário. Os anarquistas não haviam desempenhado qualquer papel relevante ao longo desses embates, e mesmo o intenso trabalho de agitação política conduzido pela socialdemocracia russa não seria capaz de explicar, isoladamente, a complexidade do fenômeno social encarnado nas greves de massas. "Assim, quem queira falar da greve de massas na Rússia deve, antes de tudo, ter a história diante dos olhos" (LUXEMBURG, 1974: 23).

As gigantescas mobilizações posteriores à carnificina de 22 de janeiro não foram relâmpagos em céu azul. Os protestos que culminaram com o *Domingo Sangrento* estiveram enraizados, por um lado, no descontentamento popular causado pela derrota militar imposta pelo Japão e, por outro lado, na grave crise industrial e comercial pela qual passara a economia russa nos anos precedentes. Dessa forma, os golpes infligidos ao absolutismo em 1905 foram encadeados por Luxemburg numa perspectiva que remontava aos principais episódios do movimento operário russo desde a greve geral dos operários têxteis de São Petersburgo em 1896 e 1897.[19] Nesse intervalo, os trabalhadores deflagraram uma série de paralisações cujos objetivos concentravam-se em torno de demandas econômicas, materializadas, sobretudo, nas exigências por aumento de salários e redução da jornada de trabalho. As insatisfações relativas à crise e ao desemprego permeavam os círculos operários e – especialmente a partir da greve do Cáucaso, em março de 1902 – os conflitos trabalhistas tornaram-se recorrentes na paisagem social do império czarista. Bakou, Tíflis, Batoum, Elisabethgrad, Odessa, Kiev, Nicolaiev, Ekaterinoslav: greves de massas que irrompiam tal qual "tremores de terra periódicos" e disseminavam embriões da "consciência de classe" entre os operários da indústria.

As greves de massas apresentavam-se, então, sob formas variegadas em consonância com o processo de transformação das estruturas sociais da antiga Rússia. Os argumentos expostos em capítulo anterior já assinalaram que a estratégia econômica adotada pela autocracia czarista consistia em promover a industrialização do país com base em empréstimos obtidos no mercado financeiro internacional, principalmente capitais franceses e alemães. O poder absolutista impulsionava, dessa forma, a modernização da estrutura produtiva porque considerava vital impedir que a Rússia se defasasse em relação ao nível de desenvolvimento econômico alcançado pelas potências ocidentais. Uma vez que a própria construção do Estado russo estivera, em grande medida, amparada em suas forças armadas, a preservação de sua estabilidade interna e a manutenção do *status* de potência bélica no cenário europeu dependiam fundamentalmente da capacidade governamental de alavancar o progresso da indústria.[20] O financiamento dessas despesas exigia, porém, um rígido

---

19 "Pode pensar-se que alguns anos de aparente acalmia e de severa reação separam o movimento de então da revolução de hoje; mas se conhecermos um pouco da evolução política interna do proletariado russo, até o estágio atual da sua consciência de classe e da sua energia revolucionária, não deixaremos de relacionar a história do presente período de lutas de massas com as greves gerais de São Petersburgo. Estas são importantes no problema da greve de massas, visto que já contêm em germe todos os princípios elementares das greves posteriores" (LUXEMBURG, 1974: 23-4).

20 "Fora um raciocínio completamente desesperado do czarismo russo que o levou após a grave derrota na Guerra da Criméia [...] a transplantar para a Rússia o capitalismo da Europa Ocidental. Por razões fiscais e militares, o absolutismo em bancarrota necessitava, porém, de ferrovias, telégrafos, ferro, carvão, máquinas, algodão e tecido no país. Ele forjou o capitalismo apoiando-se no saqueio da população e numa política fiscal descomedida, cavando inconscientemente sua sepultura com as próprias mãos [(LUXEMBURG, 1974b: 492-3), tradução nossa].

controle da mão-de-obra. No campo, os elementos remanescentes da economia patriarcal promoviam a acumulação de capitais por meio da pilhagem do fruto do trabalho do campesinato. A abolição da servidão não fora acompanhada por uma redistribuição das propriedades e, na prática, as riquezas da nobreza fundiária advinham dos cargos ocupados no aparato estatal, bem como da exploração do labor dos mujiques. Nos centros urbanos, por outro lado, os empecilhos legais à organização dos trabalhadores permitiam aos industriais que se estabelecessem longas jornadas sob remuneração irrisória. A presença do absolutismo nas fábricas revelava-se pela perseguição aos elementos mais críticos da força de trabalho e pelos obstáculos que se interpunham à livre associação dos operários. Assim, o processo de formação do operariado urbano na Rússia esteve marcado pela ausência de prerrogativas básicas que lhes possibilitassem reivindicar melhorias nas condições de trabalho e pagamento por dentro das instituições vigentes. Diferentemente dos operários ingleses, os trabalhadores russos não contavam com um parlamento para o qual canalizar seus anseios e tampouco de uma legislação sindical que legitimasse eventuais instrumentos de pressão coletiva. Nessas condições, a greve de massas representava a forma exterior pela qual se manifestava a luta de classes na Rússia. O elevado grau de exploração da mão-de-obra alimentava a insatisfação latente no interior das fábricas, até o momento em que um incidente de aparente insignificância impelia – "como um choque elétrico" – os trabalhadores à ação.

O traço comum entre os conflitos econômicos parciais anteriores a 1905 e os protestos desencadeados ao longo do processo revolucionário remetia, por conseguinte, à natureza espontânea dessas manifestações. Tendo mais uma vez como antagonista a perspectiva abstrata e anti-histórica do debate na Alemanha, Luxemburg abordou a greve de massas como força resultante de fenômenos sociais elementares que dizem respeito ao caráter de classe da sociedade moderna. A "sublevação espontânea" dos trabalhadores decorria da fricção entre seus interesses e as necessidades de acumulação da jovem indústria russa. Por essa razão, Luxemburg ironizou os exageros esquemáticos da burocracia sindical quando esta colocava no centro do problema a "viabilidade" da greve de massas. Ao enfatizar os aspectos operacionais, os alemães expurgavam de suas considerações o vínculo dialético que identifica as origens da greve de massas nos conflitos sociais profundos que permeiam a totalidade das relações de produção capitalistas, especialmente naqueles países em que estas se instalaram tardiamente. Não havia sentido em pautar o debate segundo questões de "engenharia revolucionária", pois as iniciativas do proletariado russo não se desenrolaram a partir de planos pré-estabelecidos, e sua propagação tampouco esteve condicionada às deliberações de uma vanguarda consciente. Segundo Luxemburg, o papel dirigente da revolução russa coube exclusivamente ao "eu coletivo" [*das Massen-Ich*] da classe operária. Embora imiscuídos na sublevação, os dirigentes russos "mal tinham tempo para formular palavras de ordem enquanto as massas lutavam" (LUXEMBURG, 1974: 33).

> O elemento espontâneo desempenha [...] um enorme papel em todas as greves de massas na Rússia, quer como elemento motor, quer como freio. Este fato não é motivado por a socialdemocracia russa ser ainda jovem e fraca, mas porque cada operação particular é o resultado de uma infinidade de fatores econômicos, políticos, sociais, gerais e locais, materiais e psicológicos, de tal maneira que nenhuma delas pode ser definida ou calculada como um exemplo aritmético. Mesmo se o proletariado, com a socialdemocracia à cabeça, desempenhar o papel dirigente, a revolução não é uma manobra do proletariado, mas uma batalha que se desenrola enquanto que à sua volta se desmoronam e se deslocam sem cessar todos os alicerces sociais. Se o elemento espontâneo desempenha um papel tão importante na greve de massas russa, não é porque o proletariado esteja "deseducado", mas porque as revoluções não se aprendem na escola (LUXEMBURG, 1974: 62-3).

A ênfase na "espontaneidade" do proletariado russo não se contrapunha unicamente ao formalismo burocrático dos sindicalistas alemães. Luxemburg questionava no plano teórico as formulações que, em suas diversas matizes, abordavam a consciência de classe como um "elemento importado de fora". Em artigo publicado em 1901 na revista *Neue Zeit*, Kautsky negou que a consciência socialista derivasse necessariamente dos embates travados pelo proletariado. Embora ambos convergissem enquanto elementos de negação dos mecanismos de espoliação do trabalho, não existiria qualquer relação de decorrência entre socialismo e a luta de classes. Seria um equívoco, portanto, imaginar que o primeiro desses elementos houvesse sido engendrado a partir do segundo, pois cada um deles assentar-se-ia em diferentes premissas históricas. Assim, as bases da dialética materialista adviriam do pensamento científico que, por sua vez, estaria atrelado ao desenvolvimento social contemporâneo. Kautsky argumentava que o lugar ocupado pelo proletariado nas relações de produção obstaculizava seu acesso à investigação sistemática, de modo que tal conhecimento deveria ser-lhe comunicado por elementos exteriores à classe, a saber, pelos intelectuais de origem burguesa. Justamente por essa razão, definia que a tarefa básica da socialdemocracia era "introduzir no proletariado a consciência de sua situação e a consciência de sua missão" (KAUTSKY *apud* GUÉRIN, 1982: 92).

A compreensão kautskista da consciência de classe como um fator adjudicado ao proletariado encontrou ressonância nas obras que Lênin dedicou, entre 1902 e 1904, ao problema da organização do partido. De acordo com Lênin, o "elemento espontâneo" representaria, ao fim e ao cabo, apenas a forma embrionária da consciência de classe, de modo que, sem a intervenção de um organismo partidário claramente orientado por diretrizes revolucionárias, os trabalhadores seriam incapazes de superar os limites do *tradeunionismo*.[21] Em outras palavras, o culto ao elemento espontâneo atuaria como uma influência perniciosa da ideologia pequeno-burguesa no movimento operário, e sua consequência objetiva seria o afastamento dos trabalhadores de suas tarefas propriamente políticas. É evidente, portanto, que a ascensão do movimento reformista em nível internacional constituía o pano de fundo da polêmica travada na socialdemocracia russa em torno de seus aspectos organizativos. Lênin acreditava que um partido cujas decisões e procedimentos obedecessem a rigorosos princípios de centralização política funcionaria como o antídoto necessário contra as tendências que convergiam no sentido de favorecer a integração da classe trabalhadora no sistema de produção capitalista. Além disso, seus argumentos estavam pautados por considerações de eficácia na medida em que a verticalização da estrutura partidária incutiria "disciplina revolucionária" nos círculos de vanguarda e forjaria a coesão necessária para que se empreendesse o desmonte do *status quo*. Uma vez que as classes dominantes atuavam de maneira centralizada para garantir a manutenção de sua hegemonia, também o operariado deveria valer-se sistematicamente dessa arma para colocar um fim à sua condição subalterna.

Em artigo intitulado *Organisationsfragen der russischen Sozialdemokratie* [Questões Organizativas da Socialdemocracia Russa] – publicado em 1904 no *Iskra* e na *Neue Zeit* –, Luxemburg condenou a ambição nutrida por Lênin de construir um

---

21 "A história de todos os países atesta que, por suas exclusivas forças, a classe operária só pode chegar à consciência *tradeunionista*, ou seja, à convicção de que é preciso unir-se em sindicatos, lutar contra os patrões, reclamar do governo as leis necessárias aos operários, etc. Quanto à doutrina socialista, ela nasceu de teorias filosóficas, históricas, econômicas elaboradas pelos representantes cultos das classes possuidoras, pelos intelectuais" (LENIN *apud* GUÉRIN, 1982: 93).

partido de quadros que, embora revolucionário, representava-se teoricamente como um corpo separado do conjunto das massas. Os "excessos centralizadores" do dirigente russo revelariam, então, uma sobrevalorização do papel da vanguarda militante enquanto vetor do processo histórico, bem como certa incapacidade de atentar para o potencial revolucionário das massas não-organizadas. Tais equívocos decorreriam justamente do entendimento de que os trabalhadores não lograriam, por si mesmos, superar o estágio das reivindicações imediatas de modo a completar a transição de "classe em si" a "classe para si". Nesse sentido, Luxemburg retomava as assertivas contidas no *Manifesto Comunista*, segundo as quais os socialistas representam o interesse do movimento total sem a pretensão de estabelecer princípios particulares destinados a moldar o proletariado. Em consonância com os fundadores do materialismo-histórico, Luxemburg vislumbrava a emancipação da classe operária primordialmente como fruto de sua auto-atividade histórica [*geschichtliche Selbsttätigkeit*]. "Do ponto de vista histórico, os erros cometidos por um movimento verdadeiramente revolucionário são infinitamente mais frutíferos que a infalibilidade do mais hábil Comitê Central" [(LUXEMBURG, 1974x: 444), tradução nossa].

Luxemburgo reconhecia, no entanto, que as tarefas organizativas perante as quais o proletariado se defrontava na Rússia possuíam maior complexidade, se comparadas à trajetória do movimento operário no Ocidente. Nos países onde a burguesia desafiara o *Ancién Régime*, a instrumentalização política dos despossuídos legara a estes os rudimentos de sua própria organização enquanto classe. Nesse período, a coesão dos trabalhadores não fora uma consequência de sua própria unidade, senão uma resultante da unidade burguesa. De qualquer modo, a ação coletiva na qual eles se viram enredados cumprira, em alguma medida, o papel de educá-los politicamente para suas lutas vindouras e, sobretudo, proporcionara-lhes condições para superar o estágio da atomização. As questões organizativas eram, dessa forma, particularmente difíceis para a socialdemocracia russa porque ela deveria conjugar – "'do nada', tal qual o Poderoso Senhor" – a matéria-prima política que no Ocidente fora preparada pela sociedade burguesa (cf. LUXEMBURG, 1974x: 424). Além disso, Luxemburg avaliava que as tarefas colocadas pelo movimento operário aos partidos socialistas forçavam-nos a operar segundo algum grau de centralização e, assim sendo, a polêmica que travou com Lênin não dizia exatamente respeito à importância desse mecanismo, senão aos limites de sua aplicação. O alvo de suas críticas dirigia-se, então, ao que Luxemburg caracterizava como uma "ultracentralização" da vida partidária que ameaçava envolver suas instâncias inferiores em uma trama de arame farpado. Nesse sentido, as mudanças propostas constituiriam um estorvo à simbiose da vanguarda com as massas trabalhadoras em geral, ao mesmo tempo em que cerceariam a criatividade emanada da luta de classes em prol da uniformização da conduta revolucionária segundo os ditames do Comitê Central. No entender de Luxemburg, a submissão cega a qualquer espécie de autoridade era incompatível com os requisitos necessários para a emancipação socialista,[22] de modo que desferiu críticas particularmente ferozes contra o propósito nutrido por Lênin de educar o proletariado para a revolução segundo os parâmetros de disciplina da fábrica e do quartel. "Não é por meio do atrelamento

---

22 O entulho da doutrina stalinista atribui às concepções organizativas defendidas por Luxemburg o seu fracasso no combate às tendências oportunistas no seio da socialdemocracia alemã. Embora sua defesa incondicional da greve política de massas, sua repulsa intransigente à guerra imperialista e engajamento heroico nos primeiros anos da revolução alemã tenham-lhe garantido as falsas condecorações da III Internacional, Rosa Luxemburg foi acusada de ter assumido uma posição tipicamente "menchevique" em sua polêmica com Lênin. Com efeito, a literatura dedicada à autora na antiga República Democrática Alemã foi redigida segundo manuais que prescreviam a intercalação de louvores à sua trajetória revolucionária e críticas padronizadas que versavam sobre a "excessiva ênfase conferida à espontaneidade das massas". Logo, o suposto equívoco de não ter levado sua disputa no interior do SPD às últimas consequências (isto é, a ruptura com o partido e a construção de um instrumento "efetivamente revolucionário") seria um desdobramento inevitável de não haver reconhecido o caráter imprescindível do "partido de novo tipo" construído pelos bolcheviques. Por outro lado, é ainda mais lamentável que a vertente do socialismo russo que se constituiu na crítica à degeneração stalinista reproduza esse discurso. Trotsky protestou veementemente contra a instrumentalização da figura de Rosa Luxemburg pelos epígonos da Revolução de Outubro. Apesar disso, também é um fenômeno curioso que as várias ramificações da IV Internacional demonstrem uma certa propensão para avaliar o legado de Rosa Luxemburg em termos não muito distantes daqueles empregados pela burocracia cinzenta do Leste Europeu. Assim, repete-se o mantra de que Luxemburg figura como um dos nomes mais destacados da história do socialismo, ressalvando-se, porém, que Lênin sempre tivera razão nos momentos em que houvera discordância entre ambos. Dessa forma, apaga-se um dos momentos mais "visionários" da trajetória de Trotsky, quando este atacara o "substituísmo" [zamestitelsvo] inerente às concepções vanguardistas e os perigos de estrangulamento da classe operária advindos do "jacobinismo socialista". "Os métodos de Lênin podem levar ao seguinte: a organização do partido [sua liderança] coloca-se a princípio no lugar do partido como um todo; em seguida, o Comitê Central coloca-se no lugar da liderança; finalmente um único 'ditador' coloca-se no lugar do Comitê Central" (TROTSKY apud DEUTSCHER, 2005: 122).

a uma disciplina inculcada pelo Estado capitalista – com a mera transferência da batuta das mãos da burguesia para o Comitê Central – que se educará o proletariado para a [...] autodisciplina voluntária da socialdemocracia, senão pelo rompimento e desenraizamento desse espírito disciplinatório escravizante" [(LUXEMBURG, 1974x: 430-1), tradução nossa].

A valorização positiva da auto-atividade das massas em contraposição ao argumento da consciência adjudicada e ao pragmatismo da fórmula *salus revolutionis suprema lex est* não permite, todavia, que se impute a Luxemburg qualquer atitude de indiferença no que tange às responsabilidades da vanguarda revolucionária.[23] Pelo contrário, os eventos de 1905 constituem aos seus olhos a prova cabal de que as instituições operárias, quando imiscuídas no movimento de massas, desempenham tarefas de primeira ordem no decurso do processo histórico. Luxemburg tece inúmeros elogios ao trabalho desenvolvido pelos socialistas russos porque – diferentemente da enrijecida burocracia alemã e dos regulamentos dispostos em seus "pergaminhos amarelados" – eles comportaram-se como autênticos porta-vozes dos setores mais combativos do operariado. A socialdemocracia russa desempenhara, nos anos anteriores à revolução, intensa agitação e difusão propagandística que contribuíram para fomentar a revolta entre os operários industriais. Com efeito, sua avaliação acerca da consistência das atividades políticas desenvolvidas pelos marxistas russos abarcava um período de aproximadamente duas décadas, no qual o trabalho de esclarecimento e organização [*Aufklärungs- und Organisationsarbeit*] do proletariado atravessara diferentes etapas. O primeiro momento dessa trajetória consistira, então, em uma polêmica essencialmente teórica contra as correntes populistas que – apegadas a uma concepção romântica de aspectos da tradição camponesa – negavam-se a admitir o fato de que o sistema de produção mercantil já havia lançado raízes profundas no solo da economia russa. Além de revelar o caráter anacrônico do discurso populista, o esforço teórico de afirmação do marxismo deslocava o foco da luta política do campo para a cidade, identificando assim o proletariado industrial como alvo prioritário da agita-

---

23 "A socialdemocracia é a vanguarda mais esclarecida e consciente do proletariado. Ela não pode nem deve esperar com fatalismo, de braços cruzados, que se produza uma 'situação revolucionária' nem que o movimento popular espontâneo caia do céu. Pelo contrário, tem o dever como sempre de *preceder* [*vorauseilen*] o curso dos acontecimentos, de procurar precipitá-los" [(LUXEMBURG, 1974: 81), grifo da autora].

ção anticzarista.[24] As veredas da práxis socialdemocrata orientaram-se, em seguida, para a aglutinação de círculos operários, onde se almejava introduzir certos princípios fundamentais da doutrina socialista ao operário fabril. No entanto, os métodos escolásticos pelos quais a divulgação do marxismo fora conduzida nesses círculos produziram o efeito indesejado de transformar os seus membros em corpos estranhos à própria classe trabalhadora. Ao invés de proletários conscientes, formavam-se ali "rabinos do socialismo" que se descolavam do universo de representação do conjunto do operariado. Em meados da década de 1890, porém, os revolucionários russos incorporaram em sua ação política uma tática que viria a atuar como antídoto contra tais desvios sectários. Mesmo chocando-se com a muralha de gelo do absolutismo, a socialdemocracia enxergou na agitação de massas o norte de sua atuação cotidiana. A princípio, o eixo dessa iniciativa não ultrapassava os meros limites da denúncia das condições materiais vivenciadas pelos trabalhadores e – embora sua militância tenha desempenhado um papel importante nas greves de São Petersburgo em 1896 – as intervenções do POSDR esbarravam em dificuldades para transpor as fronteiras do sindicalismo vulgar. De qualquer forma, o corretivo para as debilidades em questão surgiu à tona por obra do próprio aparelho repressivo, pois a violenta resposta dos gendarmes às reivindicações econômicas dos grevistas encarregou-se de propiciar aos trabalhadores sucessivas experiências concretas que lhes despertavam a consciência para a natureza autoritária do Estado russo. A ausência de direitos políticos era paulatinamente sentida pelos trabalhadores como uma realidade constritória, de sorte que demandas de ordem constitucional tornaram-se cada vez mais frequentes ao longo dos protestos que irromperam na virada do século. Em meio a demonstrações políticas que reuniram dezenas de milhares de trabalhadores em diversas cidades do império, os oradores socialdemocratas chamavam a atenção das massas para a presença dos soldados que as circundavam, atestando-lhes dessa maneira a necessidade de se lançar a autocracia ao chão (cf. LUXEMBURG, 1974a: 502-5). Ademais, catalisaram a luta contra o absolutismo quando em 1905 estabeleceram perante o proletariado os nexos entre suas reivindicações econômicas e a tarefa política de libertar a sociedade

---

24 O leitor encontrará na obra de Lênin *O desenvolvimento do capitalismo na Rússia: o processo de formação do mercado interno para a grande indústria* um sistemático trabalho de investigação acerca dos mecanismos que embasaram a modernização da economia russa em termos capitalistas, assim como uma apresentação crítica dos principais expoentes teóricos do pensamento *narodnik*.

do jugo czarista. Numa palavra, a influência[25] exercida pela socialdemocracia somara-se aos demais elementos fermentativos da conjuntura socioeconômica russa para desencadear os eventos que convulsionaram o império. Em sentido metafórico, a visão luxemburguiana da relação entre partido e massas assemelhava-se, portanto, àquela simbiose existente no teatro entre contra-regra e ator.

Ao identificar uma relação de unidade dialética entre a espontaneidade das massas e a intervenção revolucionária das entidades de classe do proletariado russo, Luxemburg visava, por outro lado, desconstruir a visão propalada pelos sindicalistas alemães de que a greve de massas constituía uma ameaça ao patrimônio organizacional dos trabalhadores. Caso estivesse disposta a atentar para as "lições" do Oriente, a cúpula sindical comprovaria que o choque contra o *establishment* czarista não apenas fortaleceu as instituições operárias preexistentes, como propiciou também a organização do proletariado em setores onde este se encontrava anteriormente desarticulado. Num país cujas parcas entidades operárias eram em sua maioria controladas pelo aparato estatal, a revolução atuou como elemento impulsionador da auto-organização dos trabalhadores, legando-lhes um embrião de movimento sindical independente e combativo.

A análise relativa ao processo de formação das entidades de classe na Rússia adquiria especial relevância para o SPD na medida em que o direito de coalizão não era, de maneira alguma, uma prerrogativa gozada pela totalidade dos assalariados alemães. Com efeito, os ferroviários e os empregados dos correios encontravam-se privados de quaisquer instrumentos organizativos, e a *Generalkomission* isentava-se das responsabilidades por esse fato, atribuindo-as, pelo contrário, à "obediência cadavérica" do funcionalismo público. Embora não lhe restassem dúvidas acerca do caráter autoritário das instituições germânicas, Luxemburg redarguia que a liberdade de movimentos conquistada por essas mesmas categorias na Rússia obviamente não poderia ser creditada a uma atmosfera menos despótica, senão à correlação de forças favorável que a onda de greves trouxera consigo. Suas conclusões encaminhavam-se, portanto, no sentido de que uma conjuntura de ascenso do movimento de massas na Alemanha ensejaria também ali as pré-condições necessárias para que ferroviários e

---

25 Uma vez que "direção" implica linhas de força unilaterais, o termo "influência" é mais preciso para caracterizar a maneira pela qual Luxemburg orientava suas prescrições à conduta dos partidos socialdemocratas. Mesmo nas passagens em que o vocábulo "direção" é empregado, Luxemburg não atribui a ele o sentido de "condução" do movimento. Ao invés disso, sua semântica transparece a intenção de disputar a subjetividade das massas para os propósitos revolucionários.

empregados do correio se encarregassem de varrer a "porção extra de absolutismo russo" que sentiam pesar sobre si.

> A história ri-se dos burocratas apaixonados por esquemas "pré-fabricados", guardiões ciumentos da felicidade dos sindicatos. As sólidas organizações concebidas como fortalezas inexpugnáveis e cuja existência tem de ser assegurada – antes de eventualmente se pensar na realização de uma hipotética greve de massas na Alemanha – são, pelo contrário, fruto da própria greve de massas. E enquanto os ciumentos guardiões dos sindicatos alemães temem [...] ver quebrar em mil bocados essas organizações, qual porcelana no meio do turbilhão revolucionário, a revolução russa apresenta-nos um quadro completamente diferente: o que emerge dos turbilhões e da tempestade, das chamas e do braseiro da greve de massas, qual Afrodite surgindo da espuma dos mares são... sindicatos novos e jovens, vigorosos e ardentes (LUXEMBURG, 1974: 43).

O núcleo da teoria organizativa de Luxemburg reside na percepção da gênese e fortalecimento dos sindicatos e partidos socialistas como produtos diretos da luta de classes. Essa maneira de conceber a dinâmica evolutiva da socialdemocracia invertia o esquema que condicionava o envolvimento das entidades proletárias em combates de maior envergadura à maturação de sua estrutura organizacional. "A concepção rígida e mecânica da burocracia só admite a luta como resultado da organização que atinja certo grau de força. Pelo contrário, a evolução dialética, viva, faz nascer a organização como produto da luta" (LUXEMBURG, 1974: 75). Nesse sentido, Luxemburg valia-se da trajetória do movimento operário alemão para demonstrar que o patrimônio organizativo do SPD – que se convertera em modelo exemplar para as demais agremiações da II Internacional – derivava da combatividade com que os militantes se portaram durante os anos em que vigorou a legislação anti-socialista. À época da supressão da lei de exceção em 1891, os sindicatos haviam aumentado em mais de quatro vezes o número de adeptos. Tal crescimento indicaria, no seu entender, que o método de fortalecimento das organizações operárias ancorava-se justamente no atrito com as forças da ordem. Nas batalhas elas medem suas forças e delas saem renovadas. Assim, "o futuro período de violentas lutas políticas traria aos sindicatos não a ameaça do desastre que se teme, mas pelo contrário, a perspectiva nova e inesperada de uma extensão intermitente da sua esfera de influência" (LUXEMBURG, 1974: 76).

Tendo em vista a reconstituição histórica dos elementos que tornaram as federações sindicais polos de atração para vastas camadas do proletariado alemão, Luxemburg evidenciava os paradoxos inerentes à "teoria da neutralidade"[26] sustentada pelos dirigentes dessas entidades. Os "chefes" julgavam que a força atrativa de suas organizações dependia da autonomia e certo distanciamento perante o SPD, quando, na verdade, sua vinculação ao partido socialista era a característica que os diferenciava em relação aos sindicatos burgueses e confessionais.[27] Consideravam que a subsunção de suas decisões à política da socialdemocracia limitaria a inserção dos sindicatos em camadas mais amplas do operariado e justificavam essa visão por meio das estatísticas que indicavam 1.250.000 operários sindicalizados em relação a meio milhão de filiados ao SPD. Consoante Luxemburg, a unilateralidade de tal comparação não apenas obliterava o fato de que o montante de sindicalizados não atingia sequer a metade do total de eleitores do SPD, como relegava a segundo plano a base constitutiva comum de sindicatos e partidos, ou seja, a "unidade espiritual" fundamentada na consciência de classe dos trabalhadores. Consequentemente, "não é a aparência de neutralidade, é o caráter verdadeiramente socialista que permitiu às federações sindicais atingir o seu poder atual" (LUXEMBURG, 1974: 100).

A pretensão de autonomia das lideranças sindicais fora analisada por Luxemburg sob um enfoque que antecipou, em certos aspectos, as críticas de Robert Michels à burocratização do movimento operário alemão. De acordo com a autora, a prosperidade econômica e a relativa acalmia política da Alemanha na última década do século XIX ocasionaram uma especialização dos métodos de luta sindical e de sua direção. Em decorrência desse processo, originou-se "uma verdadeira casta de dirigentes sindicais permanentes" (LUXEMBURG, 1974: 103) que tendia a sobrevalorizar as formalidades organizacionais, tornando-as um fim em si mesmo e subordinando a elas todos os de-

---

26 "A 'neutralidade' dos sindicatos alemães é, por seu lado, um produto da legislação reacionária das associações e do caráter policial do Estado prussiano. Com o tempo, esses dois elementos mudaram de natureza. Da neutralidade política dos sindicatos, estado de fato imposto pela pressão policial, extraiu-se por fim uma teoria da sua neutralidade voluntária de que se fez uma necessidade pretensamente baseada na própria natureza da luta sindical" (LUXEMBURG, 1974: 106-7).

27 "Muitos dirigentes sindicais repudiam com indignação – corolário obrigatório da teoria da 'neutralidade' – a ideia de que os sindicatos seriam escolas de recrutamento para o socialismo. De fato, essa hipótese que lhes parece tão insultuosa e que, na realidade, seria extremamente agradável, é puramente imaginária, porque a situação é inversa no geral: é a socialdemocracia que na Alemanha constitui uma escola de recrutamento para os sindicatos" (LUXEMBURG, 1974: 102).

mais interesses da luta. As lideranças eram absorvidas pelas tarefas cotidianas de tal modo que seus horizontes amesquinhavam-se e as grandes realizações do movimento operário esvaziavam-se de sentido. Luxemburg descreveu a "teoria da neutralidade", portanto, como resultado da divisão técnica do trabalho que se verificou durante a estiagem subsequente à revogação das leis anti-socialistas. A reivindicação dos sindicalistas por "igualdade de direitos" em relação ao SPD era, assim, tributária da percepção que orientava a intervenção das entidades de classe do proletariado em campos distintos e precisamente delimitados: aos sindicalistas caberia a organização dos operários em torno das questões relativas ao mundo do trabalho, ao passo que as atribuições do SPD restringir-se-iam às contendas parlamentares.[28] Dessa forma, estabeleceu-se uma separação estanque que obscurecia os efeitos recíprocos [*Wechselwirkung*] entre intervenção política e intervenção econômica.[29] As diferentes facetas que inicialmente imbricadas conformavam a *Weltanschauung* proletária no sentido do marxismo clássico fragmentaram-se em domínios rígidos, de sorte que cada um dos campos – doravante "autônomos" – encontraria sua definição em regras próprias, cuja assimilação competia ao dirigente especializado. A estrita observância a essa "autonomia" surgia como algo bastante caro aos funcionários sindicais e concretizava-se efetivamente por meio do aparelho administrativo das entidades por eles encabeçadas. Por outro lado, o domínio da técnica sindical por funcionários especializados tornava a capacidade de iniciativa e decisão uma prerrogativa exclusiva dos agentes incrustados no aparato, enquanto às massas prescrevia-se uma disciplina passiva em conformidade com as diretrizes formuladas nos escalões superiores.[30]

---

28 "Assim se gerou esse estranho estado de fato: o mesmo movimento sindical que, na base, na vasta massa proletária constitui um todo com o socialismo, separa-se deste no cume, na superestrutura administrativa. Ergue-se face ao partido socialista como uma segunda grande potência autônoma. O movimento operário alemão reveste assim a forma estranha de uma dupla pirâmide cuja base e cujo corpo são formados pela mesma massa mas cujos vértices se vão distanciando um do outro" (LUXEMBURG, 1974: 107-8).

29 "A luta parlamentar está para a política do partido socialdemocrata como a parte está para o todo, exatamente como a luta sindical. O partido socialdemocrata é precisamente o ponto de encontro da luta parlamentar com a luta sindical. Reúne em si os dois aspectos da luta de classes que visam a destruição da ordem social burguesa" (LUXEMBURG, 1974: 95).

30 Luxemburg percebera que o SPD não estava imune ao fenômeno da burocratização. Embora os vetores de enrijecimento do partido em 1907 ainda não se revelassem com nitidez, a autora mantinha-se atenta para os indícios de uma eventual transposição para o SPD daqueles prin-

As críticas formuladas na brochura de 1907 tinham como eixo, portanto, desmistificar o fetichismo organizativo que se manifestava como afã de preservar as entidades operárias dos influxos "desagregadores" da greve de massas. Tal fetichismo manifestava-se, ainda, na redução do movimento operário ao conjunto dos trabalhadores organizados.[31] Embora não esteja formulado explicitamente, as questões levantadas por Luxemburg nos permitem traçar um paralelo entre a aversão das lideranças sindicais ao modelo russo e o comportamento dessa cúpula no decurso da greve do Ruhr. Conforme vimos há pouco, os sindicalistas envidaram esforços para conter o ímpeto dos mineiros porque, entre outras razões, os protestos contavam com ampla participação de trabalhadores não-organizados que poderiam impulsionar o movimento grevista numa direção contrária aos seus interesses. Ora, a imensa maioria de trabalhadores envolvidos nas greves de massas e demais protestos na Rússia não possuía qualquer filiação organizacional. Em suma, a hipotética configuração de um cenário onde as massas não-organizadas irrompessem na cena política com maior ímpeto e frequência prenunciava às lideranças constituídas obstáculos não apenas ao progresso da perspectiva institucionalista, como ameaças à auto-preservação da burocracia operária nos moldes em que esta vinha delineando-se.

---

cípios burocráticos que à época já se manifestavam claramente no caso dos sindicatos. "Esses inconvenientes do funcionalismo estendem-se até o partido: assim a recente inovação de criação de secretários locais do partido constituiria um perigo se a massa de aderentes não velasse constantemente para que os secretários não fossem mais que puros órgãos executivos, sem jamais serem considerados especialistas encarregados da iniciativa e da vida local do partido" (LUXEMBURG, 1974: 105).

31 "Se bem que a socialdemocracia – núcleo organizado da classe operária – esteja na vanguarda de toda a massa de trabalhadores e o movimento operário busque a sua força, a sua unidade e consciência política nesta mesma organização, o movimento operário nunca deve ser concebido como movimento de uma minoria organizada. Toda a verdadeira e grande luta de classes deve alicerçar-se no apoio e colaboração das mais largas camadas; uma estratégia de luta de classes que não tivesse em conta essa colaboração [...] estaria condenada a uma lamentável derrota. Na Alemanha as greves e ações políticas de massas de modo nenhum podem ser conduzidas exclusivamente pelos militantes organizados nem podem ser 'comandadas' por um estado-maior saído de um organismo central do Partido. Como na Rússia, num tal caso, há menos necessidade de 'disciplina', de 'educação política', de uma avaliação tão precisa quanto possível de despesas e subsídios do que de uma ação de classe resoluta e verdadeiramente revolucionária capaz de atingir e arrastar as camadas mais extensas das massas proletárias desorganizadas, mas revolucionárias pela simpatia e pela sua condição" (LUXEMBURG, 1974: 77-8).

As alegações a respeito da suposta "imaturidade política" das massas proletárias não-organizadas desconsideravam por completo as inflexões provocadas pela efervescência dos conflitos sociais na subjetividade das camadas populares. Na medida em que favorece a ação direta e criativa das massas, o período revolucionário cumpriria um "papel educador" que a simples luta parlamentar seria incapaz de propiciar. A experiência revolucionária aguçaria o "instinto de classe" e desvelaria as contradições societárias aos olhos de seus protagonistas. Assim, as classificações que separam os trabalhadores em "elementos organizados" e "elementos não-organizados" revelar-se-iam em tais períodos arbitrárias, e amplas parcelas comumente tidas por "atrasadas" despontariam na cena política conscientes de seus propósitos e imbuídas da determinação necessária para concretizá-los.

Destarte, o significado atribuído à intervenção espontânea das massas populares nos escritos de Rosa Luxemburg ilumina a singularidade de suas posições no debate político alemão, especialmente quando as confrontamos com o raciocínio "elitista" desenrolado nos artigos de Max Weber. Enquanto a ação coletiva das massas eleva-se na concepção luxemburguiana à qualidade de atividade política por excelência – na qual a multitude aviltada pelo capitalismo assume as rédeas de seu próprio destino em meio a um turbilhão criativo que provoca inflexões civilizatórias no decurso histórico –, Weber abordou tal fenômeno essencialmente como uma interferência disruptiva nos meandros decisórios institucionais. Em outras palavras, a democracia de massas implicaria um perigo à condução dos negócios públicos na medida em que fatores de ordem emocional originavam ruídos que, por sua vez, ameaçariam desarticular os fundamentos racionais da dinâmica estatal. Weber enfatizou, dessa forma, a suposta veleidade do poder emanado das ruas [*Straßenherrschaft*], *comparando-a aos distúrbios ocasionados pela* interferência de monarcas caprichosos em nações onde não existiam restrições constitucionais às vontades da coroa. De acordo com essa ótica, a irrupção espontânea das massas jamais resultaria em decisões políticas consequentes,[32] visto que os impulsos orientadores de sua conduta

---

32 O pronunciamento de Bernstein a respeito da quebra da disciplina partidária pela seção de Baden oferece elementos para uma equação particular da relação entre democracia de massas e a institucionalização de mecanismos circunscritos de participação política. Bernstein julgou corretos tanto a aprovação orçamentária pela bancada do SPD no parlamento regional quanto os passos trilhados no sentido de uma coalizão pluripartidária, muito embora os congressos anteriores da socialdemocracia já houvessem reiteradamente condenado tais práticas. No seu

não se ancoravam na "ética da responsabilidade" e tampouco em qualquer raciocínio estratégico de longo prazo. "As 'massas' [...] – independentemente de quais camadas sociais as componham em cada circunstância – 'pensam somente até depois de amanhã'" [(WEBER, 1988t: 404), tradução nossa]. Weber assinalava, ademais, que as explosões de fúria das massas populares suscitavam reações igualmente emocionais por parte da burguesia – de modo que, ao despertarem o medo e covardia das classes proprietárias, irrupções dessa natureza desencadeavam "consequências paradoxais", isto é, efeitos indesejáveis do ponto de vista dos revoltosos, tais como o afrouxamento da oposição ao domínio ilimitado do conservadorismo burocrático. Por essas razões, advogou em prol de dispositivos institucionais que resguardassem a lógica da política estatal das perniciosas interferências da "democracia das ruas", a saber, mecanismos de representação dos interesses de grupos organizados que concentrassem o núcleo das decisões nacionais em círculos reduzidos. Nesse sentido, o "princípio do menor número" contemplaria a necessidade de imprimir agilidade à elaboração de diretrizes, ao mesmo tempo em que definiria de maneira inequívoca os responsáveis pelo eventual fracasso das orientações estabelecidas.

Diga-se de passagem que Weber não representava o extremo da aversão à democracia de massas na Alemanha. Pelo contrário, quando se tem em mente que parcela considerável da *intelligentsia* acadêmica enxergava a "plebe" como uma ameaça não apenas do ponto de vista político, mas também ao patrimônio cultural e às tradições do idealismo germânico, percebe-se que, comparado aos seus pares, Weber sustentava ideias relativamente progressistas. Além de desassociar a virtude política da formação intelectual cultivada nas universidades, expressava simpatia pelo modelo anglo-saxão de democracia representativa embasado no sufrágio universal. De qualquer forma, sua condenação do sistema eleitoral prussiano não lhe impedia de restringir a participação política das massas a limites bastante circunscritos. Embora não lhes atribuísse a mera qualidade de objeto passivo da administração, o papel ativo das

---

entender, a democracia cumpriria um papel risível, caso decisões que requeressem conhecimentos técnicos específicos fossem delegadas a sujeitos desprovidos de qualificação prévia. No entanto, ao defender que não-especialistas fossem excluídos de certas decisões, Bernstein incorria contra a universalização do engajamento participativo, restringindo a amplitude dos processos democráticos na esfera do poder. Além disso, sua formulação revela-se também questionável porque não é capaz de estabelecer critérios que permitam definir quais processos decisórios necessariamente demandariam "conhecimentos técnicos específicos".

massas restringia-se, no entender de Weber, à condição de séquito [*Gefolgenschaft*] de agremiações partidárias e lideranças carismáticas. Em resumo, caberia às massas lançar o seu peso na balança dos acontecimentos única e exclusivamente de maneira institucionalmente mediatizada.

Não restam dúvidas de que um olhar retrospectivo sobre a história do século XX chamaria a atenção de nosso leitor para a estreiteza da teoria democrática weberiana no que diz respeito à sua abordagem da intervenção coletiva das massas no teatro político. Diferentemente de Rosa Luxemburg, Weber afastou-se de qualquer concepção que representasse as massas enquanto ator protagonista dos eventos históricos, relegando-lhes antes a condição de plateia. Com efeito, Luxemburg ofereceu uma discussão de maior alcance sobre esse fenômeno na medida em que vislumbrou a ação direta das massas como um fator de primeira ordem para a conformação dos destinos políticos de uma sociedade. Ao contrário de Weber, nossa autora sugeria implicitamente que desenlaces catastróficos tornam-se mais iminentes justamente quando os processos decisórios figuram como monopólio do "pequeno número" – raciocínio este que se adequaria ao alto escalão do Estado prussiano, bem como à camarilha encrustada nas cúpulas sindicais. Por conseguinte, Luxemburg acreditava que somente uma demonstração enérgica da vontade das massas poderia corrigir os aspectos autoritários do *Kaiserreich* e reverter o cenário de barbárie germinado pela campanha militarista. Faz-se necessário ponderar, no entanto, que a noção de "massas proletárias" acalentada em seus escritos transparece certa dosagem de *wishful thinking*, uma vez que não se colocava em dúvida o pressuposto de que essa camada societária inevitavelmente apresentar-se-ia enquanto portadora de objetivos históricos emancipatórios. Numa palavra, o "calcanhar de Aquiles" da teoria política luxemburguiana revelou-se precisamente nas circunstâncias históricas em que as massas subalternas incorporaram a perspectiva de atores outros que supostamente deveriam ser reconhecidos como seus opressores. Embora tenham na Rússia efetivamente levantado-se contra o militarismo, em solo alemão uma espessa fatia das "massas proletárias" tomou parte em sua "dança macabra" – e lamentavelmente não apenas em 1914.

Os referenciais que Luxemburg construiu para avaliar o grau de educação e maturidade política de um povo levaram-na, assim, a questionar a suposição de que os trabalhadores russos estivessem aquém da "organizada" e "esclarecida" classe operária alemã. Ao passo que as disputas no interior da legalidade desenvolveram no proletariado alemão uma espécie de "consciência teórica latente", o fervilhar revolucionário dotou o jovem e inexperiente operariado russo de uma consciência de classe "concreta e ativa". Aos seus olhos, o ano de 1905 conferiu aos trabalhadores do Oriente um elevado teor de educação política, que nem mesmo trinta anos de lutas parlamentares e sindicais na Alemanha poderiam igualar.[33] "O resultado mais precioso – porque o mais permanente deste fluxo e refluxo brusco da revolução – é seu peso intelectual. O crescimento intermitente do proletariado no plano intelectual e cultural oferece uma garantia absoluta de seu irresistível progresso futuro, tanto na luta econômica quanto na política" (LUXEMBURG, 1974: 42). Além disso, o processo revolucionário cumprira a tarefa civilizatória de elevar o capitalismo russo do estágio de acumulação primitiva e espoliação patriarcal a um estágio superior, aproximando as condições de trabalho no meio urbano àquele patamar verificado nos países desenvolvidos da Europa Ocidental. Aliás, em diversos ramos da produção vigoravam jornadas de trabalho cuja duração era inferior aos padrões da Alemanha, e o caminho pelo qual o proletariado russo obtivera tais conquistas não fora trilhado pelas vias das negociações legislativas, senão por meio da ação coletiva direta.

Em outubro de 1905, o soviete de São Petersburgo levou a cabo uma resolução destinada a implementar a jornada de oito horas diárias nas indústrias e oficinas da cidade. Comprometidos com o teor dessa deliberação, os operários comunicaram aos seus patrões que abandonariam as ferramentas tão logo se esgotasse o período de tempo determinado. Após uma semana de agitação e tensionamento nos locais de trabalho, fez-se valer a jornada de oito horas na maior parte dos estabelecimentos

---

33 Luxemburg pretendeu, outrossim, desconstruir a imagem de pretensa superioridade econômica do proletariado alemão em relação aos russos. No Oriente a revolução possibilitara aos operários arrancar concessões de sua burguesia que o colocavam num patamar semelhante ao vivenciado pelos alemães. Aliás, a jornada de oito horas conquistada por setores do operariado russo ao longo de seus embates era vista pela quase totalidade dos trabalhadores alemães como um ideal longínquo. "Assim, a ideia de um pretenso ilotismo material e cultural da classe operária russa não tem fundamento. [...] Não é com um sub-proletariado miserável que se fazem revoluções com esta maturidade e esta lucidez políticas. Os operários da grande indústria de São Petersburgo, Varsóvia, Moscou e Odessa, que ocupavam a primeira fila do combate, estão, no plano cultural e intelectual, muito mais próximo do tipo ocidental do que quem considera o parlamentarismo burguês e a prática sindical regular e única, a indispensável escola do proletariado. O moderno desenvolvimento industrial na Rússia e a influência de quinze anos de socialdemocracia, dirigindo e encorajando a luta econômica, realizaram um importante trabalho civilizador, mesmo sem as garantias exteriores da ordem legal burguesa" (LUXEMBURG, 1974: 68).

da capital e, ainda que a pressão exercida pelos empresários obrigasse-os a recuar em determinados casos, havia sido alcançada uma situação favorável que permitia uma negociação da mais-valia absoluta em bases consideravelmente mais vantajosas. Luxemburg sublinhava, por outro lado, que o caráter civilizatório da revolução também havia deixado suas marcas nas formas de tratamento às quais o operariado era costumeiramente submetido. Com efeito, a revolta que se apossara das camadas subalternas dirigia-se ao conjunto das opressões vivenciadas no ambiente fabril – incluindo-se as formas despóticas de controle da mão-de-obra, expressas, seja na proscrição da organização coletiva e de sua interferência democrática no processo produtivo, seja na abordagem indigna e aviltante pela qual se afirmavam as relações de hierarquia. Assim, o princípio capitalista do "senhor em sua própria casa" – mediante o qual o proletariado alemão ainda estava por efetuar um acerto de contas – vira-se *de facto* abolido nos grandes centros industriais do império czarista ao longo das ondas de greves, de modo que os empresários tiveram de adaptar-se à rotina de negociações com os representantes das comissões de trabalho. À luz desse raciocínio, a autora convidava os burocratas que persistissem em opiniões irrefletidas acerca do pretenso ilotismo material do proletariado russo a passar em revista o nível de vida dos operários alemães das minas de carvão e da industria têxtil. Esses não eram, aliás, os únicos ramos da economia germânica onde os empregados estavam submetidos a "condições russas" de existência, porém o grau de miséria ali verificado escancarava o fato de que os raios benfazejos da ação sindical e parlamentar ainda não haviam retirado uma numerosa camada de trabalhadores da mais impenetrável escuridão. "Entre os países da Europa Ocidental a Alemanha é [aquele onde as condições] para uma catástrofe estão mais amadurecidas, pois aqui os conflitos de classe manifestam-se [em sua versão] mais aguçada" [(LUXEMBURG, 1974m: 195), tradução nossa]. De acordo com tal diagnóstico, Luxemburg vislumbrava um período de ações políticas enérgicas na Alemanha que incidiria sobre a subjetividade das camadas não-organizadas do proletariado, alçando-as ao primeiro plano como protagonistas de eventos decisivos.

> Seis meses de revolução contribuirão mais para a educação dessas massas atualmente desorganizadas do que dez anos de comícios públicos e de distribuição de panfletos. E quando a situação na Alemanha tiver atingido o grau de maturidade necessário a tal período, as categorias hoje mais atrasadas e mais desorganizadas constituirão, naturalmente, o elemento mais radical, mais fogoso e mais ativo da luta. Se se produzirem greves de massa na

Alemanha não serão seguramente os trabalhadores melhor organizados [...] mas os operários pior organizados ou completamente
desorganizados [...] que manifestarão maior capacidade de ação
(LUXEMBURG, 1974: 80).

Numa palavra, a noção de "período revolucionário" permitiu que Luxemburg
investigasse o processo de educação política da classe trabalhadora sem reduzi-lo
ao debate do redesenho constitucional. A intervenção livre e autônoma das massas
engendraria as bases constitutivas da democracia, cuja realização efetiva dependeria do pulsar das greves, *meetings* e barricadas. Por outro lado, Luxemburg recorre a
tal noção para explicar as formas exteriores assumidas pelos conflitos. Os principais
episódios de 1905 são avaliados com base no entendimento de que é precisamente o
"período revolucionário" que determina a relação de causalidade recíproca entre os
conflitos de ordem política e aqueles de natureza econômica. Dito de outra forma,
os momentos em que a tensão social atinge seu ápice apresentam forte tendência à
conjugação de reivindicações democráticas e demandas relativas à distribuição do
produto do trabalho social.

No decorrer da revolução russa, os trabalhadores deflagraram greves propriamente políticas – exigindo o direito de associação em oposição aos desmandos da
autocracia czarista – com a mesma prontidão com que organizavam protestos em prol
de melhores salários e redução da jornada de trabalho. Luxemburg identificava um
fio de continuidade entre os polos da ação contestatória, unindo-os numa relação de
complementaridade dialética. Com o suor desprendido em confrontos políticos rega-
va-se o solo onde brotavam inúmeras reivindicações de caráter econômico, e do fruto
germinado nesse solo formavam-se as sementes de onde floresciam novos e vigorosos
rebentos de insatisfação política. Diferentemente da rígida sucessão entre etapas prevista no esquema dos "chefes" alemães, a Rússia fornecera evidências de que os fatores
econômicos e políticos alternam-se como causa e efeito sem que houvesse exclusão
ou distinção clara entre eles. A greve de massas constitui o elo que os une e o progresso do movimento verifica-se pela rapidez com que se processa essa alternância.[34]

---

34 "Os operários eletrizados bruscamente pela ação política reagem de imediato no campo que
    lhes está mais próximo: insurgem-se contra sua condição de escravatura econômica. O gesto
    de revolta que é a luta política faz-lhes sentir com uma intensidade inesperada o peso de suas
    cadeias econômicas" (LUXEMBURG, 1974: 60).

Após a sangrenta repressão de São Petersburgo, desencadeou-se em diversas cidades do império uma série de greves em solidariedade ao proletariado da capital. Nos principais centros industriais da Rússia, Polônia, Lituânia e das províncias bálticas explodiram greves de massas que durante a primavera e o verão resultaram em conquistas salariais e jornadas de trabalho mais curtas. Em meados de outubro, os operários aderiram à proposta formulada pelo *Soviet* de São Petersburgo de implementar por métodos revolucionários o dia de trabalho de oito horas, e os empresários reagiram à ofensiva com *lockouts* e demissões em massa. Paralelamente, os ferroviários confrontaram a administração a propósito de questões previdenciárias e, a partir desse incidente aparentemente fortuito, abrira-se uma nova vaga revolucionária em rechaço ao projeto de legislação eleitoral apresentado por Bulygin. O levantamento geral dos trabalhadores assumira feições politicamente contundentes e o czar viu-se obrigado a promulgar o *Manifesto de Outubro*. "O prólogo da greve de janeiro fora uma súplica dirigida ao czar para obter a liberdade política; a palavra de ordem da greve de outubro era: 'acabemos com a comédia constitucional do czarismo!'" (LUXEMBURG, 1974: 49). Diferentemente do que se passara em janeiro, o movimento não refluiu sobre si mesmo, regressando ao início da luta econômica. Os trabalhadores ampliaram suas iniciativas, exercendo com ardor os direitos recém--conquistados. No entanto, as novas perspectivas do movimento entraram em contradição com as reais intenções da autocracia, de modo que as jornadas de novembro e dezembro converteram-se em denúncia da pseudoliberdade [*Scheinfreiheit*] subscrita pelo Conde Witte. A greve de massas transformara-se, assim, em revolta aberta que culminou nos combates de rua e barricadas de Moscou. Tal sublevação chocou-se, porém, contra o "muro inquebrantável" do absolutismo e os representantes da ordem lançaram mão da força material do Estado para abafar o levante. Com a derrota de Moscou provocou-se uma inflexão no curso das disputas; doravante o operariado retirava-se temporariamente para os bastidores, e a retórica liberal adentrava uma vez mais a cena política com a inglória missão de consolidar o trabalho parlamentar numa conjuntura em que pairava sobre a Duma,[35] desde seu nascimento, a ameaça

---

35 "1906 é o ano das eleições e do episódio da Duma. O proletariado, movido por um poderoso instinto revolucionário que lhe permite ver claramente a situação, boicota a farsa constitucional czarista. Por alguns meses, o liberalismo ocupa de novo o primeiro lugar da cena política. Parece o renovar da situação de 1904: a ação cede lugar à palavra e o proletariado reentra na sombra por algum tempo, consagrando-se à luta sindical e ao trabalho de organização ainda

constante de ver-se dissolvida. O drama vivenciado pelo movimento democrático conhece, assim, o seu epílogo e tem início um período em que os elementos reacionários articulam o uso da violência a um plano de reformas conservadoras com o intuito de restaurar sua hegemonia agonizante.

Embora imprimisse relevo à centralidade da greve de massas ao longo desses episódios, Luxemburg estava ciente de que a audiência socialdemocrata alemã não se entusiasmaria pela nova tática – e escusado seria convencê-la do contrário – caso ela consistisse numa expressão fenomênica da luta de classes estritamente vinculada às condições socioeconômicas peculiares à Rússia. Em que medida os trabalhadores alemães poderiam extrair algum ensinamento da revolução russa, se a própria autora reconhecia que as condições políticas e sociais – bem como a história e a situação do movimento operário em solo germânico – assumiam características diferenciadas em relação aos seus equivalentes no Oriente? Não seria lógico pressupor que as reivindicações econômicas assumissem feições de luta política num Estado onde as manifestações do movimento operário eram proibidas e a mais simples greve tratada como crime?

Com efeito, os objetivos que Luxemburg vislumbrava no horizonte da revolução russa diziam respeito à derrocada do absolutismo czarista e à construção de um Estado legal moderno de regime parlamentar burguês, isto é, metas formalmente similares àquelas que estiveram nas bases das revoluções de 1789 e 1848. Contudo, a distinção essencial entre tais processos adquire nitidez quando se tem em mente que a sociedade russa deparou-se com as tarefas de sua "revolução burguesa" num contexto em que os efeitos oriundos da conversão da grande indústria em modo de produção dominante já se faziam sentir. No interregno entre os golpes sofridos pelo *Ancien Régime* no Ocidente e os abalos sísmicos de 1905, desenrolara-se na Rússia todo um ciclo de desenvolvimento capitalista que redundou na urbanização e na moderna divisão de classes. Segundo

---

com mais ardor. Cessam as greves de massa, enquanto dia após dia os liberais fazem brilhar o fogo de artifício de sua eloquência. Por fim, a cortina de ferro cai bruscamente. Os atores são dispersos, do furor da eloquência liberal não resta mais do que fumo e poeira" (LUXEMBURG, 1974: 51). Conforme nos lembra Loureiro (2004), Luxemburg, ao analisar a revolução de 1905, inspirou-se em *O 18 Brumário*, história de uma revolução fracassada. Seguindo as pistas de Marx, a autora recorre às metáforas teatrais para interpretar os eventos revolucionários. No que diz respeito especificamente ao *Manifesto de Outubro*, chama a atenção que o epíteto "farsa" orienta sua interpretação acerca da manobra de Witte numa direção que comporta pontos de contato com as críticas de Weber problematizadas anteriormente.

Luxemburg, a Rússia experimentava uma situação histórica particularmente contraditória porque as bandeiras da revolução burguesa eram ali empunhadas por um proletariado moderno consciente dos seus interesses, num cenário internacional em que a dominação da burguesia apresentava sinais de decadência.

Ao contrário das revoluções de 1789 e 1848, os operários na Rússia não se prestaram a atuar como "penduricalho" da burguesia ou de camadas sociais intermediárias. Ainda que as tarefas democráticas assumissem o primeiro plano da disputa, a especifidade da revolução russa consistia no fato de que a eliminação dos anacronismos políticos não visava aplainar o terreno para a consolidação da sociedade burguesa, senão unicamente liberar os fatores do desenvolvimento capitalista que incidiriam enquanto condições prévias para a realização do socialismo. Uma vez que a classe trabalhadora continuasse a ditar o ritmo desse processo e imprimisse nele a sua marca, as reivindicações em torno da jornada de oito horas e da proclamação da república debater-se-iam contra os limites exteriores das relações de dominação mercantis, apresentando-se como "formas de transição" [*Übergangsformen*] para a ditadura proletária. "[A classe trabalhadora] almeja somente as formas da democracia burguesa, mas ela as quer *para si*, para as finalidades da luta de classe proletária" [(LUXEMBURG, 1974d: 8), tradução nossa e grifos da autora]. Embora o protagonismo conferido aos trabalhadores urbanos não desaguasse em um cenário que lhes apresentasse a possibilidade concreta de tomada imediata do poder, Luxemburg aventava uma conjuntura pós-revolucionária na qual o controle burguês das instituições públicas assentar-se-ia em bases instáveis – encerrando, portanto, contradições societárias em um nível incomparavelmente superior ao que se conhecera na Alemanha após a revolução de março.

Os grandes proprietários, por seu turno, não se demonstravam inclinados a fustigar o czarismo e reagiam aos conflitos, pelo contrário, aliando-se politicamente aos elementos mais reacionários do império. Em virtude da diferenciação entre camadas populares e camadas que zelavam por seus benefícios materiais – ressaltada pelas inflamadas batalhas que os assalariados travaram contra o Capital –, aguçara-se também entre os industriários e a nobreza rural a consciência de representarem corpos sociais delimitados com interesses particulares. "Se, nas cidades, as reivindicações salariais contribuíram para a criação do grande partido monárquico dos industriais de Moscou, a grande revolta campesina na Livônia levou à rápida liquidação do famoso liberalismo aristocrático e agrário dos *Zemstvos*" (LUXEMBURG, 1974: 38). Os levantes camponeses atestaram, portanto, que o engajamento dos proprietários rurais mediante a plataforma democrática não ultrapassava as barreiras de uma adesão formalista. Já a burguesia industrial russa era caracterizada, por outro lado, nos termos de uma camada societária sem qualquer passado político revolucionário atrás de si, cuja ascensão econômica processara-se em uma época na qual as camadas médias descolavam-se do liberalismo em nível internacional.

Com efeito, os resquícios da dominação aristocrática ainda conferiam – em maior ou menor grau – atualidade às bandeiras democráticas nos países do Ocidente, visto que empresários e comerciantes buscavam também ali unicamente uma solução de compromisso com os setores agrários da economia em torno de ajustes na política fiscal, alfandegária e no suporte ao projeto militarista de seus respectivos governos. Apesar de declarações verbais em contrário, a burguesia russa figurava objetivamente nesse cenário enquanto uma classe reacionária, pois sua configuração histórica e suas perspectivas materiais exigiam uma acomodação de interesses com os pilares do absolutismo que viabilizasse a liquidação imediata dos elementos revolucionários. Assim, não obstante a união entre pequenos proprietários rurais e *intelligentsia* urbana em torno dos valores liberais, o operariado russo destacava-se como o único ator social coeso e dinâmico o bastante para assumir a direção do movimento democrático.

> Essa contraditória situação manifesta-se porque nessa revolução formalmente burguesa o conflito entre sociedade burguesa e o absolutismo é dominado pelo conflito entre proletariado e sociedade burguesa; porque o proletariado luta simultaneamente contra o absolutismo e a exploração capitalista; porque a luta revolucionária tem ao mesmo tempo por objetivo a liberdade política e a conquista do dia de trabalho de oito horas, assim como um nível material de existência aceitável para o proletariado. É essa dupla característica da revolução russa manifestada na união e interação entre a luta econômica e a luta política que os acontecimentos da Rússia nos deram a conhecer e que se exprimem precisamente pela greve de massa (LUXEMBURG, 1974: 83).

O desafio lançado pelo operariado fabril ao czarismo, aliado às debilidades objetivas da burguesia russa e sua negativa em transcender o estreito horizonte de seus interesses materiais, estabelecera um campo de forças que atraiu o campesinato para a esfera de influência do proletariado urbano. Conquanto partilhasse das assertivas marxianas a respeito do amorfismo político inerente aos camponeses, Luxemburg polemizou com a interpretação dogmática de Plekhanov, segundo a qual a órbita das massas agrárias estaria inevitavelmente determinada pelo poder gravitacional de constelações reacionárias (cf. LUXEMBURG, 1974e: 227-30). Refém de uma interpretação esquemática do marxismo, Plekhanov desconsiderava por completo as particularidades das relações de classe na Rússia. De sua leitura formalista do materialismo-histórico depreendia-se, então, uma política de alianças que passava ao largo dos objetivos concretos perseguidos pelos diferentes atores sociais – uma vez que atribuía um sentido progressista à burguesia que, ao fim e ao cabo, portava-se como cúmplice da dinastia e, por outro lado, exorcizava o suposto conservadorismo pequeno-burguês dos mujiques que, pelo contrário, haviam alastrado a sublevação popular para os rincões do império czarista. Luxemburg inverteu o sinal dessa equação porque, sob a influência do processo revolucionário, a questão agrária teria assumido na Rússia um novo formato, cuja solução deslocar-se-ia para além das fronteiras da sociedade burguesa. Em outras palavras, a visão depreciativa de Plekhanov acerca das tendências políticas assumidas pelos lavradores rurais encontraria alguma validade somente em tempos de calmaria social, ao passo que a revolução desencadeara tormentas nas quais o problema da terra converteu-se em agudo questionamento das relações de propriedade no campo. A orientação política das massas camponesas foi abordada, segundo a perspectiva da autora, como uma variável em aberto. Não seria, pois, de todo improvável que o arrefecimento da turbulência social acarretasse o enquadramento da discussão acerca da reforma agrária em termos condizentes com um regime burguês, quiçá impulsionando a formação de uma organização abertamente reacionária como a Liga Camponesa Bávara [*Bayerischen Bauernbund*]. Todavia, enquanto perdurasse a vaga revolucionária e a ampla insatisfação mediante a carência de terras, o proletariado rural figuraria "não apenas como um estorvo para o absolutismo, senão também como um esfinge social para o conjunto da burguesia russa" [(LUXEMBURG, 1974e: 229), tradução nossa]. Nessas condições, Luxemburg ressaltava que a socialdemocracia russa estaria chamada a assumir a tarefa de estimular uma aliança entre as camadas despossuídas do campo e da cidade, de modo que suas respectivas lutas estabelecessem entre si uma ação de efeito recíproco. Justamente porque o campesinato demonstrara ao longo da história a incapacidade de desempenhar um papel político independente, caberia ao operariado urbano apoiar-se nas insatisfações decorrentes da concentração fundiária, assumir a direção do caótico movimento dos trabalhadores rurais e convertê-lo em fermento revolucionário.

Na medida em que os episódios de 1905 surgiam aos seus olhos como resultados do desenvolvimento capitalista internacional, Luxemburg procurou transpor os limites daquelas análises que reduziam o processo revolucionário a fatores supostamente exclusivos à Rússia. Posto que situasse as investidas contra o absolutismo de Nicolau II num contexto histórico marcado pela decadência da dominação burguesa, a autora conferiu universalidade às formas de luta desenvolvidas pelo proletariado russo e captou em sua emergência um sinal da maturidade política do operariado naqueles países em que a grande indústria ditava o ritmo dos conflitos sociais. Embora encadeasse os eventos transcorridos no Oriente com as revoluções burguesas precedentes, Luxemburg abordou a revolução de 1905 não exatamente como herdeira de 1789 e 1848, mas enquanto precursora das revoluções proletárias vindouras. "O país mais atrasado, *precisamente porque agiu com um atraso imperdoável a levar a cabo sua revolução burguesa*, mostra ao proletariado da Alemanha e dos países capitalistas mais avançados as vias e os métodos da futura luta de classe" [(LUXEMBURG, 1974: 86), grifos nossos].

Não obstante as feições particulares e as diferentes temporalidades do desenvolvimento capitalista, a revolução de 1905 inaugurara uma época de intensificação dos conflitos sociais em escala internacional. Os argumentos de Luxemburg confluíam, assim, para sugerir aos trabalhadores alemães que encarassem o exemplo russo não somente nos marcos da solidariedade de classe, mas como um assunto que lhes dizia respeito diretamente, isto é, como *"um capítulo da sua própria história social e política"* [(LUXEMBURG, 1974: 86), grifos da autora]. Ao passo que os dirigentes sindicais avaliavam o potencial do proletariado germânico com base nas estatísticas eleitorais e no incremento numérico das entidades de classe, de acordo com Luxemburg a revolução russa constituía a evidência concreta de que os trabalhadores alemães haviam atingido a maturidade necessária a embates de grande envergadura. Vale lembrar que na Alemanha a democracia burguesa e o liberalismo demonstravam sinais de esgotamento, e pairava sobre o frágil constitucionalismo a ameaça permanente de abolição do sufrágio universal para as eleições do *Reichstag*. Dessa forma, quem poderia afirmar de antemão que um eventual levante popular em resposta aos atentados contra o sufrágio não provocariam ali turbilhões semelhantes aos que se desenrolaram na Rússia? Uma vez desencadeados os protestos, que razões teriam os trabalhadores alemães para limitá-los à defesa exclusiva dos direitos democráticos?

> Um tal golpe de Estado desencadearia inevitavelmente uma explosão de cólera elementar num lapso de tempo mais ou menos longo: uma vez acordadas, as massas populares ajustariam as contas políticas com a reação, levantar-se-iam contra o preço usurário do pão, contra o artificial encarecimento da carne, contra os encargos impostos por ilimitadas despesas feitas contra o militarismo e marinha, contra a corrupção da política colonial, contra a vergonha nacional do processo de Königsberg, contra a suspensão das reformas sociais; levantar-se-iam contra as medidas que tinham como fim privar os ferroviários, os empregados dos correios e os operários agrícolas dos seus direitos; contra as medidas repressivas tomadas contra os mineiros, contra o julgamento de Lobtau e toda a justiça de classe, contra o sistema do *lockout* – em resumo, contra toda a opressão exercida ao longo de vinte anos pelo poder dos fidalgotes da Prússia oriental e do grande capital dos cartéis (LUXEMBURG, 1974: 89).

Embora atitudes simplesmente defensivas não condissessem com as necessidades da política socialista em períodos revolucionários, Luxemburg enxergou com bons olhos a vitória da resolução que Bebel apresentara em Iena acerca da greve de massas. Por meio dela assegurava-se o reconhecimento partidário à legitimidade do novo instrumento e dotava-se a militância do recurso com o qual enfrentar novas restrições legais. Luxemburg avaliava, então, que uma vez mobilizados, a ação dos trabalhadores alemães não se limitaria, necessariamente, à salvaguarda dos direitos democráticos. Além disso, o exemplo russo e a vitória da esquerda partidária em Iena permitiram à autora maior diferenciação em relação aos reformistas no plano tático. Somente a partir de 1905 descortinara-se uma tática capaz de preencher a lacuna entre o rame-rame das lutas cotidianas e o *Kladderadatsch* prognosticado nos documentos programáticos da socialdemocracia. Em suma, a greve de massas possibilitava uma síntese que operasse a intermediação histórica entre os conflitos institucionais e o colapso social e econômico do capitalismo. A emergência da greve de massas oferecia, portanto, uma resposta ao descompasso assinalado por Bernstein entre o discurso revolucionário do SPD e seus procedimentos táticos de natureza institucional. Mostrar-se-iam os trabalhadores alemães atores históricos da mesma envergadura que os operários de Moscou e os marinheiros do Mar Negro? Não por acaso Luxemburg concluíra sua brochura com o desafio outrora feito por Bernstein à social-democracia: "Pois que ouse parecer o que é!" (LUXEMBURG, 1974: 109).

8.

Sobre a irredutibilidade das circunstâncias alemãs ao panorama russo

"Nossa primeira e mais importante tarefa é aumentar as forças do proletariado. Naturalmente, não podemos acrescê-las por nossa vontade. Na sociedade capitalista as forças do proletariado estão determinadas em cada instante pelas condições econômicas do momento considerado; não se pode multiplicá-las arbitrariamente. Porém, pode-se aumentar o efeito das forças existentes, impedindo sua dissipação" (KAUTSKY, 1979: 34).

"Ein Kerl, der spekuliert,
Ist wie ein Tier, auf dürrer Heide
Von einem bösen Geist im Kreis herum geführt,
Und ringsumher liegt schöne grüne Weide"
(GOETHE *apud* LUXEMBURG, 1974e: 220).

A irredutibilidade das condições políticas, sociais e econômicas da Alemanha àquele panorama que alavancou o processo revolucionário na Rússia constituiu a tônica da oposição reformista à hipótese de tendencial unidade revolucionária entre Oriente e Ocidente. Em resposta à ascendência radical que as iniciativas do movimento operário russo alimentaram no interior do SPD, as estratégias argumentativas dos principais quadros políticos do reformismo expressaram-se enquanto fricção contrastiva daqueles elementos que balizavam o Estado e a sociedade civil nesses países, colocando em evidência o debate em torno de suas respectivas especificidades nacionais. Dessa maneira, visavam legitimar mediante a audiência socialdemocrata um contraponto à tese que indicava os abalos societários na Rússia como o prelúdio das revoluções europeias e, consequentemente, evitar que as discussões táticas fossem contaminadas pela suposição de que o momento decisivo da transição ao socialismo figurasse na ordem do dia. À luz das greves de 1905, o campo reformista viu-se, portanto, frente ao desafio de articular teoricamente aqueles eventos que pareciam confirmar as análises[36] do setor com o qual rivalizava no interior do partido. Seus expoentes dedicaram-se à tarefa de confrontar as asserções da ala radical – em particular de Rosa Luxemburg – quanto ao significado histórico da revolução russa e seus possíveis efeitos sobre o contexto alemão. No que diz respeito às intervenções de Bernstein, as divergências com ela justificavam-se não apenas pela associação quase metonímica entre Luxemburg e os "métodos russos", mas sobretudo pelo objetivo de evitar que a perspectiva da revolucionária polonesa fosse confundida com a posição oficial do partido – uma vez que sua influência enquanto co-editora do principal periódico da socialdemocracia (*Vorwärts*) garantira-lhe a publicação integral de numerosos discursos.

As críticas dirigidas a Luxemburg apresentavam-se, ademais, como fio condutor do propósito acalentado por Bernstein de desconstruir a postura por ele denominada "romantismo revolucionário" [*Revolutionsromantik*]. Em termos gerais, "romantismo" consistiria, a seu ver, numa "desconsideração irracional de condições espaciais e temporais concretas" [(BERNSTEIN, 1996j: 130), tradução nossa]. Não obstante o significado político costumeiro desse termo estivesse relacionado com a celebração nostálgica do passado e o desejo anacrônico de reavivar instituições já sepultadas, Bernstein conferia-lhe uma acepção mais ampla, buscando abarcar todas as formas de devoção acrítica do irreal que falham na avaliação das causas efetivas de um fenômeno em virtude da transposição mecânica de tendências e padrões culturalmente específicos. A insistência em precisar as dissimilitudes entre o percurso histórico da Alemanha e o contexto russo funcionaria, assim, como um esforço preventivo contra as eventuais consequências da glamorização de experiências exógenas nas decisões relativas ao padrão de conduta da socialdemocracia alemã.

---

36 "Um desafio aberto aos comentários de Luxemburg tornou-se especialmente importante numa situação em que os eventos em curso parecem conferir aos seus argumentos alguma plausibilidade" [(BERNSTEIN, 1996j: 133), tradução nossa].

Consoante Bernstein, o passo inicial de uma delimitação sóbria entre as realidades nacionais em questão consistiria em se admitir que inexistiam na Alemanha quaisquer traços que a aproximassem do cenário vivenciado pela Rússia após a guerra contra o Japão. A aposta do czarismo em lançar mão do conflito militar como instrumento de coesão nacional demandou a canalização de pesados investimentos que, por sua vez, drenaram as finanças do país em prejuízo das necessidades da imensa maioria de sua população, de modo que a rendição de Porto Artur reavivou as insatisfações da oposição democrática e tornou o regime ainda mais vulnerável aos protestos que se gestavam. A incapacidade de responder aos transtornos conjunturais atrelar-se-ia, porém, ao caráter sufocante das instituições russas. Ao contrário do governo alemão, a autocracia czarista embasava-se em premissas que obstaculizavam o desenvolvimento de um sistema partidário apto a conferir algum grau de legitimidade à autoridade pública. Em outras palavras, Bernstein associava o caos experimentado pela sociedade russa à inexistência de tradições democráticas sólidas, pois a negativa do regime em assimilar partidos políticos de oposição convertia-o num ordenamento artificial propenso ao colapso. "Para resguardar sua independência e viabilidade a longo prazo, as instituições sociais carecem de liberdade" [(BERNSTEIN, 1996j: 136), tradução nossa]. A despeito das limitações impostas pela tradição prussiana, Bernstein considerava a paisagem política alemã notavelmente mais afeita aos mecanismos de representação democrática. Assim, mesmo considerando-se as ambiguidades da legislação eleitoral e os cerceamentos às atividades do SPD, existiam ali dispositivos que permitiam maior sincronia entre a formação do sistema partidário e os modernos interesses de classe que configuravam o tecido social. "De forma alguma pode o nosso desenvolvido sistema partidário ser comparado à caótica situação russa" [(BERNSTEIN, 1996j: 136-7), tradução nossa].

De maneira análoga, Bernstein assinalava as diferenças de tradição política como fator explicativo para o desnível entre a máquina estatal alemã e a burocracia russa. Ao passo que os alemães encontrar-se-iam culturalmente imbuídos de confiança pelo Estado e movidos por um sentimento de devoção profissional ao aparato que proporcionara segurança aos seus servidores por várias gerações, a administração pública na Rússia demonstrava menor capacidade de articular racionalmente suas tarefas, e seus antecedentes históricos caracterizavam-se pela falta de impessoalidade magistralmente captada pelo teatro de Gógol. Mais do que isso, o aparato estatal russo encontrava-se num estado de precariedade e desarticulação que mal lhe permitia cumprir adequadamente suas prerrogativas administrativas, quanto menos forjar uma solução não conflitiva para a irrupção política da classe operária. Em outras palavras, o Estado russo surgia aos olhos da quase totalidade de sua população como uma entidade absolutamente insustentável, mutilado quanto aos seus recursos técnicos e incapaz de apresentar-se como uma instância de direção política. Nessas condições, Bernstein chegou a definir a conjuntura russa como uma situação à beira da anarquia, separada por um abismo da eficácia governamental que repousava na obediente e disciplinada burocracia prussiana, vértebra do Estado alemão.

> Dada a situação corrente, é difícil imaginar de que forma o velho aparato administrativo poderia ser preservado. No final das contas, ele mantém-se flutuando graças a oficiais do Estado que nunca se distinguiram por um notável senso de dever. Previamente eram tidos sob controle pela "mão de ferro" do despotismo russo, mas assim que tal poder desapareça, perecerá com ele o senso de direção desses oficiais [(BERNSTEIN, 1996j: 134), tradução nossa].

Ao fim e ao cabo, Bernstein atribuía o poder de fogo dos operários russos à falência do absolutismo. Aos seus olhos, eles encontravam-se aquém dos padrões de organização e educação política da classe trabalhadora alemã, de modo que a "espontaneidade" das greves de 1905 deveria ser compreendida antes como decorrência de condições sociais atípicas do que em virtude da força política dos agentes que as deflagravam. Na Alemanha, os industriais souberam apropriar-se da logística do movimento operário, fundando associações patronais que lhes permitiam, no mais das vezes, responder com *lockouts* às pressões dos sindicatos. Na Rússia, pelo contrário, o proletariado deparou-se com uma burguesia relativamente impotente e desprovida de liderança política.[37] Bernstein argumentava, além disso, que o descrédito da auto-

---

37 Embora sejam indiscutivelmente pertinentes as afirmações de Bernstein quanto às debilidades da burguesia russa, os escritos de Max Weber e Norbert Elias deixam-nos céticos perante quaisquer tentativas de estabelecer diferenças pronunciadas entre as burguesias desses países no que diz respeito às capacidades de liderança política. No entanto, ao propor esse contraste, Bernstein tinha em mente não a ideia de liderança no sentido de "protagonismo político", senão enquanto organização logística e mecanismos de pressão institucional para conter as investidas do movimento operário dentro de certos limites. Embora as greves e mobilizações do proletariado tivessem causado prejuízos econômicos aos seus patrões, a burguesia alemã nunca se havia encontrado tão acuada como os empresários russos no decorrer da revolução de 1905.

ridade pública fomentara, ao menos nos primórdios da revolução, certa conivência de setores democráticos da burguesia em relação às iniciativas que encurralassem o czarismo. Por outro lado, esse mesmo apoio viria a comprovar as limitações da greve de massas, pois, à medida que os prejuízos sofridos impeliram os industriais a baterem em retirada, os trabalhadores viram-se privados do suporte material que teria, eventualmente, prolongado os embates.[38] Com isso, Bernstein enfocava o problema da greve de massas sob o prisma da eficácia, ou seja, para favorecer a luta da classe trabalhadora nada mais lógico do que supor que a mobilização dos trabalhadores deveria causar mais prejuízo aos seus adversários do que a eles mesmos. Não custa lembrar que a derrota dos mineiros do Ruhr esteve em parte condicionada pelo esgotamento dos recursos à disposição dos grevistas, enquanto os proprietários ainda dispunham de estoques de carvão em quantidade suficiente para garantir por um certo tempo a regularidade de seus negócios.

Posto que a remuneração das jornadas de trabalho canceladas em função dos protestos erigiu-se recorrentemente como matéria de disputa entre trabalhadores e empresários, é correto afirmar que Bernstein superestimou a boa vontade da burguesia russa face às manifestações operárias. De qualquer forma, o manifesto empenho do autor em relativizar o alcance dos "métodos russos" não o torna um adversário incondicional da greve de massas. Na verdade, a posição de Bernstein ao longo dessa querela estava contemplada pela intervenção de Bebel no congresso de Iena, ou seja, diferenciava a greve política de massas da greve geral anarquista, ao mesmo tempo em que restringia sua aplicação concreta a circunstâncias bem delimitadas. O apelo à greve de massas tornava-se de fato imprescindível naqueles momentos em que a renúncia a ela equivaleria à perda do direito de autodeterminação da classe trabalhadora. Aliás, o interesse de Bernstein por esse instrumento datava da primeira greve política que os operários belgas levaram a termo pela conquista do sufrágio universal em 1893. Desde então, advogou em prol dessa ferramenta na qualidade de recurso de emergência [*Zufluchtsmittel*] da resistência política, ao qual se deveria recorrer quando os governos burgueses obstruíssem os caminhos institucionais, e acompanhou com pronunciado interesse as experiências que também os proletários suecos e

---

38 "Sabemos, porém, que todas as greves políticas na Rússia foram abandonadas depois de um curto período, colocando em foco a importância dos meios materiais disponíveis. A massa de trabalhadores russos, mal organizados e parcamente equipados [...], carece dos fundos necessários para sustentar greves longas" [(BERNSTEIN, 1996j: 136), tradução nossa].

holandeses levaram a termo nesse domínio tático. "Numa democracia radical a greve política será uma arma obsoleta. Mas quão afastados nós estamos, na Alemanha, de uma democracia como esta" [(BERSNTEIN *apud* GAY, 1952: 235), tradução nossa]!

> Alguns de meus camaradas questionam-me por que, depois de tal análise, eu ainda sou favorável à greve política. Permitam-se dizer que eu endosso a greve de massas apenas em casos especiais e sob certas condições. Penso que ela é claramente justificada nos casos em que a classe trabalhadora seja privada de importantes direitos políticos ou quando não possa mais suportar a negação de tais direitos fundamentais. A greve política deveria ser vista como uma necessária medida emergencial do proletariado, mas não como um jogo pseudo-revolucionário de insurretos românticos [(BERNSTEIN, 1996j: 137), tradução nossa].

Paralelamente aos ataques desferidos contra o "romantismo revolucionário", Bernstein repudiou também sua contrapartida, isto é, a estreiteza do "filisteu" que se esforça para manter o lar em ordem enquanto desmorona o mundo inteiro ao seu redor. A recusa em se atentar para o que se passava a leste equivalia, *mutatis mutandis*, à passividade daqueles alemães indiferentes aos tumultos que se desenrolaram na França subsequentemente à queda da Bastilha. Embora ocorresse sob circunstâncias peculiares e suas repercussões sobre as nações da Europa Central e Ocidental fossem incertas, isto não o impedia de avaliar que a luta dos russos comportava "grande valor experimental" para a situação alemã (cf. BERNSTEIN, 1996j: 134). Se, por um lado, Bernstein alertava contra a transposição mecânica de características nacionais singulares e julgava infundados os arroubos propagandísticos que apresentavam a Rússia como o futuro de todo o continente europeu, ele jamais subscreveria, por outro lado, as afirmações que buscavam apresentar a greve política de massas como um fenômeno exclusivo da realidade russa. Mesmo que durante a revolução de 1905 esse método tenha sido utilizado numa escala colossal e perdurado ao longo de meses, não se tratava da primeira vez que operários recorriam a ele. Seria bastante plausível imaginar, aliás, que Bernstein não considerasse a expressão "métodos russos" estritamente correta, pois a greve política de massas aparecia-lhe potencialmente como um instrumento universal da classe trabalhadora, que – conforme mencionamos anteriormente – já havia sido testado com sucesso no Ocidente. Além de relativizar a "perniciosidade" dessa tática chamando a atenção para sua ocorrência fora dos limites do império czarista, Bernstein procurou aplacar o temor dos "chefes" face à dimensão irracional da greve de massas apresentando-a como uma espécie de extensão do trabalho sindical e parlamentar. Até mesmo a forma concreta de levá-la a termo deveria contribuir para a sua desmitificação, pois, no que diz respeito à sua implementação, ela guardava enorme parentesco com a tão familiar greve econômica, com a diferença de que suas exigências não se dirigiam à benefícios materiais, senão à conquista de direitos democráticos.

Com efeito, Bernstein não avalizou a opinião daquelas lideranças pertencentes ao campo reformista que enxergavam a greve de massas como uma decisão que fatalmente acarretaria prejuízos à socialdemocracia.[39] Sua aproximação com Wolfgang Heine no debate suscitado pela revolução de 1905, por exemplo, resumia-se à percepção de que o adversário do SPD na Alemanha era consideravelmente mais poderoso que o czarismo – posto que Bernstein certamente não comungaria da visão que sinalizava o aniquilamento da estrutura política e sindical enquanto resultado inexorável do emprego da greve de massas no *Kaiserreich*. Pelo contrário, sua incorporação seria um requisito para a defesa consequente das táticas consagradas, de modo que a indisposição dos sindicalistas para o estudo dessa arma representaria, paradoxalmente, uma irresponsabilidade frente ao patrimônio organizacional por eles mesmos a duras penas edificado. Ainda que a propaganda desse instrumento pudesse efetivamente levar água ao moinho da reação e lançar por terra o acúmulo político e organizativo do proletariado, Bernstein apostava que a greve de massas favoreceria os propósitos da democracia, caso os socialistas lograssem desassociá-la da fraseologia revolucionária.[40] "Como irá a socialdemocracia e como deve a classe trabalhadora

---

39 Não seria exagero algum afirmar que, no que diz respeito ao tema da greve de massas, a estratégia defendida por Bernstein estava mais próxima das lideranças do campo que viria a se constituir enquanto o "centrismo marxista" – Bebel, Mehring, Hilferding e Kautsky – do que de seus aliados tradicionais da ala reformista.

40 Com o intuito de debelar qualquer entusiasmo pela greve de massas que a apresentasse como panaceia contra a exploração do proletariado, Bernstein escreveu um artigo no qual comparou os resultados das greves conduzidas pelos sindicatos franceses e alemães. Estatísticas oficiais do governo francês registraram 830 greves, que envolveram 177.666 trabalhadores ao longo de 1905. Desse total, 22,17% das greves tiveram um desfecho favorável aos trabalhadores, 43,50% foram solucionadas por meio de compromissos entre sindicatos e patrões e 34,33% terminaram sem que os trabalhadores houvessem alcançado quaisquer reivindicações. Em contraposição, os números da *Generalkommission* registravam que, no período entre 1900 e 1904, aproxima-

alemã comportar-se face a uma tentativa de se restringir os direitos eleitorais para o *Reichstag*? Teria ela o direito de se contentar com protestos platônicos em assembleias?" [(BERNSTEIN, 1905a: 36), tradução nossa].

Numa palavra, Bernstein endossava a greve de massas apenas e tão somente como tática subordinada à manutenção e ampliação de direitos políticos democráticos. Tal lógica revelava um tênue parentesco com o ensaio publicado por Richard Calwer no *Sozialistische Monatshefte*, órgão teórico dos revisionistas. Calwer ratificava a greve de massas na Rússia porque num país despótico "a revolução é a última *ratio*" (CALWER *apud* SALVADORI, 1984: 287), porém contestava a viabilidade de traduzi-la para a conjuntura alemã. Ora, mas era justamente na condição de "última *ratio*" que Bernstein cobrava do SPD a legitimação da greve de massas. Esta representaria um trunfo à disposição dos socialistas, caso a reação violentasse seus maiores patrimônios, ou seja, o sufrágio universal e a liberdade de organização. "O sufrágio universal e a ação parlamentar devem ser vistos como o ápice, a mais compreensiva forma da luta de classes – uma revolução orgânica permanente que se empreende dentro dos parâmetros legais, refletindo um nível de desenvolvimento cultural que corresponde à civilização moderna" [(BERNSTEIN, 1996j: 139), tradução nossa].

Peter Gay evocou a polêmica de Bernstein contra os defensores da opinião de que a greve de massas não era "sequer discutível" com o fito de rebater a acusação típica daqueles setores radicais do SPD, para os quais a tática bernsteiniana resumir-se-ia ao "parlamentarismo a qualquer preço" (cf. GAY, 1952: 231). Porém, uma vez que Bernstein legitimava o emprego dessa tática precisamente nos casos em que as classes dominantes atentassem contra os direitos democráticos e rechaçava, por outro lado, qualquer hipótese que a apresentasse como meio de transição ao socialismo, talvez não exista outra fórmula que melhor condense a posição de Bernstein do que a

---

damente 46,34% das greves conduzidas pelos sindicatos alemães obtiveram pleno sucesso, enquanto em 27,76% dos casos o encerramento dos protestos trouxe vitórias parciais e em 24,08% não houve qualquer melhoria para os grevistas. Desconsiderando-se certas arbitrariedades implícitas nessa comparação, Bernstein julgava que o sucesso relativo dos sindicatos alemães colocava em dúvida aquilo que ele enxergava como uma abordagem fetichizada da greve de massas. Isto porque a corrente anarco-sindicalista, defensora ferrenha desse instrumento de luta, estava consideravelmente mais enraizada no movimento operário francês do que na Alemanha. "O sindicalismo da greve geral [*Generalstreikgewerkschaft*] não é o mais avançado; ele é o mais atrasado ou o menos desenvolvido" [(BERNSTEIN, 1906b: 642), tradução nossa].

desmentida por Gay: "parlamentarismo a qualquer preço" – mesmo que o preço a ser pago fosse o apelo à greve de massas.

Por essas razões, Bernstein reagiu com indignação face às restrições infligidas pelo governo ao direito eleitoral em Hamburgo. Em discurso proferido mediante a audiência socialdemocrata de Breslau,[41] apresentou a amputação do sufrágio enquanto uma "questão de poder" que se colocava acima de qualquer disposição para o convencimento e requeria que o "desejo e a força da resistência" fossem demonstrados "da maneira mais nítida possível". Já não se vivia mais nos tempos em que "os muros de Jericó desabavam ao sonido dos trombones", e a aceitação passiva de um tal golpe seria incompatível com "a dignidade da classe trabalhadora". Era preciso que as autoridades soubessem – assim concluía seu discurso – "que nós estamos decididos ao extremo, caso venha a ser necessário, para defender esse direito eleitoral" [(BERNSTEIN *apud* CARSTEN, 1993: 115), tradução nossa].

Em suma, Bernstein compreendeu a greve de massas como uma faca de dois gumes. Quando posta a serviço da democracia, incidiria como fator de coesão entre o proletariado, elevando a ânsia de justiça da classe acima das convenções sociais. Tratava-se, pois, de um instrumento de pressão que, além de evocar a solidariedade de outros setores da população, materializar-se-ia como uma demonstração de força e um recado às classes reacionárias. "Caso um antagonismo político seja de tal modo acirrado que chegue a abarcar a opinião [...] daqueles que normalmente se portam com indiferença – fazendo com que a retenção de um direito ou a imposição de uma medida restritiva seja por eles percebida como um crime *moral* e os detentores do poder acometidos [por um sentimento de] insegurança [...] –, então aumentam proporcionalmente as chances de um levantamento de massas que se apoie na greve política" [(BERNSTEIN, 1905a: 34), tradução nossa e grifo do autor]. Entretanto, se manipulada como artifício retórico para fins revolucionários, equivaleria a uma declaração de guerra contra os sindicatos, a atividade parlamentar e a sociedade civil em seu conjunto. O operariado embarcaria, assim, numa perigosa aventura que inclinaria a opinião pública em favor das medidas repressivas que o aparato estatal certamente levaria a termo.[42]

---

41 Bernstein sagrara-se vitorioso nas eleições para o *Reichstag* em Breslau e exerceu seu mandato como representante desse distrito no parlamento entre 1902 e 1907. Breslau ainda o elegeria deputado em duas outras ocasiões: 1912-18 e 1920-28.

42 Já o líder sindical Eduard David preferia que se enterrasse a querela em torno da greve de massas porque não acreditava que fosse praticamente viável conduzi-la dentro de limites pre-

282　　Espelho Convexo

Conforme podemos atentar, não existiriam na percepção de Bernstein antagonismos *a priori* entre os "métodos russos" e as táticas consagradas da socialdemocracia. Ele adequou, por conseguinte, a greve de massas às premissas reformistas e buscou conferir-lhe, acima de tudo, um conteúdo ético. Os agentes de sua concretização deveriam, assim, evitar que seus protestos redundassem em penúria material para a sociedade,[43] norteando-se, antes, pelo objetivo de despertar o senso de justiça da opinião pública em relação às demandas do proletariado.[44] Caberia à socialdemocracia, portanto, reconhecer e aproveitar os momentos em que reinasse a desorganização administrativa e a cisão interna das classes dominantes – bem como a insatisfação despertada pelos períodos de crise econômica – para que se arrancasse do governo as concessões desejadas. Em última instância, seus êxitos condicionavam-se a que permanecesse voltada para objetivos bem delimitados e jamais degenerasse em luta de rua [*Straßenkampf*]. "Atirar contra combatentes em barricadas é uma coisa fácil. Não tão fácil, porém, é atirar contra massas indefesas de seu próprio povo" [(BERNSTEIN, 1905a: 36), tradução nossa]. Tais apreensões justificavam-se, segundo Bernstein, em vista dos próprios desdobramentos do levante de Moscou. Ao recorrer às armas, o operariado moscovita não provocou qualquer deslocamento na correlação de forças que beneficiasse o movimento anticzarista. Essa opção não sensibilizou a burocracia

---

viamente circunscritos. Assim como Rosa Luxemburg, David considerava provável que, uma vez posta em marcha a greve de massas em sua acepção democrática, não seria possível conter seus eventuais desdobramentos revolucionários. Ao contrário dessa autora, no entanto, David não acolhia de bom grado tais desenlaces.

43　Vale lembrar que Bernstein criticava a efetividade da greve de massas enquanto um instrumento que exerceria pressão a favor das reivindicações do proletariado em virtude da privação que seria capaz de impor a seus adversários políticos. Dadas as reservas financeiras incomensuravelmente maiores de que dispunha a burguesia, seria uma tolice não atentar para a evidência de que os próprios trabalhadores padeceriam de fome muito antes que seus patrões, de modo que a estratégia de impor o flagelo à sociedade não oferecia como perspectiva senão o enfraquecimento progressivo de sua determinação para a luta.

44　Saliente-se que Bernstein já havia chamado a atenção para a greve de massas e seu poder de despertar a "compaixão" das camadas intermediárias em artigo que publicara na *Neue Zeit* por ocasião do movimento sufragista na Bélgica – *Der Streike als politisches Kampfmittel* [A greve enquanto meio de luta política]. Nesse texto, Bernstein também discorrera sobre as greves conduzidas pelo movimento cartista, atribuindo suas debilidades justamente à incapacidade de abarcar um leque de reivindicações que contemplasse parcelas mais amplas do público inglês da época.

nem o exército para a causa democrática, e sua consequência imediata restringiu-se ao indesejado fortalecimento da administração central (cf. BERNSTEIN, 1906a). Apesar desse exemplo negativo, Bernstein estava seguro de que a greve de massas poderia ocupar o vácuo criado em função da obsolescência da luta de barricadas, contanto que os trabalhadores não sucumbissem a tentações insurrecionais nem descuidassem daquelas prerrogativas organizacionais que garantiriam a efetividade do novo instrumento.

Os textos de Bernstein acerca das convulsões que à época abalavam a Rússia foram escritos, portanto, num tom de cautela que visava fixar, no primeiro plano, uma suposta falta de paralelo entre o ambiente revolucionário então vivenciado em São Petersburgo e a atmosfera social alemã. No seu entender, a classe trabalhadora de seu país era incomparavelmente mais organizada e esclarecida do que os operários russos,[45] de modo que em uma situação revolucionária o proletariado alemão alcançaria uma envergadura política "provavelmente irresistível".[46] Parecia-lhe evidente, no entanto, que em solo germânico não havia qualquer situação revolucionária no horizonte próximo, e nenhum avanço palpável seria obtido pela ilusão de que um tal contexto pudesse forjar-se por decreto. Além disso, Bernstein preocupou-se em estabelecer distinções entre as tarefas da socialdemocracia alemã e de sua vertente russa. Consoante suas prescrições, os socialistas alemães tinham como foco o estabelecimento de uma plena democracia parlamentar e, posto que já contassem

---

45 "A Rússia ainda está muito distante de ser um país industrial moderno. Seus centros industriais ainda são, apesar de tudo, oásis em imensos desertos agrários, e o conjunto de seus operários industriais ainda se encontra em um nível extremamente baixo" [(BERNSTEIN, 1906a: 116), tradução nossa].

46 Lembremos, porém, que Bernstein julgava improvável que se forjasse na Alemanha um cenário desse tipo. De acordo com ele, seria mais razoável imaginar que os trabalhadores alemães recorressem, por ventura, à greve de massa enquanto extensão de sua prática tradicional. Também nesse caso, Bernstein não considerava inviável que o operariado alemão pudesse aproveitar-se da greve política, mas parecia-lhe que suas chances de sucesso, especialmente na Prússia, seriam bastante diminutas. Por mais que essa constatação soasse algo paradoxal, Bernstein argumentava que a própria consistência do SPD e seu elevado número de adeptos tornavam o cenário alemão menos propício em relação ao emprego da greve de massas. O enorme peso relativo do SPD faria com que qualquer greve de massas fosse vista pelos demais setores da população alemã como um movimento de caráter estritamente socialdemocrata, de modo que tal percepção reforçaria o temor de verem-se capitaneados por uma força política na qual enxergavam uma poderosa ameaça a seus interesses materiais e ideológicos (cf. BERNSTEIN, 1905a: 34-5).

com um arcabouço institucional onde se apoiarem, arroubos de radicalismo apenas desperdiçariam energias que melhor se aproveitariam quando canalizadas para as vias institucionais. Na Rússia, por sua vez, a resistência do czarismo em efetuar concessões democráticas praticamente não deixava outra opção aos trabalhadores senão a greve de massas.

Embora, aos olhos de Bernstein, o nível de desenvolvimento das forças produtivas no país não oferecesse aos protestos qualquer perspectiva de que seus desdobramentos superariam os marcos de uma revolução burguesa/liberal-democrática,[47] isto não impedia que os socialistas fossem os portadores da árdua missão de reintroduzir o Oriente no Ocidente. Nesse sentido, a vitória da revolução burguesa na Rússia libertaria a Europa do despotismo e do militarismo czarista, impulsionando significativamente os movimentos em prol da democracia no continente. O único – porém nada remoto – cenário em que os socialistas alemães estariam convocados a manifestar solidariedade ao processo em curso a leste consistiria em defendê-lo contra uma eventual intervenção estrangeira. Mesmo sem detalhar qual seria a forma pela qual o SPD reagiria caso o governo do *Kaiser* decidisse mobilizar as tropas alemãs em socorro à dinastia Romanov, Bernstein afirmou que a simples existência do partido atuava como um fator de paz [*Friedensfaktor*], de modo que, ao menos no plano externo, buscar-se-ia garantir que a revolução encontrasse caminho livre para desenrolar todo o seu potencial e, na eventualidade de um desfecho vitorioso, conduzir os assuntos estrangeiros de acordo com uma diplomacia assentada em bases democráticas (cf. BERNSTEIN, 1905b).

No plano teórico, a revolução russa comprovava, segundo Bernstein, a justeza do apelo revisionista para que o conjunto da socialdemocracia avaliasse criticamente a maneira dogmática pela qual se apropriara do materialismo histórico. Enquanto os radicais elaboraram uma interpretação acerca da revolução russa que visava desconstruir a ideia de que as lutas entre as classes tendiam a assumir formas mais brandas, Bernstein explorou as novidades apresentadas pelo levante do proletariado no Oriente para reforçar a necessidade de uma atualização da teoria marxista. Em primeiro lugar, apontava para a rigidez dos pressupostos ortodoxos na medida em que as disputas na Rússia colocavam em xeque a hipótese segundo a qual os antagonismos sociais tenderiam a acirrar-se pri-

---

47 "A estrutura de classes [*Klassengliederung*] na Rússia de hoje e a natureza de sua produção revelam que qualquer pensamento sobre uma transição de caráter socialista [...] soa como desesperançada utopia" [(BERNSTEIN, 1905b: 292), tradução nossa].

mordialmente nos países onde as premissas capitalísticas estivessem mais enraizadas. "A força elementar dos acontecimentos na Rússia atravessou a aparência turva da teoria socialista tradicional, contradizendo de maneira direta as expectativas costumeiras" [(BERNSTEIN, 1996j: 134), tradução nossa]. Por outro lado, salientava as vantagens da tática reformista em relação aos "métodos russos", pois a seu ver os meios parlamentar e sindical representavam expressões mais civilizadas[48] do movimento de auto-afirmação do proletariado, ao passo que a greve de massas – além dos sacrifícios demandados para viabilizá-la – tinha sua validade restrita aos períodos caracterizados pela inexistência ou fragilidade das instituições democráticas.

O interesse devotado por Karl Kautsky ao desenvolvimento das relações de produção capitalistas na Rússia é anterior à revolução de 1905 e orienta-se, num primeiro momento, pela tentativa de estabelecer paralelos entre o processo de diferenciação dos interesses de classe no Oriente e as experiências históricas que configuraram os antagonismos de tipo moderno na Europa Ocidental. Na realidade, Kautsky possuía vínculos de longa data com o marxismo russo que remontavam ao período em que os cerceamentos impostos pela legislação anti-socialista haviam forçado a transferência dos principais quadros da imprensa socialdemocrata para Zurique, precisamente onde os fundadores do *Osvobozhdenie Truda* [Emancipação do Trabalho] – Plekhanov, Vera Zasulich, Pavel Axelrod e Lev Deich – buscaram refúgio contra a perseguição czarista. O enorme prestígio de Kautsky entre o círculo de exilados russos devia-se, em grande medida, aos objetivos fundamentalmente teóricos que esse grupo assumira como prioritários em sua etapa constitutiva. Na medida em que o foco das atividades do *Osvobozhdenie Truda* voltava-se antes para a difusão do marxismo entre a *intelligentsia* russa do que propriamente para a intervenção no movimento operário, é bastante lógico que o editor do periódico mais influente do socialismo internacional tenha surgido perante eles como um ícone da maior envergadura.[49] Numa palavra,

---

48   "Todavia, na realidade, o genuíno parlamentarismo, baseado no sufrágio universal, representa na moderna sociedade industrial a mais efetiva ferramenta para implementar profundas reformas graduais sem derramamento de sangue. O que em gerações passadas demandou longos períodos de luas sangrentas e destrutivas, pode agora ser alcançado num período de tempo mais reduzido, preservando-se a vida humana" [(BERNSTEIN, 1996j: 139), tradução nossa].

49   Tanto Plekhanov como Axelrod consideravam uma honra a publicação de seus artigos em *Die Neue Zeit*, organismo teórico que proporcionou ao *Osvobozhdenie Truda* um canal de discussão para os assuntos relativos à política russa. Além disso, as energias investidas no contrabando dessa revista justificavam-se pelo fato de que ela contribuía para romper o isolamento dos

identificava-se o nome de Kautsky com o legado de Marx e Engels, e a autoridade de seus textos entre a vanguarda russa culminou, ao longo da década de 1890, em iniciativas propagandísticas que visavam a tradução e divulgação ilegal de suas obras.[50] O peso de sua influência[51] tampouco era desconhecido pela censura czarista, que se apressava em vetar qualquer escrito que trouxesse a assinatura de Kautsky. Vale lembrar, ainda, que mais de sessenta títulos redigidos por ele foram publicados durante o breve intervalo em que a revolução russa fez valer a liberdade de imprensa, incluindo-se uma edição do *Programa de Erfurt* com mais de duzentos mil exemplares, que em pouco tempo viu-se esgotada (cf. DONALD, 1993: 1-8).

No que tange às condições políticas e econômicas – leia-se: a iminência da revolução burguesa como horizonte tangível –, Kautsky aproximou a Rússia contemporânea do cenário que caracterizara a Alemanha às vésperas de 1848. Naquela época, a burguesia europeia ainda nutria aspirações democráticas e seu comportamento político assemelhava-se às descrições clássicas do *Manifesto Comunista*, particularmente no que diz respeito aos impulsos dessa classe em ascensão para capitanear proletários e artesãos no embate às instituições remanescentes do feudalismo. A catastrófica batalha de junho de 1848, no entanto, marcaria o ponto de inflexão a partir do qual os homens de negócios deixam de contrapor-se aos poderes vigentes e as revoluções burguesas na Europa

---

ativistas russos, oferecendo-lhes informações sobre os eventos e debates mais importantes do movimento operário internacional.

50 Durante o verão de 1894, Lênin encarregou-se pessoalmente da tradução do *Programa de Erfurt*. Esse gesto repetir-se-ia cinco anos mais tarde, quando interrompeu suas atividades para dedicar-se exclusivamente à tradução do *Anti-Bernstein*, trabalho que concluiu em apenas duas semanas.

51 Não houve nenhum outro autor estrangeiro que tenha sido tantas vezes citado pelos socialdemocratas russos durante as polêmicas internas que estes travaram ao longo da revolução de 1905. Na realidade, Kautsky não tomou o partido de nenhuma das duas frações do POSDR, tendendo antes a lamentar o esgarçamento entre bolcheviques e mencheviques. Embora fosse algo problemática sua afirmação de que as diferenças entre esses grupos fossem meramente táticas, Kautsky acreditava que a distância que as separava era menor do que a verificada entre as tendências antagônicas do SPD, pois nenhuma delas demonstrava propensões explícitas para um viés reformista. De qualquer forma, ambas as correntes elaboraram interpretações próprias a respeito dos artigos que ele dedicara ao processo revolucionário, nos quais enxergavam uma espécie de legitimação para suas táticas específicas. Assim, as divergências relativas à insurreição armada, à política de alianças e ao boicote às eleições para a Duma foram permeadas por argumentos de autoridade, onde Kautsky era alçado ao posto de juiz, cujo veredito era manipulado pelas frações em causa própria.

Ocidental chegam a seu termo. Em outras palavras, o esmagamento das insurreições de Paris simbolizaria a falência da aliança entre liberalismo e movimento operário, pois verificou-se doravante um padrão de atuação burguesa de matiz nitidamente conservador que encontraria, por sua vez, manifestações correlatas nos países de pronunciada diferenciação dos interesses de classe. Os embates políticos na França criaram, então, um ambiente desfavorável às pretensões do movimento trabalhista inglês e selaram na Alemanha, paralelamente, a capitulação dos homens de negócios aos setores contra os quais estes haviam mobilizado anteriormente as forças democráticas.

Kautsky lançou mão da configuração societária alemã no período anterior à Primavera dos Povos como referência para a análise do império czarista porque julgava que somente na Rússia ainda se poderia imaginar a burguesia disposta a assumir um papel revolucionário. Considerava factível, portanto, que se formasse um amplo campo progressista determinado a suplantar o absolutismo russo. O próprio autor sublinhava, todavia, os limites dessa aproximação, uma vez que a propensão revolucionária dos homens de negócios carecia de substância e tendia à frustração em virtude do temor que experimentavam frente ao amadurecimento político do operariado. Em que pesasse a antipatia de diversos setores burgueses em relação ao czarismo, estes já haviam incorporado o viés reacionário que após 1848 moldou sua classe na Europa Ocidental. "A burguesia russa ainda tem uma tarefa revolucionária a cumprir, mas ela já adquiriu o modo de pensar reacionário da burguesia do Ocidente" [(KAUTSKY, 1904b: 11), tradução nossa]. As relações entre socialismo e liberalismo estruturavam--se, pois, na Rússia em torno de parâmetros complexos, não apenas devido aos traços retardatários de seu desenvolvimento econômico, como também em virtude da incidência da conjuntura ocidental em seus assuntos domésticos. Segundo os prognósticos de Kautsky, a classe operária teria ali de forçar a burguesia a tomar parte na luta anticzarista e, embora a revolução não descortinasse inicialmente qualquer probabilidade de dominação exclusiva do proletariado, também não era menos certo que dele emanaria a dinâmica do movimento democrático e seus principais contornos.

Mesmo sem dispor do aparato organizacional da socialdemocracia alemã, Kautsky apostava que os trabalhadores russos atuariam como ponta de lança do processo revolucionário europeu. A privação de autonomia política e as condições de exploração brutal a que eram submetidos colocava-os, obviamente, numa situação de des-

288   Espelho Convexo

vantagem em relação ao proletariado ocidental.[52] Por outro lado, encontravam diante de si uma burguesia débil e o governo czarista em desagregação, de forma que uma intensificação de sua atividade política situar-lhes-ia eventualmente em condições de sobrepujar os pilares da ordem e, consequentemente, provocar uma reordenação das correlações de força no continente. A despeito do obstáculo interposto pela imaturidade social e econômica do panorama russo à edificação do socialismo, o protagonismo nas lutas políticas contra o absolutismo credenciaria o operariado como o mais firme sustentáculo da democracia nesse país.

Entre as grandes potências ocidentais, a Alemanha era, segundo Kautsky, aquela mais assemelhada à Rússia no que se refere ao autoritarismo político e à falta de uma burguesia liberal que se colocasse na oposição ao militarismo e ao burocratismo governamental.[53] O *Kaiserreich* e o governo russo formavam, ademais, um poderoso bloco hostil aos movimentos reformistas, e um mapeamento de seus componentes sociais revelaria a classe trabalhadora como única propulsora consequente dos interesses democráticos nessas sociedades. Em virtude disso, Kautsky nutria expectativas de que um possível sucesso da empreitada anticzarista enfraquecesse o bloco reacionário internacional, estimulando poderosamente a ação dos operários alemães. A conformação dessa nova atmosfera deflagraria, por seu lado, uma série de

---

52   Kautsky argumentava, contudo, que a percepção de uma maior exploração dos trabalhadores russos em relação aos alemães não resistiria a uma comparação efetuada em termos relativos. "Não temos a menor base para supor que o grau de exploração do trabalhador alemão seja inferior ao que se processa na Rússia. Pelo contrário, temos visto que a exploração do proletariado aumenta com o avanço do capitalismo. Se o trabalhador alemão de alguma forma se encontra em uma posição melhor que o russo, [por outro lado] a produtividade do seu trabalho é consideravelmente maior, assim como suas necessidades em relação ao padrão de vida geral da nação. Dessa forma, o trabalhador alemão enxerga o jugo capitalista de modo talvez ainda mais exasperante do que o operário russo" [(KAUTSKY *apud* LUXEMBURG, 1910b: 20-1), tradução nossa].

53   "Um importante passo na análise feita por Kautsky da revolução russa e das relações entre Rússia e Alemanha foi dado no curso de uma polêmica com Werner Sombart. Esse estudioso colocara uma questão central ao afirmar que os Estados Unidos constituíam agora o país modelo do desenvolvimento capitalista, e que os países evoluídos da Europa terminariam por seguir o seu caminho. Kautsky replicou que era errado afirmar que houvesse modelos universalmente válidos. O 'paradoxo' da situação alemã consistia no fato de que a Alemanha estava, em certo sentido, numa situação intermediária entre os Estados Unidos e a Rússia. 'A economia da Alemanha está mais perto da americana; a *política* alemã está mais próxima da russa'" [(SALVADORI, 1984: 265), grifo do autor].

processos conflituosos, mediante os quais se descortinaria uma oportunidade histórica para o domínio político do proletariado na Europa Ocidental. Em contrapartida, os governos revolucionários vitoriosos no Ocidente fomentariam os empreendimentos de modernização econômica da democracia russa com o propósito de auxiliar o operariado local a erigir as bases materiais do socialismo[54] (cf. KAUTSKY, 1904c).

> Ainda não se pode apontar com precisão de quais formas irá revestir-se esse desmoronamento gigantesco e inaudito, quais forças desencadeará e quais acontecimentos desabrocharão a partir dele. Mas uma coisa é certa desde agora: *ele não permanecerá limitado à Rússia*; conduzirá a uma convulsão europeia. A ruína econômica do Estado russo representará um golpe terrível ao capitalismo na Europa, especialmente na França e Alemanha, países que extraem quantias imensas de seu proletariado com o fim de remetê-las ao regime assassino da Rússia; abalará a constituição política dos Estados vizinhos e se estenderá às nacionalidades fragmentadas que se encontram no interior do Império russo; conduzirá a uma profunda excitação do proletariado de todo o mundo e lhes convocará ao assalto contra todos os obstáculos que se interpõem ao seu progresso [(KAUTSKY, 1905c), tradução nossa e grifos do autor].

A ideia acalentada por Kautsky de que a revolução russa pudesse ensejar um deslocamento de poder favorável ao operariado no continente europeu embasava-se, contudo, em uma análise, na qual a reverberação internacional de processos políticos articulava-se com as múltiplas correlações de forças deparadas pela classe trabalhadora em seus respectivos países. Em resumo, Kautsky presumia que uma tal convulsão haveria de ser deflagrada precisamente na Rússia porque ali confrontavam-se o gover-

---

54 Note-se que as conjecturas de Kautsky revelavam certas afinidades com aquele pressuposto da "teoria da revolução permanente" – consagrada pouco mais tarde pelos escritos Trotsky –, segundo o qual uma sociedade isoladamente estaria impossibilitada de saltar fases singulares de seu desenvolvimento, ao passo que poderia assim fazê-lo com o auxílio dos polos economicamente mais avançados de um determinado período histórico. "A sociedade como um todo não é capaz de saltar estágios de seu desenvolvimento artificialmente, mas isto é de fato possível no caso de elementos parciais, cuja evolução atrasada acelera-se pela imitação das componentes mais avançadas, podendo inclusive lançar-se à vanguarda do desenvolvimento geral porque não se veem limitadas pelo fardo das tradições que as nações mais antigas carregam consigo" [(KAUTSKY, 1904c: 626-7), tradução nossa].

no mais frágil da Europa e um proletariado que, em virtude de circunstâncias específicas, adquirira uma significância política ímpar. Dado que o governo russo financiara
a industrialização do país com empréstimos estrangeiros, uma parcela considerável
da mais-valia que se extraia do processo produtivo destinava-se à remuneração dos
credores internacionais, de sorte que a burguesia russa figurava tão somente como
sócia menor desses investimentos. "Os governos modernos são em toda parte meros
comissários do Capital, mas o absolutismo russo é comissário do Capital estrangeiro. Ele é o representante da finança europeia mediante o povo russo, explorado com
a finalidade de repassar-lhe obedientemente sua alíquota do despojo" [(KAUTSKY,
1906h: 680), tradução nossa]. Em outras palavras, o mecanismo da dívida pública
forjara um cenário que de certo modo beneficiava o proletariado, pois contrapunha-
-lhe uma burguesia nacional atrofiada, isto é, desprovida de bases materiais que talvez
lhe permitissem desempenhar um papel político de maior envergadura. Assim, é óbvio que os capitalistas não se encontravam em condições de proporcionar qualquer
sustentação ao absolutismo – realidade esta que se tornava tanto mais desesperadora
à medida que se erodia o apoio dedicado ao governo pelas camadas rurais. A sobrevida do czarismo tornava-se, portanto, cada vez mais dependente de uma burocracia
distorcida pela corrupção sistemática e de um exército desorganizado em função do
revés sofrido no Extremo Oriente. "Não há qualquer outro governo cujos pressupostos sejam tão inconciliáveis com as condições de vida da nação, cuja bancarrota moral
e econômica seja mais evidente" [(KAUTSKY, 1904c: 624), tradução nossa].

Não obstante a rapidez febril de sua modernização econômica e o crescimento não menos vertiginoso do SPD, Kautsky pintava o quadro alemão em cores bem
menos propícias à ação proletária. No seu entender, seria no mínimo improvável que
a ignição para um levante da classe trabalhadora em escala internacional partisse da
Alemanha. "Ao menos por hoje, há uma série de Estados onde a revolução é mais iminente do que na Alemanha [...]. Significativamente mais próximo dela encontra-se
seu vizinho oriental" [(KAUTSKY, 1904c: 623), tradução nossa]. Isto porque justamente alguns daqueles fatores cruciais que sinalizavam o desmoronamento do czarismo redesenhavam-se ali com traços opostos, que emprestavam ao *Kaiserreich* uma
capacidade sem paralelo em termos de resistência às intempéries da luta de classes.
À luz da disciplina e eficiência de seus aparatos burocrático e militar, Kautsky considerava o Estado germânico o "mais forte do mundo", insinuando também que uma
parcela dessa estabilidade remetia-se às feições culturais de sua população, descrita

(abstratamente, diga-se de passagem) como "sóbria, pacífica e carente de qualquer tradição revolucionária" [(KAUTSKY, 1904c: 623), tradução nossa].

No entanto, ao contrário do posicionamento que adotaria ao longo da polêmica travada com Rosa Luxemburg em 1910, Kautsky rejeitava a ideia de que a solidez do *establishment* alemão constituísse um bloqueio absoluto à ação direta da classe trabalhadora. Em primeiro lugar, não estava descartado o cenário no qual as camadas dirigentes do *Kaiserreich* lançariam a nação em uma aventura militar que, a seu ver, despertaria a revolta dos trabalhadores. Essa hipótese ancorava-se, além disso, na percepção de que o declínio econômico dos *Junker* aumentava a sofreguidão do militarismo prussiano – sendo que tanto o enrobustecimento do SPD como as animosidades interimperialistas amplificavam essa tendência, conferindo realismo às especulações acerca de uma guerra que colocaria a estabilidade do regime à prova. Kautsky ressaltava que a agressividade expressa nas diretrizes da política externa alemã na última década havia provocado o isolamento diplomático do país, de modo que sua relativa segurança no plano interno contrastava enormemente com a situação de perigo a que a nação fora submetida no plano externo. "Comparando o reluzente aspecto exterior do *Reich* em seus primórdios com a situação atual, deve-se confessar que nunca uma tão esplendorosa herança de poder e prestígio foi dissipada com tamanha imprudência [...], nunca a posição do *Reich* no mundo foi tão fraca e nunca o governo alemão brincou com o fogo de modo tão caprichoso e irrefletido como no presente" [(KAUTSKY, 1907c: 427), tradução nossa]. Por outro lado, Kautsky supunha que a revolução russa inflamaria o proletariado alemão, arremessando-o contra os obstáculos que se interpunham ao seu ideal democrático e, particularmente, vivificando a luta pela abolição do "sufrágio das três classes" na Prússia. Caso os impulsos vindos do exterior levassem o governo alemão a endurecer ainda mais o regime político, seria mais do que oportuna uma resposta enérgica por parte da socialdemocracia que comprometesse a normalidade do funcionamento econômico e, consequentemente, implicasse a desorganização do aparato estatal. Kautsky sublinhava, porém, que este seria um desdobramento improvável, uma vez que os parâmetros alemães já haveriam avançado sensivelmente numa direção propriamente burguesa. Ao fim e ao cabo, dependeria do governo alemão reconhecer que novas constrições à democracia aproximariam a política nacional ainda mais da autocracia czarista, isto é, que decisões com semelhante teor encarregar-se-iam de transplantar as condições russas para solo germânico, representando, em última instância, o suicídio do *Obrigkeitsstaat* prussiano.

Além de questionar em escala internacional os mecanismos autoritários nos quais se assentava o poder das camadas dirigentes, as consequências da revolução russa transbordariam as fronteiras do império czarista porque seu desencadeamento – assim acreditava Kautsky – haveria necessariamente de trazer à luz a opressão exercida pela administração central sobre as demais nacionalidades do leste europeu. Nesse caso, a luta pela constituição de Estados autônomos entre os povos de origem eslava colocaria em xeque a integridade do Império Austro-Húngaro, assim como a hegemonia prussiana na condução do *Kaiserreich*. Um movimento nacionalista vigoroso que retirasse da Prússia o controle sobre os territórios poloneses acarretaria um novo equilíbrio de poder entre os *Länder* constitutivos da Alemanha – isto é, um rearranjo menos favorável ao conservadorismo *Junker* e que, no limite, ameaçaria o próprio modelo de unidade alemã engendrado por Bismarck em 1870.

Com a irrupção das greves de massa na Rússia, em 1905, Kautsky julgou que a situação política deflagrada corroborava seus diagnósticos precedentes. Aos seus olhos, o proletariado lutava no Oriente para despedaçar as correntes que lhe impediam de investir contra a dominação do Capital. Pela primeira vez na história, os trabalhadores industriais engajavam-se em uma revolução enquanto segmento político independente e, mais do que isso, ascendiam à condição de vetor principal das forças contrárias ao absolutismo. Embora a Comuna de Paris já houvesse registrado a emergência do protagonismo operário, ela restringira-se à rebelião de uma cidade e fora suprimida em poucas semanas, ao passo que agora se presenciava "uma revolução que se estende do Oceano Ártico ao Mar Negro, do Báltico ao Pacífico, a qual já dura um ano e na qual o proletariado aumenta seu poder e autoconsciência" [(KAUTSKY, 1906b: 2), tradução nossa].

A Rússia via-se assolada por um turbilhão cuja violência e significância histórica equiparavam-na à revolução inglesa do século XVII, bem como ao cenário francês nos estertores do século XVIII. Kautsky justificava suas analogias com base na constatação de que em tais contextos o jugo do absolutismo havia tornado-se intolerável às massas, induzindo-as à revolta contra a miséria, o desespero e as atrocidades que pesavam sobre si. Assim como em seus escritos anteriores a 1905, Kautsky asseverava, porém, que as similitudes entre a Rússia contemporânea e as revoluções que a precederam na Europa Ocidental abarcavam apenas a superfície dos fenômenos. O interesse teórico subjacente a tais comparações residia, antes, na possibilidade de mobilizá-las enquanto recurso heurístico para destacar a peculiaridade dos embates entre as classes sociais no império czarista. Nesse sentido, a ênfase recaia uma vez mais sobre a relação entre movimento democrático e a emergência de um ponto de vista proletário que lhe ditava os ritmos. A proeminência política conquistada pelo operariado, aliada à fermentação de sua autoconsciência em oposição aos interesses do Capital, delineava os contrastes entre a situação russa e as revoluções de 1648 e 1789.

> Em cada uma dessas revoluções, apenas os capitalistas foram uma classe vitoriosa. No entanto, política e economicamente, essa classe vive da exploração da força alheia. Ela nunca *fez* uma revolução, mas sempre as *explorou*. Abandonou a revolução, suas lutas e perigos para a massa da população. A força ativa real das massas durante os séculos XVII e XVIII não fora o proletariado, mas a classe de pequenos negociantes e produtores; o proletariado não era senão seu inconsciente seguidor [(KAUTSKY, 1906b: 2), tradução nossa e grifos do autor].

Diferentemente das ações historicamente progressistas alavancadas pelas classes intermediárias nas revoluções burguesas do Ocidente, a pequena-burguesia na Rússia não demonstrava intrepidez e tampouco indícios de autoconsciência política. Kautsky avaliava que esse déficit resultava de fatores objetivos do desenvolvimento capitalista, pois inexistia ali qualquer comunidade de interesses que permitisse a essa camada atuar como espinha dorsal da democracia, servindo de elo entre os empresários e os trabalhadores fabris. "Os capitalistas e o proletariado já se encontravam na Rússia em áspera oposição desde antes do princípio da luta revolucionária. Ambos haviam aprendido com o Ocidente" [(KAUSTKY, 1907a: 329), tradução nossa]. Com efeito, o operariado ingressara na arena política não como segmento de um partido democrático, senão como força material identificada com a plataforma da socialdemocracia, de modo que seu perfil autônomo convertera a necessidade de um governo forte em preocupação central da burguesia. Além disso, os indivíduos pertencentes aos setores médios eram, em sua maioria, recrutados entre aqueles camponeses desarraigados de seu meio que há poucas décadas ainda labutavam como servos. Assim, numa análise aparentada com o retrato de Weber sobre a pequena-burguesia, Kautsky identificou-a como portadora de uma visão de mundo provinciana que se situava na mesma posição do espectro político ocupada pelo lumpesinato. Ao fim e ao cabo, tratava-se de uma massa reacionária que se colocava à disposição da polícia para abafar os protestos dos trabalhadores e, uma vez que na maioria dos casos não figurasse como adversário à altura da pujança operária, limitava-se a desencadear *pogrons* nos quais estudantes e judeus tornavam-se vítimas de seus impulsos tanáticos. À medida que se recusava a qualquer alinhamento com o proletariado, a pequena-burguesia constituía, em suma, "um fator político capaz de produzir somente infortúnios e destruição social, enquanto economicamente [os indivíduos a ela pertencentes] tornavam-se pouco mais que parasitas mantidos às expensas da sociedade" [(KAUTSKY, 1906b: 3), tradução nossa].

À diferença de seus escritos anteriores a 1905, Kautsky descartava a essa altura quaisquer esperanças de que os capitalistas ou a pequena-burguesia viessem a incorporar um viés progressista. Por outro lado, os desenlaces da revolução levavam-no cada vez mais a concentrar sua atenção numa potencial conjugação das reivindicações dos lavradores agrícolas aos interesses da democracia. Kautsky estava ciente de que para suplantar o absolutismo era imprescindível ao proletariado urbano contar com o apoio das massas rurais, pois da estrutura econômica russa depreendia-se um campesinato cujo peso numérico tornava-o uma variável de primeira ordem na determinação dos conflitos em andamento. Vale lembrar que nas cidades viviam apenas quatorze por cento dos cento e trinta milhões de habitantes do império russo, de modo que a esmagadora maioria dos elementos presentes nas forças armadas recrutavam-se entre a população agrária. Numa palavra, acreditava-se que a atração dos mujiques para a esfera de influência do operariado urbano atuaria como um fator de desestabilização das tropas, e o alastramento da indisciplina no exército privaria o czarismo de seu mais valioso instrumento de repressão às greves e demonstrações políticas da classe trabalhadora.

No entanto, Kautsky mantivera-se inicialmente numa posição de incerteza face ao conteúdo econômico dessa aliança, pois temia que o fomento às ambições do campesinato em relação à posse da terra oferecesse posteriormente um empecilho ao programa de socialização da agricultura. Em virtude de sua penúria extrema, os mujiques voltavam-se, ademais, contra os grandes latifundiários em sua totalidade, sem efetuar quaisquer distinções entre a nobreza rural vinculada à coroa e ao aparato estatal, por um lado, e os proprietários alinhados ao movimento dos *zemstvos* –, que se apresentavam, por outro lado, enquanto opositores do regime porque atribuíam ao governo a culpa pela ruína da economia e porque julgavam que a onipotência da burocracia tornava o Estado impermeável a suas aspirações por participação política. "Pelo contrário, os castelos, os celeiros cheios e o gado bem nutrido dos liberais dos *zemstvos* encontram-se a um palmo do campesinato faminto e atiçam prontamente a sua cobiça" [(KAUTSKY, 1904a: 672), tradução nossa]. Dessa forma, recomendou aos trabalhadores urbanos que se mantivessem numa posição de "neutralidade" face às disputas entre camponeses e grandes proprietários rurais.[55]

Contudo, ao aprofundar sua análise sobre a questão agrária na Rússia, Kautsky reorientou completamente tais diretrizes. Em primeiro lugar, sublinhou a inviabilidade do programa gradualista e legal propugnado por aqueles segmentos do liberalismo que nutriam simpatia pelas exigências campesinas. Os projetos de reforma agrária delineados pelas forças do liberalismo careciam de razoabilidade por demandarem um montante de recursos que as massas rurais não tinham ao seu dispor. Caso arcassem com as despesas indenizatórias, os lavradores ver-se-iam esgotados financeiramente, e a modernização do campo tornar-se-ia impossível em razão da falta de capital para investimento na renovação das culturas e das técnicas agrícolas. Kautsky argumentava, portanto, que a solução concreta da questão agrária na Rússia dependia de medidas revolucionárias que promoveriam uma ruptura das relações de propriedade a partir de baixo.

Com efeito, a política financeira do czarismo assentava-se em um contrassenso, visto que os tributos destinados ao pagamento dos juros da dívida recaíam fundamentalmente sobre uma economia rural arcaica, sem no entanto garantir que uma parcela razoável do montante angariado no mercado internacional fosse destinada à modernização das lavouras.[56] Tendo-se em mente que esse desequilíbrio não pode-

---

55 "O movimento revolucionário urbano deveria manter-se neutro face às relações entre camponeses e grandes proprietários. Ele não possui qualquer motivo para meter-se entre eles e fornecer cobertura a qualquer uma das partes. Suas simpatias encontram-se amplamente ao lado dos camponeses, mas não é sua tarefa açulá-los contra os fazendeiros, que desempenham hoje na Rússia um papel bastante diferente da nobreza feudal no *Ancien Régime* francês" [(KAUTSKY, 1904a: 675), tradução nossa]. Vale ressaltar, no entanto, que Kautsky elaborara tais prescrições táticas em um período anterior às sublevações campesinas da primavera de 1906, ou seja, num contexto em que o liberalismo dos *zemstvos* encontrava-se ainda na dianteira da oposição anticzarista.

56 "O capitalismo na Rússia não propiciou aos camponeses melhores escolas, dinheiro para a aquisição de fertilizantes artificiais ou ferramentas e máquinas mais aperfeiçoadas, senão apenas o fortalecimento de sua exploração. Se na Europa Ocidental o crescimento da exploração campesina pelo Estado e pelo Capital caminhou lado a lado com o incremento da produtividade do trabalho agrícola, na Rússia o aumento da exploração sobre o campesinato – resultante da concorrência cada vez mais acentuada com as nações capitalistas desenvolvidas – trouxe consigo uma baixa contínua da produtividade na agricultura" [(KAUTSKY, 1907a: 290), tradução nossa].

ria conduzir senão à bancarrota, fazia-se urgente uma antecipação da moratória, por meio da qual o orçamento anual ver-se-ia aliviado em cerca de 600 milhões de marcos. Um governo revolucionário que ousasse decretar moratória tampouco hesitaria em romper com os desvarios militaristas que sangravam aproximadamente um bilhão de marcos do tesouro russo a cada ano. Segundo Kautsky, os dispendiosos gastos com as forças armadas poderiam ser reduzidos à metade, caso se renunciasse à manutenção de um exército permanente e às pretensões de transformar a Rússia em uma potência marítima. Nesse sentido, bastaria tão somente a instituição de milícias populares que – ao invés de debaterem-se em guerras de conquista – teriam exclusivamente a finalidade de repelir as investidas que as nações mais reacionárias do continente por ventura levassem a termo com o fito de aniquilar o precedente revolucionário.[57] Além de confiscar os domínios e bens pecuniários da família real e do clero, restaria ainda uma importante medida para efetivar-se a reestruturação da economia russa em bases mais elevadas, a saber, a comutação dos monopólios privados em propriedade estatal.

> Sem a abolição do exército permanente, sem o fim do rearmamento da armada, sem o confisco de todo o patrimônio da família imperial, dos monastérios, sem a bancarrota do Estado, sem o confisco dos grandes monopólios, na medida em que ainda estiverem em mãos privadas – ferrovias, poços de petróleo, minas, usinas siderúrgicas, etc. –, não se poderão encontrar os enormes recursos necessários de que carece a agricultura russa, se quiser escapar de sua terrível decadência [(KAUTSKY, 1906a: 421-2), tradução nossa].

Nos marcos de um Estado democraticamente organizado, o controle público dos monopólios ofereceria aos trabalhadores perspectivas de melhores salários, ao mesmo tempo em que estimularia o consumo por meio da regulação dos preços em níveis inferiores aos de então. Nada seria mais equivocado, porém, do que vislumbrar nessas providências uma espécie de transição imediata para o modo de produção socialista. Pelo contrário, Kautsky reiterava exaustivamente que o nível de desen-

---

57 "Por mais insana que seja, a possibilidade de uma intervenção estrangeira para abater a população revolucionária na Rússia não está completamente excluída. O povo russo não deve desarmar-se, mas para sua segurança bastaria uma milícia organizada e treinada no uso de armas que fosse dirigida por um Estado-maior com formação técnica" [(KAUTSKY, 1906a: 421), tradução nossa].

volvimento das forças produtivas na Rússia ainda se encontrava longe de fornecer as pré-condições necessárias para a superação do capitalismo. A seu ver, iniciativas precipitadas que se encaminhassem nessa direção condenariam os elementos revolucionários de antemão ao fracasso, além de acarretar, por outras vias, a bancarrota da economia russa. Embora o conteúdo radical de sua plataforma programática impusesse determinados limites à extração da mais-valia, tais medidas estariam, na realidade, destinadas a exercer um efeito propulsor sobre o capitalismo russo. Em resumo, tratava-se de um remédio amargo administrado nos limites e de acordo com as necessidades do sistema capitalista, pois disponibilizaria ao Estado os recursos necessários à elevação técnica e intelectual das massas populares, sem as quais estaria descartado qualquer salto da produção agrícola que oferecesse à indústria um mercado interno em condições de absorver a expansão de sua capacidade produtiva. Posto que a classe trabalhadora urbana recrutava-se basicamente a partir da afluência das massas rurais, seria ainda de se esperar que as melhorias no padrão de vida dos camponeses alterasse o perfil do operariado industrial,[58] de forma que sua robustez física e maior

---

58 Kautsky assume como ponto de partida que a expropriação dos grandes latifundiários implicaria na Rússia consequências mais radicais do que a reforma agrária levada a cabo no bojo da Revolução Francesa. Isto porque na França o confisco das propriedades não teve como medida subsequente a distribuição de terras entre os camponeses, senão a conversão do solo em instrumento de especulação imobiliária. Kautsky pressupunha, então, que a reforma agrária revestir-se-ia ali de um caráter anticapitalista, muito embora não se tratasse de concentrar os terrenos nas mãos da administração pública nem de converter o mujique em arrendatário do Estado. Tampouco estaria em discussão a possibilidade de repassá-los às comunas rurais, uma instituição anacrônica e em fase de dissolução. O objetivo central da expropriação consistiria, portanto, em atender os anseios dos lavradores rurais, ou seja, conferir-lhes individualmente tanta terra quanto sua família pudesse cultivar. Uma reforma agrária conduzida nos termos reivindicados pelos camponeses atuaria, além disso, como um fator de contenção do êxodo rural, de modo que os operários fabris ver-se-iam aliviados do enorme afluxo de mão-de-obra que pressionava a sua remuneração aos níveis mínimos de subsistência. Por outro lado, não havia uma reserva de terras férteis em quantidade suficiente para desencadear uma onda migratória das cidades em direção ao campo [*Zurückströmen*] e, dessa forma, restringir a oferta de braços necessária ao desenvolvimento ulterior da atividade industrial. Kautsky elencava ainda um segundo fator que preservaria a economia russa de uma eventual "regressão agrária" desencadeada pela ampla redistribuição da propriedade fundiária, a saber, as necessidades culturais que a vida urbana despertava entre os elementos mais jovens e intelectualmente vívidos da população rural. Seu raciocínio coincidia, em certa medida, com o retrato literário oferecido por Ivan Turgenev em *Pais e Filhos*, onde a experiência urbana de jovens com ascendência camponesa descortinava-lhes novas possibilidades

capacitação profissional repercutisse positivamente sobre o poder de concorrência da atividade fabril russa nos mercados estrangeiros (cf. KAUTSKY, 1906a: 422).

A "fome de terras" no Oriente e as consequências da luta política a ela associadas contribuíam para acentuar o caráter peculiar que Kautsky atribuía à revolução russa. Do ponto de vista teórico, no entanto, merece destaque o fato de que tais singularidades históricas forçaram o autor a rearticular as correlações por ele anteriormente estabelecidas entre o desenvolvimento agrário em geral e a prescrições táticas da socialdemocracia nos meios camponeses. Ao sustentar previamente que os socialistas russos deveriam conservar uma posição "neutra" em relação aos conflitos agrários, Kautsky transpunha para o Oriente certos pressupostos analíticos oriundos da polêmica que travara com lideranças das seções meridionais da socialdemocracia alemã nas duas últimas décadas do século XIX. Em reação à tentativa destes de ampliar o respaldo do SPD entre os camponeses por meio de iniciativas que favorecessem os pequenos e médios produtores, Kautsky argumentara que o desenvolvimento agrícola nas sociedades capitalistas seria progressivamente orientado pela lógica que rege a produção industrial. Em outras palavras, os caminhos para o *Zukunftstaat* delimitar-se-iam inexoravelmente pela concentração dos meios de produção em grandes unidades e pelo constante aumento do caráter social da atividade econômica. Nesses marcos, quaisquer promessas de benefício às pequenas e médias propriedades figuravam como ilusões demagógicas que desviavam a socialdemocracia de sua verdadeira tarefa, ou seja, mostrar ao campesinato que não há soluções para sua condição nos âmbitos do atual sistema e convencê-lo de que apenas a organização socialista da produção seria capaz de oferecer-lhe perspectivas mais satisfatórias[59] (cf. PROCACCI, 1988: 115).

---

subjetivas – instrução científica, contato com novas correntes de pensamento, imersão na vida política – que contribuíam para torná-los estranhos aos seus meios de origem. "Os aldeões que se mudam para as cidades não mais serão para lá impelidos em função do amargo constrangimento da penúria, senão apenas por suas necessidades culturais mais elevadas. Não virão como fura-greves ou mendigos, senão como assalariados combativos que reivindicam uma existência melhor, jornadas de trabalho mais curtas e salários mais elevados do que a fazenda pode lhes garantir" [(KAUTSKY, 1906a: 416-7), tradução nossa].

59 "Se Engels se pronunciava em 1894 contra o programa agrário do partido francês, e eu mesmo um ano mais tarde contra o do partido alemão, não era porque julgássemos inútil atrair os camponeses, mas porque nos pareciam falsos os meios propostos para consegui-lo" (KAUTSKY, 1968b: 87).

Em vista da posição que formulou a respeito da questão agrária na Alemanha, poderiam soar contraditórias as prescrições de Kautsky em favor de uma aproximação entre o proletariado russo e as massas camponesas, a ponto de recomendar que os socialistas efetuassem ali concessões às expectativas que estas nutriam em relação à propriedade. As raízes dessa flexibilidade tática encontram-se, contudo, na distinção realizada por Kautsky entre os impulsos revolucionários dos lavradores agrícolas no império do czar e o perfil político conservador das massas agrárias na Alemanha. No verão de 1906, em especial, as propriedades rurais na Rússia tornaram-se palco de violentos conflitos, de modo que o governo executou um sem número de camponeses em resposta aos incêndios e protestos de outras espécies que estes dirigiam contra a propriedade latifundiária. Já na Alemanha, os agricultores comportavam-se politicamente como um poderoso obstáculo aos esforços reformadores, e o Partido do Centro – importante polo de aglutinação dos interesses conservadores após 1870 – alcançava justamente nas regiões agrícolas os seus maiores sucessos eleitorais.

Kautsky ilustrou essa oposição fundamental entre o perfil político dos camponeses russos e alemães por meio de paralelos com as atitudes das massas agrárias na França em 1789 e 1848. De maneira análoga ao que vivenciavam seus congêneres russos em 1906, os campônios franceses lançaram-se em 1789 energicamente contra o formato da propriedade agrária e os privilégios que dela derivavam e, em consequência disso, aplicaram um golpe contundente ao absolutismo. Por outro lado, não causaria estranheza a Kautsky que – na eventualidade de um ascenso do movimento operário – os agricultores alemães agissem em prol do *establishment*, seguindo os passos dos camponeses fardados que, em 1848, silenciaram as barricadas de Paris com disparos de canhão.[60] Por conta dessa análise, Kautsky reiterava que o operariado russo deveria ter como objetivo a consolidação de uma democracia revolucionária em aliança com o campesinato. Ao proletariado caberia, então, denunciar os laços que uniam aristocratas e burgueses em torno da conservação da grande propriedade rural e provar aos lavradores agrícolas que somente a classe trabalhadora poderia tornar efetivo um projeto de reforma agrária que contemplasse as suas reivindicações. Aliás,

---

60 "O campesinato não mais constitui um partido próprio, um exército político definido, mas apenas serve como tropa auxiliar de algum outro exército ou partido. Apesar disso, não é de forma alguma insignificante, pois determina a vitória ou a derrota a depender do lado para o qual jogue sua força. Os camponeses selaram a ruína da revolução na França em 1848, assim como o seu triunfo em 1789 e nos anos subsequentes" [(KAUTSKY, 1906b: 4), tradução nossa].

a redistribuição de terras presumia uma série de medidas cuja radicalidade ultrapassava o horizonte do movimento camponês. Kautsky não enxergava qualquer perspectiva transformadora na atuação independente das massas rurais e, assim como Max Weber, inclinava-se à ideia de que o mujique não devotava grande interesse à liberdade política da nação. "Em tempos de normalidade seu interesse perde-se nos assuntos da aldeia. Se o lavrador visse que o czar preocupa-se com suas necessidades, ele se arrebanharia novamente em torno de sua figura" [(KAUTSKY, 1907a: 325), tradução nossa]. Em vista dessas limitações, Kautsky assinalava que as providências destinadas à reconfiguração da propriedade fundiária seriam implementadas no interesse da população agrícola, assim como do conjunto da sociedade russa, mas sua força propulsora não poderia ser outra senão a organização de classe do operariado consciente. Uma vez conquistado o apoio dos mujiques, os trabalhadores urbanos representariam a força política hegemônica [*Kerntruppe*] de um bloco em condições de suplantar o czarismo e lançar as premissas de um governo democrático.

A natureza da aliança entre operários e camponeses no esquema tático proposto por Kautsky vincula-se – conforme ressaltamos acima – às especificidades da revolução russa.[61] Tal revolução não poderia ser definida como "burguesa" porque os homens de negócios não atuavam como força motriz desse processo. Em face da estrutura econômica arcaica do país, por outro lado, era evidente que o advento imediato de uma ditadura proletária estava descartado, e tampouco seria plausível imaginar que os trabalhadores fabris, dispondo única e exclusivamente de suas próprias forças, levassem a termo a derrocada do absolutismo. Por essas razões, a política agrária que Kautsky formulou para a Rússia estava imbuída do propósito de instrumentalizar as massas camponesas para a luta contra os setores favoráveis à preservação da autocracia. Tão logo o bloco democrático alcançasse o poder, o proletariado faria valer sua

---

61 A revolução russa de 1905 não apenas surge como o intervalo no qual as posições defendidas por Kautsky alcançam o máximo de radicalidade ao longo de sua trajetória política, senão também como o período em que suas formulações teóricas demonstram maior originalidade. Com efeito, os artigos que dedicou à Rússia entre 1905-1907 são aqueles que mais se distanciam da costumeira rigidez com a qual o guardião da ortodoxia interpretava os fenômenos históricos. Além de oferecer uma interpretação dialética que buscava esclarecer os nexos entre as luta de classes no Oriente e na Europa Ocidental, Kautsky afastou-se do cânone no que tange ao problema agrário, de modo que sua tática de aliança entre operários e campesinos surge como um aporte original ao marxismo, que exerceria marcada influência sobre o pensamento de Lênin e, consequentemente, sobre a tradição bolchevique.

hegemonia política de modo a converter o desenvolvimento econômico em prioridade máxima do novo governo. A modernização da estrutura produtiva desenrolar-se-ia, assim, como a condição necessária para que o operariado enfrentasse aquele contraste de interesses com os camponeses que Kautsky julgava típico dos países onde o capitalismo encontrava-se em estágio avançado. A revolução russa apresentaria, por outro lado, feições ainda mais singulares à medida em que sua resultante histórica desaguasse no interstício [*Grenzscheide*] entre modos de produção antagônicos. Nesse caso, emergiria um novo quadro societário, onde a paulatina dissolução das fronteiras burguesas prepararia o terreno para o assentamento dos pilares da civilização futura.

O entusiasmo de Kautsky em relação às perspectivas de vitória do bloco operário-camponês fundamentava-se, por outro lado, em sua visão relativa ao impacto internacional da revolução russa. No seu entender, a convulsão desencadeada na Rússia demonstrava um potencial em termos de influência sobre a conjuntura europeia superior à repercussão alcançada pelas revoluções burguesas pregressas. As disputas políticas na Inglaterra do século XVII, por exemplo, consistiram em eventos puramente locais, uma vez que o comércio internacional encontrava-se ainda em fase de desenvolvimento incipiente. Já a revolução francesa do século XVIII – não obstante os significativos progressos no intercâmbio comercial entre as nações registrado à época – deparou-se contra uma poderosa coalizão militar que abafou a expansão de seus preceitos liberadores. A revolução russa, por seu turno, deflagrou-se num contexto em que as relações internacionais tornavam-se cada vez mais densas, instigando o arrebatamento do operariado em escala global e, consequentemente, uma aceleração no tempo da luta de classes. A própria burguesia europeia sentia-se, portanto, aflita mediante os ruídos que as agitações na Rússia – com maior ou menor intensidade a depender da conjuntura local – provocariam em seus assuntos internos.[62] Se durante a guerra da Criméia a benévola neutralidade que o governo prussiano conferiu à dinastia Romanov valera-lhe o desprezo das nações europeias, a crescente animosidade da

---

62 Os governos europeus encaravam a revolução russa com desgosto mais ou menos dissimulado, e a necessidade de conter o levante proletário era uma ideia unânime entre as potências ocidentais. O fator que lhes distinguiria, segundo Kautsky, era apenas o método que se julgava mais apropriado para colocar termo aos distúrbios. "Alguns clamam por repressão violenta, enquanto outros temem que isto provocaria um verdadeiro incêndio e assim manifestam o desejo de que o czar procure acalmar o povo russo com uma pseudoconstituição [...]" [(KAUTSKY, 1905e: 616), tradução nossa].

burguesia internacional face ao movimento trabalhista valia agora a solidariedade das camadas dirigentes ocidentais aos esforços do czarismo pelo restabelecimento da normalidade.[63] Conquanto a maioria das nações europeias não se encontrasse em condições de articular uma coalizão destinada a esmagar a revolução russa, não estava de todo descartada a possibilidade de uma intervenção alemã em socorro ao czarismo.

> Consequentemente, é inconcebível qualquer coalizão de poderes europeus contra a revolução aos moldes do que se passou em 1793. A Áustria encontra-se no presente absolutamente incapaz de ações externas consistentes. Na França, o proletariado já é suficientemente forte para evitar qualquer interferência do governo a favor do czarismo, mesmo que os poderes vigentes sejam insanos o bastante para tencionar algo semelhante. Não há medo de uma aliança contra a revolução e existe um *único poder* do qual se espera que intervenha na Rússia: o *Império alemão* [(KAUTSKY, 1906b: 6), tradução nossa e grifos do autor].

Uma declaração de guerra do governo alemão contra a Rússia representava, no entanto, uma estratégia arriscada do ponto de vista da preservação do *Kaiserreich*. Aos olhos de Kautsky, uma intervenção militar no Oriente poderia desencadear uma violenta reação popular e conduzir o regime germânico a uma desordem interna análoga ao caos resultante da investida russa contra o Japão. Numa palavra, Kautsky julgava um tanto improvável a configuração de uma espécie de "Santa Aliança" destinada a por fim às pretensões revolucionárias do proletariado russo. Ao contrário disso, as transformações a leste anunciavam "uma era de revoluções europeias a desembocar na *ditadura da sociedade socialista*" [(KAUTSKY, 1906b: 7), tradução nossa e grifos do autor].

Em janeiro de 1906, Kautsky publicou um artigo no *Vörwarts* intitulado "*Die Aussichten der russischen Revolution*" [As perspectivas da revolução russa], no qual sua preocupação consistia em avaliar os horizontes do movimento democrático face à

---

63 Os acessos de indignação manifestados por círculos ilustrados não impediram a colaboração aberta de capitalistas e dirigentes políticos com o absolutismo russo. Além dos seguidos empréstimos conferidos por banqueiros europeus, o czarismo provisionara-se com armas fabricadas na Dinamarca, e o carvão que abastecia a sua marinha era-lhe entregue por cargueiros com bandeira inglesa. Já os governos da Alemanha e da Áustria serviam-lhe de retaguarda, dificultando a imigração de perseguidos políticos e fiscalizando rigorosamente o contrabando de literatura revolucionária (cf. KAUTSKY, 1905e).

repressão do levante armado em Moscou. Com efeito, Kautsky iniciava o artigo constatando que as recentes notícias transmitidas da Rússia – para regozijo dos segmentos conservadores, bem como dos capitalistas que pregavam a liberdade em banquetes – induziam à percepção de que a revolução fora completamente suprimida e de que os antagonistas do czarismo estariam a exalar seus últimos suspiros. À primeira vista, poder-se-ia crer que a insurreição de Moscou representava, *mutatis mutandis*, o equivalente russo para o trágico destino vivenciado pelo proletariado francês em junho de 1848. Kautsky rechaçou, contudo, os prognósticos mais sombrios porque assimilava a derrota de Moscou como um golpe que não eliminava a atividade revolucionária nos demais centros de efervescência do império. Ao passo que o massacre de Paris sacramentara o fracasso dos trabalhadores em toda a França, a resistência do operariado em São Petersburgo, Kiev, Odessa, Varsóvia e Lodz questionava a interpretação de que o malogro em Moscou fosse o estertor da revolução russa. Não obstante o desgaste acumulado em doze meses de embates intensivos, a dimensão dos protestos que vieram à tona ao longo daquele ano oferecia razões para que os partidários da revolução considerassem momentâneo o refluxo que se observava, isto é, tomassem-no como um intervalo do qual o proletariado se valeria para renovar as próprias energias e, dessa forma, levar a termo o projeto democrático. O êxito da contra-revolução, em 1848, devia-se, por outro lado, à superação da crise que havia assolado a França no ano anterior, e o surto de prosperidade industrial do período subsequente atuou, por fim, como um elemento de contenção da insatisfação popular. O governo russo, ao contrário, encontrava-se, em 1905, a um passo da bancarrota. O colapso financeiro era iminente e as medidas adotadas para contê-lo tendiam, na realidade, a provocar efeitos reversos. Tanto a revolução como o combate a ela haviam comprometido o volume anual de petróleo e cereais – principais produtos de exportação da Rússia e, nesse sentido, fontes de divisas que garantiam a amortização de sua dívida. Kautsky asseverava, portanto, que os reflexos políticos da fome que castigara uma porção significativa do país em 1905 ainda estavam por revelar-se completamente, e a repressão ao movimento democrático implicaria uma guerra civil de graves consequências para sua frágil economia. "O presente reino do terror na Rússia [...] deve forçosamente conduzir ao agravamento da depressão econômica que há anos pesa sobre o país" [(KAUTSKY *apud* LÊNIN, 1972: 140), tradução nossa].

O intuito de Kautsky ao discorrer sobre o capítulo da luta de classes protagonizado em Moscou não se restringia, porém, a traçar as perspectivas da revolução russa mediante o revés infligido aos operários sublevados. Do ponto de vista militar, tal episódio impressionara a Kautsky porque contrariava o dogma segundo o qual a artilharia moderna – associada às novas técnicas militares – haveria tornado obsoletas as lutas de barricada. Aos seus olhos, as circunstâncias do combate e os procedimentos adotados pelos trabalhadores moscovitas imprimiram aperfeiçoamentos à tática de entrincheiramento urbano de modo a resgatar-lhe sua pertinência enquanto forma de luta. Diferentemente do que se passara em 1848, os insurgentes de Moscou lograram resistir temporariamente a um adversário militarmente superior porque conquistaram a simpatia de uma parcela da população citadina, que lhes prestou assistência ao longo dos combates. Os insurgentes revelaram destreza, além disso, para fortalecer a resistência das barricadas articulando-as com as greves de massa e explorando politicamente os descontentamentos surgidos entre as tropas incumbidas da repressão.

> Tanto a batalha de junho [1848] em Paris como a de dezembro [1905] em Moscou foram lutas de barricadas. Mas a primeira foi um desastre e marcou o fim da velha tática de barricadas. A última assinalou o início da nova tática de barricadas. Consequentemente, precisamos revisar a opinião expressa por Engels em sua "Introdução" [...] de que o período da luta de barricadas está encerrado. Na realidade, apenas o período da *velha* tática de barricadas encerrou-se. Assim demonstrou o combate de Moscou, quando um punhado de insurgentes conseguiu resistir por duas semanas contra forças superiores armadas com todos os recursos da artilharia moderna [(KAUTSKY *apud* LENIN, 1972: 141), tradução nossa e grifo do autor].

Na redação do prefácio à segunda edição de *"Die soziale Revolution"* [A revolução social],[64] Kautsky sublinhou novamente que a insurreição de Moscou alterava seu ponto de vista acerca da tão propalada obsolescência do combate de barricadas e acrescentou ainda que seria precipitado descartar de antemão a ocorrência de algo semelhante na Europa Ocidental. Dessa forma, alinhava-se aos radicais na contestação aos sindicalistas e demais quadros da socialdemocracia que se apegavam incondicionalmente aos métodos de luta tradicionais. Ao focar o combate de barricadas a partir de lentes que ressaltavam a sua atualidade, Kautsky opunha-se a determinadas orien-

---

64 Em outubro de 1906, Kautsky apresentou ao público alemão a segunda edição da brochura que publicara inicialmente em 1902.

tações táticas que não lhe pareciam condizentes com a radicalidade demonstrada pelo proletariado internacional naquele momento histórico.

Aliás, Kautsky já havia registrado suas divergências em relação às principais deliberações dos sindicalistas alemães ao longo de 1905. Em primeiro lugar, questionara o viés conservador que orientou as lideranças sindicais durante a greve dos mineiros do Ruhr e o esforço que estas desprenderam para conter o movimento nos limites do trade-unionismo. Kautsky estava convencido de que a decisão de abreviar a paralisação impediu que o protesto abarcasse porções maiores do operariado e – em decorrência da pressão que ela certamente exerceria sobre a produção nacional – angariasse conquistas substantivas para os grevistas. Ademais, considerava ilusória a esperança de que greves nos moldes tradicionais obrigassem os patrões a efetuar concessões naqueles ramos da produção em que imperava a centralização moderna de capital, de modo que somente a conversão desses protestos em greves políticas capacitaria o proletariado a empreender ações decisivas contra o poderio dos monopólios e trustes.[65] Na realidade, Kautsky sustentava que a própria efetividade do arcabouço tático consagrado dependeria inevitavelmente do reconhecimento da greve de massas. Isto não somente porque ela viabilizaria a resistência do operariado aos ataques contra a sua liberdade organizativa, como também em vista do fato de que o enrobustecimento das associações patronais reduzia, cada vez mais, as perspectivas de se alcançar melhorias relevantes na situação econômica dos trabalhadores. Em outras palavras, a ação coordenada dos empregadores e a enorme influência que estes exerciam sobre o governo bloqueavam os caminhos da iniciativa parlamentar e do sindicalismo convencional, esgotando assim as possibilidades de reformas substanciais e condenando a socialdemocracia à impotência. "[A resolução de Iena] não estabelece qualquer tática nova, mas apenas garante a conservação daquilo que perseguimos até o momento. Se declararmos que a greve de massas é impossível, não estaremos em condições de manter a longo prazo a tática reafirmada em Dresden" [(KAUTSKY, 1906f: 9), tradução nossa].

---

65 "A greve contra os proprietários das minas não tem saída; é necessário que de agora em diante a greve intervenha desde o princípio como greve *política*, que suas reivindicações e sua tática estejam calculadas para colocar em movimento a instância *legislativa* e que ela seja preparada não apenas por meio do fortalecimento do sindicato e de seus cofres, mas também educando politicamente os seus aderentes [...]" [(KAUTSKY, 1905c: 780), tradução nossa e grifos do autor].

As resoluções do congresso sindical de Colônia foram tomadas por Kautsky enquanto outro indício do descompasso entre as diretrizes táticas da *Generalkommission* e o termômetro político da conjuntura. Diga-se, no entanto, que sua explicação a respeito da assincronia entre a radicalidade do presente histórico e o discurso do sindicalismo burocrático padecia de certa unilateralidade, uma vez que apresentava esse fenômeno meramente como resultado da degeneração ideológica provocada pela influência do revisionismo teórico, sem qualquer reflexão que descortinasse os efeitos da atividade sindical enquanto mecanismo de integração societária. Em virtude disso, soava-lhe paradoxal que a contenção das lutas no movimento operário fosse encarada como requisito para a expansão organizacional dos sindicatos, ou que se proclamasse o apelo à ordem num período de exacerbadas convulsões nos planos nacional e internacional. "É uma estranha ironia do destino que se proclame no congresso sindical a necessidade de tranquilidade num ano que é revolucionário como nenhum outro o fora na última geração" [(KAUTSKY, 1905b: 315), tradução nossa]. Na Alemanha os mineiros haviam protagonizado uma greve sem precedentes, ao mesmo tempo em que pululavam os conflitos relativos à democratização das regras eleitorais – especialmente em Hamburgo. Em Varsóvia e Chicago as greves assumiam o caráter de guerras civis, motivadas a leste pela tirania do czar e a oeste pelo despotismo dos trustes.

> Que não se diga que esses fatos transcorrem em circunstâncias que não nos concernem em nada. Nenhum regime na Europa encontra-se mais próximo do regime russo do que o alemão; e em nenhuma parte da Europa as associações patronais são mais fortes que na Alemanha. Se não temos aqui um despotismo tão evidente como na Rússia e trustes tão fortes e brutais como na América do Norte, temos pelo menos uma cópia que mescla a ambos [(KAUTSKY, 1905b: 315), tradução nossa].

Embora Kautsky interpretasse o arrefecimento dos protestos anticzaristas em princípios de 1906 como um refluxo temporário do qual os trabalhadores se valeriam para rearticular as suas posições e lançar as bases de uma nova ofensiva contra a autocracia, evidenciava-se paulatinamente que o revés sofrido pelo operariado moscovita – somado ao encarceramento dos dirigentes do soviete de São Petersburgo e à relativa efetividade das expedições punitivas destinadas a sufocar as insurreições nas províncias – conferira ao governo russo uma sobrevida maior do que fizeram crer os prognósticos revolucionários anteriores. "Até mesmo o otimista *Vorwärts* teve de admitir em 28 de janeiro que a revolução russa, conquanto certamente viesse a reflorescer, havia recebido golpes esmagadores" [(SHORSKE, 1993: 47), tradução nossa]. Especialmente depois que a Duma fora dissolvida e Stolypin ascendera ao poder, inaugurou-se um regime terrorista que efetivamente logrou restabelecer a ordem no império. Além da mais indiscriminada repressão às forças oposicionistas, Stolypin abafou os descontentamentos lançando mão de uma reforma agrária que buscava acelerar o desenvolvimento do capitalismo rural. Com efeito, o objetivo dessa reforma não estava propriamente voltado para o atendimento das demandas apresentadas pelos camponeses, senão unicamente a conferir um impulso ao processo de diferenciação da população agrária que forjasse uma robusta classe média rural. Embora o projeto de Stolypin também implicasse a rápida proletarização dos segmentos inferiores do campesinato, tratava-se essencialmente de aprofundar as clivagens sociais entre mujiques e *kulaki*, de modo a converter esses últimos em pilares do czarismo.

À medida que se extinguia o sopro revolucionário do Oriente, operava-se na Alemanha uma reconfiguração dos vínculos entre sindicatos e SPD favorável às expectativas dos setores reformistas da socialdemocracia. No preciso momento em que diversas cidades do *Reich* vivenciavam ondas de agitação em prol da democratização do sufrágio, o comitê executivo do partido deixou-se infundir pelo temor de que a ulterior radicalização dos protestos incitaria medidas reacionárias que colocariam em risco a legalidade das organizações operárias. A tibieza da direção partidária ao longo desse processo teve como desfecho uma reunião secreta com a *Generalkommission* dos sindicatos, em fevereiro de 1906, cujo propósito fora estabelecer diretrizes comuns em relação ao emprego da greve de massas. Em linhas gerais, o acordo representava o triunfo de Bömelburg sobre as resoluções do congresso de Iena, pois o comitê executivo do SPD comprometia-se não somente a desaprovar eventuais incitamentos à greve de massas, como a desprender todas as energias necessárias para evitá-la. Caso os trabalhadores procedessem à revelia da direção partidária, o SPD assumiria o fardo de liderar as manifestações e, em contrapartida, os sindicalistas comprometiam-se a "não os apunhalar pelas costas" (Cf. SCHORSKE, 1993: 48). A revelação do acordo secreto entre *Generalkomission* e a executiva partidária pela imprensa sindical contribuiu decisivamente para o esmorecimento da campanha sufragista. Os manifestantes deram-se conta de que a conquista de direitos políticos inviabilizava-se porque o SPD não assumiria os riscos de um desafio contundente às bases antidemocráticas do *Kaiserreich*. O vazamento dessas informações obrigava, por outro lado, que se escla-

308 Espelho Convexo

recesse à militância socialdemocrata a natureza das relações entre o partido e as organizações sindicais, de modo que a fundamentação dos laços entre os braços político e econômico do movimento operário tornar-se-ia a polêmica central do congresso partidário realizado em Mannheim sete meses mais tarde.

Perante a instância máxima do SPD, Bebel apresentou a proposta formulada pelo comitê executivo que reconhecia a independência factual entre ambas as organizações. Em circunstâncias que afetassem igualmente os interesses dos sindicatos e do partido, as lideranças máximas dessas entidades reunir-se-iam em busca de um entendimento que conduzisse a procedimentos comuns. A maioria dos delegados presentes inclinava-se, no entanto, à aprovação da emenda formulada por Kautsky que implicitamente subordinava a ação sindical às deliberações do SPD. O embasamento teórico dessa emenda contrapunha o caráter transitório das entidades sindicais – responsáveis por defender as reivindicações dos trabalhadores nos marcos da exploração capitalista –, à amplitude histórica da autoridade partidária, representante máxima dos anseios emancipatórios do proletariado. Assim, Kautsky advogava em favor da "absoluta necessidade" de que se orientasse a prática sindical em consonância com "o espírito da socialdemocracia" (cf. KAUTSKY, 1914: 184-7). No momento em que se encerraram os debates, porém, o comitê executivo valeu-se de uma habilidosa manobra para reverter o quadro desfavorável que se lhes apresentava. Ao incorporar de modo bastante genérico à redação de sua proposta o trecho em que Kautsky discorria sobre a necessidade de se infundir o espírito socialdemocrata nas entidades sindicais, Bebel[66] iludiu a audiência do congresso com uma falsa solução de compro-

---

66 Assim como em Iena, as discussões sobre a revolução russa e a greve de massas ocuparam um lugar central no Congresso de Mannheim. Se bem que Bebel e outras lideranças tenham definido seus discursos e as resoluções de sua preferência enquanto uma reafirmação do significado do Congresso de Iena, é impossível não constatar, porém, que sua ênfase recaía agora sobre a tentativa de minimizar o apelo do instrumento de luta reconhecido no ano anterior. Exemplo disso foi a diferenciação traçada por Bebel entre as condições da democracia no sul da Alemanha em relação ao caráter das instituições políticas no norte do país. Uma vez que a legislação eleitoral mostrava-se mais progressista na Alemanha meridional, descartava-se a possibilidade de um movimento democrático que assumisse envergadura nacional. Caso os cidadãos da Prússia e da Saxônia radicalizassem a luta pela ampliação do sufrágio, o mais provável, segundo Bebel, era verem-se confrontados com a indiferença dos estados sulinos. Note-se, por outro lado, que Kautsky oferecera um balanço completamente errôneo desse congresso ao ressaltar um suposto giro dos sindicatos à esquerda. Pior do que isso, Kautsky enxergou em

misso que lhe rendeu a maioria dos votos. Numa palavra, tratava-se de uma "dialética malabarista", segundo a qual "as decisões do Congresso de Colônia" – que, segundo expusemos anteriormente, condenavam veementemente a greve de massas – "não contradiziam as nossas resoluções de 1905 em Iena" [(BEBEL *apud* GAY, 1952: 238), tradução nossa]. A partir das deliberações de Mannheim, as estratégias partidárias no movimento operário dependeriam do consentimento da *Generalkomission*, de sorte que o novo arranjo inflava a relevância política da ala reformista no interior do SPD e conferia reconhecimento institucional à primazia dos interesses materiais do proletariado alemão nos limites da ordem vigente.[67] A relação de paridade entre sindicatos e partido assemelhava-se – conforme a analogia de Rosa Luxemburg – aos arranjos por meio dos quais uma mulher camponesa regula a convivência com seu esposo: "quando houver entre nós alguma pendência, você decidirá em caso de acordo e eu terei a palavra final quando discordarmos" [(LUXEMBURG, 1974g: 174), tradução nossa].

À crise interna da socialdemocracia somar-se-ia a derrota eleitoral que a coalizão do chanceler Bernhard von Bülow infligiu aos socialistas em 1907. A estratégia do *Reichskanzler* consistiu em transformar a votação num plebiscito em torno das pretensões coloniais da Alemanha. Nesse sentido, argumentou aos eleitores que para converter a nação em potência mundial seria forçoso preservar a autoridade governamental e sua posição acima dos partidos. Por outro lado, o discurso nacionalista de Bülow engendrou um amplo bloco formado por Conservadores, Nacional-Liberais e Progressistas que visava isolar o SPD e explorar as críticas da socialdemocracia às políticas imperialistas do governo de modo a caracterizá-la publicamente como o elemento anti-nacional por excelência. Do ponto de vista da tática eleitoral, os estratos superiores lograram adaptar aos seus próprios fins as técnicas de agitação massiva desenvolvidas pelo SPD no pleito de 1903, aproveitando-se do apoio de uma formi-

---

Mannheim uma inflexão análoga a Dresden, na medida em que se impunha agora ao "revisionismo prático" a derrota que outrora havia sofrido o "revisionismo teórico".

67 "A resolução de Mannheim constitui um marco na história da socialdemocracia alemã. Ela representou uma espécie de contra-revolução no partido, uma reversão da vitória radical na batalha de Iena no ano anterior. Os sindicatos demonstraram seu poder ao trazer o partido de volta para a tradicional tática reformista. Contudo, foi-se em Mannheim muito além de um mero retorno ao *status quo ante*. Os sindicatos emergiram de seu afastamento e abandonaram sua neutralidade para jogar peso nos destinos do partido" [(SCHORSKE, 1993: 51-2), tradução nossa].

dável bateria de organizações não-partidárias para converter as eleições numa ampla campanha de propaganda do ideário imperialista (cf. SCHORSKE, 1993: 59-61).

A apuração dos votos revelou o sucesso da ofensiva chauvinista, pois a conquista de apenas quarenta e três assentos no *Reichstag* significava para os socialdemocratas a perda de quase metade de seus mandatos parlamentares.[68] De acordo com o diagnóstico de Kautsky, o balanço das eleições indicava que as classes dominantes enxergavam a política colonial como antídoto ideológico à ascensão do socialismo. Os revisionistas, por seu turno, concluíram que a atitude hostil devotada às medidas que objetivavam elevar a Alemanha à condição de potência mundial minara o sucesso do partido nas urnas. Em outras palavras, a tática de oposição intransigente expressa pela consigna *"Diesem System keinen Mann und keinen Groschen"* teria demonstrado sua cabal incompatibilidade com as pretensões eleitorais do SPD. Kautsky redarguiu às assertivas revisionistas que atribuíam ao radicalismo partidário a responsabilidade pela perda de mandatos no *Reichstag* lançando mão de uma análise de processos econômicos cujos resultados teriam complementado o apelo da propaganda imperialista no sentido de fomentar a indisposição das camadas intermediárias da população alemã em relação à política socialdemocrata. A seu ver, a deserção dos segmentos de classe média que em 1903 haviam colaborado para que o SPD alcançasse um desempenho eleitoral promissor atrelava-se, antes, às consequências do "trabalho prático cotidiano". Em lugar de atribuir os abalos de sua condição material às despesas motivadas pela inclinação militarista do governo,[69] a classe média focava-se nos impactos

---

68 Na realidade, a socialdemocracia conquistara em 1907 um montante de votos 10% superior àquele alcançado em 1903, saltando em termos absolutos para a marca de 3,3 milhões de eleitores. Apesar disso, a socialdemocracia amargara a perda de trinta e oito mandatos em virtude do fato de que a disposição dos distritos eleitorais não sofrera qualquer alteração que acompanhasse as mudanças demográficas. Além disso, a contradição entre o aumento de sua votação em termos absolutos e o drástico revés infligido à representação parlamentar do SPD teve como elemento decisivo o artigo da legislação eleitoral que previa returno [*Stichwahl*], caso um partido não fosse capaz de alcançar mais de 50% dos votos. Conforme argumentamos acima, os partidos favoráveis à política imperialista do governo aproveitaram-se dessa regra para articular uma coligação que, de fato, isolou o SPD durante a segunda etapa das eleições.

69 "Todos os recursos do Estado, porém, são absorvidos hoje pelos gastos do exército e da marinha. A elevação contínua desses gastos faz com que o Estado agora se descuide das obras civilizadoras mais urgentes, nas quais não só o proletariado, mas toda a população está interessada" (KAUTSKY, 1979: 83).

do trabalho sindical sobre a elevação dos custos da mão-de-obra e na pressão exercida pelas cooperativas no que diz respeito à redução do preço dos víveres.[70] Em que pese o aumento dos salários nominais não houvesse repercutido consideravelmente sobre o poder aquisitivo do operariado, os setores médios creditavam às agitações trabalhistas de 1905-6 uma piora de sua condição econômica. Kautsky sustentava tal hipótese com base na avaliação do desempenho regional dos partidos, pois a socialdemocracia obtivera seus piores resultados justamente nas circunscrições onde os artigos de primeira necessidade eram comercializados a preços pouco favoráveis aos camponeses e segmentos das classes médias.

Coube a Rosa Luxemburg, no entanto, a percepção de que a campanha militarista não fora o único aspecto da conjuntura internacional a repercutir sobre a disputa eleitoral na Alemanha. A seu ver, a aliança estabelecida entre os partidos do bloco conservador-liberal haveria refletido, em grande medida, o temor das classes dominantes face às impressões provocadas pela revolução russa. A despeito de qualquer nuance de interesses, as forças aglutinadas em torno de von Bülow tinham como um de seus objetivos prioritários infligir uma derrota avassaladora à representação parlamentar da socialdemocracia e, dessa forma, minimizar os riscos de uma convulsão social. Numa palavra, as diversas frações da burguesia somavam-se aos proprietários rurais em "uma única massa reacionária", de modo que essa coesão tornava-se parte de uma estratégia preventiva destinada a imunizar a Alemanha contra o vírus russo (cf. LUXEMBURG, 1974e: 207). Por outro lado, chamara-lhe a atenção que operários

---

70 "Nesta ocasião, comprovamos outra vez que nossa política positiva, ao aumentar as forças do proletariado, aumenta também o antagonismo que o separa de outras classes. Alguns dos nossos esperavam que os cartéis e as alianças de capitalistas, assim como a política protecionista, não atrairiam as classes médias, que tanto sofrem suas consequências. Produz-se, porém, o contrário. Os direitos sobre os produtos agrícolas e os sindicatos patronais fizeram a sua aparição ao mesmo tempo que os sindicatos operários. Os artesãos viram-se então ameaçados simultaneamente por todos os lados. As aduanas e os sindicatos de empresas faziam aumentar os preços dos víveres e das matérias-primas de que eles necessitavam ao mesmo tempo em que os sindicatos operários faziam aumentar os salários. Na verdade, essa elevação dos salários se referia frequentemente ao salário-dinheiro, não ao salário real. Porém, as lutas organizadas pelos sindicatos para essa elevação não exasperavam menos, por isto, os pequenos patrões, que desde então viram nos sindicatos capitalistas e nos ávidos protetores seus aliados contra os operariados organizados. Imputou-se aos operários a alta do salário-dinheiro, mas também os preços elevados das matérias-primas e da habitação, cuja causa pretendia-se encontrar no aumento de salários!" (KAUTSKY, 1979: 87-8).

tenham-na recorrentemente interpelado ao longo dos comícios eleitorais onde fizera uso da palavra, demandando-lhe relatos e pormenores acerca da revolução russa. Luxemburg interpretou esse fenômeno como um sintoma de que o interesse demonstrado pelas disputas políticas a leste dizia respeito a algo que extrapolava a mera solidariedade de classe, de forma que a referência às experiências por ela vivenciadas durante pleito de 1907 constituem um argumento implícito de que o SPD haveria cometido um equívoco ao não explorar sistematicamente o levante contra o czarismo no decorrer da agitação eleitoral. O raciocínio em questão obviamente não se assentava em especulações acerca do número de cadeiras[71] que tal estratégia angariaria no *Reichstag* – ao invés disso, transpunha-se ao primeiro plano uma ocasião oportuna de se embasar o trabalho de esclarecimento do proletariado naquela experiência histórica concreta que lhe revelara o sentido de sua "missão histórica".[72]

De qualquer forma, a surpreendente e repentina involução na curva ascendente de mandatos parlamentares da socialdemocracia não demovera Kautsky da confiança na estratégia de oposição intransigente ao *establishment*. Com efeito, o eixo argumentativo da obra que Kautsky publicaria em 1909 – *Der Weg zur Macht* ["O Caminho do Poder"] – assentava-se no pressuposto de que a autoridade moral do SPD frente ao conjunto do movimento operário derivava-se da solidez dos princípios [*Prinzipienfestigkeit*] que tornavam os socialistas antagonistas irredutíveis da ordem vigente. A seu ver, a diferenciação da socialdemocracia em relação ao governo das

---

71 "Nós somos um partido revolucionário de massas. Nosso poder político não reside, portanto, no número de mandatos no *Reichstag*, senão no número de nossos adeptos entre o povo [(LUXEMBURG, 1974m: 193), tradução nossa]. Embora seu foco não estivesse concentrado na conquista da hegemonia parlamentar, Rosa Luxemburg adotou, por vezes, o recurso argumentativo de desconstruir a perspectiva reformista valendo-se dos próprios termos em que esta se apoiava. Mesmo se o objetivo prioritário do SPD fosse a conquista do maior número de cadeiras no legislativo, a estratégia mais apropriada não seria, necessariamente, uma moderação do discurso orientada para a conquista das camadas médias da população. Consoante Luxemburg, o POSDR sagrara-se como o grande vitorioso das eleições para a segunda Duma exatamente porque a intransigente oposição que este dedicava ao czarismo – aliada a sua atuação política classista no decorrer do processo revolucionário – valera-lhe a confiança de uma ampla camada das massas populares na Rússia.

72 "O apelo eleitoral de nossa fração [...] não continha nenhuma referência à revolução russa. Se nossos adversários aproveitaram-se da revolução russa para instigar temor e ódio contra os trabalhadores, também é nosso dever extrair dessa revolução força e confiança" [(LUXEMBURG, 1974m: 198), tradução nossa].

classes dominantes apresentava-se como requisito indispensável para que se maximizassem as forças do proletariado num cenário de agravação dos conflitos societários. Ao lado das convulsões que abalavam as nações periféricas onde se processavam os estágios incipientes da modernização capitalista,[73] o aumento vertiginoso das despesas com material bélico[74] delineava uma conjuntura na qual os trabalhadores iriam defrontar-se com o imperativo de acumular forças para desferir o golpe definitivo contra os fundamentos de sua exploração política e econômica.

> Só há uma coisa certa: a insegurança geral. Temos entrado em um período de convulsões universais, de constantes deslocamentos de forças que, qualquer que seja sua forma ou duração, não poderá dar lugar a um período de estabilidade duradoura enquanto o proletariado não encontre a força para expropriar política e economicamente a classe capitalista e inaugurar assim uma nova era da história universal (KAUTSKY, 1979: 107).

A despeito dos resultados eleitorais frustrantes em 1907 e das repercussões negativas da crise econômica americana sobre o mercado de trabalho germânico,[75] Kautsky apontou um incremento dos fatores que contribuíam para o amadurecimento da revolução proletária na Alemanha. Uma vez que o desenvolvimento da produção industrial reforçava o processo de urbanização, Kautsky assinalou que os desdobramentos da economia moderna provocavam a diminuição numérica dos elementos orientados por

---

73 "Assim, pois, o Oriente – dando a esta palavra o sentido mais amplo – encontra-se, graças ao imperialismo, unido de tal modo ao Ocidente desde o ponto de vista político e econômico que as perturbações políticas do Oriente têm sua repercussão no Ocidente" (KAUTSKY, 1979: 99-100).

74 "A maior parte desse aumento corresponde ao custo de armamentos de guerra e mais ainda à frota do que ao exército de terra. Enquanto a população do Império passava de 50 milhões em 1891 a 63 milhões em 1908, isto é, aumentava um quarto, os gastos do exército de terra aumentavam o dobro, os de fundos de pensão e interesses da dívida pública quase o triplo, e os da marinha o quádruplo. E não será possível deter essa imensa progressão enquanto o regime atual não seja mudado totalmente" (KAUTSKY, 1979:92).

75 "No outono de 1907, a depressão comercial americana começou a ter repercussões sobre a Alemanha. A baixa econômica alemã não foi severa quando comparada aos padrões modernos. Somente no inverno de 1908-9 o desemprego entre os trabalhadores sindicalizados excedeu três por cento. No entanto, a baixa foi significativa o bastante para minar a vitalidade do movimento operário como um todo. Pela primeira vez desde a depressão de 1891-3 os sindicatos socialdemocratas perderam membros" [(SCHORSKE, 1993: 89), tradução nossa].

visões políticas conservadoras. "Em geral, as cidades oferecem um terreno mais favorável que o campo para a vida política, a organização proletária e a propaganda de nossas ideias. O despovoamento do campo e o crescimento das cidades são, pois, fenômenos de capital importância" (KAUTSKY, 1979: 59). De acordo com os registros demográficos de 1905, a população urbana mais do que duplicara desde a unificação alemã, enquanto os habitantes do campo resumiram-se desde então a apenas dois quintos da população total do país. A ampla maioria da população urbana consistia, ademais, em operários e empregados que, em virtude de sua posição na estrutura econômica, não alimentavam interesses na preservação da propriedade privada dos meios de produção. Dessa forma, a aceleração da modernização econômica criava uma imensa massa de despossuídos, na qual a socialdemocracia deveria incutir a consciência dos antagonismos de classe. Dado que o operariado alemão já dispunha de um amplo aparato organizacional, Kautsky considerava assentadas as bases necessárias para levar a cabo a adjudicação da consciência socialista, sendo que a conversão da totalidade do proletariado à causa socialista figuraria como uma questão de tempo, desde que a socialdemocracia não comprometesse a sua autoridade moral enveredando-se pelas trilhas da colaboração de classes tal qual advogavam os revisionistas.

Ano	População Rural (%)	População Urbana (%)
1871	26.219.352 (63,9)	14.790.798 (36,1)
1880	26.513.531 (58,6)	18.720.530 (41,4)
1890	26.185.241 (53,0)	23.243.229 (47,0)
1900	25.734.103 (45,7)	30.633.075 (54,3)
1905	25.822.481 (42,6)	34.818.797 (57,4)

Distribuição da população alemã. Fonte: Kautsky, Karl. *O caminho do Poder*.
São Paulo, Hucitec, p. 59, 1979.

Em que pesem os apelos reiterados à preservação da autonomia e independência política do movimento operário, a interpretação forjada por Kautsky acerca dos desafios práticos que o SPD deveria chamar para si contrastava de modo acentuado com as premissas da ação revolucionária nos termos sustentados pela esquerda do partido. Os critérios de flexibilidade tática – que a seu ver deveriam moldar as iniciativas socialdemocratas de acordo com os arranjos conjunturais – encobriam uma pronunciada afinidade com os métodos de cunho reformista, a despeito do verniz radical de suas assertivas. Ao fim e ao cabo, Kautsky considerava temerário o pressuposto que atrelava a aglutinação do exército proletário e sua educação política ao curso efetivo da luta revolucionária, pois qualquer assalto à ordem estabelecida que não resultasse em seu aniquilamento definitivo redundaria única e exclusivamente em uma inútil dissipação das forças acumuladas[76] pela socialdemocracia ao longo de sua trajetória.

---

76 Após a morte de Engels, Kautsky tornou-se a maior referência do socialismo internacional no que tange ao domínio dos pressupostos teóricos do materialismo-histórico. Com efeito, a edição do quarto volume de *O Capital* – intitulado *Teorias da Mais-Valia* – juntamente com a posição de editor da *Neue Zeit* e a publicação de um leque de obras destinadas à divulgação massiva do marxismo são algumas das realizações que lhe valeram a alcunha "papa do socialismo". Além disso, a interpretação kautskyana do materialismo-histórico orientou a formulação dos programas políticos dos partidos socialdemocratas que se constituíram nas últimas décadas do século XIX e princípios do século XX, de modo que alguns dos socialistas de maior envergadura de seu tempo – Lênin, por exemplo – reconheceram abertamente a contribuição desse autor para sua formação enquanto marxistas. Entretanto, as descobertas então recentes no campo das ciências naturais (isto é, os estudos relativos aos domínios da fisiologia e da citologia, a investigação dos princípios da transformação de energia e a teoria da evolução das espécies) incidiram sobre o pensamento de Kautsky no sentido de contaminar a sua compreensão do marxismo com desvios acentuadamente positivistas. A auréola de objetividade dessas ciências contribuiu efetivamente para encobrir a deformação do materialismo-histórico, e a dialética permaneceu como um elemento abstruso e secundário durante quase todo o seu percurso. Na realidade, a formação intelectual de Kautsky processou-se a partir da obtenção de uma síntese entre darwinismo e marxismo, de acordo com uma evolução na qual o darwinismo fora a base para a incorporação do marxismo. "Meu ideal fora a introdução do darwinismo na história. Quando estudante elaborei um plano, que nunca foi levado a termo, de escrever uma História Universal, na qual a ideia condutora seria a luta pela existência das raças e classes. [...] Mas enquanto socialista eu não poderia limitar-me à luta racial como fator de progresso. Não poderia ignorar o fator do desenvolvimento econômico que conforma as classes e a luta entre elas. Quanto mais eu ocupava-me com a história econômica, tanto mais o fator puramente darwinista da luta pela existência entre as raças cedia lugar em minha visão à luta de classes marxiana" [(KAUTSKY, 1902: 4), tradução nossa]. Marxismo e darwinismo assemelhavam-se, aos seus olhos, por serem ambas teorias da evolução. Não por acaso, Kautsky apontou *Die materialistische Geschichtsauffassung* ["A Concepção Materialista da História"] – publicada em 1927 – como sua principal realização teórica, conclusão e coroamento de toda uma vida de investigação. Nessa obra, o autor desenvolve o projeto indicado em seu esboço autobiográfico de 1902, dedicando-se ao longo de duas mil páginas à evolução da natureza, da sociedade e do Estado. "Esse trabalho não é só o testemunho de um modo de exposição pedante e de um vasto conhecimento de teorias e fatos. Ele evidencia igualmente até que ponto o seu autor possuía uma ideia errada do marxismo" (MATTICK, 1988: 27). No terreno político, essa convergência entre ciências da natureza e ciências do espírito adotou a "vontade de viver" como força motriz do conflito econômico e da luta de classes. Kautsky argumentava que a vontade de viver dos

Tendo-se em mente o percurso intelectual de Kautsky, as posições expressas em sua obra de 1909 devem ser compreendidas, sob determinados aspectos, como um retorno às concepções balizadoras que deram forma ao *Programa de Erfurt*. Não obstante o ecletismo de suas prescrições táticas ainda comportasse tênues menções à greve de massas,[77] Kautsky concedia a essa altura prioridade quase absoluta aos instrumentos de disputa institucional. Posto que as contradições de classe ainda não lhe parecessem suficientemente aguçadas para garantir os lances concludentes e irrevogáveis do processo de transição socialista, defendeu que as energias do movimento operário alemão fossem absorvidas pela determinação de suplantar as iniquidades eleitorais e os empecilhos à democratização do sistema político germânico. Em suma, "reformar o sistema eleitoral do *Reichstag*, conquistar o sufrágio universal e o escrutínio secreto para as eleições das Câmaras e notavelmente as da Saxônia e da Prússia, elevar-se o *Reichstag* por sobre os governos e as Câmaras dos diferentes Estados, tais são as questões que o proletariado alemão especialmente deve enfrentar" (KAUTSKY,

---

capitalistas estava chamada a exercer-se em condições que os obrigavam a submeter a vontade de viver dos operários e a colocá-la ao seu serviço. Sem essa sujeição da vontade não haveria lucros e os capitalistas deixariam de existir. Por outra parte, a vontade de viver dos operários impeliria à insurgência destes contra a vontade de seus patrões, estabelecendo, assim, os parâmetros dos conflitos modernos. Contudo, a luta de classes arrastar-se-ia durante longo tempo como um fenômeno social inconsciente, de forma a acarretar um "dispêndio inútil de energia". "Só o conhecimento do processo social, de suas tendências e de seus fins, pode pôr fim a essa dissipação; tal conhecimento pode concentrar as forças do proletariado e coordená-las em organizações poderosas, unidas pela perseguição ao grande objetivo, organizações que subordinam sistematicamente a ação pessoal e momentânea aos interesses de classe que representam, os quais servem à causa de toda a evolução social" (KAUTSKY, 1979:34). A *raison d'être* da socialdemocracia consistiria, portanto, em intervir a favor da emancipação das classes oprimidas fortalecendo os "instintos sociais" de classe e a educação dos instintos sob o controle e a direção do intelecto. O vínculo entre essa maneira de entender o processo de educação política do operariado, por um lado, e a necessidade de preservá-lo ao máximo de batalhas que representassem um "dispêndio inútil de energia", por outro lado, acarretam uma concepção reificante da classe trabalhadora que lhe atribui uma condição passiva e lhe sequestra a autonomia e o protagonismo para desvelar o antagonismo de interesses por meio de embates societários concretos (cf. MUSSE, 1998 e SALVADORI, 1982b).

77 "Se [a greve de massas] foi deixada de lado depois das gloriosas jornadas de 1905, não cabe deduzir senão uma coisa: que não é apropriada para qualquer situação e que seria insensato querer servir-se dela em todas as circunstâncias" (KAUTSKY, 1979: 105).

1979: 85).[78] Ressalvando-se o cenário em que uma eventual deflagração dos conflitos interimperialistas açulasse o operariado à tomada do poder, Kautsky postergava a "grande e decisiva batalha" [*Entscheidungsschlacht*] para um horizonte longínquo e intangível, de modo que sua peculiar combinação entre prática cotidiana e objetivo final despia efetivamente a luta por reformas do caráter de simples canal destinado ao fortalecimento do operariado para convertê-la em tarefa revolucionária por excelência. Nessa perspectiva, o distanciamento em relação ao conteúdo dos escritos que redigiu no calor do ascenso proletário internacional trouxe novamente ao primeiro plano de suas análises aquela "radicalidade passiva" – ou "expectativismo revolucionário" – manifesta nas avaliações de natureza economicista que atrelavam a emergência da sociedade do futuro à suposta inevitabilidade de um colapso econômico e, por outro lado, na confiança inabalável em uma "marcha irresistível" da classe operária rumo à vitória eleitoral.

Vista sob o prisma dos embates que cindiam o SPD em alas antagônicas, sua fórmula "nem revolução nem legalidade a qualquer preço" orienta-se em consonância com a necessidade de preservação da unidade partidária. Numa palavra, o esforço de Kautsky para modelar o perfil da socialdemocracia de acordo com um programa bifronte que deliberadamente incorporava propostas dos segmentos localizados nos extremos do espectro político do SPD tinha como propósito conciliar as forças centrífugas que ameaçavam dilacerá-lo (cf. MUSSE, 1998: 150). Dessa forma, a conjugação do arcabouço teórico revolucionário à intervenção política nos moldes institucionais figurava como uma proposta de trégua entre radicais e reformistas, a partir da qual estes abdicariam dos ataques à doutrina marxista e do pendor à conciliação de classes, enquanto aqueles renunciariam às pressões pela adoção de táticas que eventualmente comprometessem a legalidade do patrimônio organizativo da socialdemocracia. A trégua sugerida nos limites da "passividade revolucionária" implicava, por conseguinte, que os socialistas não capitulariam à ordem vigente e tampouco catalisariam a sua

---

78 Entre as vantagens relativas à participação da socialdemocracia nas eleições, Kautsky destacava a possibilidade de tomá-las como um excelente termômetro da correlação de forças entre as classes. Desse modo, o SPD deveria valer-se dos indicadores eleitorais para julgar a pertinácia dos distintos instrumentos de luta em cada cenário e, consequentemente, repelir quaisquer aventuras revolucionárias ou tentativas precipitadas de medir pela ação direta o poder de resistência do bloco dominante.

derrocada.[79] Ao SPD caberia focar os trabalhos de agitação e organização, mantendo a sua integridade moral e guardando fileiras enquanto as classes dominantes encarregavam-se de sua autodestruição. "Assim, os esforços para reconciliar as tendências política e intelectualmente antagônicas conduziram Kautsky não exatamente a uma síntese, mas a um beco sem saída [*stalemate*]" [(SHORSKE, 1993: 115), tradução nossa].

As tensões decorrentes da enérgica recusa do governo alemão em promover modificações substantivas na legislação eleitoral desencadearam, porém, uma nova onda de protestos ao longo dos quais se aprofundaram as clivagens no interior da socialdemocracia. Em novembro de 1909, instituiu-se em Hessen uma alteração nas regras do pleito que tornavam os mecanismos de representação ainda mais impermeáveis à influência da classe trabalhadora. Os protestos que emergiram ali con-

---

79 A noção de "expectativismo revolucionário" mostra-se fecunda na medida em que ressalta as contradições internas da obra de Kautsky, bem como os pesados obstáculos para um compromisso efetivo entre as posições que se localizavam nas extremidades do espectro político da socialdemocracia. Além disso, o fato de que Kautsky apresentou-se como *"praceptor mundi"* do socialismo internacional e como árbitro reconhecido de controvérsias ideológicas reforça a ideia de que suas intervenções assumiram o caráter de uma (falsa) "solução de compromisso". No entanto, essa leitura ganha contornos artificiais em autores que superestimam o viés conciliatório dos escritos de Kautsky (cf. MATTHIAS, 1988). Os artigos publicados em *Die Neue Zeit* revelam, pelo contrário, um autor polêmico, que se emaranhou em debates públicos contra praticamente todas as forças representativas do SPD. Antes de qualquer julgamento apressado que o tome meramente como "argamassa ideológica" entre reformistas e revolucionários, é preciso ter em mente que Kautsky chocou-se frontalmente contra o *Vorwärts,* antes da substituição dos membros de sua redação por elementos da ala radical, e imiscuiu-se em ácidas polêmicas contra as lideranças sindicais em função do que ele enxergava como desprezo destas pela herança teórica de marxismo e excesso de moderação tática, estabelecendo inclusive um nexo causal entre esses dois pontos. Por outro lado, Kautsky diferenciou-se progressivamente dos elementos radicais do SPD, sendo que essas divergências chegaram ao ponto de ocasionar a ruptura de laços pessoais com Rosa Luxemburg. Vale lembrar ainda que a publicação de *O Caminho do Poder* deu margem para uma queda de braços entre Kautsky e a executiva partidária, que julgou por demais radical o teor dessa brochura e esforçou-se por convencê-lo de que o governo alemão poderia forjar sanções contra a socialdemocracia em virtude do teor dos argumentos ali desenvolvidos. Em resumo, poderíamos admitir que Kautsky tenha orientado em alguma medida seu trabalho no sentido de oferecer as bases para um acordo partidário, desde que se tenha consciência dos efeitos paradoxais resultantes desse "vetor centrípeto", posto que ele se viu atacado por todos os lados e sua influência enquanto "teórico oficial" declinou paulatinamente até o momento de seu quase completo isolamento partidário após 1914.

tra as reformas antidemocráticas foram acompanhados por agitações similares em Brunswick, Prussia, Bremen, Dessau e Mecklenburg, de modo que parcela significativa do operariado alemão envolveu-se em campanhas que visavam reverter as iniquidades dos sistemas eleitorais em nível regional. Além disso, as mudanças que se processavam no cenário econômico ofereciam condições propícias às mobilizações trabalhistas. Conforme a Alemanha se recobrava dos abalos que a depressão comercial americana provocara em sua atividade industrial, crescia vertiginosamente o número de operários engajados em greves ou que padeciam dos *lockouts* deflagrados pelas organizações patronais. Numa palavra, as estatísticas confirmavam um ascenso do movimento operário cuja magnitude aproximava-se daquela registrada no tempestuoso ano de 1905.

Ano	No. de trabalhadores em paralisações da atividade econômica
1905	507960
1906	316042
1907	281030
1908	126883
1909	131244
1910	369011

Fonte: SCHORSKE, Carl. *German Social Democracy (1905-1917):*
The development of the great schism. Cambridge, Harvard U. Press, p.180.

Com os lances recentes no tabuleiro político da Alemanha, evidenciava-se progressivamente a fragilidade daquelas racionalizações teóricas destinadas a manter a coesão partidária. A retomada do movimento de massas deparava a socialdemocracia com exigências práticas que revelavam a insustentabilidade das soluções de compromisso aventadas nas intervenções dos elementos "centristas". A ala direita do SPD, por um lado, enxergou a nova situação como uma oportunidade para explorar as cisões do bloco governista. A coalizão articulada pelo chanceler von Bülow em 1907 esfacelara-se devido à resistência dos proprietários de terras em efetuar concessões aos partidos liberais durante as negociações que visavam adequar a legislação tributária aos impactos do programa militarista no orçamento do governo alemão. Os conservadores recusaram qualquer proposta de taxação que pudesse afetar a proeminência dos interesses agrários, obrigando os setores da indústria e comércio a assumir o fardo das despesas que viabilizariam a emergência da Alemanha enquanto potência mundial. Em face dessas contradições, Bernstein sublinhou a pertinência de uma aproximação do SPD aos partidos liberais com vistas à obtenção de uma maioria parlamentar favorável aos projetos de democratização do sufrágio. Aos socialistas caberia, por conseguinte, a responsabilidade de superar o isolamento em que se encontravam granjeando aliados para a campanha em favor da ampliação dos direitos eleitorais. O sucesso dessa tática pressupunha, no entanto, que a ênfase do partido recaísse sobre a arena institucional, pois a radicalização dos protestos fatalmente reaproximaria os segmentos "em disputa" do conservadorismo *Junker*.

A esquerda socialdemocrata, por outro lado, tomou as massivas passeatas realizadas na Prússia como indício da disposição dos trabalhadores para forçar a aprovação de uma reforma que abolisse os privilégios eleitorais por meio da ação direta. O espírito da audiência partidária nessa região inclinava-se para o discurso radical não apenas em função das taxas relativamente elevadas de concentração urbana, mas principalmente devido ao fato já reiterado de que, na Prússia, as tradições autoritárias da aristocracia fundiária moldavam as instituições políticas à sua imagem e semelhança, tornando a população local objeto das arbitrariedades e caprichos dos fundadores do *Reich*. O estopim para essa discussão foi a indignação popular que se aflorou em fevereiro de 1910, quando o governo anunciou que a reforma prometida pela coroa dois anos antes não sairia do papel.[80] Protestos cujas dimensões abarcavam centenas de milhares de pessoas tomaram conta de Berlim, e a imprensa conservadora passou a denunciar pretensas "maquinações revolucionárias". Os meses seguintes deram lugar a uma escalada dos tensionamentos, que atingiram seu ápice quando trabalhadores em greve chocaram-se com as forças policiais em Moabit. O derramamento de sangue que resultou desse episódio, aliado à participação de elementos não-organizados da classe nos protestos que se desenrolavam, forneceu ocasião para que muitos se perguntassem em que medida a Alemanha não se encontraria às portas de algo semelhante ao que se processara na Rússia em 1905.

---

80 "Em 4 de fevereiro de 1910 o governo publicou o tão aguardado projeto de lei [...] para a reforma do sufrágio na Prússia. Sufrágio livre, igualitário e secreto para todos os cidadãos acima de vinte anos de idade? Longe disso. O projeto estipulava apenas que os então designados *Kulturträger* [...] não mais seriam obrigados a votar na terceira classe. O sistema eleitoral das três classes permaneceria intocado. A única melhora substantiva consistia na substituição da eleição indireta pela eleição direta" [(SCHORSKE, 1993: 177), tradução nossa].

Em vista desse cenário, Rosa Luxemburg apoiou-se nas deliberações congressuais do SPD prussiano[81] para reivindicar que o comitê executivo elaborasse um pronunciamento oficial encorajando as manifestações que se irradiavam pelo país. Luxemburg ressaltou, ademais, que a democratização das regras eleitorais condicionava-se à aplicação de instrumentos de luta condizentes com o grau de radicalização da atmosfera política. A despeito de as passeatas exprimirem o sentimento de indignação das massas e o lastro social da campanha sufragista, não lhe parecia razoável supor que a mera combinação desse método às iniciativas parlamentares fosse o bastante para vergar a intransigência *Junker*. Logo, o desenlace dessas tensões estaria fundamentalmente atrelado à decisão de se canalizar o furor do movimento para iniciativas contundentes como a greve de massas, ou vê-lo desvanecer-se em razão da incapacidade dos métodos correntes para sustentar de modo prolongado a combatividade entre os operários.

Luxemburg embasava tal avaliação no balanço da campanha pela democratização do sufrágio na Prússia realizada em princípios de 1908, ou seja, o episódio imediatamente anterior da luta que a socialdemocracia tinha agora diante de si. A explicação para o refluxo desses protestos encontrava-se, segundo a autora, na hesitação que impedira o SPD de reagir à evolução do movimento valendo-se de novos instrumentos de combate que, por sua vez, teriam sido capazes de elevar a disputa com o governo a um patamar superior, principalmente em vista da maior efetividade que se imprimiria à contestação popular. Os radicais questionavam se o esmorecimento da campanha sufragista não se devia ao fato de que o partido não intervira no ápice das passeatas com a determinação de convertê-las em greves políticas e, ao não se mostrar à altura do passo seguinte, favorecera a dissipação do entusiasmo e da disposição de luta das massas. "Passeatas geralmente são, tal como paradas militares, somente o prelúdio das lutas" [(LUXEMBURG, 1974u: 289), tradução nossa]. Em suma, Luxemburg entrevia que o movimento de massas comportava sua própria "lógica e psicologia", isto é, uma dinâmica particular, na qual ela procurava assentar os fundamentos de uma *Realpolitik* revolucionária. Por um lado, tratava-se de reconhecer quais ferramentas táticas seriam as mais apropriadas para maximizar o potencial de transformação social imbuído num determinado movimento político e, por outro lado, sintonizar a ação direta das massas com a constelação de fatores que moldam a especificidade de uma conjuntura, de forma

---

81 O Congresso do SPD prussiano havia aprovado uma resolução, segundo a qual o partido deveria valer-se de "todos os meios" para superar a legislação eleitoral de 1849.

que o *"timing"*[82] da intervenção coletiva também contribuísse para otimizar o emprego desse reservatório de energia subversiva.

> As expressões da vontade das massas na luta política não podem manter-se em um mesmo nível ou por qualquer duração de tempo artificialmente, nem tampouco serem encapsuladas em uma única e mesma forma. Elas precisam ser intensificadas, concentradas e assumir formas novas e mais efetivas. Uma vez desencadeada, a ação de massas deve seguir adiante. E caso no momento decisivo falte ao partido condutor a determinação para indicar às massas as senhas necessárias, estas são inevitavelmente assoladas por uma certa desilusão, sua coragem se desvanece e a ação desmorona por si mesma [(LUXEMBURG, 1974u: 290), tradução nossa].

Luxemburg interpretou a insatisfação popular desencadeada pelo impasse em torno da reforma do sistema eleitoral na Prússia como a ratificação histórica da teoria que desenvolvera em 1906 a respeito da greve de massas. Mais do que uma confirmação teórica, apresentava-se aos seus olhos o momento da luta de classes em que o desenrolar dos acontecimentos condicionar-se-ia à disposição do operariado alemão para efetuar um salto de qualidade em sua *práxis* política: "aprender a falar russo". Em consonância com os "ensinamentos" do Oriente, assinalou que tão somente a ação direta da classe trabalhadora poderia efetivamente levar a cabo as tarefas inconclusas da revolução burguesa na Alemanha. Além disso, Luxemburg buscou convencer a direção partidária de que as circunstâncias do momento enquadravam-se naquele cenário para o qual a resolução de Iena justificava o emprego da greve política, uma vez que a derrota do movimento sufragista estimularia os desejos latentes da reação no sentido de maiores restrições ao direito de voto para o *Reichstag*. Ao mesmo tempo, uma vigorosa e bem sucedida ofensiva de massas contra os pressupostos da legislação

---

82 De acordo com Luxemburg, o *"timing"* para uma agitação catalisadora do movimento de massas era facilmente identificável no caso da campanha pela ampliação do sufrágio, a saber, o exato momento em que o chanceler Benthmann Hollweg "engavetou" o projeto que visava a democratização do direito eleitoral na Prússia. Naquela ocasião evidenciara-se o fiasco dos debates parlamentares e o governo encontrava-se numa situação mais do que embaraçosa. Em resumo, o SPD defrontava-se com uma excelente oportunidade para convencer a opinião pública de que os defensores de uma reforma por vias estritamente institucionais já haviam gasto o seu latim e, com isso, lançar a faísca que porventura incendiaria o combustível da indignação popular.

eleitoral prussiana representaria a mais segura garantia para que o pleito e o modo de funcionamento do *Reichstag* contemplassem exigências democráticas.

Tais argumentos foram expressos em artigo intitulado "*Was Weiter?*" [E depois?], redigido com o propósito de arejar o debate tático e demover a cúpula do movimento operário de sua fragorosa antipatia em relação aos métodos de ação direta. Luxemburg publicou-o em *Dortmunder Arbeiterzeitung* porque seu conteúdo fora censurado pelos principais órgãos da imprensa socialdemocrata. Pouco antes, os editores do *Vorwärts* haviam devolvido-lhe o texto acompanhado de uma nota, segundo a qual sua divulgação havia sido indeferida em razão de instruções partidárias que vetavam a propaganda da greve de massas. Tampouco a redação da *Neue Zeit* mostrou-se disposta a arcar com as ideias veiculadas no artigo, e Kautsky subscreveu a rejeição afirmando que "a excitação das massas não era suficiente para uma ação enérgica que por si mesma pudesse conduzir a greve de massas a um desfecho vitorioso, mas era elevada o bastante para que o estímulo da camarada Luxemburg evocasse iniciativas isoladas, experimentos [...] que, em vista das circunstâncias objetivas, teriam malogrado e, dessa forma, comprometido a autoridade do partido perante as massas"[83]

---

83   Kautsky acusou Luxemburg de incorrer em contradição, uma vez que a insistência da revolucionária polonesa para que o SPD desse o sinal para a convocação da greve de massas estaria em desacordo com seus discursos e brochuras, onde se proclamava a espontaneidade das massas. Ora, tal afirmação comprova apenas que Kautsky não assimilara a dialética subjacente à ênfase luxemburguiana na ação direta das massas, pois, assim como já expusemos anteriormente, a autora ressaltava que a iniciativa para o confronto com a ordem não teria outra fonte senão o impulso espontâneo de amplas camadas da população, mas ela também sublinhava que o partido revolucionário deveria apoiar-se nessas erupções periódicas e, por meio de seu acúmulo teórico e organizacional, potencializar o choque destas contra a ordem social que as oprime. "A socialdemocracia não tem condições de provocar artificialmente um movimento de massas revolucionário, mas certamente pode tolher a mais estupenda ação de massas em razão de sua tática fraca e vacilante" [(LUXEMBURG, 1974v: 418), tradução nossa]. Na realidade, quem incorreu em contradição acerca do problema da "espontaneidade" foi Kautsky, visto que agora rejeitava "greves desorganizadas" que irrompessem "sem plano nem meta". A seu ver, as greves espontâneas careceriam de eficácia porque dificilmente conseguiriam afetar o Estado em sua totalidade e, pior do que isso, tenderiam a degenerar em "luta de rua" (cf. KAUTSKY, 1910b). Mas não havia sido precisamente em nome da eficácia que Kautsky ressaltara anteriormente as vantagens das greves que irrompem de maneira espontânea, tanto em função da pujança abrasadora que nesses casos arrebata as massas, como da força que trazem consigo em função do "elemento surpresa" (cf. KAUTSKY, 1904c: 734)?

[(KAUTSKY, 1910b: 336), tradução nossa]. Além disso, Kautsky buscou desautorizar Luxemburg insinuando que o sentido de suas comparações com a Rússia já haveria se desgastado – particularmente o modelo que descrevia os efeitos recíprocos entre lutas econômicas e políticas. De acordo com ele, os movimentos sufragistas da Europa Ocidental nunca haveriam levado a termo a combinação entre os polos econômico e político de suas reivindicações.[84]

Em resposta às investidas da ala radical, Kautsky abordou as perspectivas do movimento sufragista transpondo elementos da ciência militar para o debate tático em questão. O fio condutor de sua argumentação remetia à vitoriosa estratégia de Fabius Cunctator sobre o exército de Aníbal durante a Segunda Guerra Púnica, na qual o ditador romano, ciente da superioridade militar dos cartagineses, recusou-se a enfrentá-los em batalha campal. Ao invés de lançar suas tropas contra um inimigo que certamente as esmagaria, Cunctator procurou conservar uma distância segura entre os polos contendores que, ao mesmo tempo, lhe permitisse fustigar o exército adversário numa "guerra de desgaste". Com base nesse episódio histórico, a ciência

---

84 Rosa Luxemburg não comungava dessa avaliação, pois a origem do movimento de massas pelo sufrágio universal na Bélgica, em 1886, remontava a uma avalanche de greves econômicas, haja visto a paralisação dos trabalhadores das minas e suas exigências por aumento salarial. Já em 1891, a campanha pela ampliação do direito eleitoral conjugou-se à luta pela jornada diária de oito horas, que abarcou novamente os mineiros e, dessa vez, também metalúrgicos e trabalhadores portuários. O exemplo belga assumia um lugar destacado em sua linha de raciocínio porque, tanto em Bruxelas como em Berlim, a questão do sufrágio não assumia o caráter de uma luta constitucional em sentido burguês, apresentando-se, ao invés disso, como uma tática especificamente proletária, isto é, uma expressão particular da luta de classes mais geral em defesa do socialismo. Nesse sentido, a direção do SPD haveria desperdiçado a oportunidade de casar as insatisfações em torno da estrutura do *Landtag* prussiano com a onda de desemprego que acometera os trabalhadores berlinenses em 1908 e 1909. Além disso, Luxemburg creditava em parte os avanços recentes do movimento democrático na Áustria ao fato de que a socialdemocracia soubera aproveitar-se ali dos estímulos internacionais da luta de classes. As duas principais ondas de protesto vivenciadas pelos sufragistas austríacos coincidiram, não por acaso, com os momentos de ascensão dos movimentos operários belga e russo. Por fim, Luxemburg apresentou um compêndio de experiências travadas com o método da greve de massas: ferroviários da Holanda e da Hungria, mineiros da Pensilvânia e da França, camponeses da Galícia Ocidental e da Itália, metalúrgicos de Barcelona, e uma série de outros exemplos que a levavam à seguinte conclusão: ao preconizar a inviabilidade da greve de massas na Alemanha, Kautsky não traçara um contraste somente entre Alemanha e Rússia; Kautsky estabelecera, na realidade, uma contradição entre a Alemanha e o resto do mundo (cf. LUXEMBURG, 1974v).

militar operou distinções teóricas que foram apropriadas por Kautsky no sentido de delimitar as estratégias de intervenção política da socialdemocracia. "A estratégia do desgaste [Ermattungsstrategie] diferencia-se da estratégia do aniquilamento [Niederwerfungsstrategie] apenas pelo fato de que a primeira não visa diretamente a batalha decisiva, como faz a segunda, mas a prepara durante um longo tempo e somente se dispõe a travá-la quando considera o inimigo suficientemente enfraquecido" [(KAUTSKY, 1910a: 38), tradução nossa].

No entender de Kautsky, a robustez do aparato administrativo e militar na Prússia conferia ao movimento pela ampliação do sufrágio uma importância que de forma alguma se restringia às preocupações com a democratização do parlamento regional. Enquadrada numa perspectiva mais ampla, essa disputa apresentava-se como uma questão de vida ou morte para o domínio *Junker* e, nesse sentido, provocaria uma reviravolta mundial [*Weltwende*], caso levada às últimas consequências. Kautsky estava convicto, porém, de que as circunstâncias concretas não ofereciam à socialdemocracia a menor esperança de vitória, de modo que a opção pela greve de massas equivaleria a um confronto direto que não teria outro desfecho senão a dissipação das energias do proletariado e o esfacelamento da oposição democrática. Por essas razões, encarava de bom grado a continuidade das demonstrações de rua sem, no entanto, corroborar o apelo de Luxemburg para que tais manifestações fossem alimentadas com todo o "material social inflamável" acumulado. No seu entender, a greve de massas jamais poderia associar-se a um período de sucessivas investidas contra a ordem, ao longo das quais teria lugar um paralelo amadurecimento[85] dos agentes responsá-

---

85 Nos anos seguintes, Kautsky seria alvo das críticas de outro expoente da ala revolucionária, o socialdemocrata holandês Anton Pannekoek. Pannekoek acusara Kautsky de "radicalismo passivo" e de incongruência, ao querer depositar suas fichas na estratégia institucional em um país onde vigorava um parlamentarismo estéril. Essa opção seria talvez apropriada em nações com raízes já fincadas na democracia, mas não em contextos onde as grades de uma constituição pseudodemocrática encarcerassem o movimento operário. Nesses casos, a alternativa que se apresentava era a formação de um bloco de poder paralelo que colocasse em prática os métodos de ação direta e alcançasse uma envergadura maior do que o poder da administração central. As forças desprendidas por esse movimento não teriam como objetivo ocupar o lugar das camadas dominantes no aparelho estatal, senão minar a fonte da qual elas extraíam o seu poder, ou seja, garantir a aniquilação da administração e dos aparatos de controle do Estado. Em sua resposta, Kautsky externalizou uma preocupação tipicamente weberiana, isto é, como viabilizar que o proletariado fosse capaz de dirigir o poder central quando ainda não havia, em

veis pela transformação. Portanto, a senha para a consecução dessa tática deveria ser encarada como um "acontecimento único" [*einmaliges Ereignis*], destinado a provocar a ignição revolucionária do assalto às instâncias centrais do poder. Não por acaso, Luxemburg acusou-o de regressar àquela mesma cambalhota pela qual os anarquistas representavam a transição ao socialismo.

Ao recomendar a emulação da estratégia de Fabius Cunctator, Kautsky conclamava a socialdemocracia, na prática, a manter uma estrita observância de sua intervenção cotidiana.[86] "Por estratégia do desgaste, entendo o conjunto das ações realizadas pelo proletariado socialdemocrata a partir da década de 1860 [...]. Desse conjunto faz parte não apenas o parlamentarismo, mas também os movimentos salariais e as demonstrações de rua realizadas com sucesso" [(KAUTSKY, 1910b: 418-9), tradução nossa]. Mais especificamente, Kautsky estava preocupado em concentrar o poder de fogo do SPD para as eleições que definiriam a composição do *Reichstag* em 1912, e a greve de massas aparecia aos seus olhos como uma interferência externa que poderia comprometer os prognósticos alentadores do pleito que se avizinhava. Luxemburg deplorou tamanha cautela porque interpretava essa prescrição enquanto um confinamento voluntário do potencial socialdemocrata aos meandros da atividade parla-

---

suas fileiras, quadros especializados em quantidade suficiente para conduzir o aparato público de maneira profissional e em consonância com os pressupostos de uma administração racional? Em sua visão, imaginar que os trabalhadores pudessem assumir a condução da máquina estatal como uma ocupação honorária, paralela à atividade produtiva e sem qualquer formação específica [*dilettantische Feierabendarbeit*], seria uma mera "utopia reacionária e antidemocrática" (cf. KAUTSKY, 1912). Os bolcheviques reagiriam a esse desafio, após a revolução de outubro, por meio de uma cooptação sistemática de quadros administrativos e militares dos regimes de Kerensky e até mesmo de outros tantos que haviam servido ao czar – uma medida que, segundo os partidários de Lenin, deveria responder a necessidades emergenciais e possuir caráter temporário. Independentemente das (pseudo?) soluções aventadas, não há como negar que Kautsky problematizou uma questão da maior relevância para a superação da dominação burguesa. Não se trata apenas de arrancar o poder de seus exploradores; trata-se igualmente de elucidar os mecanismos pelos quais o proletariado será capaz de governar quando as rédeas já estiverem em suas mãos.

86 "A polêmica com Rosa Luxemburg permitiu evidenciar claramente o ponto a que Kautsky chegara: uma interpretação da revolução segundo a qual esta consistiria em formar um governo apenas do proletariado, rechaçando qualquer forma de ação que fosse além dos meios oferecidos pelas instituições parlamentares e pelas manifestações de massa sob controle direto dos sindicatos e do partido" (SALVADORI, 1982b: 331).

mentar [*Nichtsalsparlamentarismus*]. Por outro lado, a autora julgava que o propósito artificial de encapsular a ação direta não se mostrava uma alternativa vantajosa sequer do ponto de vista eleitoral. Sua leitura particular a respeito da disputa por cadeiras no *Reichstag* apontava, pelo contrário, que um estímulo abrasador ao idealismo das massas se converteria em uma maior quantidade de votos para o SPD. Em outras palavras, Luxemburg acreditava que as urnas refletiriam o pulsar das ruas, de modo que a votação simbolizaria uma "atordoante Waterloo" para as camadas dominantes, caso o partido deixasse de interpor obstáculos para a entrada das massas no palco da política alemã (cf. LUXEMBURG, 1974u: 298).

> Em virtude da constelação dos fatos, já temos no bolso a chave para essa formidável situação histórica, a saber, uma imponente vitória nas próximas eleições para o *Reichstag*. Somente uma coisa poderia nos derrotar e, desse modo, estragar uma oportunidade esplêndida: *uma imprudência de nossa parte*. Tal seria o caso se nos deixássemos seduzir pela impaciência e desejássemos colher os frutos antes de estarem maduros; caso provocássemos antecipadamente uma prova de forças em um terreno onde a vitória de forma alguma se encontra assegurada [(KAUTSKY, 1910a: 78), tradução nossa e grifos do autor].

Embora Kautsky jamais prescindisse da fraseologia revolucionária no plano teórico, os artigos que escreveu ao longo da polêmica com Rosa Luxemburg descortinam um pronunciado giro político em relação ao teor das formulações apresentadas em 1905-6. Outrora permeável às "lições" da revolução russa, Kautsky incorporava agora o discurso das lideranças sindicais e reformistas no sentido de estabelecer contradições inconciliáveis entre os elementos conjunturais que tornaram possível o emprego da greve de massas no Oriente e as condições políticas e sociais que a inviabilizariam na Alemanha.[87] Em primeiro lugar, realçava o acentuado desnível entre a pujança militar alemã e o fiasco do exército czarista na guerra contra o Japão.

---

87 "No que diz respeito ao exemplo russo, consumou-se ali [...] a primeira greve de massas coroada de êxito, porém sob condições hoje inexistentes na Prússia: uma guerra vergonhosamente perdida, o exército desorganizado, todas as classes da população repletas de ódio e desprezo contra o governo. Ali a greve de massas foi o último golpe destinado a deitar abaixo um regime claudicante. Com tal exemplo não se pode começar nada entre nós atualmente" [(KAUTSKY, 1910a: 36), tradução nossa].

As derrotas sucessivas infligidas por uma nação que nem sequer figurava entre as maiores potências bélicas privaram a autocracia de seu maior sustentáculo e contribuíram decisivamente para o colapso da administração pública. Os prussianos, em contraposição, gozavam de uma tradição que ostentava quase um século de glórias nos campos de batalha, de modo que os socialistas na Alemanha teriam de se haver com um aparato repressivo forjado no embate com nações muito superiores ao Japão em termos militares. Em síntese, Kautsky censurava Luxemburg por uma equiparação despropositada entre os contextos russo e alemão, da qual derivaria uma perniciosa confusão de orientações táticas. As concepções da revolucionária seriam adequadas àquela constelação de fatores que regia a política russa em 1905, pois ali não era senão a "estratégia de aniquilamento" que estava em jogo. Tal situação não apresentaria, contudo, a menor correspondência com os parâmetros alemães e tampouco se mostraria compatível com a experiência prática do SPD, firmemente ancorada na "estratégia de desgaste".[88]

Diferentemente da cambaleante autocracia czarista, o domínio político dos círculos dirigentes alemães repousava sobre pilares que o leitor de Kautsky julgaria inabaláveis. A seu ver, os prussianos ostentariam um complexo militar e um aparelho burocrático administrados por uma numerosa camada de funcionários públicos orientados por uma "obediência cadavérica". Enquanto na Rússia "o governo mais fraco do mundo" vira-se encurralado por conta da aversão que, em maior ou menor grau, todas as classes lhe dirigiam –, na Alemanha era o proletariado que se encontrava em total isolamento, de sorte que o bloco maciço de forças antagônicas que se postavam ao lado do regime abarcava não apenas uma rede coesa de associações

---

88 Depois de haver questionado a validade da "Introdução" de Engels face à experiência do levante de Moscou, Kautsky volta a reivindicá-la como expressão mais apropriada do *modus operandi* da socialdemocracia alemã e, aliás, síntese daquilo que ele apresentava nos termos da "estratégia de desgaste". Mesmo que insistisse num contraste retórico com a perspectiva reformista, as diferenças de Kautsky em relação a esse campo resumir-se-iam cada vez mais à expectativa de catástrofes que viriam à tona sem a intervenção do SPD. Rosa Luxemburg não concordou que o testamento político de Engels fosse evocado para legitimar a pedante camisa de força da tipologia kautskyana. Em primeiro lugar, denunciava que esse esquema constituiria uma espécie de legitimação teórica das limitações práticas dos sindicatos. Em segundo lugar, julgava despropositada a referência a Engels porque, enquanto este havia contraposto a tática da socialdemocracia à luta de barricadas, Kautsky estabelecia uma cunha entre os procedimentos do SPD e a própria ação de massas.

patronais sistematicamente preparadas para oferecer resistência à socialdemocracia, como também uma massa de campônios e pequeno-burgueses que, em virtude de sua mentalidade conservadora, representava um anteparo a serviço da preservação do existente. Além disso, o movimento grevista na Rússia haveria se beneficiado do caráter incipiente da malha de transportes e meios de comunicação, ou seja, o império do czar sequer formaria uma unidade econômica plenamente imbricada que lhe permitisse qualquer resposta coordenada. Na Alemanha, pelo contrário, a maior densidade das conexões econômicas e a amplitude de sua infraestrutura dotavam o governo de uma organização centralizada que, por sua vez, incidiria sobre a luta de classes no sentido de tornar os assaltos do proletariado cada vez mais rarefeitos. "A situação na Prússia de hoje é bastante distinta daquela em vigor na Rússia cinco anos atrás. Aqui lidamos com o governo mais forte do presente" [(KAUTSKY, 1910b: 368), tradução nossa].

Ora, o retrato onde Kautsky pintava o regime *Junker* como o "governo mais forte do mundo" equivalia a uma recomendação para que a socialdemocracia se furtasse a qualquer investimento político na ação direta das massas. Em vista disso, Luxemburg ofereceu uma caracterização alternativa, que ressaltava as inconstâncias de um regime baseado nos caprichos pessoais do monarca e na atribuição de poderes a "burocratas lacaios", em detrimento de estadistas autênticos. No plano interno, o peso das intrigas cortesãs sobre os mecanismos decisórios expressavam a degradação das instituições oficiais. Já no plano externo, tinha-se diante dos olhos uma nação perdida em *zig--zags* que buscava com sofreguidão algum terreno firme entre um bloco de potências hostis e que "há apenas alguns anos era o desprezível lambe-botas do 'governo mais fraco do mundo', o czarismo russo" [(LUXEMBURG, 1974v: 391), tradução nossa]. Quanto ao "glorioso exército prussiano", Kautsky não mencionava o fato de que uma enorme parcela de seus integrantes compunha-se de socialdemocratas e que o brutal tratamento devotado aos soldados também era um fator que porventura comprometeria a disciplina das tropas. Por outro lado, Luxemburg não apenas desmentia com base em dados estatísticos que o fortalecimento dos carteis haveria tornado as greves operárias mais rarefeitas,[89] como argumentava que os pontos elencados por Kautsky como trunfos à disposição das camadas dominantes da Prússia forneciam, na reali-

---

89   "Na década de 1890 a 1899, tivemos na Alemanha um total de 3.772 greves e *lockouts*, já ao longo dos nove anos que vão de 1900 a 1908 – período de maior crescimento das associações patronais, assim como dos sindicatos – 15.994" [(LUXEMBURG, 1974v: 393), tradução nossa].

dade, um impulso à ação direta. Embora essa afirmação soasse algo paradoxal, sua explicação residia na aposta de que a coesão daquele bloco conservador existente na Alemanha converteria as rusgas do proletariado contra o governo *Junker* em choque frontal contra o próprio capitalismo. A trama de questões articuladas no embate ao autoritarismo do governo encabeçado pelos proprietários de terras conferia, então, um sentido de urgência à bandeira pela proclamação da república, isto é, desde que o trabalho de agitação não fosse encarado como um aporte da classe trabalhadora para pagar a conta que o liberalismo havia deixado em aberto, senão como um "grito de guerra" contra a política colonial, o militarismo e a "prussificação" da Alemanha (cf. LUXEMBURG, 1974r).

As oscilações teóricas de Kautsky devem ser compreendidas, pois, à luz da conjuntura e de seus objetivos pragmáticos. Em linhas gerais, a defesa de procedimentos comedidos que assegurassem a vitoria nas eleições para o *Reichstag* em 1912 inclinou-o a estabelecer contrastes acentuados entre Rússia e Alemanha que justificassem a refutação da greve de massas. A face reversa da subordinação do conteúdo analítico à lógica dos imperativos táticos consistia na obliteração dos paralelos que ele mesmo havia traçado entre os governos dessas nações. Cabe lembrar que Kautsky havia assinalado a Rússia – em virtude do autoritarismo político do czar e da rigidez antidemocrática de suas instituições – como a referência mais próxima à Alemanha sob o ângulo das relações políticas. De qualquer forma, embora seja correto que as analogias a respeito do autoritarismo desses governos não os igualasse em termos de solidez e poder de resistência aos vetores da democracia, não há dúvidas de que Kautsky efetivamente imaginara que a Alemanha pudesse enfrentar um destino similar ao da Rússia em 1905, obviamente em dimensões mais explosivas e prenhes de consequências para o futuro da Europa Ocidental. A explicação do autor para seu distanciamento em relação às posições que advogou ao longo da revolução de 1905 baseou-se, por um lado, no reconhecimento de que ele havia superestimado os possíveis efeitos do levante russo no Ocidente. Mesmo que tenha vivificado até certo ponto as ações do movimento operário alemão, os conflitos a leste não provocaram aquele deslocamento de placas tectônicas que Kautsky havia vislumbrado como um dos cenários então possíveis. Por outro lado, suas reservas frente ao emprego da greve de massas também diziam respeito ao balanço da experiência feita com esse método na luta contra o czarismo. Além de não sepultar a tirania, o "grevismo eterno" [*Streikerei*] que ditou o compasso das lutas na Rússia teria esgotado os combatentes de tal forma que estes sequer tiveram forças para opor alguma resistência às saraivadas da contra-revolução. Rosa Luxemburg redarguiria que, apesar de não ter alcançado o objetivo de varrer as instituições autocráticas, a revolução de 1905 deixou como legado a transformação da apatia popular mediante o governo em revolta latente.

> Existem pessoas que dizem 'a revolução russa foi abatida, então de que serviram as lutas, as greves de massas e todo o sacrifício?'. Pois olhem para a Rússia: ali impera o chicote tal como antes, ali trabalham ininterruptamente a forca e o tribunal militar. [...] Pessoas que assim falam são observadores superficiais. Pois não é verdade que impera o chicote na Rússia de hoje, assim como imperava antes da revolução. Até o momento da revolução isto se dava em tranquilidade, graças à indolência e estupidez das massas; porém, agora, ele impera contra o ódio dessas mesmas massas, graças à sua repressão e enfraquecimento temporário [(LUXEMBURG, 1974l: 326), tradução nossa].

Kautsky incorreu, porém, em contradição com seus escritos anteriores também no que diz respeito à pertinência do recurso à greve política. Embora asseverasse às lideranças operárias, após a greve do Ruhr, que as chances de se obter avanços palpáveis para os trabalhadores das minas condicionavam-se ao uso dessa tática – pelo menos em função de suas propriedades para reavivar a ação sindical e pressionar o parlamento –, Kautsky associou, em 1910, a conjugação dos protestos de ordem política e econômica ao "atraso" [*Rückständigkeit*] do panorama russo. Posto que a classe trabalhadora carecesse ali de instrumentos legais que lhe permitissem expressar-se coletivamente, a greve aparecer-lhe-ia enquanto única alternativa para canalizar as suas reivindicações. Em outras palavras, a greve representaria na perspectiva desses operários uma necessidade vital e, em função da ausência das liberdades democráticas, até mesmo demandas trabalhistas assumiriam uma dimensão política relevante na medida em que explicitavam a dimensão opressiva e asfixiante do absolutismo czarista.[90] Dessa forma, Kautsky concluía que nos domínios da autocracia russa a greve política de massas obtinha uma significação que não poderia ser transposta para a Alemanha por conta das circuns-

---

90 "O fato de que se declarava greve já era para eles um sucesso, um triunfo. As exigências e metas da greve surgiam depois e nem sempre eram expressas com clareza. Por outro lado, qualquer que fosse o seu caráter, a greve tornava-se de antemão uma sublevação contra a legalidade, uma ação revolucionária" [(KAUTSKY, 1910b: 367), tradução nossa].

tâncias diferenciadas do ambiente social germânico. Ele identificava em toda a Europa Ocidental, aliás, mecanismos institucionais que resguardavam aos trabalhadores um leque de alternativas por meio das quais estes fariam vingar os seus direitos sem a necessidade de apelar à greve política. Ao contrário de seus congêneres russos, os operários do Ocidente disporiam de variadas e efetivas ferramentas de organização e esclarecimento: as liberdades de impressa, associação e reunião, juntamente com a prerrogativa de eleger representantes para os órgãos legislativos. Assim, conquanto Luxemburg apontasse "as mais fortes organizações sindicais" e o "maior exército de eleitores do mundo" como suportes para a ação de massas (cf. LUXEMBURG, 1974u), Kautsky enxergava na capilaridade social do partido a garantia de uma margem de manobra mais ampla no terreno da legalidade. Ao fim e ao cabo, dificilmente os trabalhadores ocidentais encampariam demonstrações de massas como aquelas perpetradas a leste, pois o acúmulo organizacional e a liberdade política que haviam sido conquistados em meio século de movimento socialista viabilizariam o progresso social por canais mais efetivos que as "amorfas e primitivas greves da Rússia revolucionária" (cf. KAUTSKY, 1910b: 369).

Um longo período de greves de massas que se renovassem continuamente a ponto de quebrar a resistência do adversário contrariava, no entender de Kautsky, os pressupostos da luta de classes em economias avançadas cujos processos de industrialização houvessem conduzido a elevados níveis de centralização do Capital. Sua concepção deslocava-se, portanto, daquela perspectiva segundo a qual a greve política figurava como antídoto à cartelização e emergência dos sindicatos patronais, associando-a doravante ao caráter retardatário da estrutura produtiva na Rússia. O considerável poderio organizativo do proletariado germânico decorreria do incremento dos meios de comunicação e transporte que uniam as diferentes regiões da Alemanha em estreita conexão. Tais avanços apresentavam, em contrapartida, um desenvolvimento correlato dos recursos coercitivos mantenedores do aparato estatal, bem como uma articulação mais coesa e homogênea entre os portadores dos interesses capitalistas. Logo, a constelação singular de variáveis na qual se processava a luta emancipatória do operariado alemão tornava forçoso que a socialdemocracia recusasse pautar suas iniciativas em consonância com o modelo da greve de massas legado pela revolução russa de 1905 à tradição socialista.

> O movimento grevista revolucionário das terras polacas figura certamente entre as realizações mais heroicas e grandiosas da luta emancipatória do proletariado europeu até o presente momento. Não

> pretendo contestar a camarada Luxemburg quando ela aponta os trabalhadores de sua pátria como valorosos combatentes do socialismo dos nossos dias. Mas minha alta estima e admiração por esses heróis não me impele a dizer que os trabalhadores alemães devam simplesmente fazer o mesmo. Cervantes já sabia que os feitos tidos por heroísmo em determinados contextos tornam-se quixotismo em circunstâncias diferentes [(KAUTSKY, 1910b: 368), tradução nossa].

O vínculo que Kautsky havia estabelecido entre greve de massas e atraso econômico decorria – redarguiu Luxemburg – de uma compreensão errônea acerca do processo de desenvolvimento capitalista na Rússia. O engajamento generalizado dos trabalhadores em manifestações que comprometeram o funcionamento normal das atividades produtivas seria, pelo contrário, uma expressão de que a indústria moderna e o intercâmbio comercial a ela atrelado já haviam assentado suas bases no Oriente. Com efeito, os próprios desdobramentos do movimento de massas atestariam que o capitalismo infiltrava-se na Rússia em ritmo acelerado, uma vez que a sublevação revolucionária ancorou-se na existência de uma vasta camada de operários industriais concentrados em grandes aglomerações urbanas, onde as contradições sistêmicas catalisavam a disseminação da consciência de classe. De maneira análoga, somente em uma economia na qual os vetores capitalistas já haviam deitado raízes tornar-se-ia concebível que demandas de feitio constitucional pudessem igualmente vivificar campanhas em prol da redução da jornada de trabalho, amalgamando assim o desafio lançado ao czar com a recusa da exploração na fábrica. Ao invés de classificá-las como "primitivas" e "amorfas", Luxemburg chamou a atenção para o saldo organizativo das greves de 1905 e para as conquistas obtidas nos terrenos econômico e sociopolítico. O movimento operário russo não se encontraria, portanto, aquém das experiências ocidentais, mas à sua dianteira. Mesmo se o critério de comparação repousasse meramente sobre os ganhos imediatos, o tempestuoso período revolucionário vivenciado pela Rússia trouxera relativamente mais vantagens para os operários desse país "do que o movimento sindical alemão em seus quarenta anos de existência" [(LUXEMBURG, 1974v: 390), tradução nossa]. De maneira cortante, Luxemburg interpretou a "estratégia do desgaste" e a ressignificação da greve de massas no léxico político de Kautsky como reflexos de sua condição de ideólogo das tendências parlamentares, camuflada por ele sob a máscara de guardião da ortodoxia marxista: "as mais revolucionárias perspectivas nas nuvens e mandatos no *Reichstag* como a única perspectiva na realidade" [(LUXEMBURG, 1974v: 414), tradução nossa].

Referências Bibliográficas

ABENDROTH, Wolfgang. *A História Social do Movimento Trabalhista Europeu.* Rio de Janeiro: Paz e Terra, 1977.

_____. *Einführung in die Geschichte der Arbeiterbewegung.* Heilbronn: Distel Verlag: 1997.

ADAMS, A. *The Revolution of 1905. Autority Restored.* Stanford, 1992.

ANDERSON, Perry. *Linhagens do Estado Absolutista.* São Paulo: Brasiliense, 1985.

ANDRADE, Joana El-Jaick. *O Revisionismo de Eduard Bernstein e a Negação da Dialética.* São Paulo, 2006. Dissertação (Mestrado em Sociologia) – Faculdade de Filosofia, Letras e Ciências Humanas, Universidade de São Paulo.

ANDREUCCI, F. A Difusão e a Vulgarização do Marxismo. In: HOBSBAWN, E. *História do Marxismo.* Rio de Janeiro: Paz e Terra, 1982, v.2, p.15-73.

ANDRLE, Vladimir. *A Social History of Twentieth-Century Russia.* Londres: Edward Arnold, 1994.

BARTHEL, Paul. *Handbuch der deutschen Gewerkschaftskongresse.* Dresden: Verlag von Raden & Comp., 1916.

BEBEL, August. *Bebel's Great speech on the Political General Strike Delivered at the Social Democratic Congress in Iena*. 1905. Disponível em: http://www.marxists.org/archive/bebel/1905/11/x01.htm. Acesso em 16 abr 2009.

BEETHAM, David. *Max Weber y la teoria política moderna*. Madrid: Centro de Estudios Constitucionales, 1979.

BENDIX, Reinhard. *Max Weber:* Um Perfil Intelectual. Brasília: UnB, 1986

_____. *Construção Nacional e Cidadania*. São Paulo: EDUSP, 1996.

BERGER, Horst. Max Webers Wirken im Verein für Sozialpolitik (zum Verhältnis von Soziologie und Sozialpolitik bei Max Weber). In: *Max Weber – Dialog und Auseinandersetzung*. Berlin: Akademie für Gesellschaftswissenschaften beim Zentralkomitee der SED, 1989.

BERNSTEIN, Eduard. Der Strike als politisches Kampfmittel. In: *Die Neue Zeit*. Stuttgart: Paul Singer Verlag, 1894, v. 12.1, p. 689-95.

_____. Ist der politische Streik in Deutschland möglich? In: *Sozialistische Monatshefte*. Friedrich Ebert Stiftung (versão online), 1905a, p. 29-37.

_____. Revolutionen und Russland. In: *Sozialistische Monatshefte*. Friedrich Ebert Stiftung (versão online), 1905b, p. 289-95.

_____. Wird die Sozialdemokratie Volkspartei? In: *Sozialistische Monatshefte*. Friedrich Ebert Stiftung (versão online), 1905c, p. 663-71.

_____. Zum sozialdemokratischen Parteitag in Jena. In: *Sozialistische Monatshefte*. Friedrich Ebert Stiftung (versão online), 1905d, p. 727-33.

_____. Gewerkschaftskampf und Klassenkampf. In: *Sozialistische Monatshefte*. Friedrich Ebert Stiftung (versão online), 1905e, p. 931-37.

_____. Noch einmal Partei, Gewerkschaft und Maifeier. In: *Sozialistische Monatshefte*. Friedrich Ebert Stiftung (versão online), 1905f, p. 577-83.

_____. Fragen der Taktik in Russland. In: *Sozialistische Monatshefte*. Friedrich Ebert Stiftung (versão online), 1906a, p. 208-17.

_____. Die Generalstreikgewerkschaft. In: *Sozialistische Monatshefte*. Friedrich Ebert Stiftung (versão online), 1906b, p. 635-42.

_____. Einige Randbemerkungen. In: *Sozialistische Monatshefte*. Friedrich Ebert Stiftung (versão online), 1906c, p. 128-36.

_____. *Der Strike: Sein Wesen und sein Wirkung*. Frankfurt am Main: Rütten & Loening, 1906d.

_____. *Die Berliner Arbeiterbewegung (1890-1905)*. Berlin: Dietz, 1924.

_____. Em defesa do reformismo. In: MILLS, Wright. *Os marxistas*. Rio de Janeiro: Zahar, 1968, p.187-200.

_____. *Texte zum Revisionismus [Sammlung]*. Bonn-Bad Godesberg: Verlag Neue Gesellschaft, 1977.

_____. *Las premisas del socialismo y las tareas de La socialdemocracia*. México: Siglo Veintiuno, 1982.

_____. To my Socialist Critics. In: *Selected Writings of Eduard Bernstein, 1900-1921*. New Jersey: Humanities Press, 1996a.

_____. The Marx Cult and the Right to Revise. In: *Selected Writings of Eduard Bernstein, 1900-1921*. New Jersey: Humanities Press, 1996b.

_____. From Someone pronounced Dead. In: *Selected Writings of Eduard Bernstein, 1900-1921*. New Jersey: Humanities Press, 1996c.

_____. Revisionism in Social Democracy. In: *Selected Writings of Eduard Bernstein, 1900-1921*. New Jersey: Humanities Press, 1996d.

_____. Guiding Principles for the Theoretical Portion of a Social Democratic Party Program. In: *Selected Writings of Eduard Bernstein, 1900-1921*. New Jersey: Humanities Press, 1996e.

_____. How is Scientific Socialism Possible?. In: *Selected Writings of Eduard Bernstein, 1900-1921*. New Jersey: Humanities Press, 1996f.

_____. Idealism, Theory of Struggle, and Science. In: *Selected Writings of Eduard Bernstein, 1900-1921*. New Jersey: Humanities Press, 1996g.

_____. The Core Issue of the Dispute: a Final Reply to the Question, "How is Scientific Socialism Possible". In: *Selected Writings of Eduard Bernstein, 1900-1921*. New Jersey: Humanities Press, 1996h.

_____. Class and Class Struggle. In: *Selected Writings of Eduard Bernstein, 1900-1921*. New Jersey: Humanities Press, 1996i.

_____. Political Mass Strike and Romanticizing Revolution. In: *Selected Writings of Eduard Bernstein*. New Jersey: Humanities Press, 1996j.

_____. The Socialist Conception of Democracy. In: *Selected Writings of Eduard Bernstein, 1900-1921*. New Jersey: Humanities Press, 1996k.

_____. What is Socialism?. In: *Selected Writings of Eduard Bernstein, 1900-1921*. New Jersey: Humanities Press, 1996l.

_____. The Value of the International Workmen's Association. In: *Selected Writings of Eduard Bernstein, 1900-1921*. New Jersey: Humanities Press, 1996m.

_____. Critics of the German Social democrats' "Peace Manifesto". In: *Selected Writings of Eduard Bernstein, 1900-1921*. New Jersey: Humanities Press, 1996n.

_____. The Bolshevist Brand of Socialism. In: *Selected Writings of Eduard Bernstein, 1900-1921*. New Jersey: Humanities Press, 1996o.

BEYRAU, Dietrich *et* HILDERMEIER. Grundzüge der Epoche. In: SCHRAMM, Gottfried (Org.). *Handbuch der Geschichte Russlands*, v. 3 (1856-1945). Stuttgat, 1983, p. 6-10.

BIRNBAUM, Norman. Interpretações Conflitantes sobre a Gênese do Capitalismo: Marx e Weber. In: GERTZ, René E. (Org.). *Max Weber e Karl Marx*. São Paulo: Hucitec, 1997.

BRAUN, Adolf. Der Kölner Gewerkschaftskongress. In: *Die Neue Zeit*. Stuttgart: Paul Singer Verlag, 1905, v. 23.2, p. 204-11.

BREDENBECK, Anton. Kritische Randbemerkungen zur Bergarbeiternovelle. In: *Die Neue Zeit*. Stuttgart: Paul Singer Verlag, 1905, v. 23.1, p. 804-11.

BREUILLY, John. Eduard Bernstein und Max Weber. In: MOMMSEN, Wolfgang J.; SCHWENTKER, Wolfgang (org.). *Max Weber und seine Zeitgenossen*. Göttingen: Vandenhoeck & Ruprecht, 1988.

BRÜGGEMEIER, Franz-Josef. *Leben vor Ort: Ruhrbergleute und Ruhrbergbau (1889-1919)*. München: Beck, 1983.

BUECK, Henry Axel. *Der Ausstand der Bergarbeiter im Ruhrkohlenrevier (Januar – Februar 1905)*. Berlin: J. Guttentag, 1905.

BURGHARDT, Uwe. Die Anfänge der Mechanisierung des Ruhrbergbaus. In: TENFELDE, Klaus (org.). *Sozialgeschichte des Bergbaus im 19. und 20. Jahrhundert*. München: Beck, 1992, p. 404-17.

CARONE, Edgard. *A II Internacional pelos seus Congressos (1889-1914)*. São Paulo: Anita/ EDUSP, 1993.

CARSTEN, Francis L. *Eduard Bernstein (1850-1932): eine politische Biographie*. München: Beck, 1993.

CASSAU, Theodor. *Die Gewerkschaftsbewegung. Ihre Soziologie und ihr Kampf*. Halberstadt: H. Meyer, 1925.

CLARKSON, Jesse D. *A History of Russia*. Londres: Longmans, 1962.

COHN, Gabriel. Introdução. In: WEBER, Max. *Parlamento e Governo na Alemanha Reordenada:* crítica política da burocracia e da natureza dos partidos. Petrópolis: Vozes, 1993.

COLLETTI, Lucio. *Bernstein und der Marxismus der Zweiten Internationale*. Frankfurt am Main: Europäische Verlagsanstalt, 1971.

DAVYDOV, Jurij N. *Rußland und der Westen. Heidelberger Max Weber-Vorlesungen 1992*. Frankfurt am Main: Suhrkamp, 1995.

DAHLMANN, Dittmar; MOMMSEN, Wolfgang. Einleitung. In: *Max Weber Gesamtausgabe*. Tübingen: Mohr Siebeck, 1989, v. 10.

DAHRENDORF, Ralf. *Gesellschaft und Demokratie in Deutschland.* München: Deutscher Taschenbuch Verlag, 1974

DEUTSCHER, Isaac. *Trotski:* O profeta armado, 1879-1921. Rio de Janeiro: Civilização Brasileira, 2005.

DONALD, Moira. *Marxism and Revolution:* Karl Kautsky and the Russian Marxists (1900-1924). London: Yale University Press, 1993.

ELIAS, Norbert. *Os Alemães:* a luta pelo poder e a evolução do habitus nos séculos XIX e XX. Rio de Janeiro: Jorge Zahar Editor, 1997.

ELEY, Geoff. The British Model and the German Road: Rethinking the Course of German History Before 1914. In: BLACKBOURN, David; ELEY, Geoff. *The Peculiarities of German History:* Bourgeois Society and Politics in Nineteenth-Century Germany. New York: Oxford University Press, 1984.

_____. *Forjando a Democracia:* a história da esquerda na Europa, 1850-2000. São Paulo: Fundação Perseu Abramo, 2005.

EMMONS, T. *The Emergence of Political Parties and the First National Elections in Russia.* Cambridge, 1983, p. 353-365.

ENGELS, Friedrich. Contribuição ao Problema da Habitação: In: MARX, Karl. *et* ENGELS, Friedrich. *Obras Escolhidas.* São Paulo: Alfa-Omega, v.2, 1980.

_____. As Lutas de Classe na França (1848-1850), de Karl Marx. In: NETTO, J. P. (Org.). *Engels.* São Paulo: Ática, 1981, p.207-226.

EPSTEIN, Fritz T. Der Komplex "Die russische Gefahr" und sein Einfluss auf die deutsch-russischen Beziehungen im 19. Jahrhundert. In: GEISS, Imanuel; WENDT, Bernd-Jürgen (org.). *Deustchland in deer Weltpolitik des 19. und 20. Jahrhunderts.* Düsseldorf: Bertelsmann, 1973, p. 143-59.

FERNANDES, Rubem C. A Rússia e o Ocidente. In: *Dilemas do Socialismo.* Rio de Janeiro: Paz e Terra, 1982.

FETSCHER, Iring. Bernstein e o Desafio à Ortodoxia. In: HOBSBAWN, E. *História do Marxismo.* Rio de Janeiro: Paz e Terra, 1982, v. 2, p. 257-98.

FREEZE, Gregory. Subversive Piety: Religion and the Political Crisis in Late Imperial Russia. In: *The Journal of Modern History*. Chicago: The University of Chicago Press, vol. 68, n.2, 1996, p. 308-350.

GAY, Peter. *The Dillema of Democratic Socialism. Bernstein's Challenge to Marx.* New York: Columbia University Press, 1952.

GEARY, Dick. Max Weber, Karl Kautsky und die deutsche Sozialdemokratie. In: MOMMSEN, Wolfgang J.; SCHWENTKER, Wolfgang (org.). *Max Weber und seine Zeitgenossen*. Göttingen: Vandenhoeck & Ruprecht, 1988.

GERAS, Norman. *A actualidade de Rosa Luxemburgo*. Lisboa: Edições Antídoto, 1978.

GERTH, Hans H. Max Weber: A Man Under Stress. In: HAMILTON, Peter (Org.). *Max Weber:* Critical Assessments 2. London: Routledge, 1991.

GETZLER, Israel. Gueorqui V. Plekhânov: a danação da ortodoxia. In: HOBSBAWN, E. *História do Marxismo*. Rio de Janeiro: Paz e Terra, 1984, v. 3.

GEYER, Martin H.. The Miner's Insurance and the Development of the German Social State In: TENFELDE, Klaus (org.). *Sozialgeschichte des Bergbaus im 19. und 20. Jahrhundert*. München: Beck, 1992, p. 1046-63.

GIDDENS, Anthony. *Política y Sociología em Max Weber*. Madrid: Alianza Editorial, 1976.

_____. Marx, Weber e o Desenvolvimento do Capitalismo. In: GERTZ, René E. (Org.). *Max Weber e Karl Marx*. São Paulo: Hucitec, 1997.

GNEUSS, Christian. Die historischen und ideologischen Voraussetzungen für die Herausbildung des Revisionismus bei Eduard Bernstein. In: HEIMANN Horst; MEYER, Thomas (org.). *Bernstein und der demokratische Sozialismus*. Berlin: Dietz, 1978, p. 72-85.

GOLUBEW, Wassili. Das Semstwo. In: MELNIK, Josef (org.). *Russen über Russland. Ein Sammelwerk*. Frankfurt am Main, 1906, p. 99-179.

GREBING, Helga. *Der Revisionismus: von Bernstein bis zum "Prager Frühling"*. München: Beck, 1977.

GREBING, H. *et* KRAMME M. Die Herausbildung des Revisionismus vor dem Hintergrund der Situation der deutschen Sozialdemokratie im Kaiserreich. In: HEIMANN Horst; MEYER, Thomas (Hrsg.). *Bernstein und der demokratische Sozialismus.* Berlin: Dietz, 1978, p. 59-71.

GREBING, Helga. *Geschichte der deutschen Arbeiterbewegung:* ein Überblick. München: Deutscher Taschenbuch Verlag, 1974a.

_____. *Aktuelle Theorien über Faschismus und Konservatismus:* eine Kritik. Stuttgart: Kohlhammer, 1974b.

_____. *Der "deutsche Sonderweg" in Europa (1806-1945):* eine Kritik. Berlin: Kohlhammer, 1986.

GROSS, H. "Der nachrevolutionäre Machtkampfe: die ersten beiden Dumen und das Regime" in: SCHRAMM, G. (org.) *Handbuch der Russischen Geschichte.* Stuttgart, 1983, p. 378-384.

GUÉRIN, Daniel. *Rosa Luxemburg e a espontaneidade revolucionária.* São Paulo: Perspectiva, 1982.

GUSTAFSSON, Bo. *Marxismus und Revisionismus.* Frankfurt am Main: Europäische Verlagsanstalt, 1972.

HARTEWIG, Karin. Wie radikal waren die Bergarbeiter im Ruhrgebiet 1915-1924? In: TENFELDE, Klaus (org.). *Sozialgeschichte des Bergbaus im 19. und 20. Jahrhundert.* München: Beck, 1992, p. 623-37.

HIRANO, Sedi. *Castas, estamentos e classes sociais. Introdução ao Pensamento Sociológico de Marx e Weber.* Campinas: Unicamp, 2002.

HIRSCH, Helmut. Die bezüglich der Fabian Society transparenten Kommunikationsstrukturen als Teilaspekte der internationalen Voraussetzungen zur Herausbildung des Revisionismus von Eduard Bernstein. In: HEIMANN Horst; MEYER, Thomas (Hrsg.). *Bernstein und der demokratische Sozialismus.* Berlin: Dietz, 1978, p. 47-58.

HILDERMEIER, M. *Die russische Revolution (1905-21).* Frankfurt am Main: Suhrkamp, 1989, p. 14-50.

HOBSBAWM, Eric. A cultura européia e o marxismo entre o século XIX e o século XX. In: *História do Marxismo*. São Paulo: Paz e Terra, 1982, v. 2, p.75-124.

_____. *A era dos impérios (1875-1914)*. Rio de Janeiro: Paz e Terra, 1992.

HOSKING, Geoffrey. *Russland. Nation und Imperium (1552-1917)*. Berlin: Siedler, 2000, p. 347-376.

HUE, Otto. *Unsere Taktik beim Generalstreik*. Vortrag gehalten auf der 16. Generalversammlung des Verbandes deutscher Bergarbeiter in Berlin. Bochum: H. Hansmann, 1905a.

_____. Über den Generalstreik im Ruhrgebiet. In: *Sozialistische Monatshefte*. Friedrich Ebert Stiftung (versão online), 1905b, p. 201-10.

_____. Ein neues Arbeiterrecht für den Bergbau. In: *Sozialistische Monatshefte*. Friedrich Ebert Stiftung (versão online), 1905c, p. 999-1004.

JÄGER, Wolfgang. *Bergarbeitermilieus und Parteien im Ruhrgebiet*: zum Wahlverhalten des katolischen Bergarbeitermilieus bis 1933. München: Beck, 1996.

KAUTSKY, Karl. *Bernstein und das Sozialdemokratische Programm*: eine Antikritik. Stuttgart: Verlag von J. K. W. Dieck Nachs., 1899a.

_____. *The Hanover Congress*. 1899b. Disponível em: http://www.marxists.org/archive/kautsky/1899/10/hanover.htm. Acesso em 17 abr. 2009.

_____. *Germany, England and the World Policy*. 1900. Disponível em: http://www.marxists.org/archive/kautsky/1900/08/world.htm. Acesso em 17 abr. 2009.

_____. *Trade Unions and Socialism*. 1901. Disponível em: http://www.marxists.org/archive/kautsky/1901/04/unions.htm. Acesso em 17 abr. 2009.

_____. *Karl Kautsky: Autobiography*. 1902. Disponível em: http://www.marxists.org/archive/kautsky/1902/12/autobiography.htm. Acesso em 17 abr 2009.

_____. Die Bauern und die Revolution in Russland. In: *Die Neue Zeit*. Stuttgart: Paul Singer Verlag, 1904a, v. 23.1, p. 670-7.

_____. *To What Extent is the Communist Manifesto Obsolete?*. 1904b. Disponível em: http://www.marxists.org/archive/kautsky/1904/xx/manifesto.htm. Acesso em 4 mai. 2010.

_____. Allerhand revolutionäres. In: *Die Neue Zeit*. Stuttgart: Paul Singer Verlag, 1904c, v. 22.1, p. 588-98; 620-7; 652-58; 685-95; 732-40.

_____. Der Bremer Parteitag. In: *Die Neue Zeit*. Stuttgart: Paul Singer Verlag, 1904d, v. 23.1, p. 4-12.

_____. *1789/1889/1905*. 1905a. Disponível em: http://www.marxists.org/francais/kautsky/works/1905/05/kautsky_19050503.htm. Acesso em 25 mai. 2010.

_____. Der Kongress von Köln. In: *Die Neue Zeit*. Stuttgart: Paul Singer Verlag, 1905b, v. 23.2, p. 309-16.

_____. Die Lehren des Bergaberterstreiks. In: *Die Neue Zeit*. Stuttgart: Paul Singer Verlag, 1905c, v. 23.1, p. 772-82.

_____. *Differences among the Russian Socialists*. 1905d. Disponível em: http://marxists.org/archive/kautsky/1905/xx/rsdlp.htm. Acesso em 03 dez. 2008.

_____. Die zivilisierte Welt und der Zar. In: *Die Neue Zeit*. Stuttgart: Paul Singer Verlag, 1905e, v. 23.1, p. 614-7.

_____. Die Fortsetzung einer unmöglichen Diskussion. In: *Die Neue Zeit*. Stuttgart: Paul Singer Verlag, 1905f, v. 23.2, p. 681-92; 717-27.

_____. Noch eimal die unmögliche Diskussion. In: *Die Neue Zeit*. Stuttgart: Paul Singer Verlag, 1905g, v. 23.2, p. 776-85.

_____. Zum Parteitag. In: *Die Neue Zeit*. Stuttgart: Paul Singer Verlag, 1905h, v. 23.2, p. 748-58.

_____. Die Agraarfrage in Russland. In: *Die Neue Zeit*. Stuttgart: Paul Singer Verlag, 1906a, v. 24.1, p. 412-23.

_____. *Revolutions, Past and Present*. 1906b. Disponível em: http://marxists. org/archive/kautsky/1906/xx/revolutions.htm. Acesso em 03 dez. 2008.

_____. Die russische Duma. In: *Die Neue Zeit*. Stuttgart: Paul Singer Verlag, 1906c, v. 24.2, p. 241-5.

_____. Partei und Gewerkschaft. In: *Die Neue Zeit*. Stuttgart: Paul Singer Verlag, 1906d, v. 24.2, p. 716-25.

_____. Mein Verrat an der russischen Revolution. In: *Die Neue Zeit*. Stuttgart: Paul Singer Verlag, 1906e, v. 24.2, p. 854-60.

_____. Der Parteitag von Jena. In: *Die Neue Zeit*. Stuttgart: Paul Singer Verlag, 1906f, v. 24.1, p. 5-10.

_____. *Die soziale Revolution*. Berlin: Buchhandlung Vorwärts, 1906g.

_____. Der amerikanische Arbeiter. In: *Die Neue Zeit*. Stuttgart: Paul Singer Verlag, 1906h, v. 24.1, p. 676-83.

_____. Grundsätze oder Pläne?. In: *Die Neue Zeit*. Stuttgart: Paul Singer Verlag, 1906i, v. 24.2, p. 781-8.

_____. Triebkräfte und Aussichten der russischen Revolution. In: *Die Neue Zeit*. Stuttgart: Paul Singer Verlag, 1907a, v. 25.1, p. 284-90; 324-33.

_____. Ausländische und deutsche Parteitaktik. In: *Die Neue Zeit*. Stuttgart: Paul Singer Verlag, 1907b, v. 25.1, p. 724-31; 764-73.

_____. Die Situation des Reiches. In: *Die Neue Zeit*. Stuttgart: Paul Singer Verlag, 1907c, v. 25.1, p. 420-8; 453-61; 484-500.

_____. Was nun? In: *Die Neue Zeit*. Stuttgart: Paul Singer Verlag, 1910a, v. 28.2, p. 33-40; 68-80.

_____. Eine neue Strategie. In: *Die Neue Zeit*. Stuttgart: Paul Singer Verlag, 1910b, v. 28.2, p. 332-41; 364-74; 412-21.

_____. Zwischen Baden und Luxemburg. In: *Die Neue Zeit*. Stuttgart: Paul Singer Verlag, 1910c, v. 28.2, p. 652-67.

_____. Die neue Taktik. In: *Die Neue Zeit*. Stuttgart: Paul Singer Verlag, 1912, v. 30.2, p. 654-64; 688-98; 723-33.

_____. *Der politische Massenstreik:* ein Beitrag zur Geschichte der Massenstreikdiskussionen innerhalb der deutschen Sozialdemokratie. Berlin: Buchhandlung Vorwärts, 1914.

_____. *Le Programme Socialiste*. Paris: Rivière, 1927.

_____. O Que é uma Revolução Social ?. In: MILLS, Wright. *Os marxistas*. Rio de Janeiro: Zahar, 1968a, p. 169-86.

_____. *El Camino del Poder*. Buenos Aires: Editorial Claridad, 1968b.

_____. O *Caminho do Poder*. São Paulo: Hucitec, 1979.

KIMBALL, Alan; ULMEN, Gary. Weber on Russia. *Telos: A Quarterly Journal of Critical Thought*, New York, n. 88, p. 187-195, 1991.

KJELLÉN, Rudolf. *Die Ideen von 1914. Eine weltgeschichtliche Perspektive*. Leipzig: Verlag von S. Hirzel, 1915.

KLESSMAN, Cristoph. *Polnische Bergarbeiter im Ruhrgebiet (1870-1945). Soziale Integration und nationale Subkultur einer Minderheit in der deutschen Industriegesellschaft*. Göttingen: Vandenhoeck & Ruprecht, 1978.

KOCH, Max Jürgen. *Die Bergarbeiterbewegung im Ruhrgebiet zur Zeit Wilhelms II (1889-1914)*. Dusseldorf: Droste, 1954.

KOCKA, Jürgen. Ein Volk in Bewegung. In: *Deutschland um 1900*. GeoEpoche: das Magazin für Zeitgeschichte (ISBN-NR. 3-570-19448-5). Hamburg, n. 12, p. 44-9, 2004.

KORNILOW, Alexander. Die Bauernfrage. In: MELNIK, Josef (org.). *Russen über Russland*. Ein Sammelwerk. Frankfurt am Main, 1906, p. 361-417.

KRAMER, Paulo. Alexis de Tocqueville e Max Weber: respostas políticas ao individualismo e ao desencantamento na sociedade moderna. In: SOUZA, Jessé (Org.). *A atualidade de Max Weber*. Brasília: Editora UnB, 2000.

KULCZYCKI, John. A Trade Union for Polish Miners in the Ruhr: "Alter Verband", "Gewerkverein" and "Zjednoczenie Zawodowe Polskie". In: TENFELDE, Klaus (org.). *Sozialgeschichte des Bergbaus im 19. und 20. Jahrhundert*. München: Beck, 1992, 609-17.

LEIMPETERS, Johann. Die taktik des Bergarbeiterverbandes In: *Sozialistische Monatshefte*. Friedrich Ebert Stiftung (versão online), 1905, p. 485-95.

LÊNIN, V. I.. *Relatório sobre a Revolução de 1905*. 1917. Disponível em: http://www.marxists.org/portugues/lenin/1917/01/22.htm. Acesso em 15 jul. 2008.

_____. The Russian Revolution and the Tasks of the Proletariat. In: *Collected Works*, 4th English Edition. Moscow: Progress Publishers, 1972.

LOUREIRO, Isabel M. *Rosa Luxemburg*. Os dilemas da ação revolucionária. São Paulo: Unesp, 2004.

_____. *A Revolução Alemã (1918-1923)*. São Paulo: Editora UNESP, 2005.

_____. Michael e Rosa. In: JINKINGS, Ivana *et* PESCHANSKI, João A. (org.). *As utopias de Michael Löwy: reflexões sobre um marxista insubordinado*. São Paulo: Boitempo, 2007.

LUKÁCS, Georg. *Die Zerstörung der Vernunft. Der Weg des Irrationalismus von Schelling zu Hitler*. Berlin und Weimar: Aufbau-Verlag, 1984.

_____. *História e Consciência de Classe. Estudos sobre a dialética marxista*. São Paulo: Martins Fontes, 2003.

LUXEMBURG, Rosa. *Organizational Questions of the Russian Social Democracy*. 1904. Disponível em: http://www.marxists.org/archive/luxemburg/1904/questions-rsd/index.htm. Acesso em 17 abr. 2009.

_____. *The Revolution in Russia*. 1905. Disponível em: http://www.marxists.org/archive/luxemburg/1905/02/08.htm. Acesso em 16 abr 2009.

_____. *Mass Action*. 1911. Disponível em: http://www.marxists.org/archive/luxemburg/1911/08/29.htm. Acesso em 26 mai. 2009.

_____. *What Now?*. 1912. Disponível em: http://www.marxists.org/archive/luxemburg/1912/02/05.htm. Acesso em 19 abr. 2010.

_____. *The Political Mass Strike*. 1913. Disponível em: http://www.marxists.org/archive/luxemburg/1913/07/22.htm. Acesso em 16 abr. 2009.

_____. La Révolution Russe. Paris: Spartacus, 1948.

_____. *La Crisis de la Socialdemocracia*. México: Roca, 1972.

_____. *Greve de Massas, Partido e Sindicatos*. Coimbra: Centelha, 1974.

_____. Die Revolution in Russland. In: *Gesammelte Werke*. Berlin: Dietz Verlag, vol. 1-2, p. 500-8, 1974a.

_____. Die Revolution in Russland. In: *Gesammelte Werke*. Berlin: Dietz Verlag, vol. 1-2, p. 491-3, 1974b.

_____. Zur Frage des Terrorismus in Russland. In: *Gesammelte Werke*. Berlin: Dietz Verlag, vol. 1-2, p. 275-80, 1974c.

_____. Die russische Revolution. In: *Gesammelte Werke*. Berlin: Dietz Verlag, vol. 2, p. 5-10, 1974d.

_____. Parteitag der SDAPR 1907 in London. In: *Gesammelte Werke*. Berlin: Dietz Verlag, vol. 2, p. 205-32, 1974e.

_____. Massenstreik, Partei und Gewerkschaften. In: *Gesammelte Werke*. Berlin: Dietz Verlag, vol. 2, p. 91-170, 1974f.

_____. Parteitag der Sozialdemokratischen Partei Deutschlands vom 23. bis 29. September 1906 in Mannheim. In: *Gesammelte Werke*. Berlin: Dietz Verlag, vol. 2, p. 171-6, 1974g.

_____. Die zwei Methoden der Gewerkschaftspolitik. In: *Gesammelte Werke*. Berlin: Dietz Verlag, vol. 2, p. 182-7, 1974h.

_____. Der politische Führer der deutschen Arbeiterklasse. In: *Gesammelte Werke*. Berlin: Dietz Verlag, vol. 2, p. 279-88, 1974i.

_____. In revolutionärer Stunde: Was weiter? In: *Gesammelte Werke*. Berlin: Dietz Verlag, vol. 2, p. 11-36, 1974j.

_____. Was wollen wir? Kommentar zum Programm der Sozialdemokratie des Königreichs Polen und Litauens. In: *Gesammelte Werke*. Berlin: Dietz Verlag, vol. 2, p. 37-89, 1974k.

_____. Der preussische Wahlrechtskampf und seine Lehren. Vortrag gehalten am 17. April 1910 im Zirkus Schumann zu Frankfurt am Main. In: *Gesammelte Werke*. Berlin: Dietz Verlag, vol. 2, p. 305-33, 1974l.

_____. Die Lehren der letzten Reichstagswahl. Rede am 6. März 1907 in Berlin in einer Volksversammlung. In: *Gesammelte Werke*. Berlin: Dietz Verlag, vol. 2, p. 191-8, 1974m.

_____. Die englische Brille. In: *Gesammelte Werke*. Berlin: Dietz Verlag, vol. 1/1, p. 471-82, 1974n.

_____. Kautskys Buch wider Bernstein. In: *Gesammelte Werke*. Berlin: Dietz Verlag, vol. 1/1, p. 537-54, 1974o.

_____. Die "deutsche Wissenschaft" hinter den arbeitern . In: *Gesammelte Werke*. Berlin: Dietz Verlag, vol. 1/1, p. 767-90, 1974p.

_____. Sozialdemokratie und Parlamentarismus. In: *Gesammelte Werke*. Berlin: Dietz Verlag, vol. 1/2, p. 447-55, 1974q.

_____. Zeit der Aussaat. In: *Gesammelte Werke*. Berlin: Dietz Verlag, vol. 2, p. 300-4, 1974r.

_____. Ermattung oder Kampf?. In: *Gesammelte Werke*. Berlin: Dietz Verlag, vol. 2, p. 344-77, 1974s.

_____. Der politische Massenstreik und die Gewerkschaften. Rede am 1. Oktober in Hagen in der ausserordentlichen Mitgliederversammlung des Deutschen Metallarbeiter-Verbandes. In: *Gesammelte Werke*. Berlin: Dietz Verlag, vol. 2, p. 463-83, 1974t.

_____. Was weiter?. In: *Gesammelte Werke*. Berlin: Dietz Verlag, vol. 2, p. 289-99, 1974u.

_____. Die Theorie und die Praxis. In: *Gesammelte Werke*. Berlin: Dietz Verlag, vol. 2, p. 378-420, 1974v.

_____. Organisationsfragen der russischen Sozialdemokratie. In: *Gesammelte Werke*. Berlin: Dietz Verlag, vol. 1/2, p. 422-44, 1974x.

_____. *Reforma ou Revolução*. São Paulo: Expressão Popular, 1999.

_____. *Rosa Luxemburgo: textos escolhidos (1914-1919)* – LOUREIRO, Isabel (org.). São Paulo: Editora UNESP, vol. 2, 2011.

MAKLAKOV, V. A. *The First State Duma:* Contemporary Reminiscences. Blomington, 1964.

MALLMANN, Klaus-Michael. Erfahrungsräume und Deutungswelten. Klassenbildung, Fragmentierung und Bergarbeiterbewegung in Deutschland (1871-1914). In: TENFELDE, Klaus (org.). *Sozialgeschichte des Bergbaus im 19. und 20. Jahrhundert*. München: Beck, 1992, p. 593-608.

MARX, Karl. *Formações Econômicas Pré-Capitalistas*. Rio de Janeiro: Paz e Terra, 1975.

_____. *O Capital:* Crítica da Economía Política. São Paulo: Abril Cultural, v. 1, 1983.

_____. *Salário, Preço e Lucro*. São Paulo: Nova Cultural, 1988.

_____. Letter to *Otechestvenniye Zapiski*. In: Marx & Engels. *Collected Works*. New York: International Publishers, v. 24, p. 196-201, 1989a.

_____. Drafts of the letter to Vera Zasulich. In: Marx & Engels. *Collected Works*. New York: International Publishers, v. 24, p. 346-69, 1989b.

_____. Letter to Vera Zasulich. In: Marx & Engels. *Collected Works*. New York: International Publishers, v. 24, p. 370-1, 1989c.

MATTA, Sérgio. Max Weber e o destino do "despotismo oriental". *Revista Brasileira de Ciências Sociais*, São Paulo, v. 21, n. 61, 2006.

MATTHIAS, Erich. Kautsky e o kautskismo. A função da ideologia na socialdemocracia. In: BERTELLI, Antonio Roberto (org.). *Karl Kautsky e o Marxismo*. Belo Horizonte: oficina de Livros, 1988.

MATTICK, Paul. Karl Kautsky. De Marx a Hitler. In: BERTELLI, Antonio Roberto (org.). *Karl Kautsky e o Marxismo*. Belo Horizonte: oficina de Livros, 1988.

MAYER, Arno J. *A força da tradição*. São Paulo: Companhia das Letras, 1987.

MAYER, Jacob P. *Max Weber e a política alemã:* um estudo de sociologia política. Brasília: Editora UnB, 1985.

MICHELS, Robert. *The General Strike of the Ruhr Miners*. 1905. Disponível em: http://bataillesocialiste.wordpress.com/2008/07/24/the-general-strike-of--the-ruhr-miners-michels-1905. Acesso em 25 mai. 2009.

_____. Die deutsche Sozialdemokratie. *In: Archiv für Sozialwissenschaft und Sozialpolitik*. London: Johnson Reprint Corporation, 1971, v. 23, p. 471-556.

_____. *Sociologia dos Partidos Políticos*. Brasília: Universidade de Brasília, 1982.

MILLS, C. Wright; GERTH, H. H. Introdução: o homem e sua obra. In: WEBER, Max. *Ensaios de Sociologia*. Rio de Janeiro: Zahar, 1982.

MIRONOV, Boris.The Russian Peasant Commune after the Reforms of the 1860s. In: *Slavic Review* 44/3, 1985, p. 438-467.

MOMMSEN, Wolfgang J. *Max Weber und die Deutsche Politik – 1890/1920*. Tübingen: J. C. B. Mohr, 1974.

_____. Das deutsche Kaiserreich als System umgangener Entscheidungen, In: BERDING, Helmut u.a. (org.). *Vom Staat des Ancien Régime zum modernen Parteienstaat*. Festschrift für Th. Schieder, München 1978, p. 239 - 265.

_____. *Max Weber and German Politics–1890/1920*. Chicago/London: The University of Chicago Press, 1984.

_____. *The Political and Social Theory of Max Weber*. Oxford: Polity Press, 1989.

_____. Max Weber and the Regeneration of Russia. *The Journal of Modern History*, Chicago, n.69, p.1-17, University of Chicago, 1997a.

_____. Capitalismo e Socialismo. O Confronto com Karl Marx. In: GERTZ, René E. (Org.). *Max Weber e Karl Marx*. São Paulo: Hucitec, 1997b.

MOORE JR, Barrington. *Los orígenes sociales de la dictadura y de la democracia : el señor y el campesino en la formación del mundo moderno*. Barcelona: Ediciones Península, 1976.

_____. *Injustiça:* As bases sociais da obediência e da revolta. São Paulo: Brasiliense, 1987.

MOSS, W. G. *A History of Russia*. London, 1997, v. 2, p. 89-112.

MÜNZ, Heinrich. *Die Lage der Bergarbeiter im Ruhrrevier*. Essen: Baedeker, 1909.

MUSSE, Ricardo. *Do socialismo científico à teoria crítica: modificações na autocompreensão do marxismo entre 1878 e 1937*. São Paulo, 1998. Tese (Doutorado em Filosofia). Faculdade de Filosofia, Letras e Ciências Humanas, Universidade de São Paulo.

_____. O debate sobre a Revolução Russa de 1905 na Socialdemocracia Alemã. *Revista de História,* São Paulo: Departamento de História da USP, n. 139, p. 21-34, 2000.

_____. Tudo é História. In: *Marxismo e Ciências Humanas*. São Paulo: Cemarx, 2003.

NABOKOW, Wladimir. Das Aussergerichtliche Strafverfahren. In: MELNIK, Josef (org.). *Russen über Russland*. Ein Sammelwerk. Frankfurt am Main, 1906, p. 297-315.

NEGT, Oskar. O Marxismo e a Teoria da Revolução no Último Engels. In: HOBSBAWN, E. *História do Marxismo*. Rio de Janeiro: Paz e Terra, 1982, v.2, p. 125-200.

_____. Rosa Luxemburgo e a Renovação do Marxismo. In: HOBSBAWN, E. *História do Marxismo*. Rio de Janeiro: Paz e Terra, 1984, v. 3, p. 11-51.

NETTL, J. Peter. *Rosa Luxemburgo*. México: Ediciones Era, 1974.

NIEMOJEWSKI, Andrzej. Das Königreich Polen. In: MELNIK, Josef (org.). *Russen über Russland*. Ein Sammelwerk. Frankfurt am Main, 1906, p. 587-615.

NIPPERDEY, Thomas. *Deutsche Geschichte (1866-1918). Machtstaat vor der Demokratie*. München: Beck, 1995.

NOWIKOW, Alexander. Das Dorf. In: MELNIK, Josef (org.). *Russen über Russland*. Ein Sammelwerk. Frankfurt am Main, 1906, p. 54-98.

OSEROW, Iwan. Die Finazpolitik. In: MELNIK, Josef (org.). *Russen über Russland*. Ein Sammelwerk. Frankfurt am Main, 1906, p. 208-49.

PARNELL, Martin. *The German Tradition of Organized Capitalism. Self-Government in the Coal Industry*. Oxford: Clarendon Press, 1994.

PASEMANN, Dieter. Max Weber und die russische Revolution von 1905. In: *Max Weber – Dialog und Auseinandersetzung*. Berlin: Akademie für Gesellschaftswissenschaften beim Zentralkomitee der SED, 1989.

PIERUCCI, Antônio Flávio. *O desencantamento do mundo*. Todos os passos do conceito em Max Weber. São Paulo: Editora 34, 2003.

PIEPER, Lorenz. *Die Lage der Bergarbeiter im Ruhrrevier*. Stuttgart: J. G. Cotta'sche, 1903.

PIPES, Richard. Max Weber und Russland. In: *Aussenpolitik*, v.6, 1955, p. 627-39

_____. *Die Russische Revolution.* Berlin, 1992, v. 2, p. 52-101.

PROCACCI, Giuliano. Introdução a *A questão agrária* de Karl Kautsky. In: BERTELLI, Antonio Roberto (org.). *Karl Kautsky e o Marxismo.* Belo Horizonte: Oficina de Livros, 1988.

Protokoll über die Verhandlungen des Parteitages der Sozialdemokratischen Partei Deutschlands. Abgehalten zu Jena von 17. bis 23. September 1905. Berlin: Buchhandlung Vorwärts, 1905.

PRZEWORSKI, Adam. *Capitalismo e Socialdemocracia.* São Paulo: Companhia das Letras, 1991.

QUIST, August. Die Stellung der Gewerkschaftsbeamten in der Arbeiterbewegung. In: *Sozialistische Monatshefte.* Friedrich Ebert Stiftung (versão online), 1906, p. 664-73.

RIESEBRODT, Martin. From patriarchalism to capitalism: the theoretical context of Max Weber's agrarian studies (1892-3). In: TRIBE, Keith (org.) *Reading Max Weber.* London: Routledge, 1989.

RIKLI, Erika. *Der Revisionismus. Ein Revisionsversuch der deutschen marxistischen Theorie (1890-1914).* Zürich: Dr. H. Girsberger Verlag, 1936.

RINGER, Fritz. *O Declínio dos Mandarins Alemães:* A Comunidade Acadêmica Alemã, 1890-1933. São Paulo: EDUSP, 2000.

_____. *Max Weber: an intellectual biography.* Chicago: University of Chicago Press, 2004.

RODES, John E. *Germany:* a history. New York: Holt, Rinehart and Winston, 1964.

ROSANOW, Wassili. Die Kirche. In: MELNIK, Josef (org.). *Russen über Russland.* Ein Sammelwerk. Frankfurt am Main, 1906, p. 180-207.

ROSENBERG, Artur. *The Birth of the German Republic.* Oxford: University Press, 1970.

SALVADORI, Massimo. Kautsky entre Ortodoxia e Revisionismo. In: HOBS-BAWN, E. *História do Marxismo*. Rio de Janeiro: Paz e Terra, 1982a, v.2, p. 299-339.

_____. *Sozialismus und Demokratie: Karl Kautsky, 1880-1938*. Stuttgart: Kett – Cotta, 1982b.

_____. A Socialdemocracia Alemã e a Revolução Russa de 1905. In: HOBS-BAWN, E. *História do Marxismo*. Rio de Janeiro: Paz e Terra, 1984, v.3, p. 243-90.

_____. Premissas e temas da luta de Karl Kautsky contra o bolchevismo. Desenvolvimento capitalista, democracia e socialismo. In: BERTELLI, Antonio Roberto (org.). *Karl Kautsky e o Marxismo*. Belo Horizonte: Oficina de Livros, 1988.

SCAFF, Lawrence A. Max Weber's Politics and Political Education. In: HAMILTON, Peter (Org.). *Max Weber:* Critical Assessments 2. London: Routledge, 1991.

SCHIPPEL, Max. Bergarbeiterstreiks und Politik. In: *Sozialistische Monatshefte*. Friedrich Ebert Stiftung (versão online), 1905, p. 114-22.

SCHMIDT, Robert. Irrgänge der Massenstreiktaktik. In: *Sozialistische Monatshefte*. Friedrich Ebert Stiftung (versão online), 1906, p. 631-5.

SCHORSKE, Carl E. *German Social Democracy, 1905-1917*. The Development of the Great Schism. Cambridge: Harvard University Press, 1993.

SHANIN, Teodor. *Russia, 1905-07*. Revolution as a moment of truth. Basingstoke, Hampshire: Macmillan, 1986.

SKAKIBI, Z. P. Central Government. In: LIEVEN, D. (org.). *Cambridge History of Russia (1689-1917)*. Cambridge: Cambridge University Press, 2006, p. 429-448.

SPREER, Frithjof. Bernstein, Max Weber und das Verhältnis von Wissenschaft und Politik in der Gegenwartsdiskussion. In: HEIMANN Horst; MEYER,

Thomas (org.). *Bernstein und der demokratische Sozialismus*. Berlin: Dietz, 1978, p. 274-90.

STEINBERG, Hans-Josef. *Sozialismus und deutsche Sozialdemokratie. Zur Ideologie der partei vor dem I. Weltkrieg*. Hannover: Verlag für Literatur und Zeitgeschehen, 1967.

_____. Die Herausbildung der Revisionismus von Eduard Bernstein im Lichte des Briefwechsels Bernstein-Kautsky. In: HEIMANN Horst; MEYER, Thomas (Hrsg.). *Bernstein und der demokratische Sozialismus*. Berlin: Dietz, 1978, p. 37-46.

_____. O Partido e a Formação da Ortodoxia Marxista. In: HOBSBAWN, E. *História do Marxismo*. Rio de Janeiro: Paz e Terra, 1982, v.2, p. 201-21.

STEINBERG, M. D. Russia's fin de siècle, 1900-14. In: SUNY, R. G. (org.). *Cambridge History of Russia*. Cambridge: University Press, 2006, p. 67-93.

STERN, Leo. *Die Auswirkungen der ersten reussischen Revolution von 1905-1907 auf Deutschland*. Berlin: Rütten & Loening, 1954.

STRADA, Vittorio. A polêmica entre bolcheviques e mencheviques sobre a revolução de 1905. In: HOBSBAWN, E. *História do Marxismo*. Rio de Janeiro: Paz e Terra, 1984a, v. 3, p. 135-88.

_____. O "marxismo legal" na Rússia. In: HOBSBAWN, E. *História do Marxismo*. Rio de Janeiro: Paz e Terra, 1984b, v. 3.

STRUVE, Peter. Betrachtungen über die russische Revolution. In: MELNIK, Josef (org.). *Russen über Russland. Ein Sammelwerk*. Frankfurt am Main, 1906, p. 1-15.

SUHR, Gerald. *1905 in St. Petersburg: labor, society and revolution*. Stanford: Stanford University Press, 1989.

TCHARYKOW, N. V. *Glimpses of High Politics. Through War and Peace (1855-1929)*. London, 1931, p. 46-72.

THEINER, Peter. Friedrich Naumann und Max Weber. Stationen einer politischen Partnerschaft. In: MOMMSEN, Wolfgang J.; SCHWENTKER, Wolfgang (org.). *Max Weber und seine Zeitgenossen*. Göttingen: Vandenhoeck & Ruprecht, 1988.

TRAGTENBERG, Maurício. *Burocracia e Ideologia*. São Paulo: Editora Ática, 1980.

_____. Max Weber e a Revolução Russa. In: *Estudos Políticos/Rússia 1905 e 1917*. Rio de Janeiro: Azougue Editorial, 2005.

TRIBE, Keith. Prussian agriculture – German politics: Max Weber 1892-7. In: *Reading Max Weber*. London: Routledge, 1989.

TROTSKI, Leon. *1905 – Resultados y Perspectivas*. [S.l]: Ruedo Ibérico, 1971.

VOGEL, Barbara. Die deutsche Regierung und die russische Revolution von 1905. In: GEISS, Imanuel; WENDT, Bernd-Jürgen (org.). *Deustchland in der Weltpolitik des 19. und 20. Jahrhunderts*. Düsseldorf: Bertelsmann, 1973, p. 222-36.

VON MOSKWITSCH. Die Polizei. In: MELNIK, Josef (org.). *Russen über Russland. Ein Sammelwerk*. Frankfurt am Main, 1906, p. 418-455.

WAIZBORT, Leopoldo. Max Weber e Dostoievski: literatura russa e sociologia das religiões. In: SOUZA, Jessé (Org.). *A atualidade de Max Weber*. Brasília: Editora UnB, 2000.

WALDENBERG, Marek. A Estratégia Política da Socialdemocracia Alemã. In: HOBSBAWN, E. *História do Marxismo*. Rio de Janeiro: Paz e Terra, 1982, v.2, p. 223-55.

WALICKI, Andrzej. Socialismo russo e populismo. In: HOBSBAWN, E. *História do Marxismo*. Rio de Janeiro: Paz e Terra, 1984, v.3, p. 53-84.

WEBER, Marianne. *Max Weber: ein Lebensbild*. Tübingen: J. C. B. Mohr, 1926.

_____. *Weber: uma biografia*. Niterói: Casa Jorge Editorial, 2003.

WEBER. Max. Zur Lage der bürgerlichen Demokratie in Russland. In: *Archiv für Sozialwissenschaft und Sozialpolitik*. London: Johnson Reprint Corporation, 1971a, v. 22, p. 234-353.

_____. Russlands Übergang zum Scheinkonstitutionalismus. In: *Archiv für Sozialwissenschaft und Sozialpolitik*. London: Johnson Reprint Corporation, 1971b, v. 23, p. 165-401.

_____. A ciência como vocação. *Ciência e Política* – duas vocações. São Paulo: Cultrix, 1972a.

_____. A política como vocação. *Ciência e Política* – duas vocações. São Paulo: Cultrix, 1972b.

_____. Capitalismo e Sociedade Rural na Alemanha. *Ensaios de Sociologia*. Rio de Janeiro: Zahar, 1982a.

_____. O Caráter Nacional e os "Junkers". *Ensaios de Sociologia*. Rio de Janeiro: Zahar, 1982b.

_____. O Estado Nacional e a Política Econômica. In: COHN, Gabriel (Org.). *Weber*. São Paulo: Ática, 1986, p.58-78.

_____. Der Berliner Professoren Aufruf. *Gesammelte politische Schriften*. Tübingen: Mohr, 1988a.

_____. Bismarcks Aussenpolitik und die Gegenwart. *Gesammelte politische Schriften*. Tübingen: Mohr, 1988b.

_____. Der Verschärfte U-Bootkrieg. *Gesammelte politische Schriften*. Tübingen: Mohr, 1988c.

_____. Deutschlands Äussere und Preussens Innere Politik. *Gesammelte politische Schriften*. Tübingen: Mohr, 1988d.

_____. Deutschland unter den Europäischen Weltmächten. *Gesammelte politische Schriften*. Tübingen: Mohr, 1988e.

_____. Stellungnahme zur Flottenumfrage der Allgemeinen Zeitung. *Gesammelte politische Schriften*. Tübingen: Mohr, 1988f.

_____. Zur Frage des Friedenschliessens. *Gesammelte politische Schriften*. Tübingen: Mohr, 1988g.

_____. Zur Gründung einer Nationalsozialen Partei. *Gesammelte politische Schriften*. Tübingen: Mohr, 1988h.

_____. Bismarcks Erbe in der Reichsverfassung. *Zur Politik im Weltkrieg: Schriften und Reden 1914-1918. Studienausgabe der Max Weber Gesamtausgabe*. Tübingen: Mohr, 1988i.

_____. Das preussische Wahlrecht. *Zur Politik im Weltkrieg: Schriften und Reden 1914-1918. Studienausgabe der Max Weber Gesamtausgabe*. Tübingen: Mohr, 1988j.

_____. Die Abänderung des Artikels 9 der Reichsverfassung. *Zur Politik im Weltkrieg: Schriften und Reden 1914-1918. Studienausgabe der Max Weber Gesamtausgabe*. Tübingen: Mohr, 1988k.

_____. Die Lehren der deutschen Kanzlerkrisis. *Zur Politik im Weltkrieg: Schriften und Reden 1914-1918. Studienausgabe der Max Weber Gesamtausgabe*. Tübingen: Mohr, 1988l.

_____. Die russische Revolution und der Friede. *Zur Politik im Weltkrieg: Schriften und Reden 1914-1918. Studienausgabe der Max Weber Gesamtausgabe*. Tübingen: Mohr, 1988m.

_____. Die siebente deutsche Kriegsanleihe. *Zur Politik im Weltkrieg: Schriften und Reden 1914-1918. Studienausgabe der Max Weber Gesamtausgabe*. Tübingen: Mohr, 1988n.

_____. Die wirtschaftliche Annäherung zwischen dem Deutschen Reiche und seinen Verbündeten. *Zur Politik im Weltkrieg: Schriften und Reden 1914-1918. Studienausgabe der Max Weber Gesamtausgabe*. Tübingen: Mohr, 1988o.

_____. Ein Wahlrechtsnotgesetz des Reichs. *Zur Politik im Weltkrieg: Schriften und Reden 1914-1918. Studienausgabe der Max Weber Gesamtausgabe*. Tübingen: Mohr, 1988p.

360   Espelho Convexo

_____. An der Schwelle des dritten Kriegsjahres. *Zur Politik im Weltkrieg: Schriften und Reden 1914-1918. Studienausgabe der Max Weber Gesamtausgabe.* Tübingen: Mohr, 1988q.

_____. Gegen die alldeutsche Gefahr. *Zur Politik im Weltkrieg: Schriften und Reden 1914-1918. Studienausgabe der Max Weber Gesamtausgabe.* Tübingen: Mohr, 1988r.

_____. Innere Lage und Aussenpolitik. *Gesammelte politische Schriften.* Tübingen: Mohr, 1988s.

_____. Parlament und Regierung im neugeordneten Deutschland. *Gesammelte politische Schriften.* Tübingen: Mohr, 1988t.

_____. Der Nationalstaat und die Volkswirtschaftspolitik. *Gesammelte politische Schriften.* Tübingen: Mohr, 1988u.

_____. Agrarstatistische und sozialpolitische Betrachtungen zur Fideikomißfrage in *Preußen (1904). Gesammelte Aufsätze zur Soziologie und Sozialpolitik.* Tübingen: Mohr, 1988v.

_____. Diskussionsreden auf den Tagungen des Vereins für Sozialpolitik. *Gesammelte Aufsätze zur Soziologie und Sozialpolitik.* Tübingen: Mohr, 1988w.

_____. *Parlamento e Governo na Alemanha Reordenada:* crítica política da burocracia e da natureza dos partidos. Petrópolis: Vozes, 1993a.

_____. *Socialismo.* Rio de Janeiro: Relume-Dumará, 1993b.

_____. Between Two Laws. In: LASSMAN, Peter; SPEIRS, Ronald (Orgs.). *Weber: Political Writings.* Cambridge: Cambridge University Press, 1994.

_____. Über die Erneuerung Russlands. In: *Zur russischen Revolution von 1905. Schriften und Reden (1905-12).* Tübingen: Mohr Siebeck, 1996.

_____. *Economia e Sociedade:* fundamentos da sociologia compreensiva. Brasília: Editora Universidade de Brasília, 1999a.

_____. Börsenwesen (Die Vorschläge der Börsenenquetekommission). In: *Max Weber Gesamtausgabe*. Tübingen: Mohr, 1999b, v. 5.

_____. Machtprestige und Nationalgefühl. In: *Max Weber Gesamtausgabe*. Tübingen: Mohr, 2001, v. 22.

_____. Entwickelungstendenzen in der Lage der ostelbischen Landarbeiter. In: *Max Weber – Schriften (1894-1922)*. Stuttgart: Alfred Kröner Verlag, 2002.

_____. *A ética protestante e o "espírito" do capitalismo*. São Paulo: Companhia das Letras, 2004.

_____. A situação da democracia burguesa na Rússia. In: *Estudos Políticos/Rússia 1905 e 1917*. Rio de Janeiro: Azougue Editorial, 2005a.

_____. A transição da Rússia a um regime pseudoconstitucional. In: *Estudos Políticos/Rússia 1905 e 1917*. Rio de Janeiro: Azougue Editorial, 2005b.

WEHLER, Hans-Ulrich. *Das deutsche Kaiserreich: 1871-1918*. Göttingen: Vandenhoeck & Ruprecht, 1994.

WITTE, Sergei. *Erinnerungen*. Berlin: Verlag Ullstein/Berlin, 1923.

ZANDER, Jürgen. O problema do relacionamento de Max Weber com Karl Marx. In:

GERTZ, René E. (Org.). *Max Weber e Karl Marx*. São Paulo: Hucitec, 1997.

Agradecimentos

Este livro é o resultado de uma pesquisa de doutoramento – entitulada "*A Recepção Alemã à Revolução Russa de 1905*" – que realizei no departamento de sociologia da Universidade de São Paulo, entre fevereiro de 2007 e novembro de 2012, sob a orientação do professor Ricardo Musse. Por seus estímulos teóricos e a confiança intelectual que depositou em meu trabalho ao longo dos anos, reconheço no professor Musse a figura decisiva do percurso que levou à publicação deste volume.

Algumas das perguntas levantadas no decorrer da investigação obrigaram-me a recorrer a uma extensa bibliografia e material historiográfico indisponível nos acervos das bibliotecas brasileiras. Meu acesso às bibliotecas e arquivos de Berlim foram então facilitados pelo professor Alex Demirovic, que também atuou como co-orientador desta pesquisa no intervalo em que fui bolsista do DAAD.

Porém, talvez eu não estivesse à altura das tarefas com as quais me deparei, não fosse o exemplo de compromisso com as exigências das atividades acadêmicas e o rigor metodológico transmitido pela professora Sylvia Gemignani Garcia no começo da minha trajetória enquanto sociólogo.

Entre as principais referências de minha paisagem intelectual encontra-se o professor Gabriel Cohn, em cujo pensamento crítico procurei espelhar-me. Nos momentos em que a reflexão mostrava-se mais espinhosa, eu testava a força de meus argumentos esforçando-me por imaginar como reagiriam diante deles a precisão conceitual e o vigor analítico do professor Cohn.

Agradeço à professora Isabel Loureiro pelas saborosas discussões com que me presenteou a respeito da obra e trajetória política de Rosa Luxemburg.

Aos professores Lincoln Secco, Gabriel Vitullo, Sérgio da Mata e Valério Arcary pelas arguições desafiadoras nos momentos de avaliação institucional da tese de doutoramento.

E, com saudades, ao professor Flávio Pierucci (*in memoriam*) – valorosa referência em meus estudos sobre Max Weber –, por haver demonstrado que engajamento científico também rima com bom humor e leveza de espírito.

No que se refere ao auxílio institucional para a realização da pesquisa e para a materialização deste livro, sublinho a importância dos incentivos concedidos pela *Fundação de Amparo à Pesquisa no Estado de São Paulo* (FAPESP) e pelo *Deutscher Akademischer Austauschdient* (DAAD)

Alameda nas redes sociais:

Site: www.alamedaeditorial.com.br
Facebook.com/alamedaeditorial/
Twitter.com/editoraalameda
Instagram.com/editora_alameda/

Esta obra foi impressa em São Paulo
no inverno de 2017. No texto foi utilizada a fonte Minio Pro em corpo
10,25 e entrelinha de 15 pontos.